一本书读懂中国史

YIBENSHU DUDONG ZHONGGUOSHI

王禹翰 / 编著

北方联合出版传媒（集团）股份有限公司
万卷出版公司

图书在版编目（CIP）数据

一本书读懂中国史 / 王禹翰编著．— 沈阳：万卷出版公司，2014.11（2022.1 重印）
（典藏 / 吴昊主编）
ISBN 978-7-5470-3344-9

Ⅰ．①一… Ⅱ．①王… Ⅲ．①中国历史－通俗读物 Ⅳ．① K209

中国版本图书馆 CIP 数据核字 (2014) 第 223170 号

出版发行：北方联合出版传媒（集团）股份有限公司
万卷出版公司
（地址：沈阳市和平区十一纬路25号 邮编：110003）
印 刷 者：北京一鑫印务有限责任公司
经 销 者：全国新华书店
幅面尺寸：178mm × 254mm
字　　数：370千字
印　　张：19
出版时间：2014年11月第1版
印刷时间：2022年1月第3次印刷
责任编辑：张洋洋
封面设计：范　娇
版式设计：鄂姿羽
责任校对：高　辉
ISBN 978-7-5470-3344-9
定　　价：68.00元

联系电话：024-23284090
邮购热线：024-23284050
传　　真：024-23284521

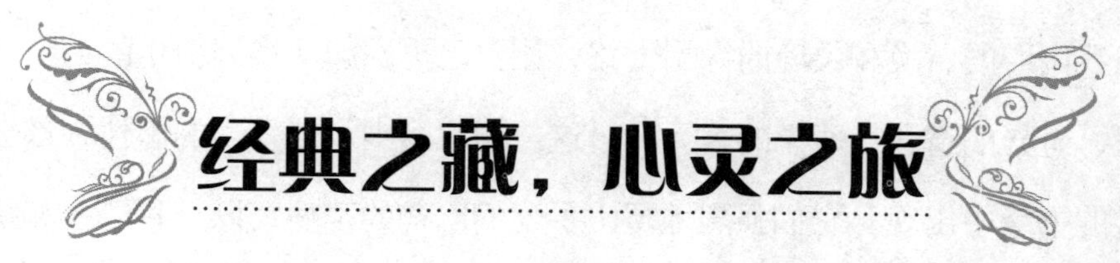

经典之藏，心灵之旅

读书是一件辛苦的事，读书又是一件愉悦的事。读书是求知的理性选择，同时，读书又是人们内在自发的精神需求。不同的读书者总会有不同的读书体验，但对经典之藏，对精品之选的渴求却永远存在。

传统上，读书是求学的手段，千百年来，人类知识的传承，最重要的总是通过书籍的记载与传述。因为有了书，人类才可以文脉延续，薪火相传。西哲说：书籍是人类进步的阶梯，因而，先贤们都把读书当作高尚而庄重的事情，赋予读书神圣、光荣的使命感。故此，韦编三绝、悬梁刺股，以及凿壁、囊萤、映雪等等，就成了刻苦求学的典型，千百年来成为人们效法的楷模。于是，寒门学子挑灯夜读，富家子弟潜心求学，或诚心拜师，或自学成才，诸如此类的事例，就成了激励学子上进求学的传说故事而广泛流传。

书籍除了自身寓含的教化功能外，还能让人感到身心的愉悦和快乐。在文化生活极度匮乏的年代，人们极力去寻找各种承载文明的载体，来填塞文化需求的饥渴。一本残破小书，可以在上百人的手中传递和阅读，看完后仍意犹未尽，不忍释卷。彼时，人们读书如饥似渴，却并无黄金屋、颜如玉一类的功利目的，有的只是内心的精神需求，读书的愉悦与快乐正在于此。仲春季节，读书间隙，推窗而立，鸟语花香扑面而来，内心深处则有禾苗拔节的哔剥之声回响；炎炎夏日，一卷在手，品茗读书，摇扇驱蚊，自然能感受到心灵的清凉和愉悦；秋风瑟瑟，听窗外传来淅淅沥沥的雨声，啜一口酽茶，想起“风声雨声读书声”的名联，便会发出会心的微笑；数九严冬，寒意砭骨，围炉夜读或雪夜捧卷，书香入腹，情暖人心，又能体验到视通万里、思接千载的悠悠遐思。

无论是求学求知还是寻求精神上的愉悦，读书都是我们的一种心灵之旅，是接受自我内心的召唤和灵魂的导引上路，让自己再次起飞得到新生的力量。变换的风景，奇异的遭遇，萍逢的客人……这一切旅途中可能发生的事件，都会在我们读过的书籍中出现，它们强烈地超出了我们已知的范畴，以一种陌生和挑战的姿态，敦促我们警醒，唤起我们好奇。在我们被琐碎磨损的生命里，张扬起绿色的旗帜；在我们刻板疲惫的生活中，注入新鲜的活力。

正因为读书之益，读书之趣，我们才对书籍本身挑剔起来。试想，灵魂之伴侣如何可以等闲视之呢？一本书的好坏，总会有无数人来品评，既有芸芸众者即兴点评，又有专家学者细心解析，然而，书籍最终的裁定者是历史而不是某一种潮流。随着时光的淘汰，留下来的经典之作渐渐走进更多人的视野，留在人们的案头，成为经典之藏。

“典藏”之作正如伴随我们的益友，多闻、博大、精彩而有趣，这样的益友，需要人们用心地品读，细心地筛选，最终把最好的“朋友”留在自己的身边。我们的“典藏”正是帮助读者挑“益友”的一种尝试，希望能把经典的、有价值的或者有趣的书籍放在读者的案头，让它们像朋友一样陪伴每一位读者走上自己的心灵之旅。

当我们打开书本，走进属于自己的心灵世界，自然能够体验那种君临一切的奇特感觉。此时心如止水，宁静安然，恰如室外无言的星月，美文佳句不期而至时，或击案称绝，或吟哦出声，甘之如饴。愿这“典藏”之作能给我们的心灵留下一块绿荫，助大家在自己的漫漫行旅中搭起一座可供休憩的风雨亭，对抗庞大、芜杂、纷繁的外界侵扰。

目　录

神话传说时代

神话是远古先民根据自己的想象，对自然事物、人类起源的虚构。而关于祖先的传说，则是他们对自己历史的记述，有相当的依据。因为它产生于历史，是先民中口耳相传的故事，在没有文字记载的史前时代，它具有无可取代的历史价值，反映了远古历史的某个侧面。

——樊树志

史前文明历程表

（公元前）

	前5000年	4000年		2000年
氏族公社			原始社会的终结	
	传说时代			
母系氏族早期	母系氏族发展时期	父系氏族公社早期	原始社会末期	国家的建立

混沌初开

几乎每个民族都有关于宇宙万物起源的古老神话。我国封建社会明代的蒙学读本《幼学琼林》的开篇讲道：“混沌初开，乾坤始奠，气之轻清上浮者为天，气之重浊下凝者为地。”这表达了中国古人关于宇宙起源的认识。

盘古开天辟地

每一个民族都有他们自己的神话，作为宇宙起源或是民族起源的答案，中华民族也不例外。

传说，在万物产生之前，整个宇宙像鸡蛋一样一片漆黑混沌。巨人盘古就是在这个大鸡蛋里慢慢孕育成人。他沉睡了一万八千年，醒来后，盘古发现自己看不见一丝光明，心里十分憋闷，便决心捅破这个大鸡蛋。

盘古慢慢地伸展身体，随着一声巨响，紧紧缠住盘古的混沌黑暗被慢慢分离了。轻的一部分飘动起来，冉冉上升变成了蓝天；重的一部分则渐渐沉降，变成了大地。盘古高举双手把天空向上托，他的身子一天长一丈，天地也由此一天分离一丈。当天终于高高定位于大地的上方后，盘古已疲惫不堪，他躺下身来，在熟睡中死去了。

盘古的死引起了一连串新事物的诞生：他的右眼变成太阳，左眼变成月亮；血液变成江河海洋，毛发变成树木花草；呼吸变成风，声音变成雷；欢喜时的笑容变成晴天，烦恼时的愁容变成阴天；他的头变成东岳泰山，腹部变成中岳嵩山，左臂变成南岳衡山，右臂变成北岳恒山，双足变成西岳华山。盘古开创了今天我们看到的这个美好世界。

继盘古之后，大约在 200 万年前到 100 万年前这段漫长的岁月里，开始进入了传说中“三皇”时代，三皇即天皇、地皇和人皇，这时，太阳和月亮开始有规律地起落，昼夜开始分明。

这些虽然都是神话传说，却和现实有着惊人的相似。我国迄今发现的最早的直立人——元谋人，就出现在距今 170 万年前，也就是“三皇”生活的时代。他们能够直立行走，会制造简单的工具，白天打猎、采摘食物，夜晚在山洞中群居而生。

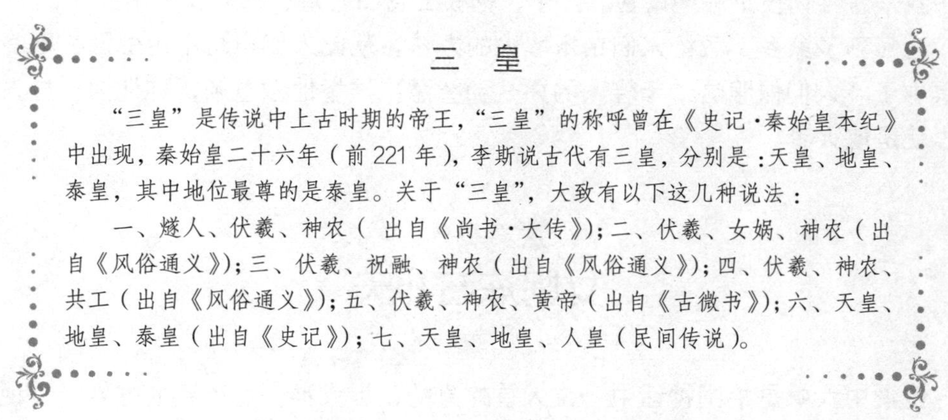

三　皇

“三皇”是传说中上古时期的帝王，“三皇”的称呼曾在《史记·秦始皇本纪》中出现，秦始皇二十六年（前 221 年），李斯说古代有三皇，分别是：天皇、地皇、泰皇，其中地位最尊的是泰皇。关于“三皇”，大致有以下这几种说法：

一、燧人、伏羲、神农（出自《尚书·大传》）；二、伏羲、女娲、神农（出自《风俗通义》）；三、伏羲、祝融、神农（出自《风俗通义》）；四、伏羲、神农、共工（出自《风俗通义》）；五、伏羲、神农、黄帝（出自《古微书》）；六、天皇、地皇、泰皇（出自《史记》）；七、天皇、地皇、人皇（民间传说）。

钻燧取火

蛮荒时期，人们不知道有火，也不会使用火，人们只能吃生的食物，因而他们经常生病，寿命也不长。

传说中的天神伏羲，想让人们知道火的用处，于是在山林中降下一场雷雨。随着“咔”的一声，树木被雷电击中并燃烧起来。人们被雷电和大火吓得到处奔逃。不久，雷雨停了，这时候有个年轻人发现，周围没有了野兽的嚎叫声，于是，他勇敢地走到火边，不久便发现身上变得很暖和。他招呼大家：“快来呀，这火并不可怕，它送给了我们光明和温暖！”这时候，人们又发现不远处烧死的野兽发出了香味。人们聚到火边，分吃烧过的肉，都觉得第一次吃到这样的美味。人们感到了火的可贵，于是捡来树枝，将火种保留起来，不让火熄灭。可是有一天，因为值守的人睡着了，火也因此燃尽了。

伏羲在天上看到了这一切后，便在最先发现火的用处的年轻人的梦里告诉他：“在遥远的西方有个燧明国，你可以去那里找到火种。”年轻人醒后，决心到燧明国去寻找火种。

年轻人历尽艰辛，终于来到了燧明国。可是这里四处一片黑暗，根本没有火。

年轻人失望之余，就坐在一棵叫“燧木”的树下休息。突然，年轻人发现眼前有亮光一闪一闪的，他立刻站起来，四处寻找光源。这时候他发现就在一棵燧木树上，有几只大鸟正在用短而硬的喙在树上啄虫子。它们每啄一下，树上就闪出明亮的火花。年轻人看到这种情景后，想到了一个办法，他立刻折了一些燧木的树枝，用小树枝在大树枝上钻，树枝上果然闪出火光，可是却并不着火。年轻人并不灰心，他又找来各种树枝不停地试验。终于，树枝上冒出了烟，然后就闪出火苗了。

他回到了家乡，教给人们钻木取火的办法，从此人们再也不用生活在寒冷和恐惧中了。人们佩服这个年轻人的勇气和智慧，推举他做首领，称他为“燧人”，意思就是取火者。

女娲炼石补天

传说中女娲是中国神话中一位人首蛇身的创世女神，是伏羲的妹妹。传说当时洪水成灾，人类都死了，只剩下了伏羲和女娲兄妹，为了使人类能够繁衍下去，兄妹俩就结婚了。还有一种说法是：女娲参照自己的样子，用黄土和水捏成人形，于是人类便出现了。后来她觉得这种方法太慢，就用一根藤条蘸上泥浆，将泥浆洒在地上，结果也都变成了人。为了使人类能够延续下去，她还制定了嫁娶之礼。

女娲补天

有一次，水神共工和火神祝融吵架，两人大打出手，最后祝融打败了共工，共工因打输而羞愤地朝西方的不周山撞去。不周山是撑天的柱子，被共工撞折后，天出现了一个大窟窿，地也陷成一道道大裂缝，山林着起了大火，洪水喷涌出来，人类面临着空前的大灾难。女娲目睹人类遭到如此奇祸，感到无比痛苦，于是决心补天。她选用各种各样的五色石子儿，架起锅将它们熔化成浆，用这种石浆将残缺的天窟窿填好，随后又斩下一只大龟的四脚，当作四根柱子，把倒塌的半边天支起来。经过女娲的一番辛劳整治，人们又重新过上了安乐的生活。但是这场特大的灾祸还是留下了一些痕迹：从此天向西北倾斜，因此太阳、月亮和众星都很自然地归向西方；又因为地向东南倾斜，所以一切江河都往那里汇流。而天上的彩虹，就是女娲的补天神石发出的彩光。

神农尝百草

传说神农氏是农业和医药的发明者。远古时期，人民靠采集和渔猎生活，他发明制作木耒、木耜，将农业生产的技能传授给人民。这个传说反映了原始时代的生产方式由采集渔猎向农耕生产的转变。

据说神农氏的肚子是一个几乎透明的“水晶肚”，东西被吃进肚子里后还能够看得见。当时人们对各种植物的认识还相当贫乏，那个时候五谷和杂草长在一起，经常有人因为乱吃东西而生病甚至丧命，因此他采集各种花草果实，并一一尝试，然后分辨出哪些可以吃，哪些不能吃，哪些可以治疗疾病。《本草》详细地记载了各种药物的性能，并把一些可食用的植物，分别定名为小麦、稻米、高粱等，教人种植；还教人们把野兽豢养到家里，这就是我们现在还饲养的狗、马、牛、猪的始祖。中国的原始农业社会，就在这位伟大神祇的领导下建立了。

神农发现谷物的传说是这样的：一天，有一只鸟儿衔着一颗谷物在天上飞，那颗谷物掉了下来。神农看到后，将谷物埋在了土里，过了不久，谷物长出来了。神农氏尝了尝谷粒，感到很好吃，于是他又发明了锄头、斧子等工具，教人们砍掉树木，开垦土地，种植谷子。

据说陶器也是神农氏发明的，这就使人们使用上了陶盆、陶罐等器皿，为生活提供了方便。

禅让时代

黄帝统领炎黄部落，战胜了蚩尤，与炎帝并称为华夏始祖。到尧为部落联盟领袖时，选择舜为继承人，经过四岳十二牧会议表决通过，尧传位于舜。“四岳十二牧”是当时的一些部落首领，若想得到他们的同意，需要具备相当的能力和威望，后来舜将帝位禅让给禹，也得到了四岳十二牧的同意，这就是“禅让时代”。在“禅让时代”，帝位人选的推举政策类似于民主选举，但这种选举具有很大的局限性，被举荐的人其实还是出身王族，而选举者也是各部落的首领。

黄帝的传说

人类在生活中不断进行着发明和创造，弓箭就是在这时候出现的。伴随着这个伟大的发明，男人们狩猎的成果显著提高了。再加上粮食出现了剩余，各个氏族间开始为争夺地盘而发生争斗，于是，氏族中的头等大事，从温饱转向了战争。

在打仗方面，女人显然不如男子。于是，开始有男子在发生战争的时候担任氏族头领。随着男子在氏族中的作用不断增大，仅在战争期间拥有领导权已经不够了，女性开始逐渐退出氏族的核心位置，由男性取而代之。

为了夺取更好的田地、更多的粮食，氏族间的战斗越来越频繁。一些氏族开始联盟，结合成一个或几个大的部落，共同发动战争或抵抗其他部落的侵犯。

每个部落都会推举一名英勇善战的勇士作为首领，黄帝就是这些部落首领中最伟大的一位。

黄帝，姓姬，号轩辕氏，带领部落从西北一直迁徙到涿鹿（今河北涿鹿东南）

一带。当时北方的炎帝正和南方强悍的九黎族首领蚩尤进行激战，争夺黄河下游地区。不久炎帝失败，来向黄帝求救，并与其结为联盟。黄帝于是统率炎、黄两大部落，与蚩尤在涿鹿之野大战。在大将应龙、女魃的辅佐下，黄帝大败蚩尤。

涿鹿之战后，炎、黄两部落发生了战争，黄帝在阪泉（今河北涿鹿东）郊外击败了炎帝。从此，中原大大小小的部落都尊黄帝为共主，炎、黄等部落在黄帝的领导下融合成了一个新的民族——华夏民族。黄帝在统一了各部落后，把首都设在有熊（今河南新郑），并下令各部落间如发生争执，不准再用武力解决，而要向他控诉，由他为大家判断是非。

传说黄帝在位的时间有一百年之久，这期间部落势力强盛，生活安定，文化进步，有许多发明和创造，如文字、音乐、历法、宫室、舟车、衣裳和指南车等。黄帝的妻子嫘祖，亲自栽桑养蚕，教民纺织。从此以后，中华民族都自称为“黄帝后裔”，或“炎黄子孙”。

涿鹿之战

这场传说中的战争发生在距今大约4600年前。九黎族首领蚩尤生性好战，传说他三头六臂，有八只脚，勇猛无比。他还有八十一个兄弟，都是能说人话的野兽。他们先是击败了炎帝的部族，后来黄帝应炎帝的请求与炎帝联合起来和蚩尤作战。

关于这场决战，有许多的神话传说。黄帝族不但联合炎帝族等部落参加战斗，还放出了他们平时驯养的熊、罴、貔、貅、貙、虎等6种猛兽助战（有人认为，传说中的野兽，实际上是以野兽为图腾的6个氏族部落）。蚩尤士兵虽然勇猛，但遇上黄、炎二帝等部落联军的同仇敌忾、协同作战，再加上一群猛兽助战，再也抵挡不住了，纷纷败逃。在败逃中，蚩尤被迫请来“风伯雨师”相助，一时间天昏地暗，浓雾茫茫，飞沙走石，电闪雷鸣，大雨滂沱。黄帝也不甘示弱，他一方面利用本部落发明的指南车在雨雾中指引士兵，追杀残敌，另一方面请天女“魃”下凡帮助驱散了风雨，顷刻间风停雨止，晴空万里。九黎族被打败，蚩尤也被捉住后杀掉了。神话传说虽然有些荒诞，但它也反映出这是一场多么残酷激烈的鏖战啊！

黄帝将蚩尤斩首，后又将蚩尤尊为“兵主”，就是战神。黄帝将蚩尤的形象画在军旗上，用蚩尤的形象鼓励自己的军队勇敢作战。许多部落在与黄帝交战时，看到蚩尤的形象，都不战而降。

尧帝禅位

尧、舜以及后来的禹，都是在黄帝以后，先后涌现出的著名的部落联盟的首领。他们原先都是氏族部落的酋长，后来被推选为部落联盟的大酋长。

《尚书》有《尧典》等篇，叙述尧舜“禅让”的故事，大概是由周朝史官掇拾传闻编纂成篇的。在世袭制度实行已久的周朝，应该不容有人无端发此奇想，其为远古时代遗留下来的习俗，大致可信。

在当时，遇到重大问题，部落联盟大酋长就召集各部落酋长一起商议对策。随着年龄增长，尧逐渐接近暮年，他开始考虑由谁来继承自己的职位，于是他向四岳（炎帝族氏族部落酋长，姜姓）进行咨询。

当尧说出他的想法后，有一个叫放齐的说：“你的儿子很开明，可以担当此任。”尧严肃地说：“不行，这小子道德修为太差，没有涵养，专爱与人争吵。”另一个人推荐道说：“管水利的共工不是挺好吗？”尧摇了摇头说：“共工巧言令色，表面谦和，实际上心怀叵测，我信不过。”议论了半天，也没有推出个合适的人选，只好决定待来日再选。

过了一些时日，尧又召集四岳协商此事，四岳一致推荐舜。尧点点头说：“我也听说舜挺不错，你们不妨详细介绍一下他的事迹。”于是四岳就争先恐后地叙述起舜的情况来。舜，有虞氏，东夷人。他父亲瞽瞍，是个老糊涂。他的生母早已亡故，继母相当不贤。继母生的弟弟叫象，他飞扬跋扈，骄横无礼，瞽瞍却很宠他。全家人都视舜为眼中钉，肉中刺，而舜生活在这样家庭环境中，却能孝敬父母，善待兄弟，以德报怨，是一个品德高尚的人。尧听完介绍后兴奋不已，便决定把自己的两个女儿娥皇、女英嫁给舜，派人给他修筑粮仓，分给他许多粮食和牛羊，并决定对舜进一步考察。舜的继母和弟弟象得知后，又羡慕，又忌妒，便和瞽瞍一起，千方百计地想置舜于死地。

有一次，瞽瞍让舜修补粮仓的顶。当舜顺着梯子爬上仓顶时，瞽瞍就在下面放起火来，想烧死舜。舜在仓顶发现失火，急忙寻找梯子，梯子却早已不知去向。幸好舜随身带着两顶遮阳用的斗笠，他灵机一动，双手拿着笠帽像鸟展翅飞翔一样，随风飘落到地上，毫发无损。

瞽瞍和象一计不成，又生一计，又让舜去淘井。当舜下到井底后，他们就把地面上的土石扔下去，将井填没。他们满以为这样舜必死无疑，父子俩可以瓜分舜的财物了，谁知机智的舜，巧妙地在井旁掘了一个孔道，安安全全地钻了出来。

对于他们的种种陷害，舜从不衔怨含恨，反而泰然处之。

尧经过考察，发现舜的确是一个机敏睿智、宽宏大度、德才兼备的人才，于是便把大酋长的位子禅让给了舜。舜继位后不负众望，他勤劳俭朴，与百姓们同甘共苦，共同劳动，深受大家爱戴。几年后，尧去世了，舜曾想将位子让给尧的儿子丹朱，因大家都不赞成，只好作罢。

还有另外一种与此说法差异甚大的传说是，舜囚禁了尧，还不让他与儿子丹朱见面，然后自己做了天子，这种情节类似于后代的宫廷政变：舜篡权，夺了尧的帝位。

名士许由

许由字巢父，为当时的名士。他不贪求名利富贵，崇尚自然无为，坚持自食其力，生活简朴，与世无争。他得知帝尧要来访他，就躲开了。

一段时间后，帝尧又去拜访许由。尧对许由说："太阳出来了，火把还在燃烧，在光照宇宙的太阳光下放光，不显得多余吗？大雨过后，还去灌溉，不是徒劳吗？作为天子，我感到惭愧，已不适合再占着帝位，请允许我将天下交付先生，以使天下太平。"许由回答说："天下在你的治理下，已经升平日久，既然你已经把天下治理好了，为什么还要让我代你去做一个现成的天子，难道是我喜欢好的名声吗？名，从属于实，我对虚名从来都不感兴趣。鹪鹩即使在很大的林中筑巢，也不过占上一枝就够了；鼹鼠就算去黄河边喝水，也不过喝满肚子就足够了。你还是请回吧！天子于我没有什么用处。"

后来，许由来到箕山之下颍水的北面，自己耕种，生活得很快乐。他始终坚持自己的操守，一生也不贪求高位。

大禹治水

舜帝在位四十八年，在此期间，文命（即大禹）的威望不断高涨。

相传尧在位时，黄河流域就发生了特大的洪水，不少人和牲畜遭到伤害，苦不堪言。尧便召开部落联盟会议，商量治水问题。大家都一致推荐了鲧去干这件事。

鲧花费了九年时间来治理洪水，他只懂得水来土掩，用筑堤围堰的方法来阻挡洪水，结果是洪水排不出去，一旦冲开一个缺口，就前功尽弃，无法收拾。水灾越闹越凶。

舜继位做了部落联盟首领后，亲自到治水现场视察。他发现鲧治水无方，就把鲧法办了，又让鲧的儿子禹来治水。

禹吸取了其父失败的教训，经过考察，他决定用“开”、“通”、“疏”、“凿”、“引”等方法把洪水引到大海中去。他带着助手们跋山涉水，风餐露宿，历尽了千难万险，探明了河道，设计治河的规划。

禹头戴着笠帽，身着粗衣，身先士卒，同百姓们一起劳动，挑土运石，开渠排水，疏通河道，引水下流……他在治水工地上奔波了十三载，长年累月泡在泥水里，脚趾甲脱落了，小腿上的汗毛也磨光了。禹公而忘私，十三年中曾三过家门而不入，成为几千年的美谈。

禹的妻子涂山氏，与禹结婚 4 天后，禹便离家治水去了。禹临行前曾留言：“若生下儿子，便取名为启，以纪念我为治水离家启行。”后来妻子生下儿子启的时候，正好禹从家门前经过，他听见屋内婴儿的哭声，很想进屋看看，但一想到洪水还没有制伏，百姓们还被围在高地上，便狠下心没有进去探望。

经过十三年的艰苦努力，河道畅通了，洪水驯服地被引入了大海，人们过上了祥和安定的生活。后代人为了纪念禹治水的功绩，尊称他为“大禹”。

舜年老以后也像尧一样，选择接班人。由于禹治水有功，大家一致推荐了禹。由于社会生产力的大发展，氏族贵族由此而生，加上禹在治水中的功绩，提高了部落联盟的威信和权力，禹实际上已从部落联盟首领变成国王了。大禹在掌握了部落的领导权后，统领众多氏族首领，对三苗进行了大规模的征伐，逐步在战争中确立了自己的最高王权，并把首都设在安邑（今山西夏县）。

为了巩固王权，大禹召集各氏族的首领，在淮水中游的涂山（今安徽蚌埠西郊怀远境内）举行大会，史称“涂山之会”。在这次大会上，大禹把中国分为了九个州：一、冀州：河北平原与山西高原。二、兖州：黄河与济水之间。三、青州：山东半岛。四、徐州：河淮平原。五、豫州：中原地区。六、雍州：关中与陇西。七、凉州：秦岭以南与四川盆地。八、扬州：长江下游。九、荆州：长江中游。每一州都由一位氏族首领进行管理，而这些首领的管理权则归大禹所有。这是中国行政区域正式被称为“州”的开始，并一直沿用至今。原来的众多氏族首领，此时大都转化成了贵族，分别成为各个邦国的君长。

禹到了晚年，也请各部落首领推荐继承人。大家推举了伯益。禹死后，禹的儿子启却利用自己所在的夏部落的势力，赶跑了伯益，宣布自己继位称王，建立了国家政权，要各部落服从他的领导。从此以后，世袭制取代了禅让制，我国传说中的第一个奴隶制国家——夏王朝诞生了。

文明与纷乱

大约公元前 2000 年，夏王朝是龙山文化与仰韶文化最后发展的阶段。龙山文化的城墙已经相当大了，有了厚重大门的夯实土的城墙，显然不再是农民村落，而是某种形式的王国了。郑州附近的阳城大概就是那个时期的首都，它有二十英尺高的城墙，大小一平方英里，墙外有两座青铜铸造场。

具有类似文明的龙山文化居民点分布区，东至东海，南达长江流域和南方沿海。古中文文献提到的五“帝”，先视为凭空想象的英雄，归功于他们的创造发明有取火、农耕、畜牧驯养、历法、书写文字等和洪水的治理。其中治水的叫大禹，是夏王朝的创始者。夏的存在年代姑且定为公元前 2000 年到公元前 1600 年，但此外关于夏朝的其他情况几乎一无所知。

——罗茨·莫菲（Rhoads Murphey，美国历史学家）

夏商周文明历程表

前 2000 年 | 1500 年 | 1000 年 | 500 年 | 200 年

夏 | 商 | 西周 | 东周 | （公元前）

第一个国家夏朝建立

青铜文明兴盛的商朝

西周社会的礼乐制度

礼乐崩坏的东周社会

百家争鸣

夏：传说中的王朝

夏朝（约前2070年—约前1600年）公元前二十一世纪至公元前十七世纪，是中国第一个王朝夏王朝统治时期。夏朝的建立，标志着中国若干万年的原始社会基本结束，数千年的阶级社会从此开始。它的诞生成为中华文明史上的一个重要里程碑。夏朝总共传了十四代，十七个王，延续约五百年。

禹传启，家天下

大禹年老后，按照禅让的惯例，应该选举一个有能力的继承人来接替他的位置。许多人推荐掌管刑法的皋陶，可是不久后皋陶就病死了。于是大家又推举当年同大禹一起治水的伯益。伯益在部落中威望很高，大禹也就确定了他的地位。可是，这时在氏族中实际掌管权力的人却不是伯益，而是大禹的儿子启。

不久，大禹死了，伯益为他举行了葬礼。当年大禹为舜举行葬礼后，曾将继承人的位置让给舜的儿子，但没被接受。这次，伯益也效仿大禹的样子避居起来，假意将王位让给禹的儿子启。

没想到却弄假成真，启并没有客气，而是堂而皇之地登上了王位。启是一个很有能力的人，在氏族中的威望并不亚于伯益。各部落首领看见启登上了王位，纷纷来都城表示祝贺。

伯益见此情况，不禁恼羞成怒，率领自己的部族攻打启。启对此早有预料，从容应战。两军在甘亭（今陕西户县）大战，伯益战死。伯益死后，他的氏族有扈氏十分愤怒，又联合了其他部落攻打启，可同样遭到失败，战败后的有扈氏部族都沦为了奴隶。

伯益和有扈氏的失败，使启的地位得到进一步巩固，并使禅让制彻底改变为世袭制。于是中国历史上第一个王朝——夏朝建立了。从此以后，帝王把国家当

成了他一家的天下，他死后，王位不再选举有能力的人来继承，而是由他的儿子继承，并且希望能这样世世代代继续下去

太康失国

大禹曾经告诫子孙说，如果贪图酒色游猎，就可能失去民心，但是他的后代并没有很好地领会他的话。启建立夏朝后，开始时还励精图治，可慢慢就腐化起来，天天饮酒打猎而疏于朝政。不久启死了，他的儿子太康继位。

后羿篡夏

太康的生活比启还要腐化，他最大的爱好就是打猎，对治理国家却没有兴趣。有一次，他带着随从从都城阳（今山西安邑地区）出发去打猎，越打越起劲，一直打到黄河以南的有穷部落（今河南洛阳南）。

有穷部落的酋长后羿看到太康只带了少数随从出来打猎，觉得这是个机会，就带兵悄悄地截住了他们回去的路。等到太康带着一大批猎得的野兽，兴高采烈地回来的时候，却看到洛水对岸全是后羿的军队，才知道后羿不让他回都城了。各部落首领早就对太康荒唐的行事不满，加上又惧怕后羿的势力，所以没有人支持太康。没办法，太康只好在洛水南面过起了流亡生活。

由于世袭制已然确立，后羿的势力也没达到独立为王的程度，因此他不敢自立，便立了太康的兄弟仲康为王。

仲康虽然为王，可国家的实际权力却操控在后羿手中。不久仲康死了，后羿不再甘心躲在幕后，于是把仲康的儿子相撵走，正式夺了夏朝的王位。仗着自己射箭的本领高超，他也开始作威作福起来，和太康一样，经常四处打猎，把国家政事交给亲信寒浞打理。

少康中兴

寒浞掌握了实权后，瞒着后羿，慢慢收买人心，最终暗杀了后羿，夺取了王位。因为害怕夏朝王族的人跟他争夺王位，寒浞开始追杀被后羿撵走的相。

相最终被寒浞杀死。那时候，相的妻子正怀着孕，她从一个墙洞里爬出，才捡回一条命，并逃到了娘家有仍氏部落，后来她生下儿子，取名少康。

少康长大后，以放牧为生。寒浞听说相的儿子还活着，又派人追捕。最后，少康逃到了舜的后代有虞氏的部族。部落首领虞思把两个女儿嫁给了少康，并给了他田地和奴隶。少康从小在艰难的环境中长大，练就了一身本领。他在有虞氏部族立足之后，开始招收人马，逐渐有了自己的队伍。后来，少康得到忠于夏朝的大臣和部落的帮助，率兵攻打寒浞，终于把王位夺了回来。

夏朝从太康到少康，中间经历了大约一百年的混战，才恢复过来，历史上称作“少康中兴”，夏朝由此进入了由“治”到“盛”的局面。

此时的夏朝有了历法，夏历是按月亮的运行周期制定的，又叫阴历。由于历法中有节气变化和农事安排，所以又称农历。夏朝制定的历法影响深远，至今仍在发挥着作用。

夏历对农业生产有着相当准确的指导作用，再加上木制农具的使用，让当时的农业生产有了很大发展，粮食出现大量剩余。

剩余的粮食大多被用来酿酒。在夏朝遗址——二里头遗址中，出土最多的就是酒器，饮酒用的青铜爵更是精美。据文献记载，夏朝人很喜喝酒，一度酗酒成风。不光是大禹的子孙们，普通人也经常痛饮，喝醉了就彼此搀扶着大声唱歌。

夏桀的覆灭

夏朝在第十四位王孔甲统治时，逐渐走向末路。传说这位君主喜欢吃龙肉，专门叫人在王宫中养龙供他食用。除了这个怪癖外，孔甲还喜欢占卜，与鬼神交流。各地的诸侯对此十分不满，经常发动小规模的叛乱。这种混乱的局面一直持续到夏王朝最后一位君主姒履癸继位，矛盾越来越激化。

姒履癸算得上是文武全才，赤手空拳就可以搏斗虎豹。他本来可以成为一位英明的君主，可他却把所有的聪明才智都用到了暴虐和享乐上。

姒履癸喜欢把王宫修建得异常豪华。他的妻子施妹喜，则喜欢听绸缎撕裂时发出的声音，于是姒履癸就命宫女在她身旁日夜撕裂绸缎。

姒履癸还发明了一种酷刑，称为“炮烙”，就是在铜柱上涂抹膏油，下面燃烧炭火，让犯人赤足在铜柱上走过。可想而知，那是一定要滑下去的，滑下去便会跌到炭火上烧死，而姒履癸则最喜欢看人受这种酷刑时挣扎悲号的惨状。有一次，他一面看，一面问他的大臣关龙逢是不是也觉得快乐。关龙逢说：“这种做法，好像春天走在薄冰上，危险就在眼前。”姒履癸则冷冷地说：“你只知道别人危在眼前，却不知道自己危在眼前。”随即下令把关龙逢炮烙处死。关龙逢是中国历史上第一个因进忠言而被杀的臣子。

姒履癸的酷刑让人们感到十分恐惧，日益增加的赋税更让百姓苦不堪言。于是又有人来劝告姒履癸：“您再不接受规劝，恐怕会亡国。”姒履癸大怒，说：“你妖言惑众，人民有君主，犹如天空有太阳。太阳亡，我才亡。”于是全国人民喊叫说：“太阳，你快亡吧，我情愿与你一起灭亡！”

夏朝在姒履癸的统治下危机四伏，四方诸侯纷纷背叛而去。于是，商族首领汤决定兴兵伐夏。夏、商二军在鸣条（今山西安邑）郊外展开决战，姒履癸战败出逃，后来死于南巢（今安徽寿县东南）。姒履癸死后，人们加到他头上的称号是“桀”，意为凶暴的君主。

妹喜

传说夏朝的灭亡与一个叫妹喜的女子有关，她是夏朝最后一个暴君夏桀王最宠爱的妃子，有人说她是“千古第一狐狸精”，史书中有哪些关于她的记载呢？

《国语·晋语一》中记载：“昔夏桀伐有施，有施人以妹喜女焉；妹喜有宠，于是乎与伊尹比而亡夏。”

《列女传》说：“美于色，薄于德，乱孽无道，女子行丈夫心，佩剑带冠。桀既弃礼义，淫于妇人。”

晋皇甫谧《帝王世纪》曰：“日夜与妹喜及宫女饮酒，常置妹喜于膝上。妹喜好闻裂缯之声而笑，桀为发缯裂之，以顺适其意。”

商：青铜铸就的时代

商朝是中国历史上的第二个世袭制王朝，从大约公元前17世纪到公元前11世纪。

商朝前后相传17世，共31个王，延续了600年的时间。

商朝是中国历史上奴隶制的鼎盛时期，奴隶主贵族是统治阶级，具备庞大的官僚统治机构和军队。奴隶的地位十分低下，奴隶主既可以买卖他们，也可以将他们随意杀死；如果奴隶主死了，奴隶还要为其殉葬。

商汤立国

灭掉夏朝的商族，一直生活在黄河下游。传说商的祖先是契，跟大禹一起治过洪水，是个有功的人。后来，商部落畜牧业发展得很快，到了夏朝末年，商汤成为首领的时候，已经发展成为了一个强大的部落。在看到夏桀的腐败后，商汤就决心消灭夏朝。虽然他表面上对夏朝臣服，暗地里却在不断扩大自己的势力。

那时候，部落把祭祀天地、祖宗看作是最要紧的事。商部落附近有一个部落叫葛，首领葛伯不按时祭祀。商汤派人去责问葛伯。葛伯回答说："我们这儿穷，没有牲口做祭品。"商汤就送了一批牛羊给葛伯做祭品。可葛伯却把牛羊杀掉吃了。商汤又派人去责问，葛伯说："我没有粮食，拿什么来祭呢？"商汤就派人帮助葛伯耕田，还派人给耕作的人送酒送饭。不料在半路上，葛伯把那些酒饭都抢走了，还杀了一个送饭的孩子。这件事激起了大家的公愤。商汤借此出兵把葛族消灭了，并攻取了附近几个部落。

商汤娶了有莘氏女为妻，他的妻子带来的陪嫁奴隶中，有一个人名叫伊尹，是个厨师，专门服侍商汤。后来，商汤渐渐发现伊尹跟一般的奴隶不一样，和他交谈后，才知道他是有心装扮作陪嫁奴隶来找自己的。伊尹对商汤说了许多治国的道理，商汤于是马上提拔伊尹做自己的助手。

商汤和伊尹商量讨伐夏朝的事。伊尹说："现在夏朝还有力量，我们先不去朝贡，试探一下，看它会怎样。"商汤按照伊尹的计策，停止了对夏朝的进贡。姒履癸果然大怒，命令九夷发兵攻打商族。伊尹一看还有许多氏族服从姒履癸的指挥，便赶快向姒履癸请罪，并恢复了进贡。过了一年，一些部落忍受不了夏朝的压榨勒索，逐渐叛离夏朝，商汤和伊尹于是决定大举进攻。

自从启建立夏朝以来，同姓相传已经四百多年，要把夏王朝推翻，并不是一件简单的事。商汤和伊尹商量了一番后，决定召集商军将士，由汤亲自向大家誓师。商汤说："不是我想进行叛乱，实在是姒履癸作恶多端，上天降下意旨，要我消灭他，我不敢不听从天命啊！"

商汤借上天的意旨来动员将士，再加上将士恨不得姒履癸早早灭亡，因此作战都非常勇敢。一举灭亡了夏朝，建立了商王朝。

伊尹辅政

伊尹原名伊挚，他自幼聪慧，勤奋好学，虽耕于有莘国之野，但却喜爱尧舜之道；既熟悉烹调技术，又深懂治国的方法；既为奴隶主贵族做厨师，又给贵族子弟当"师仆"。他对三皇五帝和大禹王等英明君王的施政之道的研究使他远近闻名，使得求贤若渴的商汤王三番五次带着礼物去有莘国聘请他。在今嵩县空桑涧西南，有座很平的小山，传说就是商汤聘请伊尹的"三聘台"。由于有莘王并不答应，商汤只好将莘王的女儿娶为妃子，以使伊尹以陪嫁奴隶的身份来到商汤王身边。

《孟子·万章》篇记载：伊尹"以尧舜之道要汤"，"而说之以伐夏救民"。其实就是教给商汤治国驭民的方法和灭夏的方略。

伊尹首先潜入夏朝做间谍，了解了夏桀王的许多重要情报。为了知道九夷之师对夏桀王的态度，伊尹劝说商汤，停止了对夏桀王的进贡。结果夏桀十分生气，"起九夷之师"攻汤。伊尹看到夏桀还能够指挥九夷之师，就向商汤献计暂时恢复向夏王朝进贡，同时暗中做着攻夏的准备。

过了几年后，伊尹决定再次停止向夏王进贡，夏桀虽再次起兵，但"九夷之师不起"，伊尹觉得灭夏的时机已经成熟，便协助商汤立即攻夏。夏桀战败南逃，汤先灭掉了夏王朝的三个属国，然后向西进军，很快灭亡了夏朝。这一战使商汤伐夏取得了胜利，也是伊尹助汤建立商王朝所立的第一件大功。

商朝建立后，伊挚被封为尹。《史记·殷本纪》皇甫谧注云："尹，正也，谓汤使之正天下。"

九世的混乱

商汤逝世后，他的两个儿子外丙和仲壬先后继位。仲壬逝世后，商汤的孙子太甲登上王位。太甲继位的前期表现还可以，但是后来渐渐变得残暴，贪图享乐，使得朝政混乱。于是，作为四朝元老的伊尹把太甲放逐到桐邑（今河南虞城），自己摄政。

桐邑在商汤墓的附近，太甲到那里后，看到祖父的墓很简陋，又从守墓人那里听说了许多祖父艰苦创业的事迹，对自己的所作所为感到愧疚，于是深刻反省，加以改正。七年后，在确定太甲已经改过自新后，伊尹迎回了这位废君，将政权重新交还给他，并辅佐他成为一位勤政爱民的好君王。

不过，在《竹书纪年》中，却有另一种记载，伊尹将太甲放逐后自立为王，七年后，太甲偷偷回到都城，将伊尹杀死后复位，但伊尹的儿子伊陟和伊奋依然在朝中为官。但出土的甲骨文中记载，一直到商代末年，商朝仍然在祭祀伊尹，所以《竹书纪年》中的说法可信度并不高。

商王朝在建立之初，帝位是传给弟弟的，最后由最幼的弟弟再传给长兄的长子，依此类推。从第十世商王仲丁到第十八世商王阳甲这五代九王期间，多次发生争夺王位的权力斗争，王位时常更迭，王室子孙为了争夺王位相互残杀。

为了结束这种混乱的局面，商朝废除了"兄终弟及"的制度，一律改为"父亡子继"，以保安宁。

盘庚迁殷

商王朝的命运一直很坎坷，除了王位的频繁更迭，还有黄河的不断泛滥，迫使商王朝迁都达六次之多。商汤建立商朝的时候，国都定在亳（今河南商丘）。到了第二十代王盘庚时，国都始终没有最终安定下来。

盘庚是个能干的君主，为了改变当时社会不安定的状况，他决心再一次迁都。大多数贵族因为贪图安逸，都不愿意搬迁，甚至煽动平民起来反对，闹得很厉害。

盘庚面对强大的反对势力，并没有动摇迁都的决心，坚持带着平民和奴隶，渡过黄河，搬迁到了殷（今河南安阳小屯村）。在那里盘庚整顿了商朝的政治，使衰落的商朝出现了复兴的局面。以后二百多年，商朝一直没有迁都，从此商朝又被称作殷商。

从那时候起，经过三千多年的漫长岁月，商朝的国都早就变为废墟。近代人们在安阳小屯村一带发掘到了商朝国都的遗址，称之为“殷墟”。

殷墟中出土了大量龟甲（就是龟壳）和兽骨，有十多万片，在这些龟甲和兽骨上，都刻着文字——甲骨文，也就是我们现在使用的汉字的雏形。

商王朝崇拜祖先，也崇拜鬼魂和管理鬼魂的神灵，甚至鬼魂所居住的山岳河流都是他们崇拜的对象。从战争征讨到疾病、婚嫁，无论大事小事，商朝人在做决定之前都要征求祖先的意见，即向鬼神请示。请示的方法依靠占卜。占卜必须在隆重的祭祀典礼中举行，才能得到祖先的喜悦和赐福。于是祭祀就成了国家的第一要政，比军事和政治都重要。

商朝人把占卜的结果，也就是祖先鬼神的重要指示，刻在乌龟甲壳上或其他兽类的骨骼上，作为记录保存，这就是我们今天见到的甲骨文。

武丁开创鼎盛时代

商朝在武丁时期达到鼎盛，社会繁荣，百姓生活安定。武丁是一位有政治才能的君王，雄才大略，有着远大的政治理想。他年少时曾在民间生活，为了使殷商复兴，他破格提拔了有才能的人傅说，任以为相，励精图治，对四周侵扰商王国的诸如羌方、土方、人方、鬼方、虎方、荆楚等进行了征讨。四方诸侯都臣服于商朝，国家出现了繁盛的局面。

这一时期，商朝的农业、手工业都有了很大发展，商业也繁荣起来，还出现了铜制的海贝货币，用来进行贸易。由于商朝是一个极其重视祭祀的王朝，青铜礼器十分发达，青铜制造业有很大的发展。青铜器皿种类多，制作非常精巧，像“司母戊”方鼎，重量有875公斤，高130厘米，鼎上刻着精细的花纹，可见当时的冶铜技术和艺术水平已达到了相当高的程度。

除了礼器，商代的青铜兵器种类也很多，且使用广泛。商王的近卫部队、商军主力和战车兵都是装备青铜兵器的，只有一些消耗量特别大的兵器，如箭镞，仍用骨石和蚌质兵器。

武丁在位的五十九年间，社会平稳，经济繁荣。但这位英主的晚年却并不幸福。

武丁的夫人妇好，英勇善战，在武丁征讨外邦时，不仅同他一起出征，还立下了赫赫战功，深得武丁的喜爱。妇好死后，武丁虽然另立了新王后，但仍然思念妇好，郁郁寡欢，对新王后百般冷落，致使这位王后在忧郁中病故。武丁继而立了第三个王后，生下儿子祖甲。为了让祖甲继承武丁的王位，新王后不断在武丁面前中伤妇好的儿子孝己。武丁逐渐受到蒙骗，不但日渐疏远孝己，甚至禁止孝己拜祭自己的母亲，导致孝己在忧愤中结束了自己的生命。

孝己死后，祖甲本可以获得王位的继承权，但他却不想在众目睽睽之下靠母亲的帮助登上王位，于是在宣布他是继承人的当天夜里潜逃出宫。武丁因此大受打击，从此一病不起。

商代文明的见证——殷墟遗址

公元1889年，王懿荣偶然发现了甲骨文，他意识到这是很珍贵的文物，于是开始重金收购。著名学者罗振玉得知这些甲骨来自于河南安阳的小屯村，也多次派人去那里收购甲骨，并对其上面的文字作了一些考释，认为小屯村就是文献上所说的殷墟。其后，王国维对这些甲骨文上的资料进行了考据，进一步证实这里就是盘庚迁都的都城。1928年殷墟进行科学发掘以来，发现了大量都城建筑遗址和以甲骨文、青铜器为代表的丰富的文化遗存，展现了中国商代晚期辉煌灿烂的青铜文明，奠定了殷墟作为中国古代第一个有文字可考的古代都城地位。随着考古发掘的日益深入，殷墟的范围和内涵仍在不断地扩大。

商纣亡国

武丁之后，商朝逐渐转向没落，到了纣王帝辛的时候，终于走到了尽头。

纣王名叫帝辛，“纣”是后世给他的谥号，意为残义损善。帝辛见多识广，力大无穷，不用武器，仅凭双手就可以格杀猛兽，能把九头牛倒拉着走，而且颇有辩才。但他骄傲、自负，以为他人“皆出己之下”。帝辛的聪明足够使他拒绝规劝，智慧也足够使他掩饰错误。

从帝辛登上王位开始，宫廷建筑就没有停止过。他花费七年时间修建了“瑶宫”，与宠妃苏妲己一同居住。王宫中的肉像山林一样堆着，酒不是盛在瓶子里，而是盛在一个大池子里，酒波荡漾，可以在上面划船。帝辛和苏妲己就在这“酒池肉林”中举行宴会，男男女女都裸露着身子，嬉笑追逐，整夜狂欢，连续七个昼夜大吃大喝，然后沉醉不醒。

帝辛与夏桀一样，对酷刑有着偏好，他创造的酷刑可谓五花八门。其中对人肉进行加工、烹煮尤为恐怖，包括肉醢、肉脯和肉羹。肉醢是将人剁成肉酱，肉脯是将人烤成肉干，肉羹是把人肉做成肉汤。这不仅使百姓受害，就是诸侯也难于幸免。

妲己害政

苏妲己与帝辛有着相同的爱好，看到有人赤脚走过结冰的小溪，她就命人敲碎那人的腿骨，研究他为什么不怕冷。看到孕妇，就下令剖开她的肚子，看看未出生的胎儿是什么模样。

帝辛有三个忠心的大臣：九侯、鄂侯和姬昌。九侯的女儿是帝辛的妃子之一，由于她不善于承仰颜色，帝辛就把他们父女剁成了肉酱。鄂侯据理力争，也被剁成肉酱。姬昌听到这个消息后，叹了一口气，结果被逮捕。

姬昌是周部落的酋长，他的部落因为他有很高的才干，都尊称他是圣人。姬昌被囚禁后，帝辛将姬昌的儿子姬伯邑考处决后，做成肉羹拿给姬昌吃。为了图谋日后报仇，姬昌只好忍痛吃掉。帝辛见此情形，得意地到处宣称说：“谁说姬昌是圣人，他连自己的儿子都吃。”由此他也解除了对姬昌的戒心。这时周部落献上大批名马、美女和珠宝，换回了姬昌。姬昌回去后不久便逝世了，临终时他告诉儿子姬发，一定要消灭商王帝辛。姬发于是开始积极备战。

看到形势日益严峻，商王朝的大臣祖伊向帝辛提出了警告。可帝辛却说：“我应天命而生，不同于普通人，怕什么？”帝辛的叔叔比干进言规谏，惹得帝辛大怒，说：“我听说圣人的心有七窍，你好像是圣人，不知道你有几窍。”接着下令把比干的心挖出来看。敢于进言的臣子都被杀光了，帝辛的日子也走到了尽头。

西周：历史转折的朝代

周文王之子周武王姬发，灭商后建立周王朝，定都于镐京。

公元前771年，周幽王被申侯和犬戎所杀，周平王迁都洛邑，西周时代结束。

西周共传了11代，12个王，大约经历了275年。

西周时期，境内的各部落与民族不断融合，华夏民族逐步形成。

为巩固统治，周王朝采取了“众建诸侯，裂土为民”的分封制，农业是主要的社会生产形式，“井田制”是贵族生存的经济基础。

武王伐纣

商代最后一个国王纣，是中国历史上有名的残暴君主。他大肆兴建琼楼瑶台，整日“以酒为池，以肉为林”，和他所宠幸的妲己以及贵族们宴饮享乐。为了满足自己的享受，他加重赋税，激化了社会矛盾。百姓反抗他的暴政，他就用重刑镇压。他施行“炮烙”之刑，有反对他的人，就绑在烧得通红的铜柱上活活烙死。

这一时期，渭河流域的姬姓周部落逐渐发展壮大，部落的首领武王姬发积极策划消灭商朝。他继承父亲文王的遗志，在姜尚等人的辅佐下，国力日渐增强。当商军主力远征东方，国内军队比较少的时候，周武王联合其他部落，率领兵车300辆，虎贲3000人，士卒45000人，进军牧野（今河南淇县西南）。牧野距离商纣王所居的朝歌只有70里，他们在这里举行了誓师大会，公布纣王的罪状，决心率军与纣王决战。

当时，商纣王已感觉到周人对自己的威胁到了比较严重的程度，决定对周用兵。然而这一计划，却因为东夷族的反叛而无法实施。为平息东夷的反叛，纣王将主力部队调去进攻东夷，使得西线的防御极为空虚。与此同时，商朝统治集团内部的矛盾也已不可调和，商纣不听劝谏，肆意胡为，残杀王族重臣比干，将箕子关押起来，并逼走了微子。武王、姜尚等人充分把握了这一有利战机，决定乘此机会讨伐纣王，经过牧野之战，武王战胜了商朝军队，结束了商王朝的残暴统治。

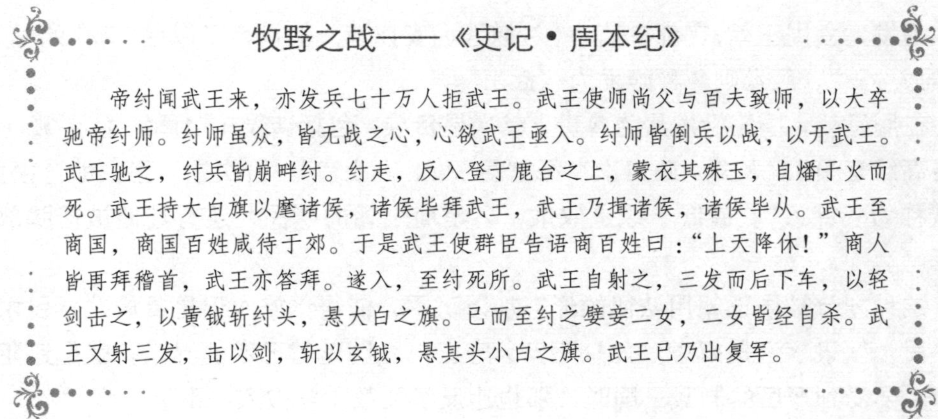

牧野之战——《史记·周本纪》

帝纣闻武王来，亦发兵七十万人拒武王。武王使师尚父与百夫致师，以大卒驰帝纣师。纣师虽众，皆无战之心，心欲武王亟入。纣师皆倒兵以战，以开武王。武王驰之，纣兵皆崩畔纣。纣走，反入登于鹿台之上，蒙衣其殊玉，自燔于火而死。武王持大白旗以麾诸侯，诸侯毕拜武王，武王乃揖诸侯，诸侯毕从。武王至商国，商国百姓咸待于郊。于是武王使群臣告语商百姓曰："上天降休！"商人皆再拜稽首，武王亦答拜。遂入，至纣死所。武王自射之，三发而后下车，以轻剑击之，以黄钺斩纣头，县大白之旗。已而至纣之嬖妾二女，二女皆经自杀。武王又射三发，击以剑，斩以玄钺，县其头小白之旗。武王已乃出复军。

分封制的建立

周天子自称"周命于天"，为了巩固奴隶主的统治，西周时期采取了分封诸侯的政治制度。周武王灭了商朝后，封神农的后裔于焦，封黄帝的后裔于祝，封帝尧的后裔于蓟，封帝舜的后裔于陈，封大禹的后裔于杞。

周代的大规模分封是在周公摄政和成康时期，是为了巩固周天子对广大的土地的统治。《吕氏春秋·观世》上说："周之所封四百余，服国八百余"；《荀子·儒效》上说："(周公)兼制天下，立七十一国，姬姓独居五十三人"；《左传》中也记载了西周分封的状况："兄弟之国十有五人，姬姓之国者四十人"。

在西周分封的诸侯国中，按辈分来看，文王子辈的有管、蔡、郕、霍、鲁、卫、毛、聃、郜、雍、曹、滕、毕、原、酆、郇等，武王子辈的有邘、晋、应、韩、凡、蒋、邢、茅、胙、祭等。这些封国的位置多在今关中地区和黄河中下游地区，是当时经济发展最好的地方。还有其他姬姓诸侯国，如芮、息、随、贾、沈、密、郑、虢、滑、樊等。除了同姓被封为诸侯外，西周时期，还有不少异姓被封为诸侯，如姜姓的厉、吕、申、向、许；妫姓的陈；嬴姓的江、黄；子姓的宋；曹姓的邾、邹；曼姓的邓等。在受封的异姓诸侯国里，最强大的是齐国，影响比较大的是楚国。从周初开始，诸侯国的分封延续了很长时间。

宗法制的兴起

姬发建立周王朝，定都在镐京（今陕西西安以西），他抛弃了以往“帝”的称谓，改称为“王”。后世则尊称姬发为“武王”。

在周王朝，国王姬发最为尊贵，其次是贵族，包括诸侯（封国君主）、卿（政府最高级官员）、大夫（政府次高级官员）、士（武官）。再次是平民，即自由民，也被称为“庶人”。最低一级是奴隶，多是商王朝的遗民，还有其他被征服部落的俘虏。

这种划分被周王朝用法律的形态加以巩固，使得贵族永远是贵族，平民永远是平民，奴隶永远是奴隶。如果不安分守己，企图逾越已定的界限，就是违犯了法律，要受到严厉的制裁；同时，那也违反了礼教，要被人所不齿。

在这种社会基础上，周王朝以首都镐京为中心，沿着渭水下游和黄河中游划出一块广大的土地，称为“王畿”，由国王直接统治。王畿以外的所有土地则全部分封。封国的面积很小，二十个或三十个封国联合在一起，也没有王畿大，各封国像群星捧月一样，环绕着王畿。封国内，君主对封国内的平民、奴隶具有绝对的权力；对国王则每年要到首都觐见并进贡。当周王对外作战时，各封国的君主都要率领部队，听候调遣。

各封国之间地位平等，但由于封国的面积不一样，所以国君的爵位也有高低之分。爵位，是周王朝的新生事物之一，分为公、侯、伯、子、男五级。封国的爵位也是世袭的，实行“嫡长子继承制度”，即以母亲的身份和儿子出生的先后，把所有的儿子划分为“嫡”、“庶”。在众多儿子中，只有嫡长子才是唯一有权继承爵位的人。庶子即使比嫡长子年龄大，比嫡长子有才能，也不能继承。即“传嫡不传庶，传长不传贤”。如果嫡长子死了，则由嫡长子的嫡长子（即嫡长孙）继承。所有庶子和嫡次子都不能问津。如果嫡长子没有留下后代，那么嫡次子才有可能继承王位。

周朝建立的这个宗法制度，防止了各级贵族对爵位、财产的争夺，有效地维护了社会秩序，因此被此后的历代王朝所接受，一直到 20 世纪清王朝覆亡，这种宗法制才跟着消亡。

烽火戏诸侯

公元前781年，周宣王死了，其儿子姬宫湦继位，就是周幽王。

公元前780年，岐山崩裂，泾水、渭水、洛水相继干涸。赵国（今山西洪洞北）国君姬带提醒姬宫湦说："山崩川竭，显示人的血液枯干，肌肤消失。岐山又是周王朝的创业之地，一旦塌陷，更将非同小可。大王如果求贤辅政，还可能消除天怒。如果仍然只是一味地找美女、觅艳妇，恐怕要生变乱。"可姬宫湦根本听不进去，并把姬带贬回了他的封国。

戏举烽火

见此情形，褒国（今陕西汉中西北）国君褒珦又进谏说："大王既不畏惧上天的警告，又舍弃忠良，国家如何能够治理好？"姬宫湦大怒，把褒珦囚入监狱。

褒珦在监狱里被关了三年。褒家的人在乡下买了一个美丽的女子，取名褒姒，把她献给姬宫湦，替褒珦赎罪。姬宫湦得了褒姒后，异常高兴，马上就释放了褒珦。

姬宫湦十分宠爱褒姒，可是褒姒自从进宫以后，从没笑过一次。姬宫湦想尽办法，可就是无法让美人开颜。没办法，姬宫湦便传下话去：谁能让王妃娘娘笑一下，赏一千两金子。大臣虢石父这时站出来，给姬宫湦出了一个主意。

原来，周王朝为了防备犬戎部落的进攻，在骊山（今陕西临潼东南）一带造了二十多座烽火台，每隔几里地就有一座。如果犬戎打过来，把守第一道关的兵士就点起烽火；第二道关上的兵士见到烽火后，也会立即点燃烽火。这样一个接一个，附近的诸侯见到了，就会发兵来救。虢石父对姬宫湦说："现在天下太平，烽火台长久没有使用了。大王跟娘娘不如上骊山去玩。到了晚上把烽火点起来，让附近的诸侯见了赶来，上个大当。娘娘见了这许多兵马扑了个空，一定会笑起来。”

姬宫涅听到这个妙计，不禁拍手叫好，马上带褒姒上了骊山，当晚就在骊山上点起了烽火。邻近的诸侯看到烽火骤起，以为犬戎打过来了，急忙带领兵马来救。没想到赶到一看，却发现一个犬戎兵也没有，山上还有一阵阵奏乐和唱歌的声音。这时姬宫涅派人告诉他们说：“谢谢各位，没有外寇，我只不过用烽火解闷罢了。请你们原路回去，等候犒赏。”那些封国国君好不容易才相信自己的耳朵，于是纷纷偃旗息鼓，狼狈而去。

褒姒不知缘由，突然看见骊山脚下急匆匆地来了好几路兵马，吵嚷一番后又乱哄哄地走了，就问姬宫涅是怎么回事。姬宫涅一说原委，褒姒果然笑了一下。见褒姒开了笑脸，姬宫涅大喜，赏给虢石父一千两金子。从此，姬宫涅更加宠爱褒姒，并废掉了王后和太子，立褒姒为王后，立褒姒生的儿子伯服为太子。

西周灭亡

周幽王立褒姒为王后，而原来的王后被废，王后所生的太子宜臼也被褒姒所生的儿子取代。原王后的父亲是申国的诸侯，他得到这个消息后，与犬戎联合出兵，将镐京包围。姬宫涅听到犬戎进攻的消息，惊慌失措，连忙下令把骊山的烽火点起来。烽火烧起来了，可是诸侯因为上次上了当，以为这次又是周幽王在戏弄他们，没有一支军队赶来援救。京城里的人马不足以抵挡敌军的进攻，于是犬戎兵像潮水一样涌进城来，杀了姬宫涅、虢石父和伯服，抢走了褒姒，将王宫内的财物洗劫一空，临走时还放了一把大火。待各路诸侯得知犬戎真的进攻镐京，匆匆赶来时，镐京已成为一片废墟。

于是，原来的太子姬宜臼被立为周王，即周平王。他虽然得到晋国、郑国和虢国等诸侯的支持，但周王室已十分衰微。周朝西边大多数土地都被犬戎占了去，平王恐怕镐京保不住，在公元前770年，把国都迁到了洛邑。从此，自周平王至周景王，洛阳作为东周的都城存在了三百余年的时间。

洛邑在镐京之东，周朝从此便被称为“东周”，而镐京时代则为“西周”。

在周幽王姬宫涅的烽火中，西周结束了，东周时代来临。周平王成为东周的第一位天子，虽然勉强支撑残局，但是周王室已经衰微，诸侯之间互相兼并的情况越来越多，中国历史进入春秋时代。

周王室走向衰微

周平王东迁后，周王朝的版图只剩下了中原地区，王畿随之缩小，只剩下洛邑周围不过两万平方公里的弹丸之地。财源和兵源一天天趋于枯竭，再没有力量支持原有的威风和尊严。于是，各封国产生了自行扩张领土的野心。

第一个发难的是郑国国君姬掘突，他不满意自己狭小的疆域，于是把女儿嫁给了邻近胡国的国君。公元前 763 年，姬掘突召集会议，讨论应该先向谁用兵。大臣关其思说："胡国最近，是最好的目标。"姬掘突义愤填膺，大吼说："郑、胡两国有长期的友谊，胡国国君又是我的女婿，你竟有这种不仁不义的想法，天理不容。"随即把关其思斩首。胡国国君大为感动，不再在边界设防。结果，姬掘突发动奇袭，灭掉了胡国。对于郑国灭掉胡国这件事，周王朝竟然毫无反应，其他诸侯国见此情景，都明白周王朝的威风已不复存在。

姬掘突逝世后，其子姬寤生继位。此时的周王室，平王也刚刚逝世，桓王姬林继位。姬林年轻气盛，由于看不惯姬寤生的飞扬跋扈，免去了他在王室的职务。姬寤生为了报复，公然派军队进入王畿，把刚成熟的小麦和稻米统统割去。姬林除了气得七窍生烟外，根本无法制止。

郑国不久后与宋国发生了战争，一直不分胜负。姬寤生看到王畿丰收，于是来到洛邑朝觐。姬林问他："郑国粮食收成如何？"姬寤生说："托大王洪福，五谷丰登。"姬林如释重负，说："那就好，王畿的粮食，我可以留下自己吃了。"然后送给姬寤生十车黍米，并说："请你收下，郑国如果再遇荒年，请不要来抢。"姬寤生用绸缎把这十车黍米密密包住，招摇过市，说："宋国久不朝贡，国王赐下十车绸缎，命我们讨伐宋国。"于是，鲁国、齐国都派出军队，与郑国联盟，击败了宋军。取得胜利后，姬寤生便把周王忘在脑后了。周王朝规定，封国国君三年不入朝进贡，即被视为叛逆。姬林见姬寤生久不进贡，于公元前 707 年，亲率军队讨伐郑国。

如果在镐京时代，郑国必然认罪，听候处分。可在春秋时代，郑国不但不认罪，反而出兵应战。只一战，周王室的军队就败下阵来。姬林被郑国大将祝聃一箭射中左肩，狼狈逃回了洛邑。

郑国这一箭，摧毁了四百余年周王朝国王的最高权力和威望，各诸侯国开始竞相扩大自己的势力。

春秋·诸侯林立的格局

东周前期，周天子的统治依旧存在，但作用已是日渐衰微，各诸侯国相互征伐，他们会忽然结成盟友，也会突然绝交。这段历史时期，史书上称为春秋时期。

春秋时代，先后有五个诸侯国的势力异常壮大，被后世称为“春秋五霸”。每一个霸权都曾煊赫一时，但也只是在自己的周边建立势力。

长勺之战

长勺之战

周庄王十三年（公元前684年），齐军仗着自己的军事实力强大，侵入鲁国境内。鲁庄公没有与齐军交锋，而是暂时避开齐军锋芒，撤退到有利于反攻的长勺（今山东曲阜北郊）。齐国的大臣都很轻视鲁军，认为鲁国军队不堪一击，于是声势汹涌地发起攻击。鲁庄公见齐军进攻，就要擂鼓下令应战。这时曹刿劝阻说：齐兵士气正旺，我军出击正合敌人心愿，没有胜利的把握，“宜静以待”，暂时不要出击。庄公便命令鲁军在阵地坚守，只令弓弩手射击。齐军无法厮杀，又冲不进鲁军阵地，反而被鲁军弓弩猛射以致不能前进，只得向后撤退。稍事休整后，鲍叔牙下令展开第二次攻击，曹刿仍然劝庄公不要出击，坚守阵地。齐军攻势虽猛，但无法攻进阵内，士气受到影响，又一次退回到原阵地。

齐军的前两次进攻，鲁军都坚守不出，鲍叔牙和齐军将领都认为鲁国军队害怕了，于是齐军发起了第三次进攻。曹刿看到这次齐军来势虽猛，但势头与前两次相比已有所减弱，认为出击时机已成熟，立即建议庄公反击齐军。庄公亲自擂起战鼓，命令军队攻击。鲁军将士此时士气高昂，奋勇出击，令齐军无法阻挡，把齐军打得溃败而退。

鲁军获胜后，庄公传令追击。曹刿认为，齐国是大国，一向善于作战，不容易判定是不是真正的失败，很可能另有埋伏，于是阻止庄公追击。他登轼而望，见齐军败退得没有秩序，兵器倒曳；又下车观察齐军战车的车辙，发现也十分混乱，于是判定齐军是真正溃败，才建议庄公大胆追击。庄公令鲁军猛打猛追，齐军受到了沉重的打击，鲁国俘获了大量甲兵和辎重，把齐军赶出了国境。鲁军获胜后，庄公向曹刿询问战争胜利的原因。曹刿说：作战的时候，全凭勇气，“一鼓作气，再而衰，三而竭”，“彼竭我盈”所以能战胜敌人。在谈到追击的问题时，曹刿说：“夫大国，难测也，惧有伏焉”，“吾视其辙乱，望其旗靡”，才同意下令追击。

尊王攘夷

齐桓公执政后，在管仲的辅佐下，对内政、经济、军事等多方面进行了改革，物质基础和军事实力都有了很大的提高，接着又打出了“尊王攘夷”的旗帜，以辅佐周天子的名义征伐不服的诸侯。

“尊王”，就是尊崇周天子的权力，维护周王朝的统治。公元前 655 年，周惠王打算另立太子。齐桓公会集诸侯国君，与周天子盟，确定了太子的正统地位。第二年，齐桓公因郑文公没有参加会盟，率联军讨伐郑国。又过了几年，齐桓公率各诸侯国国君与周襄王派来的大夫会盟，确立了周襄王的王位。公元前 651 年，齐桓公在葵丘召集鲁、宋、曹等国国君及周大夫宰孔举行会盟。宰孔代表周王正式将齐桓公封为诸侯长。同年秋天，齐桓公以霸主身份主持了葵丘之盟。此后如果有诸侯侵犯周王室，齐桓公就会以诸侯长的身份过问和制止。

当时，中原各国将游牧于长城外的戎、狄和南方楚国称为“夷”。“攘夷”，就是抵御他们对中原诸侯的侵扰。公元前 664 年，山戎攻打燕国，齐军救燕。公元前 661 年，狄人攻打邢国，齐桓公采纳管仲“请救邢”的建议，出兵打退了狄兵，并为邢国在夷仪建立了新都。次年，狄人大举攻卫，并杀死了卫懿公。齐桓公率诸侯国替卫国在楚丘建立新的都城。经过不断努力，齐桓公有力地回击了一再北侵的楚国，到公元前 655 年，联军伐楚，迫使楚国同意向周王室进贡，楚国也表示愿加入以齐桓公为首的诸侯联盟，这就是召陵之盟。对楚国的讨伐，抑制了楚国向北方扩大势力范围的势头，保护了中原诸国的利益。

“尊王攘夷”政策，使齐桓公的霸业显得合理合法，同时也对中原经济和文化的发展起到了一定的保护作用。

晏婴使楚

春秋末期，楚国的强大使诸侯畏惧，小国都去朝拜楚国，大国也不敢不与之结盟，楚国成了当时诸侯国中的霸主。齐景公命齐相国晏婴出使楚国，当楚灵王听说齐国使者是相国晏婴后，对身边的大臣说：“晏婴身高还不到五尺，但他的贤名却闻于诸侯，寡人以为楚国比齐国强，应该好好羞辱齐国一番，扬我楚国之威，怎么样？”太宰对楚灵王说：“晏婴应对问答反应机敏，一件事不足以使其受辱。”于是就向楚王献出计策，以羞辱晏婴，楚王非常高兴，依计而行。

晏婴身穿朝衣，坐着车来到了楚国都城东门，见城门未开，便叫守门人开门。太宰早已吩咐了守门人，于是守门人指着旁边的小门说：“请相国从这狗洞中进去吧！这洞口很宽敞，足够您从这里进入，又何必费事打开城门进去呢？”晏婴听罢，笑着说道：“这可是狗进出的门，并非人进出的门，只有出使狗国的人才从狗门出入，出使人国的人只能从人门出入，我有点糊涂了，到底自己是来到了人国，还是来到了狗国呢？我想楚国不是狗国吧！”守门之人将晏婴的话向楚灵王作了报告，楚灵王听罢，想了一想，也无可奈何，只好吩咐打开城门，晏婴便堂堂正正地进入了楚都。

楚灵王一见到晏婴，马上问：“齐国是不是没有什么人才？为什么派你这样一个矮子作为使者？”晏婴说：“大王，齐国人多着呢。国都临淄有百万人口，每人呼一口气，就能形成云，每人淌一滴汗，就像下雨一样。街市上行人川流不息，摩肩接踵，怎么能说没有人才？只是敝国的规矩是，贤明之人到贤国出使，不肖之人到不肖之国出使，大人到大国出使，小人到小国出使。像我这样无才无德的人，只能被派到楚国，请大王原谅。”

楚王一时不知说什么好，这时一对武士押着一名犯人从殿前经过，楚王问道：“这个罪犯是哪国人？所犯何罪？”“是齐国人，是因盗窃而被抓。”“晏相国，齐国人是不是有偷东西的毛病呀？”晏婴知道楚王的用意是想取笑自己，报刚才之辱，但是他依然从容地回答说：“小臣听说淮水以南的橘子称为橘子，非常甜美，若移至淮水以北，就会变成枳树，结的果子，又涩又苦很不好吃。之所以会出现这两种截然不同的情况，实在是因为土地的原因。正如这个齐国人出生在齐国，并不是盗贼，而是一个良民，可是来到楚国，为什么却变成了盗贼呢？这是楚国让他变成这样。楚国对于齐人来讲，正如橘子之于淮北，这和齐国又有什么关系呢？"

楚王沉默了好久，叹道："寡人本来打算今天让您受到些侮辱，没想到竟被您嘲笑了，是寡人做错了，请您原谅吧！"楚王善待晏婴，晏婴圆满完成了出使任务，回到齐国。

晏婴面对着强大的楚国和傲慢的君主，毅然予以反击，他不卑不亢，不但维护了其个人的名声，并且还保护了齐国的声威。

宋襄公兴"仁义之师"

齐桓公死后，他的儿子们为争夺王位互相厮杀。宋襄公率领兵马打到齐国，帮助公子昭取得了王位，即齐孝公。

齐国本来是各诸侯的盟主，如今齐孝公靠宋国的帮助得到了君位，宋国的地位也就自然提高了。宋襄公从此雄心勃勃，想继承齐桓公的霸主事业。他约会各诸侯开会，但只有三个小国听从他的命令，几个中原大国都没有回应。宋襄公决定联络楚国，共同制服那些不听他号令的诸侯。楚国虽然愿意与宋国结盟，但楚成王却打定主意要自己做盟主，因此两国不欢而散。

公元前 638 年，宋襄公出兵攻打郑国，郑国向楚国求救。楚成王见此情形，没有发兵救郑国，而是带领大队人马直接去打宋国。宋襄公没提防这一招，连忙赶回来，在泓水（今河南柘城西北）南岸与楚国形成对峙之势。

两军隔岸对阵后，楚军开始渡水进攻。宋国公子目夷见楚人忙着过河，就对宋襄公说："楚国仗着兵多，居然在白天渡河，不把咱们放在眼里。趁他们还没渡完的时候，咱们迎头打过去，一定能打个胜仗。"

宋襄公说："不行！咱们是讲仁义的国家。敌人渡河还没有结束，咱们就打过去，还算什么仁义呢？"待全部楚军渡河上岸，乱哄哄地排队摆阵势时，公子目夷又对宋襄公说："这会儿可不能再等了！趁他们还没摆好阵势，咱们赶快打过去！"宋襄公又责备他说："你太不讲仁义了！人家队伍都没有排好，怎么可以打过去呢？"

不一会儿，楚国的兵马摆好阵势，随着战鼓敲响，楚军像大水冲堤一般向宋军攻来，宋襄公大腿中箭，只得败退。

宋襄公逃回国都商丘后，国人议论纷纷，埋怨他不该跟楚国人打仗，更不该

那么个打法。公子目夷把大家的议论告诉宋襄公。宋襄公揉着受伤的大腿，说："依我说，讲仁义的人就应该这样打仗。比如说，见到已经受了伤的人，就别再去伤害他；对头发花白的人，就不能捉他当俘虏。"

宋襄公的腿伤一直没好，过了一年便死了，争霸的事业也就此搁浅。

晋文公成就霸业

晋国国君姬诡诸，后世称为献公。他灭掉霍、耿、魏、虞、虢、骊戎、北狄等小国，扩大了晋国疆域，为文公的称霸打下了基础。

晋献公有三个儿子，长子姬申生为太子，次子姬重耳，三子姬夷吾。晋献公晚年宠爱骊姬，便想改立骊姬的儿子姬奚齐为太子。骊姬设计害死了太子姬申生，姬重耳和姬夷吾被迫出逃。

晋献公死后，晋国的大臣们不满骊姬，发动政变，杀死了骊姬和姬奚齐。逃亡的姬夷吾听到晋国内乱的消息，向秦穆公嬴任好求助，许诺自己在继位后割五个城池给他作为酬劳。嬴任好于是派军队护送姬夷吾回国。可是，姬夷吾继位后立即食言，连一个城池也没有割给秦国。公元前 645 年，秦国大举攻晋，姬夷吾兵败，除了照割五城外，还把儿子姬圉送到秦国作为人质。

嬴任好很喜欢姬圉，把最心爱的女儿怀嬴嫁给了他。可是，当姬圉听说父亲病危后，怕其他兄弟趁他不在夺取宝座，心急如焚，于是抛下怀嬴私自逃回了晋国。如此一来，嬴任好大为震怒，认为他们父子全是忘恩负义之徒。恰巧姬重耳流亡到秦国，嬴任好就把怀嬴又嫁给了姬重耳，并许诺帮他复国。

公元前 637 年，姬夷吾去世，姬圉继位。第二年，强大的秦兵就攻陷了晋国首都绛城（今山西翼城），晋国大臣杀死了姬圉，迎立姬重耳继位，后世称其为晋文公。

晋文公继位后，执行通商宽农的政策，国内经济开始复苏。这时周王朝内发生内乱，周襄王被弟弟夺位，逃出国后无处可去。晋文公听取了大臣赵衰"入王尊周"的建议，发兵勤王，帮助周襄王夺回了王位。

在周王朝内乱平息后的第二年，楚王率领曹、卫两国攻宋。宋国向晋国乞援，晋文公出兵先打败了曹、卫两国，又与楚国在城濮（今山东鄄城）决战，楚国大败。

通过城濮之役，晋国声名大震。晋文公在践土（今河南原阳）会盟各诸侯，周襄王也亲自参加会盟，封晋文公为侯伯，晋文公成为了诸侯中的霸主。

城濮之战

公元前633年，楚国攻打宋国，宋国向晋国求救。次年晋文公率军由棘津（今河南滑县西南）渡河，向楚国的附属国曹、卫进攻，企图引诱楚军来救援，替宋解围。晋早在正月就占领了卫国的五鹿（今河南清丰西北），并很快占领了卫国全境。

晋文公守信

三月，晋军攻占了曹国都城陶丘。但楚军并不援救，反而加紧围攻商丘。宋国向晋告急，晋文公采纳了先轸的建议，利用秦、齐“喜贿怒顽”的心理，使用外交手段制造秦、齐与楚的矛盾。一面让宋向秦、齐行贿，请两国出面求楚退兵，一面将曹、卫之地分给宋，以坚定宋抗楚的决心。楚国没有攻下商丘，而曹、卫之地又被晋送给了宋国，因此楚国拒绝退兵。秦、齐于是派兵帮助晋国，形成三强联合对楚的局势。

楚成王见形势对自己不利，害怕秦乘机攻其后方，率军退至申邑，并令围攻商丘和缗邑以及占领谷邑的楚国军队也撤回。但楚军围攻商丘的主将子玉是个自负的人，他坚持与晋交战。楚成王有所动摇，同意了子玉的主张，但又不肯全力决战，只派了六百王室亲兵增援子玉。子玉派人对晋国说：只要晋国让曹、卫复国，楚国就不再围宋。晋国君臣认为形势利于自己，希望决战，但又担心不答应子玉的条件，会被宋、曹、卫三国仇恨。于是他们一面暗中答应让曹、卫复国，劝其断绝与楚国的交往，一面扣留楚国使臣，以激怒子玉。子玉果然大怒，要求一战，率军进逼陶丘。晋文公为使楚军疲劳，诱使子玉轻敌深入，于是退避三舍（一舍为15千米），退到城濮，与秦、齐军队会合。

四月初一，楚军来到城濮；初二，双方交战。晋军在秦、齐军队的声援下，配置为上、中、下三军；楚军以陈、蔡的军队为右军，申、息的军队为左军，本国主力为中军。晋军统帅先轸下令首先将较弱的楚右军击溃；并让晋上军假装败退，于阵后拖柴扬尘，使对方误以为后军已退，以诱楚左军进击，使他们的侧翼暴露，而后回军与中军合击敌军，又击溃了楚国的左军。子玉及时收住兵力，才避免了中军败溃。楚军败退到连谷时，子玉自杀。这一战，晋文公及先轸等人，能够事先充分运用外交谋略；决战中，又按先弱后强的顺序，将敌军各个击破，这对先秦战术思想的发展起了重要作用。

一鸣惊人

秦穆公死后，他的儿子把穆公时代的功臣都殉葬了，其后秦晋两国虽然长期兵戎相见，秦人却始终不能东进，于是秦人转而联楚抗晋。依靠了秦国的支援，楚国逐渐强大起来了。

楚国位于南方，楚庄王熊旅继位后，三年都不曾发布过任何政令，每天只是玩乐，他还下令：凡是进谏的人都要被处死。大臣伍举一天对楚庄王说："有鸟在高处，三年不飞不鸣，这是什么鸟？"楚庄王回答说："三年不飞，一飞冲天；三年不鸣，一鸣惊人。你下去吧，我知道你的意思了。"

从此以后，楚庄王开始从政，任用伍举、苏从、孙叔敖等人，大力发展农业和商业，国力日渐雄厚。

公元前 606 年，楚庄王远征北方陆浑（今嵩山地区，距洛阳仅 60 千里）的戎部落，把戎部落灭掉后，又率领大军到了洛阳近郊，向周王示威。惊慌失措的周王急忙派大臣送去大批慰劳品，并问楚庄王为何屯兵于此。楚庄王说："我想看看九鼎有多大，问问它们到底有多重。"

九鼎是用青铜铸成的礼器，每一个鼎就代表夏王朝时代的一个州。周王朝掌有它，是作为中国最高统治的一种权力象征。周王的使臣回答说："九鼎归周是天命，它的轻重不宜过问。"楚庄王大笑说："放心，我不要你的九鼎。只凭我国内的挂钩，就够铸出九鼎了。"

楚庄王在问鼎以表雄心之后，又率兵攻晋伐宋，宋人被围，易子而食，纷纷投降。楚国一举统一了长江、汉水、淮水流域，南下打到今云南地区，统一了南方许多蛮族部落，让华夏文明得以向南传播，从而促进了民族的融合。

弭兵之会

从楚庄王二十三年（公元前 591 年）楚庄王去世，至楚共王十一年（公元前 580 年）的十一年里，晋、楚两国一直对抗激烈，但同时，由于双方实力都不如从前，也开始进行和平交往的试探。

晋、楚争霸，处于中间地带的宋、郑等中小国家是受害者。这些弱国的统治者也希望停止战争。于是，就出现了第一次弭兵之会。

公元前582年秋，晋、楚在激烈对抗的同时，也相互试探实现和平的可能性。据《左传·成公九年》载，晋景公曾面见楚国俘虏钟仪。钟仪是公元前584年被郑国俘获后献给晋的，晋景公与他作了一番友好的交谈。范文子建议放钟仪回楚，“使合晋、楚之成”。晋景公也赞成，“重为之礼，使归求成”。这年冬天，楚共王也及时地将公子辰放回晋国，“报钟仪之使，请修好、结成”。第二年春天，晋景公又派使者出使楚国。

公元前580年，宋国的华元得知晋、楚两国使者互访，就主动出来促成晋、楚结盟。华元本人与晋国的栾书以及楚令尹子重都有私交，于是先后来到楚、晋两国，“合晋、楚之成”。经过华元的努力，公元前579年5月，晋大夫士燮与楚公子罢、许偃于宋西门之外结盟，12月，晋厉公和楚公子罢在晋国的赤棘结盟。

宋西门之盟，只是暂时缓和了晋、楚双方的对抗，并未真正达到停兵与和平的目的。

公元前560年，楚共王去世，其子楚康王继位。公元前558年，晋悼公去世，其子晋平公继位。

晋平公继位后，为确立霸主地位，即于公元前557年在溴梁会盟宋、鲁、卫、郑等国国君。齐灵公没有来，只派大夫高厚参加。看到晋国国势强盛，许灵公背楚从晋，遂请迁于晋，许国大夫则反对，晋国于是攻打许国，并乘势攻打楚国，楚军失败。这是楚康王、晋平公时双方之间的一次较大规模的作战，但也只是局部性的。

伍子胥伐楚

伍子胥名员，字子胥，本是楚国人。公元前522年，楚平王要把原来的太子建废掉。这时候，太子建和他的老师伍奢正在城父（今河南襄城西）镇守。楚平王怕伍奢不同意，先把伍奢叫来，诬说太子建正在谋反，一面派人去杀太子建，一面又逼伍奢写信给他的两个儿子伍尚和伍子胥，叫他们回来，以便一起除掉。伍尚回到郢都（今湖北江陵西北）后，就跟父亲一起被楚平王杀害了，伍子胥则逃了出去。

楚平王旋即下令悬赏捉拿伍子胥，并叫人画了伍子胥的像，挂在楚国各地的城门口。传说伍子胥一连几夜愁得睡不着觉，连头发都愁白了，结果相貌大变，这才混出关去。

逃到吴国后，伍子胥辅佐吴王阖闾修法制以任贤能，奖农商以实仓廪，治城郭以设守备，又举荐深通兵学的孙武为将，选练兵士，整军精武，终于使吴国成为东南地区的强国。

这时，伍子胥做的第一件事就是进攻楚国，经过五次战役，终于攻破了楚国的国都。当初，伍子胥在逃跑时曾对朋友申包胥说："我一定要颠覆楚国。"申包胥则说："我一定要保存楚国。"等到吴兵攻进郢都后，伍子胥挖开了楚平王的坟，拖出他的尸体，鞭打了三百下才停手。当时申包胥已经逃到山里，他派人去对伍子胥说："您这样报仇，太过分了！我听说人多可以胜天，天公降怒也能毁灭人。您原来是平王的臣子，亲自称臣侍奉过他，如今竟然侮辱死人，这难道不是伤天害理到极点了吗！"伍子胥对来人说："你替我告诉申包胥，我就像太阳落山的时候，路途还很遥远。所以，我要逆情悖理地行动。"于是申包胥跑到秦国去求救，秦国不答应。申包胥就站在秦国的朝廷上日夜不停地痛哭，七天七夜都没有中断。秦哀公同情他，说："楚王虽然是无道昏君，可是有这样的臣子，能不保存楚国吗？"于是他就派遣了五百辆战车拯救楚国，攻打吴国，吴国这才退兵。

后来司马迁曾评价说："怨毒对于人类来说实在是太厉害了！……假使伍子胥追随他的父亲伍奢一起死去，和蝼蚁又有什么区别。放弃小义，洗雪重大的耻辱，以至于让名声流传后世。可悲啊！当伍子胥在江边困窘危急的时候，在路上沿途乞讨的时候，他的心志难道曾经有片刻忘掉郢都的仇恨吗？所以，克制忍耐，成就功名，如果不是刚正有气性的男子，谁能达到这种境界呢！"

孙武练兵

孙武字长卿，后代人尊称他为孙子，是春秋末年著名的军事家。孙武本是齐国人，因为齐国内部争权夺利的斗争愈演愈烈，让孙武极其反感，而当时南方的吴国国势逐渐强盛，很有新兴的气象，于是孙武认定吴国是他理想的施展才能和实现抱负的地方，十八岁时，他毅然离开故土投奔吴国，由此展开了一生的恢弘事业。

孙武自来到吴国后一直隐居著书，经过伍子胥多次的推荐，吴王才答应接见他。孙武于是带着他刚写就的兵法觐见吴王，吴王将兵法一篇一篇看罢，啧啧称好，但他又忽然产生一个念头：兵法头头是道，是否真适合于战争的实用呢？孙武能写兵法，那怎样才能证明他不止是一位纸上谈兵的人呢？于是吴王便对孙武说："你的兵法十三篇，我已经逐篇拜读，确实是耳目一新，受益匪浅，但不知实行起来如何，可否用它小规模地演练一下，让我们见识见识？"

孙武回答说："可以。"吴王又问道："先生打算用什么样的人去演练？"孙武答："随君王的意愿，用什么样的人都可以。不管是高贵的还是低贱的，也不论是男的还是女的，都可以。"吴王想给孙武出个难题，便要求用宫女来演练。于是，吴王下令将宫中美女一百八十名召到宫后的练兵场，交给孙武去演练。

孙武把一百八十名宫女分为左右两队，指定吴王最为宠爱的两位美姬为左右队长，让她们带领宫女进行操练，同时指派自己的驾车人和陪乘担任军吏，负责执行军法。一切安排就绪后，孙武击鼓发令，然而尽管孙武三令五申，宫女们却不听号令，只觉得好玩可笑。孙武于是召集军吏，要斩两位队长。吴王见孙武要杀掉自己的爱姬，马上派人传命说："寡人已经知道将军能用兵了。没有这两个美人侍候，寡人吃饭也没有味道。请将军赦免她们。"孙武毫不留情地说："臣既然受命为将，将在军中，君命有所不受。"孙武执意杀掉了两位队长，再任命两队的排头充当队长，继续练兵。当孙武再次击鼓发令时，宫女们不敢再调笑，前后左右，进退回旋，全都合乎规矩，阵形十分齐整。

孙武命人请吴王检阅，吴王因为失去爱姬，心中不快。孙武对吴王说："令行禁止，赏罚分明，这是兵家的常法，为将治军的通则。对士卒一定要威严，只有这样，他们才会听从号令，打仗才能克敌制胜。"听了孙武的一番解释，吴王怒气消散，便拜孙武为将军，开始了一系列的争霸活动。

卧薪尝胆

楚国称霸南方后，对北方虎视眈眈。北方诸国中，晋国的势力最为强大，晋楚两国长期对峙，一直难分胜负。

当时南方有两个小诸侯国——吴国和越国，国力日渐强大。晋国联合吴国，想以此制楚。而楚国联合越国，希望以此制吴。吴越两国由此长期对立。

公元前515年，阖闾在伍子胥的帮助下，成为吴国国王。阖闾重用伍子胥和孙武，与楚国对抗。伐楚的战争异常顺利，吴军五战五胜，攻下了楚国都城郢（今湖北江宁以南），楚昭王逃跑。

吴王阖闾打败楚国后，成了南方霸主，都城设在吴（今江苏苏州）。因与越国（都城在今浙江绍兴）素来不和，公元前496年，两国在槜李（今浙江嘉兴西南）展开大战。吴王阖闾满以为自己国力强盛，可以打赢越国，没想到却打了败仗，自己也中箭受伤。回到吴国后不久，阖闾就咽了气，他临死时对其子夫差说："不要忘记报越国的仇。"夫差记住这个嘱咐，叫伍子胥和大臣伯嚭日夜操练兵马，准备复仇。

公元前 494 年，吴王夫差亲自率领大军攻打越国。越国大夫范蠡对越王勾践说：“吴国练兵快三年了。这回决心报仇，来势凶猛。咱们不如守城，不跟他们作战。”勾践不同意，发大军去跟吴国军队硬拼，结果失败，带领残余部队 5000 人退守会稽山。

勾践派大臣文种去求和，大臣伍子胥表示反对。但由于越国送上大批珠宝，还有美女西施，所以吴王夫差不顾伍子胥的反对，答应了越国，但是要勾践亲自到吴国来做人质。

勾践把国家大事托付给文种，自己带着夫人和范蠡到了吴国。夫差让勾践夫妇住在阖闾坟旁的一间石屋里，叫勾践给他喂马，范蠡也跟着做奴仆的工作。夫差每次坐车出去，勾践就给他拉马，这样过了两年，夫差认为勾践已经真心归顺了他，就放勾践回国。

勾践回到越国后，立志报仇雪耻。他唯恐眼前的安逸消磨了志气，便在吃饭的地方挂上一个苦胆，每逢吃饭的时候，就先尝一尝苦味，然后问自己：“你忘了会稽的耻辱吗？”他还在睡觉时把席子撤去，用柴草当作褥子。这就是后人传诵的“卧薪尝胆”。

勾践亲自参加耕种，叫他的夫人也亲自织布，以此来鼓励人们生产。因为越国遭到亡国的灾难，人口大大减少，所以他制定出奖励生育的制度，并叫文种管理国家大事，叫范蠡训练人马。

公元前 482 年，吴王夫差与晋国交战，勾践趁机攻打吴国，杀死了吴国太子。公元前 473 年，越国再次攻打吴国，夫差兵败自杀。勾践于是在徐州（今山东滕县）大会诸侯，成为春秋时期的最后一个霸主。

三家分晋

经过春秋时期长期的争霸战争，许多小的诸侯国被大国吞并了。有的国家内部发生了变革，大权渐渐落在几个大夫手里。这些大夫为了扩大自己的势力，用减轻赋税的办法笼络人心，势力越来越大。

一向被称为中原霸主的晋国，到了晋厉公的时代，国君的权力开始衰落，实权由六家大夫把持。他们各有各的地盘和军队，并且互相攻打。后来有两家被打散了，只剩下智家、赵家、韩家和魏家。这四家中，又以智家的势力最大。

智家的大夫智伯瑶想侵占其他三家的土地，对三家大夫赵襄子、魏桓子、韩康子说："晋国本是中原霸主，后来被吴、越夺去了霸主地位。为了使晋国强大起来，我主张每家都拿出一百里土地和户口来归给公家。"

三家大夫都知道智伯瑶心存不良，想以公家的名义逼他们交出土地。可是三家心不齐，韩康子首先把土地交出，魏桓子不愿得罪智伯瑶，也把土地交了。

智伯瑶于是向赵襄子要土地，襄子不答应，说："土地是上代留下来的产业，说什么也不送人。"智伯瑶气得火冒三丈，联合韩、魏两家发兵攻打赵家。赵襄子自知寡不敌众，就带着自家兵马退守晋阳（今山西太原）。

智伯决水灌晋阳

晋阳城凭着城高、弓箭多，死守了两年多，三家兵马始终没能把它攻下来。智伯瑶命令士兵在晋阳城东北的晋水上拦河筑坝，等到雨季来临时，在水坝上掘开豁口，大水直冲晋阳。哪知晋阳城的老百姓恨透了智伯瑶，宁可淹死，也不肯投降。

赵襄子见此情景，派大臣张孟谈偷偷地出城，找到了韩康子和魏桓子，约他们反过来一起攻打智伯瑶。三家一拍即合，当即里应外合，一举消灭了智伯瑶。

赵、韩、魏三家灭了智家，不但把智伯瑶侵占两家的土地收了回来，连智家的土地也由三家平分。公元前 403 年，韩、赵、魏三家派使者上洛邑去见周威烈王，要求周天子把他们三家封为诸侯。周威烈王看到三家势力已然壮大，便承认了他们的诸侯地位。公元前 377 年，三家联合灭了晋侯，将晋国土地一分为三，正式瓜分了晋国。

从此以后，韩、赵、魏也成了中原大国，加上秦、齐、楚、燕四个大国，展开了更加凶猛的混战，历史从此进入了纷乱的战国时代。

战国：七国纷争的乱世

战国时代的来临，表示更大规模的战争即将开始。为了在兼并战争中取得胜利，各诸侯国开始进行变法，希望用改革来使国力增强。

战国时期的长期兼并战争，让中国的社会结构发生了巨大的改变。世袭贵族千余年来对土地和知识的垄断权丧失了，平民以及奴隶通过军功掌握了权力。私学的大量涌现，让平民也有了学习知识的机会。一个人的权力，不再取决于他的祖先是不是贵族，而取决于他自己的思想和能力。

李悝变法

李悝（前455- 前395）是战国初期魏国杰出的政治家，他主张“为国之道，食有劳而禄有功，使有能而赏必行、罚必当”，还要“夺淫民之禄，以来四方之士”。有赏有罚，唯才是用，这个思想成为了战国时甚为流行的法家主张，不少国家都因贯彻这些主张而走向富强。

在经济策略方面，尽地力之教是李悝的主要主张，他认为田地的收成和为此付出的劳动成正比，“治田勤谨则亩益三斗，不勤则损亦如之”。他又认为粮贵则对士民工商不利，谷贱则伤农，善治国者必须兼顾士民工商和农民双方的利益。他指出五口之家的小农，每年除衣食、租税和祭祀等开支外，还亏空四百五十钱，这就是农民生活贫困和不安心于田亩的原因。他针对此情况作“平籴”法，即将丰年分成大熟、中熟、小熟三个等级，按比例向农民籴粮；把荒年也分成大饥、中饥和小饥，在大饥之年把大熟之年所籴的粮食发放给农民，其余则类推。这样可使饥岁的粮价不至于猛涨，农民也不会因此而逃亡或流散。由于能“取有余以补不足”，所以“行之魏国，国以富强”。

而《法经》的编订，则是李悝在法律制度方面做出的重大贡献。其中包括盗、贼、囚、捕、杂、具六罪。盗是指侵犯财产的犯罪活动，大盗则成为守卒，重者要处死。窥宫者和拾遗者要受膑、刖之刑，表明即使仅有侵占他人财物的动机，也仍构成犯罪行为。贼律是对有关杀人、伤人罪的处治条文，其中规定，杀一人者死，并籍没其家和妻家。杀二人者，还要籍没其母家。囚、捕两篇是有关劾捕盗贼的律文。杂律内容包罗尤广，包括淫禁：禁止夫有二妻或妻有外夫；狡禁：有关盗窃符玺及议论国家法令的罪行；城禁：禁止人民越城的规定；嬉禁：关于赌博的禁令；徒禁：禁止人民群聚的禁令；金禁：有关官吏贪污受贿的禁令。具律是《法经》的总则和序列。《法经》出现后，魏国一直沿用，后由商鞅带往秦国，秦律即从《法经》脱胎而成。汉律又承袭秦律，故《法经》在中国古代法律史上有非常重要的地位。

齐国改革

公元前356年，齐威王田因齐即位，一度迷恋弹琴，不理朝政，使国家日趋衰败。周边国家看到齐国软弱，接连起兵进犯，齐国连吃败仗。

一天，一个叫邹忌的人，自称是高明的琴师，要拜见齐威王。齐威王很高兴，立即召见邹忌。邹忌走进内宫聆听齐威王弹琴。听完后连声称赞。齐威王不等邹忌称赞声落音，连忙问道：“我的琴艺好在哪里？”邹忌躬身道：“我听大王那大弦弹出来的声音十分庄重，就像一位名君的形象；那小弦弹出来的声音清晰明朗，就像一位贤相的形象；大王运用的指法十分精湛纯熟，弹出来的个个音符都十分和谐动听，该深沉的深沉，该舒展的舒展，既灵活多变，又相互协调，就像一个国家明智的政令一样。听到这悦耳的琴声，怎么不令我叫好呢！”邹忌接着说道，“弹琴和治理国家一样，必须专心致志。七根琴弦，好似君臣之道，大弦音似春风浩荡，就像国君一样；小弦音如山涧溪水，好似臣子一般；应弹哪根弦就认真地去弹，不应该弹的弦就不要弹，这如同国家政令一样，七弦配合协调，才能弹奏出美妙的乐曲，这正如君臣各尽其责，才能国富民强、政通人和。”

齐威王说：“先生，你的乐理说到我的心坎里了，也请先生试弹一曲吧。”邹忌于是坐到琴位上，两手轻轻舞动，只摆出弹琴的架势，却没真的去弹。齐威王见邹忌如此，恼怒地指责道：“你为何只摆空架子而不真弹琴呢？难道你敢欺君？”邹忌答道：“臣以弹琴为生业，当然要悉心研究弹琴的技法。大王以治理国家为要务，怎么可以不好好研究治国的大计呢？这就和我抚琴不弹，摆空架子一样。抚琴不弹，就没有办法使您心情舒畅；您有国家不治理，也就没有办法使百姓心满意足。这个道理大王要三思。”

齐威王因之醒悟，开始启用邹忌进行变法，赏罚分明，任用贤才，使齐国在齐威王和齐宣王的时代强盛起来。

商鞅变法

秦国的变法最为著名。

秦孝公嬴渠梁为了变法图强，打出求贤的大旗。秦孝公许诺：能出奇计强秦者，与之分土。商鞅于是入秦变法。

商鞅在颁布变法令之前，把一根三丈长的木棍立在首都栎阳城（今陕西临潼）的南门，下令说，“把它拿到北门的人，赏十两黄金。”大家都不相信。商鞅又提高赏金为五十两。一个好奇的青年把它拿了过去，果然如数得到赏金。

商鞅的这着妙棋，让秦国人对他产生了极高的信任。接下来，商鞅就颁布了自己的改革措施：

一、颁布《秦律》，要求人们遵守礼仪，父子、兄弟、姐妹不能同睡在一个炕上，必须分室而居。

二、统一度量衡制度。

三、编制户籍，十家编为一组，互相勉励生产和监督行动，一家犯法，其他九家有检举的义务。而检举本组以外的其他犯罪，跟杀敌的功勋一样，有重赏；藏匿犯人，跟藏匿敌人一样，要重罚。

四、规定每一个人都要有正当职业，游手好闲的人，包括世袭贵族和富商子弟，如果不能从事正当职业，一律当作奴隶，送到边疆垦荒。

五、其他国家的人，凡愿意到秦国从事垦荒的，九年内不收田赋。

六、鼓励生产。耕田织布特别好的，积存粮食特别多的，免除赋税和劳役。

七、一家有两个成年男子的，必须分家。

八、人际间发生争执的，必须诉诸官府裁判，不准私人决斗。私人决斗的人，不论有理无理，一律处罚。

九、对敌作战是第一等功勋，受第一等赏赐。只有作战有功者才有资格升迁。贵族的地位虽高，商人的财富虽多，如果没有战功，都不能担任政府官职。

商鞅的变法持续了十八年，宣传更是深入人心，就是乡间妇女也能把变法内容讲得头头是道。因为变法侧重军事，所以秦国自此崛起，成为一个超级强国。

不过，商鞅的变法虽然让秦国富强起来，却给他自己带来了灾难。一些旧贵族因商鞅的变法失去了权力和财富，将其视为眼中钉，不断进行诋毁。秦孝公死后，继任的秦惠王以谋反罪，判商鞅车裂之刑。

商鞅虽然死了，但他的改革举措却被秦惠王一如既往地执行下去，为日后秦统一六国奠定了坚实的基础。

燕昭王求贤若渴

燕国本来也是个北方大国，只是在燕王哙的时候发生了内乱，致使国势急转直下。到燕昭王继位后，立志要使燕国重新强大起来。

燕昭王登门拜访老臣郭隗，说："齐国趁我们国家内乱侵略我们，这个耻辱我是忘不了的。但是现在燕国国力弱小，还不能报这个仇。要是有个贤人来帮助我报仇雪耻，我宁愿伺候他。您能不能推荐这样的人才呢？"

郭隗摸了摸自己的胡子，讲了一个故事："古时候有个国君，最爱千里马，派人到处寻找，找了三年都没找到。有个侍臣打听到远处某个地方有一匹名贵的千里马，就跟国君说，只要给他一千两金子，准能把千里马买回来。国君挺高兴，就派侍臣带了一千两金子去买。没料到侍臣到了那里，千里马已经害病死了。侍臣想，空着双手回去不好交代，就把带去的金子拿出一半，把马骨买了回来。侍臣把马骨献给国君，国君大发雷霆，说：'我要你买的是活马，谁叫你花了钱把没用的马骨买回来？'侍臣不慌不忙地说：'人家听说你肯花钱买死马，还怕没有人把活马送过来？'这个消息一传开，大家都认为那位国君是真的爱惜千里马。不出一年，果然从四面八方送来了好几匹千里马。"

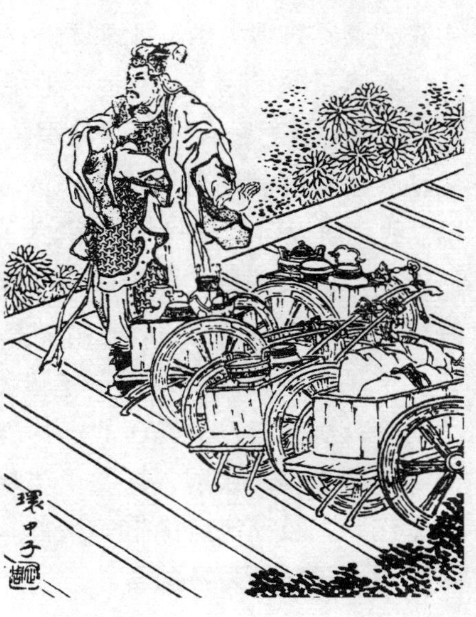
济上劳军

郭隗说完了这个故事，说："大王要征求贤才治国，我愿意当马骨。"

燕昭王大受启发，马上派人造了一座精致的大房子给郭隗住，还拜郭隗为老师，礼遇丰厚。各国有才干的人听到燕昭王这样真心实意招揽人才，纷纷赶到燕国，其中最出名的，就是赵国人乐毅。燕昭王拜乐毅为亚卿，请他整顿国政，训练兵马，燕国一天天强大起来。

公元前284年，燕昭王拜乐毅为上将军，联合了五国兵马，浩浩荡荡杀奔齐国。只一仗，就把齐国军队打得一败涂地，乐毅亲率大军，一直打下了齐国都城临淄。当时的齐国国君齐湣王，逃出都城不久就被人杀死了。燕昭王认为乐毅立了大功，亲自到济水边劳军，封乐毅为昌国君。

乐毅离燕

乐毅率燕军在半年内接连攻下齐国七十余座城池，让燕国前所未有地强盛起来。

公元前278年，燕昭王死，太子乐资继位，史称燕惠王。燕惠王做太子时，就与乐毅有矛盾，所以当他继位以后，便对乐毅用而不信。齐国大将田单探知此种情况后，乘机进行反间，派人到燕国散布说："齐国大片土地全在燕国军队手里。乐毅能在短期内攻下齐国七十余城，难道用几年工夫还打不下剩下的两座城池吗？其实他是想用恩德收服齐人之心，为他叛燕自立做准备。"

燕惠王本来就猜疑乐毅，听了这些话信以为真，派骑劫为大将去齐接替乐毅。乐毅深知燕惠王收回他的兵权，想要加罪于自己。他认为"善作者不必善成，善始者不必善终"，于是决定拒绝回燕而奔向了西边的赵国。赵惠王见乐毅归赵，隆重地接待了他，并封他于望观津，号望诸君。赵王这样尊宠乐毅，是借以警惕燕、齐，使他们不敢轻举妄动。

骑劫寡思少谋又骄狂自大，乐毅奔赵后，他一反乐毅原来的战略部署和争取齐人的正确政策，而施之以残暴，激起了齐国军民的强烈反抗。结果，田单用火牛阵把燕军打得大败，收复了齐国所失城池，将燕军逐出齐境。

燕惠王非常后悔，可他不但不肯认错，反而怨恨乐毅奔赵，派人责难乐毅说："先王曾把全国之兵托付给将军，将军为燕大败齐军，报先王之仇，天下人为之震动，我也时刻记着你的功绩。可是刚逢先王去世，我又初立，听信于左右而误国。我之所以派骑劫代替将军，为的是将军经年累月暴露于荒郊野外，怕你太辛苦，所以请你回来调息，并想同你共议国是。将军却误听传言，和我产生怨隙，弃燕降赵。将军为自己打算，这样做是合宜的，可你要如何报先王的知遇之恩呢？"

于是，乐毅慷慨地写下了著名的《报燕惠王书》，针对惠王的无理指责和虚伪粉饰，表明自己对先王的一片忠心，及与先王之间的相知相得，驳斥惠王对自己的种种责难、误解，抒发了功败垂成的愤慨，申明自己不为昏主效愚忠，不学冤鬼屈死，故而出走的抗争精神。这才消除了燕惠王对乐毅的某些偏见，之后又封乐毅之子乐间为昌国君。

尽管乐毅受到不公，但他也并不因个人得失而说赵伐燕，以泄私恨，而是居赵、燕两国客卿的位置，往来通好，乐毅最后卒于赵国。

六国合纵抗秦

经过上述变法图强，魏、齐、赵、韩、楚、燕和秦相继强大，史称战国七雄。

这七雄并列，开始对身边的小国进行兼并。不久，七国便形成了对峙之势，开始了彼此之间大规模的兼并战争。

战争初期，七国互相交战，魏国占有少许优势。但随着战争的深入，秦国越战越勇，竟然一举夺取了魏国七百里土地，并迫使魏国向东迁移都城。

魏国的割地迁都引起了其他五国的震恐，它们开始联合起来，想方设法抵御秦国。于是，合纵的对策产生了。合纵，即从北到南，各国缔结军事同盟，共同抵御秦国的侵略，秦国如对某一国发动侵略，即等于向所有的盟国发动侵略，各国就会同时出兵作战。

第一次合纵在公元前 333 年签订。秦国对此立即采取措施，向魏国表示让步，愿把从前侵占魏国襄陵（今山西襄汾）地区的七个城市归还。魏国抵抗不了这个诱惑，同意脱离合纵。为了扩张土地，魏国还向赵国发动攻击。齐国在秦国的鼓动下，认为可以从赵国瓜分到土地，就也站在魏国这一边。两国军队虽然被赵国击退，但第一次合纵对抗盟约，只维持了一年便告瓦解。秦国在合纵对抗盟约瓦解之后，拒绝归还襄陵七城，魏国在大怒下攻击秦国，结果又被秦国击败。

公元前 318 年，第二次合纵对抗盟约达成，五国联军向秦国东方边界重镇函谷关（今河南灵宝东北）进发。当秦国守关大将樗里疾打开关门迎战之时，联军却震于秦军的声威，谁都不愿先行攻击。僵持了几天后，他们的粮道被秦国切断，楚国率先撤退，其他国的军队也跟着仓皇拔营，合纵对抗盟约又一次瓦解。

秦远交近攻

对秦国而言，虽然再一次瓦解了合纵联盟，但南面的楚国和东面的齐国永远是其最大的威胁，两国一旦联合紧密，秦国的形势必然危急。于是相国张仪决定凭自己的三寸不烂之舌，使楚、齐两国断交。

公元前313年，张仪出使楚国，向楚怀王建议说："只要贵国跟齐国断绝邦交，秦国愿把从前占领你们的商於（今陕西丹凤至河南西峡一带河谷）六百里地归还。"楚怀王听了十分高兴，想也没想就同意了，他立即宣布与齐国绝交，为了表示态度的坚决，还派人到边界上对齐国国君大肆辱骂，然后派使臣随同张仪到秦国接收土地。

结果，张仪交出的只是他自己的封地六里。使臣十分吃惊地说："我奉国王之命来此，言明六百里。"张仪也做吃惊状："你们国王一定是听错了，秦国每一寸土地都是从血战中得来，岂能平白送掉六百里？我说的是六里。"

使臣回报后，楚怀王愤怒至极，命大将屈丐进攻秦国，结果大败，汉中地区（今陕西南部）三百余里疆土丧失殆尽。

气急败坏的楚怀王动员全国兵力，向秦国做了最猛烈的一击。这一次一直攻到距秦国首都咸阳（今陕西咸阳）四十里的蓝田（今陕西蓝田），秦国岌岌可危。秦国于是向齐国求援，齐王恼恨楚怀王当初的辱骂，立即攻入楚国本土，韩、魏两国也开始集结军队，准备南下坐收渔翁之利。楚军因此不得不忍痛撤退。

公元前306年，楚、齐、韩三国第三次缔结合纵对抗盟约，准备攻秦。可是盟约刚刚签订，楚怀王又变了卦，致使三国无功而返。

为了不让六国的合纵策略再起作用，秦昭襄王任命范雎为相，实行"远交近攻"的策略。

近攻，就是对邻国施以武力，把它消灭。因为如果和邻国结交，恐怕变乱会在近处发生。远交，就是和远方的国家交好。当然，这种交好也不是长期和好，在消灭近邻之后，远交之国也就成了近邻，那时再开展新一轮的征伐也不晚。这个外交政策被有效地推行了，使所有国家都陷于了孤立。

范雎本是魏国中大夫须贾的一个门客，在一次出使齐国时，齐襄王欣赏他的才能，秘密邀他到齐国任职。范雎不愿背叛魏国，没有同意。齐襄王在失望之余，依然送给范雎一份厚礼，却再次被范雎拒绝。须贾听说后，既妒且怒，一口咬定范雎泄露了魏国机密，将他毒打后下狱。

范雎在遭遇了魏国官员的凌辱后，哀求狱卒救他，狱卒在把范雎救出后，暗暗送他回家疗养。后来范雎逃亡到秦国，向秦昭襄王提出远交近攻的外交政策。

长平之战

公元前 264 年，秦国首先攻击韩国，沿着黄河北岸向东挺进，占领南阳（今河南修武以西）。两年后占领野王（今河南沁阳），切断了韩国上党郡（今山西长治）与国都新郑的联系。

秦军一路逼近，占领了上党。在到达长平关（今山西高平王报村）后，由于老将廉颇的坚守，三年都没攻下。范雎于是用了反间计，向赵国散布谣言说："廉颇太老了，已经丧失了锐气，屡战屡败，早晚要投降。秦国最怕的是赵国的赵括，只要赵括不当统帅，秦国就一定会胜利。"

公元前 260 年，赵孝成王中计，将廉颇免职，任命赵括继任。

赵括是赵国名将赵奢的儿子，但他的本事只是纸上谈兵而已。赵括的母亲知道儿子被任命为统帅后，立刻上书给赵孝成王说："赵括是一个书呆子，只会读父亲的兵书，不会灵活运用，不是大将之才，请不要派遣他。"赵孝成王以为其老母谦让，仍然坚持。没办法，赵括的母亲只得请求说："如果一定要用他，万一丧师辱国，但求赦免我们全家。"赵孝成王答应了。

赵括就任后，撤除所有防御工事，亲自率领精锐，向秦军最弱的营垒进攻。秦将白起下令退却。赵括突破秦军阵地后，仍保持猛烈的攻势以扩大战果，白起下令再退，然后派出二万五千人的奇袭部队，切断了赵括的退路。接着，白起又切断了赵军的粮道。赵括数次强攻，都无法突破秦军的包围。赵军勉强支持了四十多天，士兵们杀马充饥，战马杀尽后又互相攻杀，煮食战友的尸体。赵括无奈，亲自挑选了敢死队作最后一次突围，结果全军覆没，他自己也死在乱箭之下。赵军剩下的四十余万人全部投降。

为防兵变，白起命这四十余万饥饿疲惫的俘虏，进入长平关附近一个名为"杀谷"的深谷之中，然后将谷口两端堵塞。预先埋伏在山顶上的秦军，像暴雨一样地抛下土石，将四十余万赵军全部活埋。

长平关一役，活着回到赵国的只有二百四十人。赵国举国上下哭声震天，全国的青壮年几乎都在这一役中牺牲，赵国从此没落。

嬴政执掌秦国

长平之战四年后（公元前 256 年），秦国军队在征讨韩、赵两国的路上，顺手灭掉了周朝。公元前 246 年，少年嬴政继位，吕不韦主持朝政。

吕不韦是赵国人，嬴政的父亲嬴异人在赵国当人质的时候，与吕不韦结识。吕不韦把嬴异人视作奇货，投下大量赌注。他亲自去咸阳，靠谋略和贿赂，使得嬴异人排挤了所有的弟兄，被立为太子。不仅如此，吕不韦还把自己最宠爱的赵姬送给嬴异人，这位赵姬一年后生了一个儿子，就是嬴政。后来，异人回到秦国，将嬴政母子留在赵国做人质。吕不韦买通了华阳夫人，使得异人认华阳夫人为母，改名子楚，最终取得了华阳夫人的信任，后来继承王位，就是秦庄襄王。嬴异人继位三年就病死了。公元前 246 年，十三岁的嬴政坐上宝座，因其年幼，由太后和相国吕不韦执掌朝政。

由于嬴政年幼，吕不韦时常与太后（赵姬）偷情，后来他为了摆脱太后，献假宦官嫪毐给太后，嫪毐与太后生下两个私生子，又在太后的帮助下被封为长信侯，逐渐壮大自己的政治势力。

公元前 237 年，嬴政亲政，他先是打败了嫪毐的叛军，将嫪毐五马分尸，又将专权的吕不韦免职并放逐到巴蜀。然后，他听从了秦国贵族的建议，下“逐客令”驱逐客卿，但在看了李斯的《谏逐客书》后又取消了逐客的命令。他任命法家学派的李斯当宰相，制定了统一中国的伟大战略。

帝国建立

秦朝的皇帝在历史上的形象不好，实在是因为朝代太短，还来不及被神化。而新的王朝为了将自身神化，便不得不将他们妖魔化了。

——鲁迅

秦朝文明历程表

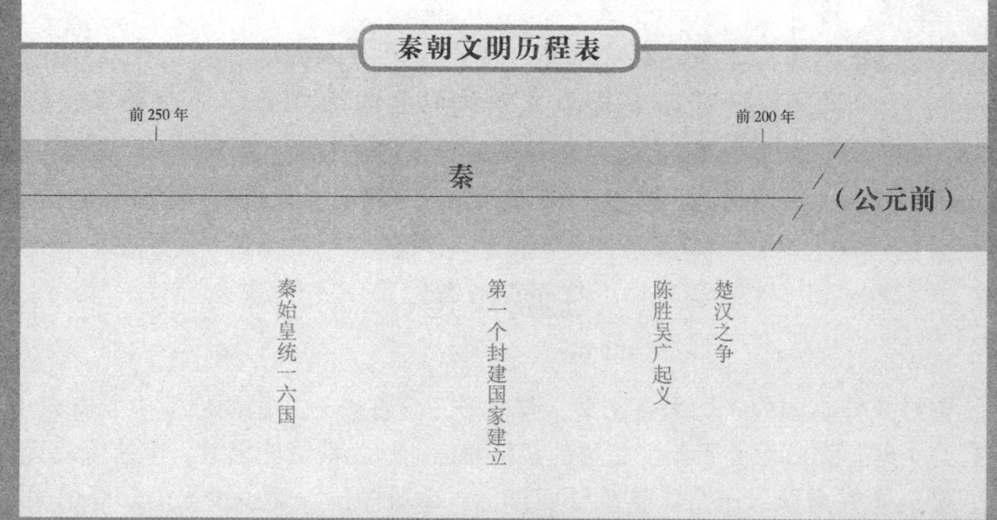

扫六国天下归一统

公元前 246 年，秦王嬴政继位，因其年幼，由太后和相国吕不韦及嫪毐掌管朝政。

公元前 238 年，秦王政亲政，除掉吕不韦、嫪毐等，重用李斯等人。

公元前 230 年，秦派内史腾领兵攻韩，韩亡。

公元前 229 年，秦将王翦领兵攻赵，前 228 年秦军入邯郸，赵亡。

公元前 227 年，燕太子丹派荆轲刺杀秦王，事败。

公元前 225 年，秦将王贲领兵攻魏，引河水和沟水灌魏都大梁，魏王投降，魏亡。

公元前 223 年，秦将王翦领兵六十万攻打楚国，楚王负伤被俘，楚亡。

公元前 222 年，秦攻辽东，俘燕王喜，燕亡。

公元前 221 年，秦将王贲领兵由北向南攻齐，俘虏齐王，齐亡。

王翦攻楚

曾经灭掉赵国的秦国大将王翦，与其子王贲在统一六国的战争中立有大功。攻打楚国时，嬴政倾心于年少壮勇的秦将李信，认为他贤能果敢。李信曾领兵数千，破燕军并虏获太子丹。嬴政曾问李信，欲破楚国，需多少人马。李信表示二十万即可。嬴政又问王翦，王翦道："非六十万不可。"嬴政于是说："王将军老矣，何怯也！李将军果势壮勇，其言是也。"于是派李信和蒙恬将兵二十万伐楚。王翦见状，托病辞官，回家养老去了。

不久秦军大败，嬴政后悔不已，知道王翦确有远见，于是他亲自向王翦谢罪，说：“我没有听从将军的话，李信终使秦军受辱，如今楚军逐日西进，将军虽有病在身，怎能忍心背弃寡人？”嬴政坚持要王翦领兵，王翦说：“若非要用老臣，必给我六十万大军。”嬴政答应了。

出征之日，嬴政亲自为他送行，王翦于是请求赏赐给自己大批田宅。嬴政说：“将军即将率大军出征，为什么还要担忧生活的贫穷呢？”王翦说：“臣身为大王的将军，立下汗马功劳，却始终无法封侯，所以趁大王委派臣重任时，请大王赏赐田宅，作为子孙日后生活的依凭。”秦始皇听了放声大笑。王翦率军抵达关口后，又曾五次遣使者向嬴政要求封赏。有人劝王翦说：“将军要求封赏的举动，似乎有些过分了。”王翦却说：“你错了。大王疑心很重，用人不专，现在将秦国所有的兵力交给我，我如果不用为子孙求日后生活保障为借口，多次向大王请赐田宅，难道要大王坐在宫中对我生疑吗？”

就这样，王翦集六十万大军来到前线，却是坚壁而守，不肯出战。楚军屡次挑战，秦军始终不出。王翦每日要求士兵休息洗沐，安排好的饭食安抚他们，同时与士卒同饭同食，意在养精蓄锐，消耗敌军，以待最后殊死一战。不久，王翦打听士兵们以什么来娱乐，有人回答说：“投掷石头，跳远比赛。”于是王翦发令出兵，一举大破楚军，进而灭亡了楚国。

秦灭六国

公元前 230 年，秦国大军攻陷了韩国都城新郑（今河南新郑），把韩国的国土设为颍川郡，开始了统一霸业。

韩国的灭亡引起了其他各诸侯国的震恐，赵国在过度紧张中，跳进了秦国间谍布下的圈套，把那位唯一可以挽救国家、忠心耿耿的名将李牧逼得自杀而死。公元前 228 年，秦国王翦攻陷邯郸，赵国灭亡。

此时的燕国由太子姬丹主持国政，大臣们劝他跟齐、楚、魏再组合纵联盟，姬丹认为那已不切实际，于是决心派刺客去刺杀嬴政。姬丹选择的刺客是著名的勇士荆轲，他的整个计划是：燕国向秦国请求合并，派遣荆轲献上燕国的地图，在嬴政接见荆轲的时候进行刺杀。

公元前 227 年，荆轲按计划准备刺秦。可是，当荆轲举起匕首时，嬴政敏捷地挣脱荆轲了。刺秦不成，荆轲被处死。愤怒的嬴政立即向燕国发起了攻击。公元前 226 年，蓟城（今北京）失守，燕王姬喜一直向东逃到襄平（今辽宁辽阳）。

秦军继续追击，姬喜不得已，又把太子姬丹缢死，将他的首级献给秦军，秦军方才撤退。

公元前 225 年，秦军进攻魏国，掘开黄河的堤防，使从天而降的河水灌入魏国都城大梁（今河南开封），魏国灭亡。

两年后（前 223 年），秦国名将王翦率领近六十万精锐，一举荡平了楚国。

公元前 222 年，秦军进攻襄平，生擒姬喜，燕国灭亡。

公元前 221 年，在五个诸侯国尽数灭亡之后，齐国没做任何有效抵抗便投降了。

至此，秦国在十年之内便灭掉了东方六国，持续了 260 年的战国时代到此终止，秦王嬴政完成了统一大业。

第一个统一的封建王朝

统一六国之后，嬴政认为自己德过三皇，功高五帝，因此下令废除国王的称号，改称皇帝。皇帝对自己则不再称“我”，而改称“朕”。嬴政废除了周王朝以来的谥号，所谓谥号，即一个尊贵的贵族死后，他的儿子、部下等人，根据他生前的行为，给他一个评价。如周王朝第一任国王姬发，被称为“武王”，即武功盖世之王。第十二任国王姬宫湦，被称为“幽王”，即黑暗不明之王。皇帝的区别以简单明了的数字作标准，如嬴政大帝自己称秦王朝的创始皇帝，即秦始皇，他的后裔称“二世皇帝”、“三世皇帝”以至“万万世皇帝”。

六国的时候，每个诸侯国都有各自的法律。秦始皇把它们统统废除，以秦朝律法为基础制定了一部新法，颁行全国。这套刑法的规定极为详细具体，也非常残酷。比如一个人犯了死罪，要株连三族；一家犯法，邻里连坐，等等。

秦始皇命令蒙恬在各郡之间修路，即现在所谓的国道。秦朝的“国道”统一为五十步宽，贯通整个帝国。不仅整个国家的道路一样宽，就连车子，秦始皇也严格规定了大小。当时普及的是独轮车和两轮车，秦始皇规定了两个车轮之间的距离，让全国的车都是一样的宽窄，并直接在路上画出车辙，让车子统一沿着车辙走。天长日久，大路上车轮印变成了浅沟，还自然地分出了“车行道”和“人行道”。以前六国的车辆各有宽度，车辆只能在本国行驶，一出国境，因为不能合辙的缘故就寸步难行。现在，秦国的车子可以畅通全国。在贯通各郡的大道上，每隔三尺即种植一棵松树或柏树，世界上最早的林荫大道就在这时产生了。

修筑万里长城

秦始皇灭六国取得了统一，他所得到的领土，包括了黄河、长江以及桑干河三大流域的大部分。然而有一个新兴的威胁使他不能安枕，那就是在北方沙漠上悄悄崛起的匈奴。匈奴最南边的边界，距秦朝首都咸阳只有四百千米，一天之内就可以兵临城下。

大将蒙恬除了亲率三十万大军北上外，还迁徙了三十万罪民到北河榆中（今内蒙古伊金霍洛）屯田戍边，迫使匈奴后退了七百余里。

除了北击匈奴，秦始皇还南征百越，统一了西南地区。当时的中国南方还处于蒙昧时期，广袤的蛮荒土地上，到处都是崇山峻岭、恶雾毒虫。还有强悍的百越人。秦军一面开路一面前进，在行军中完成了两项伟大的工程，一是打通了大庾岭，一是开凿了灵渠运河。

大庾岭属于五岭之一，把南中国分隔为二，秦军用双手在岭上辟出一条山道，使长江流域和珠江流域豁然相通。灵渠运河连接长江的支流湘江和珠江，穿过野蛮部落和巨山峡谷，贯通南北交通。

公元前 214 年，秦军攻占了岭南，设立桂林郡、象郡和南海郡，使中国的版图比以往任何时候都大，也奠定了中国领土的基础。

为了消除后顾之忧，秦始皇决心把匈奴逐出河套地区，为此，他下达了一个影响中国两千余年的伟大决策——修筑长城。

大将蒙恬接受了这项任务，他率领秦军越过黄河，挺进到阴山山脉（今内蒙古乌拉特后旗东南），将战国时代各国为了抵御北方蛮族劫掠而修建的小段长城连接起来。蒙恬连接、修筑的长城包括原来的燕国长城、赵国长城和秦国长城，东起辽东（今辽宁辽阳东南），西到临洮（今甘肃岷县），长达五千余千米，被称为万里长城。

焚书坑儒

秦始皇所采取的这些政治措施，对后世产生了极为深远的影响。可是在当时，仍有不少人对此表示反对，争议最大的就是郡县制。

博士淳于越就是反对郡县制最为积极的人，他认为自从周朝开始，一直都是

焚书坑儒

分封制，将自己的兄弟和有功的大臣封为诸侯，朝廷才能像枝叶茂盛的大树一样生长。而且郡县制是以前从没有过的，违背了古代圣贤的法则，一定不能长久。

秦始皇非常生气，想想自己特意在九卿之下设立了“博士”一职，给予优厚的俸禄，可这些人竟然总跟自己唱反调。

当时秦朝的博士，多是法、儒、道三家的门生，此时的道家与阴阳家结合，开始学着炼丹，因此在政治上主要是儒家与法家相争。

秦始皇到泰山封禅时，儒家学派的博士建议他在泰山立一块石碑，将自己的丰功伟绩刻上，以期万世敬仰。当然，那些夸耀秦始皇征服六国，创下丰功伟业的碑文，自然是儒生代笔了。公元前 219 年，这块颂德碑立在了泰山顶上，秦始皇十分高兴。于是，儒家学派认为机会来了，建议秦始皇分封诸子到各地去当国王。

李斯听到这个建议，对秦始皇说：“五帝的制度不相重复，三代的制度不相抄袭，应该各自使用各自的制度。儒家学者愚陋，对新的局面不能领略。淳于越说的古人的事，怎么能够效法？儒家只是一心一意崇拜古人，用虚伪的言语打击真实。见到新事物先议论纷纷，总说现在的不好，这是扰乱民心。”秦始皇对于扰乱民心是不能原谅的，于是下令焚毁儒家的书籍，超过六十天仍不焚毁的人，就要处以黥刑（在脸上刺字），还要罚做苦工。两个人以上聚在一起谈论儒书的，一律处决。儒书虽被焚毁了，但“博士”的职位还在，儒生们依然可以继续他们的研究。可是祸不单行，在焚书的第二年（前 212 年），发生了方士事件，成为“坑儒”事件的导火索。

秦始皇为了能够长生不死，让一些方士为他炼制仙丹。方士侯生、卢生在背地里抱怨，说秦始皇太过残暴，经常处死那些炼制不出仙丹的方士。秦始皇知道后大怒，认为这些儒生没事就聚在一起诽谤自己和朝廷，拿着国家的俸禄却没干什么实事，于是下令把首都咸阳所有的儒生都逮起来，调查他们平日有没有讽刺皇帝的言论。调查结果是，罪状确凿的有四百六十人，给他们的处罚是全部坑杀。

在奉行以法治天下的秦始皇看来，焚书坑儒是维护他尊严和统治的有效办法，是一种效果不错的政治手段。但后世的儒家学者却揪着这件事，骂了秦始皇两千多年，以至于提到秦始皇就想到他暴虐的统治，而忽视了他对统一做出的不朽功绩。

秦失其鹿，天下共逐

秦朝的暴政，从秦始皇在位时就开始了。秦始皇死后，胡亥在赵高和李斯的帮助下继位，就是秦二世。秦二世时期，秦朝的暴政愈演愈烈，终于激起反抗，爆发了大规模的农民起义。秦朝的暴政主要是：

第一，徭役繁重，使人口大量脱离生产，田地荒芜；

第二，推行严酷的刑罚，成为囚徒的有数十万人，大量农民被迫“亡逃山林，转为盗贼”；

第三，除田租、户赋外，还有繁多的苛捐杂税，赋税十分沉重；

第四，土地兼并严重，大量农民没有土地，成为流民。

沙丘之谋

公元前210年，秦始皇到东南一带去巡视。随他一起去的，有丞相李斯、宦官赵高和其次子胡亥。而秦始皇的长子扶苏则在上郡（今陕西榆林南）监军，和大将蒙恬一起防御北方匈奴。

在返回的路上，秦始皇病倒在平原津（今山东平原西南），吃药也不见好转。行至沙丘（今河北广宗西）时，其病情加重，秦始皇便吩咐赵高：“快写信给扶苏，叫他赶快回咸阳去。万一我好不了，就叫他主办丧事，继承皇位。”然而信写好还没来得及交给使者送出，秦始皇便咽气了。

李斯跟赵高商量说：“这儿离咸阳还远，我们随行的军马不是太多，万一皇上去世的消息传开，恐怕会发生混乱，不如暂时保密，不要发丧，回到咸阳再做处理。”

于是他们把秦始皇的尸体安放在车里，关上车门，放下窗帷子，外面的人什么也看不见。随从的人除了胡亥、李斯、赵高和五六个内侍外，别的大臣全不知道秦始皇已经死了。车队照常向咸阳进发，每到一个地方，文武百官都照常在车外奏事。由于正值盛夏，秦始皇的尸体很快腐烂了，发出阵阵恶臭。赵高为了掩盖这臭味，就买来许多咸鱼，企图用鱼腥味加以掩饰。

蒙恬是当初率军灭亡赵国的，赵高一家也因此沦为了奴隶，可以说，蒙恬与赵高有着不共戴天的国仇家恨。想到秦始皇的长子扶苏继位后，势必更加重用蒙恬，赵高于是与胡亥商量，准备将秦始皇的遗诏销毁，然后杀死扶苏，由胡亥继位。胡亥当然求之不得，但他们知道要干这样的事，必须赢得李斯的支持，否则不可能成功。

于是赵高找到李斯，说："现在皇上的遗诏和玉玺都在胡亥手里，要决定哪个接替皇位，全凭我们两人一句话。您看怎么办?"李斯大吃一惊，赵高接着说："您的才能比得上蒙恬吗？您的功劳比得上蒙恬吗？您跟扶苏的关系比得上他和蒙恬吗？"

李斯愣了一会儿，说："我比不上他。"赵高说："要是扶苏做了皇帝，他一定会拜蒙恬做丞相。到那时，您只能回家种地了。而公子胡亥待人宽厚，要是他做了皇帝，您和我都有好日子过。希望您好好考虑。"

赵高的游说果然起了作用，李斯是一个对权力极为看重的人，想到扶苏继承皇位以后，自己一定保不住丞相的位置，于是就和赵高、胡亥合谋，假造了一份诏书给扶苏，说他在外不能立功，反而怨恨父皇；将军蒙恬和扶苏是同谋，两人一同赐死，将兵权交给副将王离。

扶苏接到这封假诏书，万分悲痛。蒙恬怀疑这封诏书是伪造的，要扶苏向秦始皇申诉。可扶苏是个老实人，说："既然父皇要我死，哪里还能再申诉？"就这样自杀了。蒙恬也悲愤而死。

赵高等人到了咸阳后，宣布秦始皇死去的消息，举行丧葬，并且假传遗诏，由胡亥继承了皇位，就是秦二世。

腰斩李斯

李斯（公元前 280 年—公元前 208 年），楚国上蔡县（今河南上蔡）人，著名政治家、书法家，辅佐秦王统一了中国，是中国封建王朝设置了"丞相"一职后，第一位官居此职的人物。

李斯在秦国时，韩人郑国为了削弱秦国的国力，说服秦王修建大规模的水利工程，即后来的郑国渠，这就是有名的"疲秦计"。在水渠修建过程中，"疲秦计"

被识破，秦王大怒，要将所有从六国投奔来的“游士”都赶出去，李斯当然也在驱逐之列。为了说服秦王收回成命，李斯上了《谏逐客书》。文章中，李斯列举了游士对秦国的功绩，详细分析了留客、逐客的利弊，晓以利害。秦王读罢这篇洋洋洒洒的高论，悚然动容，立即废除逐客令，并对李斯加以重用。

李斯受到秦王嬴政的重用后，以卓越的政治才能和远见，佐助秦王一统天下，并设立了郡县制，统一了文字、法律、货币、度量衡和车轨等。这些措施让秦国的经济得以快速发展，并对后世产生了极为深远的影响。

沙丘之变后，赵高开始离间李斯和胡亥的关系，并借机陷害李斯。陈胜、吴广起义时，李斯的长子李由曾镇守荥阳，没有挡住义军西进的队伍。赵高于是抓住这一点，诬陷李由和陈胜是邻县的同乡，因此不肯积极镇压，而李斯身为丞相，仍然心怀企图，想自立为王。李斯明白过来后，立即上书揭发赵高的罪行。但此时的胡亥已经被赵高所蒙蔽，因此下令将李斯关进监狱。胡亥还安排赵高来审理此案，赵高自然求之不得。他指使狱卒对李斯严刑拷打，让其招认谋反之事，位居三公的李斯哪受过这种酷刑，再加上年岁已高，最后迫不得已，只好承认了“谋反”之罪。

这时的李斯虽已招供，但依然心存侥幸，他认为自己并没有反叛之心，而且有功于秦朝，当年被秦始皇治罪时，曾依靠一篇《谏逐客书》而力挽狂澜，如果将自己的冤情告知皇上，说不定还能得到赦免。

可惜李斯“聪明一世，糊涂一时”，赵高耳目众多，他精心炮制的申辩书根本没送到胡亥眼前，就被赵高扣下了。赵高派人四处搜捕李斯的宗族，宣布李斯因谋反罪被判腰斩，株连三族。

陈胜、吴广起义

作为中国历史上农民起义的第一人，陈胜是个很有志气的人。据《史记》记载，陈胜还是农民时，就对一起耕田的伙伴们说：“苟富贵，勿相忘。”当时大家听了都笑话他：“咱们卖力气给人家种田，哪儿来的富贵？”陈胜不免感慨，叹息道：“燕雀安知鸿鹄之志哉！”

立志做鸿鹄的陈胜在举起反抗大旗后，得到了附近饱受秦苦的老百姓的积极响应，纷纷“斩木为兵，揭竿为旗”。陈胜也颇有战略意识，在控制了今安徽、河南交界的大片地区后，即决定进攻战略要地陈县（今河南淮阳）。这时起义军已拥有战车六七百辆，骑兵一千多人，步卒数万之众。陈地郡守和县令闻风丧胆，早已逃之夭夭，只留下郡丞（郡守副职）龟缩城内，负隅顽抗。在起义军的强大攻势下，陈县县城很快就被攻克了。

打下陈县后，陈胜即召集当地三老（秦在乡设置负责教化的官）和豪杰（有声望的人）共商大计。陈胜以陈县为都城，国号为“张楚”。

可惜这一胜利来得太快，让陈胜骄傲的心迅速膨胀起来。早先和陈胜一起种田的一个同乡听说陈胜做了王，特意来陈县投奔他，可陈胜却将他拒之门外。老乡很是气愤，在陈胜外出时，拦路呼喊其小名，陈胜无奈，只好带他一起乘车回宫。

因为是陈胜的故友，这位老乡也不免和大家讲讲陈胜在家乡的一些旧事。陈胜十分羞恼，竟然把这个故友杀了，当年所说的“苟富贵，勿相忘”的话也早就抛到了九霄云外。自此以后，“诸陈王故人皆自引去，由是无亲王者”。

不久，那些被陈胜派往各地的将领不再服从陈胜，争相称王，起义军内部公开分裂，给了秦军反扑的机会，导致了最终的失败。

巨鹿之战

陈胜吴广牺牲后，项梁接受谋士范增建议，立楚怀王之孙名心的为王，仍称楚怀王。接着项梁率领楚军大败秦军于东阿（今山东阳谷东北），刘邦、项羽也在城阳（今河南范县城濮城东南）、雍丘（今河南杞县）等地打败秦军，斩杀秦三川守李由。

项梁在取得一系列胜利后骄傲轻敌，被章邯偷袭以至牺牲。章邯破项梁军后，认为楚地农民军主力已被消灭，于是就渡河北上，移兵邯郸，攻击以赵歇为王的河北起义军。赵歇退守巨鹿（今河北平乡西南）。

项羽

秦朝派王离率几十万边防军包围巨鹿，章邯在巨鹿以南筑甬道，以运粮供给王离军。赵歇粮少兵单，危在旦夕，于是就遣使向楚怀王求救。

楚怀王命“卿子冠军”宋义率项羽和范增领兵救赵，宋义也惧怕秦军，不敢前进。项羽怒斥宋义的懦弱并杀死了他，楚怀王于是改封项羽为上将军，统率英布和蒲将的军队一同救赵。

项羽是下相（今江苏宿迁西南）人，名籍，字羽。其祖父项燕为战国末年楚国名将，楚国灭亡时自杀殉国。项羽力能扛鼎，才气过人，从小就发誓要干出一番惊天动地的大事业来。后来，他一直跟随叔父项梁参加反秦斗争。

项羽率领的楚军渡过漳水后，命令部队破釜沉舟，只带三日的粮食，做了必死的决心发动攻击。楚军以一当十，杀声震天，其他国的援军站在自己军垒上观战，一个个看得面无人色。楚军经过激烈的战斗，活捉了秦将王离，打得秦军大败而归。项羽邀集各国将领讨论联合追击事宜，那些将领又敬又怕，走进楚军营门时，都是跪在地上爬进去的，连头都不敢抬。他们都称颂项羽说："您的神威，从古到今没有第二个人能够赶得上，我们都愿意听从您的号令。"项羽的领袖地位，由此一战而确定。

先入者王

巨鹿之战后，各国联军一起商讨伐秦，约定同时出发，先入关中者为王。

项羽率军西进，招降了章邯。章邯当时率领的二十万秦军一齐投降了项羽，可项羽怕这二十万人无法控制，于是下令全部坑杀。此时，有一支队伍已经加快了脚步，提前逼近了咸阳。那就是刘邦率领的汉军。

刘邦是沛郡丰邑（今江苏丰县）人，字季，做过沛县的泗水亭长。刘邦性格豪爽，只是不喜欢读书，不喜欢下地劳动，只爱酒色，因此被其父亲训斥为"无赖"。在一次奉命押送刑徒去骊山服役的路上，很多人逃跑了，刘邦无奈，索性松开了刑徒们身上的绳子，让他们自己逃命去。有十几个人不愿意丢下他一个人走，表示愿意跟随他。刘邦便开始带领大家逃亡，慢慢聚集了三千人。

为了提高自己的声望，刘邦说自己曾在路上将一条白色的大蟒蛇拦腰斩断，后来碰上一位老太太坐在路边哭，问她原因，她说有人把她的儿子杀了。刘邦就问为什么被杀，老太太说她的儿子是白帝的儿子，因为变成了蛇，在路边被赤帝的儿子杀死了。自此以后刘邦是赤帝之子的消息就不胫而走，投奔他的人也越来越多。

刘邦

当刘邦率大军向咸阳进发时，秦二世方才意识到危机临近，急忙召见被他认为是最忠心的丞相赵高。然而赵高对内斗争是高手，对外平乱却是低能，没办法，他只好说自己卧病在床，不理秦二世。但卧病在床也不能解决问题，赵高害怕秦二世向自己发难，于是决定先下手为强，命咸阳令阎乐率兵闯进皇宫，把哀求饶命的秦二世杀掉，迎立扶苏的儿子嬴子婴继位。

让赵高始料未及的是，嬴子婴继位后的第一件事，就是把他治罪。虽然杀了赵高，但秦王朝已经四分五裂，嬴子婴无力回天。公元前 206 年，刘邦攻入咸阳，嬴子婴因为集结不到军队，只得投降。庞大辉煌的秦王朝，在秦始皇死后不到四年，即宣告灭亡。

楚汉相争

项羽在消灭了秦军主力后，听说刘邦已然入关，大怒，旋即率军入函谷关，与刘邦对峙。为了不让刘邦称王，项羽决意兴兵讨伐。当时项羽有四十万大军，而刘邦仅有十万，双方力量悬殊。刘邦很害怕，便收买了项羽的叔父项伯，让他转告项羽自己并无背叛之意，并答应次日到项羽军中谢罪。项羽的谋士范增主张利用刘邦前来谢罪的机会除掉他。第二天，项羽在鸿门摆下酒宴，并设下埋伏。但席间项羽犹豫不决，再加上张良、樊哙、项伯等人的暗中帮助，刘邦得以安全逃脱，项羽放虎归山。

项羽引兵入咸阳后，大肆抢夺金银财宝，杀了降王嬴子婴，然后一把火烧了秦宫。大火直烧了三个月，秦朝于咸阳的建设，悉数付之一炬。

当初刘邦进入咸阳城时，曾与咸阳百姓约法三章：杀人者死，伤人及盗抵罪。关中的百姓见刘邦的军队纪律严明，纷纷献上牛、羊和美酒犒军。如今项羽的一把火，虽然替六国的旧臣出了一股怨气，却把关中的民心都推向了刘邦。

项羽火烧秦宫之后，自立为西楚霸王，定都在彭城（今江苏徐州）。他封刘邦为汉王，封地在巴蜀。当时一个叫蔡生的人对项羽说："不如建都在咸阳，因为咸阳具有最适中的位置，可以统御全国。"但项羽拒绝了，他说："富贵不回故乡，好像穿了漂亮的衣服在黑夜里走路。"蔡生很失望，到处对人说："人们都说项羽像一个穿人衣戴人帽的猴子，果然不错。"这话传到项羽耳中后，项羽就把蔡生投到巨锅中煮死了。

刘邦表面上接受了项羽的分封，率部队前往巴蜀，在到达秦岭时，还故意烧毁了部分栈道，表示已无北归之意，以此消除项羽的猜忌。但其人马到了汉中，他就停下来休养生息，训练士卒，更起用韩信为大将，突袭章邯并取得胜利，重新占据了关中地区。

鸿门宴

项羽在刘邦之后到达函谷关，却被守关的将士拦在了外面。项羽非常生气，命令将士猛攻函谷关。刘邦兵力少，项羽很快就打进了关。碰巧刘邦手下有个将官想投靠项羽，就偷偷派人去告密，说沛公进入咸阳，是想在关中做王。

范增也对项羽说："刘邦这次进咸阳，不贪图财货和美女，他的野心可不小哩。现在不消灭他，将来会后患无穷。"项羽于是下决心要把刘邦的军队消灭掉。

项羽的叔父项伯是张良的老朋友，张良曾经救过他的命。项伯怕仗一打起来，张良会陪着刘邦遭难，就连夜骑着快马到灞上去找张良，劝他逃走。张良不愿离开刘邦，更把项伯带来的消息告诉了刘邦。刘邦再三辩白自己没有反对项羽的意思，请项伯帮忙在项羽面前说好话，还送上了一份厚礼给项伯。

第二天一早，刘邦带着张良、樊哙和一百多个随从，来到鸿门拜见项羽。刘邦说："我跟将军同心协力攻打秦国，将军在河北，我在河南。我自己也没有想到能够先进了关。今天在这儿和将军相见，真是件令人高兴的事。哪儿知道有人在您面前挑拨，叫您生了气，这实在是太不幸了。"

项羽见刘邦低声下气地与他说话，再加上其叔父事先的解劝，气也消了，就老老实实地说："这都是你的部下曹无伤来说的。要不然，我也不会这样。"

于是，项羽留刘邦在军营喝酒。范增找来项羽的堂弟项庄，让他舞剑刺杀刘邦。

张良一看形势紧张，急忙叫来樊哙。樊哙是个直肠子，他一冲进营帐就高喊道："当初，怀王跟将士们约定，谁先进关，谁就封王。现在沛公进了关，可并没有做王。他封了库房，关了宫室，把军队驻在灞上，天天等将军来。像这样劳苦功高的人，不但没受到什么赏赐，将军怎么反倒还想杀害他。"

项羽十分吃惊，按着剑问："这是什么人，到这儿来干什么？"

张良忙说："这是替沛公驾车的樊哙。"项羽赞道："好一个壮士！"立即吩咐侍从赏他一杯酒，一只猪腿。

樊哙于是挨着张良身边坐下了，刘邦给他递了个眼神，说要去上厕所，起身离开了。樊哙护着刘邦从小道跑回灞上，张良见他们走远了，便进去向项羽说："沛公酒量小，刚才喝醉了酒先回去了。叫我奉上白璧一双，献给将军；玉斗一对，送给亚父范增。"

项羽接过白璧放在了座席上，范增却非常生气，狠狠地将玉斗摔在地上，拔出剑来砍得粉碎，并骂项羽说："真是没用的小子，没法替你出主意。将来夺取天下的，一定是刘邦，我们等着做俘虏就是了。"

彭城之战

公元前 205 年，刘邦在平定关中后，率大军向楚都彭城进发。当时项羽正在全力进攻齐国，彭城空虚，因此被刘邦一举攻占。

也许是胜利得来太容易了，刘邦开始搜罗珠宝、美女，日日置酒高歌。项羽闻讯后大怒，留其部将驻守齐地，亲率精兵三万杀回。项羽的骑兵乘黑夜将汉营团团围住，在拂晓时突然发起了攻击。当时的汉军将士还在睡梦中，遭到意外的袭击，加上又缺乏指挥，仓皇间只好向彭城逃走。

项羽追至彭城，与汉军展开大战，在彭城近郊斩杀了十余万汉军。刘邦害怕起来，继续败退，项羽军一直追到今安徽宿县灵璧城东的濉水上游。这一仗打得天昏地暗，汉军大败，想逃跑的更是慌不择路，直接就往濉水里跳，结果被杀、被溺死的约有二三十万人，尸体堆积如山，濉水都无法流动。

就在项羽军将刘邦及其残部包围了三层，准备聚歼之际，忽然西北方刮起了大风，一时间飞沙走石，树木都被拔起。刘邦见项羽的阵形乱了，带着十余骑兵突围，终于杀出了一条血路。

逃出包围圈后，刘邦见到了从家乡逃出来的儿子刘盈和女儿鲁元，忙将他们拉上了车子。很快楚军追来，刘邦嫌车子跑得慢，索性把儿女推下车去。刘邦扔孩子，其下属夏侯婴就捡孩子，再塞进车里，一连捡了三次。刘邦无奈，只希望马儿能再跑快些。而此时，刘邦的父母和妻子都已经被楚军俘获了。

荥阳之战

刘邦在彭城大败后逃至荥阳（今河南荥阳北）南，收集散兵，驻扎下来。这时萧何发关中老弱前往增援，楚汉双方在此开始了对峙。一年多来，两军你来我往，展开了拉锯战。

荥阳被项羽围了个严实，在范增的建议下，楚军不断袭击汉军运粮的通道。刘邦见城内的粮食越来越少，只好向项羽求和。项羽不同意，扬言要刘邦的命。这时，陈平使出了离间计，让项羽对谋士范增产生怀疑，范增怒而辞归，病死在路途中。

项羽的臂膀已失去了，可荥阳之围却还没解，于是陈平又让城内的两千余名女子穿上军装，在晚上放出东门。楚军以为汉军出来了，都向东门集结。与此同时，将军纪信装扮成刘邦的模样，乘坐汉王的车驾走出东门，命士兵高喊："没有粮食啦，汉王来投降！"

楚军信以为真，都扔下武器跑到城东去看热闹，刘邦趁机率领数十骑亲随从西门逃跑了。待到项羽发现上当后，只能烧死纪信泄愤。这时消息传来，韩信正率大军攻击楚国，项羽担心后方有失，只得同意议和。刘邦于是与项羽约定，两军以鸿沟（今荥阳东南）为界，其西属汉，其东属楚，并要求项羽归还自己的父母妻子。

签约之后，项羽长长地舒了一口气，率领大军东归，以为从此就可以休息一段时间了。然而，刘邦不是受诺言拘束的人，见项羽撤军，他立即从其背后开始追击。

垓下之围

公元前 202 年，项羽被汉军重重包围在垓下（今安徽灵璧东南）。夜间，项羽忽然听到汉军军营中传来楚地的歌声，大吃一惊，以为自己的根据地楚国已被刘邦攻占，心神俱乱。士兵们听到悲伤的乡音，更是无心恋战，纷纷逃走。

其实，这是刘邦的谋臣张良设下的计谋。他知道项羽的军士都是楚地人，于是命汉军高唱楚歌，以动摇楚军军心。项羽在四面楚歌中坐在帐中饮酒，并大声唱道："力拔山兮气盖世，时不利兮骓不逝。骓不逝兮可奈何，虞兮虞兮奈若何？"虞姬是项羽的宠姬，她知道大势已去，而项羽不忍与自己分别，又担心兵败后会受到汉军的侮辱，于是在歌声中拔剑自刎。

见虞姬自杀，项羽率领仅存的八百人突围，等他来到乌江边上时，身边只剩下二十八个人。乌江亭长将船停在江边，对项羽说："江东虽小，却地方千里，有数十万人，足以使您称王。愿大王赶紧渡江，此茫茫大江仅有我一只船，汉军即使追到这里也无船可渡。"项羽听后微微一笑，说："天要亡我，我还渡江干什么！况且我当年与江东子弟八千人渡江征战，如今无一人生还，纵使江东父老可怜我，称我为王，我还有什么面目去见他们？"说完，将坐骑送给亭长，回身手持短刃与汉军厮杀。项羽一人杀了汉军数百人，但终因寡不敌众，身受重伤，最后自刎在乌江边上。

公元前 202 年，刘邦击败项羽，统一了中国，建立起汉王朝，定都洛阳，三个月后迁都长安（今陕西西安），史称西汉。

大汉天下

在一个中央政府重新宣告它对民众有直接统治权的帝国里，官员对于皇帝的职责就是实施严厉的法家体制。这一体制在公元前4世纪引入秦国，又在公元前221年以后由秦始皇强加给中国的其他地区。事实上，在重新集权化了的汉朝政体下，儒家外表之下是坚实的法家内核。政治上统一的中国居民们感到，中华帝国实质上与文明世界相对立。激励所有的文职官员为全人类仁慈地执行他们职责的中国哲学是墨子的学说，因为墨子强调说，仁德者应该平等地关心他的人类同胞。然而不是墨子，却是为孟子所解释的孔子赢得了在普遍范围内使他的哲学成为官方学说的身后奖赏。

——阿诺德·汤因比（AmoldJ Toynbee，英国历史学家）

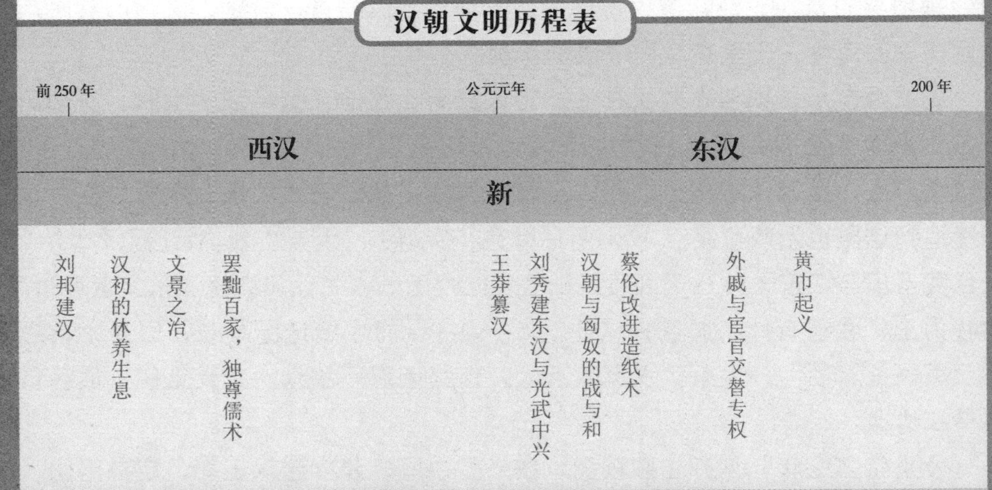

功臣的命运

西汉初期，实行分封与郡县相结合的制度。

汉高祖刘邦大封有功的同姓和异姓为王，他分封的异姓王有赵王张敖、淮南王英布、燕王臧荼、楚王韩信、梁王彭越，长沙王吴芮等。他还封庶长子刘肥、二子刘盈、三子刘如意、四子刘恒、五子刘恢、六子刘友、七子刘长、八子刘建和侄子刘濞等为同姓王。但是这些诸侯王的命运大多并不是很好，只有少数几位最后得以善终，大部分后来都因有不臣之心或因刘邦的猜忌而被除掉了。

足智多谋的张良

张良的祖父和父亲都曾做过韩国的相国，秦朝灭掉韩国后，张良变卖了家产四处游历。一次秦始皇在出外巡游的时候，张良前去行刺，不过没有成功。行刺失败的张良逃到下邳（今江苏睢宁西北）躲藏起来，每日钻研兵法，等候报仇的机会。

关于张良学习兵法的事情，民间还有一个圯上授书的传说。相传张良在散步时，看见一个老头儿，穿着一件粗布大褂坐在桥头上。他一见张良过来，就有意无意地把脚往后一缩，一只鞋子就掉到桥下去了。老头儿转过头来，很不客气地对张良说："小伙子，下去把我的鞋子捡上来。"

张良走到桥下，捡起那只鞋子，上来递给他。哪知道那老头儿连接也不接，只把脚一伸，说："给我穿上。"张良想，既然已经把鞋捡上来了，索性好人做到底，于是就跪在地上恭恭敬敬地拿鞋子给他穿上。那老头儿这才微微一笑，对张良说："小伙子不错呀，我很乐意教导教导你。五天后的拂晓，你到桥上再来见我。"张良听他的口气，知道是个有来历的人，赶紧跪下答应。

第五天，张良一早就赶到桥上。谁知老头儿已经先到了，他生气地对张良说：“你跟老人家约会，就该早一点儿来，怎么反叫我等你呢？”张良赶忙认错。老头儿说：“去吧，再过五天，早一点儿来。”又过了五天，张良一听见鸡叫，就赶紧向桥上跑，结果还是来晚了。老头儿瞪了张良一眼说：“过五天再来吧。”

这回张良吸取教训了，到了第四天半夜就赶到桥上，静静地等着天亮。过了一会儿，只见那老头儿慢慢走来了。一见张良早在桥头恭候自己，便露出满意的笑容，然后从袖里掏出一部书来交给张良，说：“回去好好地读，将来会大有作为。”说完便头也不回地走了。张良趁着晨光一看，原来是一部《太公兵法》，相传是周朝初年太公望编的。张良回去后刻苦钻研，后来便成了一个有名的军事家。

在辅佐刘邦登上帝位后，张良急流勇退，明哲保身。他看到了韩信等“狡兔死，走狗烹；飞鸟尽，良弓藏；敌国破，谋臣亡”的下场，于是托病不出，极少参与西汉皇室的政治斗争，最终得以善终。

反复无常的韩信

韩信统率汉军平定齐国后，曾向刘邦上书说：“齐国狡诈多变，是个反复无常的国家，南边又与楚国相邻，如不设立一个代理王来统治，局势将无法安定。我希望做‘假王’（即代理齐王），这样对形势有利。”当时，项羽正把刘邦紧紧围困在荥阳，情势危急。刘邦十分恼怒，但张良、陈平暗中提醒他说：“汉军处境不利，怎么能禁止韩信称王呢？不如就此机会立他为王，好好善待他，使他自守一方，否则可能会发生变乱。”刘邦经他们提醒也明白过来，改口骂道：“大丈夫定诸侯，即为真王耳，何以假为！”于是派张良前去立韩信为齐王，征调他的部队攻打楚军。

此时项羽也派人去游说韩信反汉，劝他三分天下称王齐地，但韩信谢绝了。齐人蒯通知道天下大局的关键此刻掌握在韩信手中，于是用相人术劝说韩信，认为他虽居臣子之位，却有震主之功，所以很危险。韩信心动了，但还是犹豫，不忍背叛刘邦，又以为自己功劳大，刘邦不会来夺取自己的齐国，所以没有听从蒯通的计谋。

待刘邦打败项羽后，做的第一件事就是收夺韩信的兵权，改封其为楚王，定都下邳（今江苏邳县东）。项羽的老部下钟离眛素来与韩信关系很好，这时便投奔了韩信。刘邦忌恨钟离眛，一直想杀他泄恨。公元前 201 年，有人告韩信谋反，刘邦听从了陈平的建议，说天子要出外巡视会见诸侯，通知诸侯到陈地相会。其实，刘邦是想袭击韩信。将到楚国时，韩信打算起兵谋反，但又认为自己无罪，刘邦可能不是冲着自己来的；想去谒见刘邦，又怕被擒。正在左右为难之间，有人建议说："杀了钟离昧去谒见，刘邦必定高兴，也就不用担心祸患了。"

韩信也认为对，就将此事告诉了钟离昧，请他成全，于是钟离昧就自杀了。韩信持钟离昧的首级去陈谒见刘邦，刘邦马上令武士把韩信捆绑起来，韩信大悔。

回到洛阳后，刘邦还是念着韩信的功劳，加上又没有查到切实的谋反证据，就赦免了韩信的罪，改封他为淮阴侯。一日刘邦与群臣闲聊，问诸将能带多少兵，诸将便各自表白自己能够统帅兵力的数量。刘邦问："我能带多少兵？"韩信回答："陛下能带十万。"刘邦于是反问韩信："那么你能带多少？"韩信的回答令刘邦颇为不快："臣多多而益善。"刘邦心中虽然不快，但表面上还带着笑容，问："多多益善，为什么被我所擒？"韩信也发觉自己失言，忙说："陛下不会带兵，但却善于统帅将领，所以我才会被陛下所擒。"刘邦感觉这几句话还算比较受用。但韩信自称带兵"多多益善"，这就更令刘邦对韩信不放心了。公元前 197 年，陈豨谋反。刘邦亲自率兵前去征讨，韩信暗地里派人到陈豨处联络，要陈豨只管起兵，自己定从京城策应。不料消息泄露，吕后与萧何设计，杀了韩信。

善始善终的萧何

萧何与刘邦是同乡，且是贫贱之交。刘邦率军进入关中时，萧何就负责督办军队的后勤供应。刘邦建立西汉后，论功封赏，定萧何为首功，给他的食邑最多。很多功臣因此表示出不满，刘邦说："你们知道猎狗吗？打猎的时候，追杀野兽的是猎狗，放狗追兽的是人。如今诸位只是能猎获野兽，相当于猎狗的功劳。至于萧何，他能放出猎狗，指示追逐目标，相当于猎人的功劳。况且你们只是一个人追随我，多的也不过带两三个家里人，而萧何却是全族好几十人跟随我，这些功劳怎么能抹杀呢？"大家这一下都无言以对了。不仅如此，刘邦还将萧何在朝堂之上的位置排在了首位，准许他穿鞋带剑上殿，并封了萧何的父子兄弟十多人。

然而，在铲除异姓王时，刘邦的疑心也用到了萧何身上。为了消除刘邦对自己的疑忌，萧何只得故意做些侵夺民间财物的坏事，自污名节。很快，有人将萧何的所作所为密报给了刘邦。刘邦听了，好像没有这回事一样，并不查问。当刘邦从前线撤军回来，百姓拦路上书，说萧相国强夺、贱买的民间田宅，价值达数千万。刘邦笑着把百姓的上书交给萧何，意味深长地对他说："你身为相国，竟然也和百姓争利！你自己向百姓谢罪去吧！"其实刘邦表面上让萧何向百姓认错，补偿田价，可他心里却十分欢喜，对萧何的怀疑也就消失了。

过了一段时间，萧何看到长安一带耕地太少，可是天子的上林苑中却有许多荒地用来放养禽兽。萧何觉得太浪费了，便上奏请刘邦把这些荒地分给百姓去耕种，收了庄稼后留下禾秆照样可以供养禽兽。刘邦见了这道奏章后，疑心病又犯了，他认为萧何是想借此事来讨好百姓，一怒之下，命令将萧何抓起来。

王卫尉见状对刘邦说："办事忠于职守，只要对百姓有利，就为民请命，这是相国应该做的事啊！陛下怎么能疑心相国呢？当初您与项羽相争数年，后来英布等人谋反，陛下亲自上前方征讨，萧相国镇守关中。他若想取得关中，不过是举手之劳。萧相国对这样的大利尚且不图，您怎么还能疑心他呢？何况秦朝之所以灭亡，就是因为秦皇听不见臣下对自己过失的批评，一意孤行。您这样怀疑相国，一定是没有仔细考虑吧！"

刘邦心里虽不高兴，但想想这话毕竟有道理，又给了自己台阶，便派使者拿着符节去赦免萧何。萧何当时已是六十多岁的老人了，因为全身都被戴上刑具，手足麻木，连路都快走不动了。他蓬头赤足，秽污不堪地来见刘邦，刘邦也觉得过意不去，便安抚了他一番。

从此以后，萧何对刘邦更是诚惶诚恐，恭谨有加。刘邦也照旧以礼相待。但萧何从此对国事不再议论。刘邦死后两年，萧何也死了。

刘邦分封诸侯王

其实，韩信等功臣的被杀，主要还是刘邦在建国时废除了秦朝的郡县制，大量分封异姓王造成的。

西汉建立之初，刘邦对同他一起攻打项羽的七位功臣一一封王，他们是：楚王韩信（都下邳）、长沙王吴芮（都临湘）、梁王彭越（都定陶）、淮南王英布（都六）、燕王臧荼（都蓟）、赵王张敖（都襄国）、韩王韩公子信（都晋阳）。

这七个王所辖的领土几乎占了国家的一半，且他们都拥有军队，逐渐让刘邦感到了威胁。为了遏制诸侯王的权力，刘邦开始对这些功臣良将下手，并大肆分封自己的兄弟子侄为王。

这七个异姓王，刘邦一年除掉一个，只剩下势力最弱的长沙王吴芮。与此同时，刘邦分封了八位同姓王，希望以此确保刘家江山永固。这些诸侯王虽然对刘邦称臣，但在自己的封国内却是君主，有自己的谋臣、军队，有征收赋税的权力，实际上也等同于一个独立的王国。虽然刘邦分封同姓王的目的是依靠同姓王来与异姓王相抗衡，以稳固刘氏江山，但因为同姓诸侯王的权力很大，随着时间的推移，同姓王逐渐成为地方割据势力，与汉中央政府的矛盾也日益突出。汉文帝时期，已有同姓王谋反的事件发生，贾谊、晁错主张除掉同姓王，但文帝没有这样做。到汉景帝时期，景帝采纳晁错的建议削藩，终于使矛盾激化，以致酿成七国之乱。

腹有良谋的陈平

陈平本是项羽手下的谋士，但始终得不到项羽的重视。在鸿门宴上见到刘邦后，陈平认为刘邦将来必成大器。不久刘邦被项羽困在咸阳，刘邦求助于张良，可张良也身陷敌营，一筹莫展。这时，张良决定孤注一掷，暗中去找陈平。陈平定计帮助刘邦脱险，自己也彻底投靠了刘邦。

西汉建立后，陈平被拜为户牖侯。公元前 195 年，病榻上的刘邦听说燕王叛变，气得大叫，令樊哙以相国身份率军讨伐。樊哙走后，有人对刘邦说："樊哙跟吕后串通一气，想等皇上百年之后图谋不轨，您可要小心呀。"刘邦一听，不但皇后干政，连樊哙也靠不住了，于是决意临阵换将，让陈平前往樊哙军中传诏，在车中暗藏大将周勃，等到了军营里，再宣布立斩樊哙，由周勃夺印代替。

陈平、周勃当即动身，在途中边走边合计。陈平说："樊哙是皇帝的老部下，劳苦功高，又是吕后的妹夫。现在皇帝不知听了谁的挑唆，在气头上说要杀樊哙，万一他将来后悔，咱们怎么办？再说皇帝病得这么厉害，万一吕后大权在握，到那时一样会归罪咱们的。"周勃一听也没了主张，便问："难道把樊哙放了？"陈平说："放是不能放的，咱们不如把他绑上囚车，送到长安，或杀或免，让皇上自己决定。"

两人顺利地接管了樊哙的兵权，陈平押解囚车返回长安。走到半路，陈平忽然听说刘邦病故，心中暗喜没杀樊哙。陈平跌跌撞撞地跑入宫中，跪倒在汉高祖的灵前，放声大哭，边哭边说："您让我就地斩决樊哙，我不敢轻易处置大臣，现在已经把樊哙押解回来了。"

这话当然不是说给死去的刘邦听的，而是在向吕后表功。吕氏姐妹听说樊哙没死，都松了一口气。看着陈平泪流满面的样子，就宽慰陈平，并拜他为郎中令，辅助新皇。陈平从而避免了一场灭顶之灾。

此后吕氏专权，陈平便不治事，事事都不违背吕后的意思。待吕后一死，陈平与周勃定计，诛杀了诸吕。陈平迎立代王为文帝，自己任丞相，后改任左丞相，直至去世。其实，自从刘邦做皇帝后开始清除权臣，陈平便学到了黄老之术中藏而不露的精髓，果然成功地保全了自己。

平定诸吕之乱

公元前 188 年，汉惠帝年纪轻轻就病死了。因为他没有儿子，吕后就抱了一个年幼的孩子过继给汉惠帝，自己则临朝执政。

为了巩固自己的权力，吕后要立自己家的人为王。右丞相王陵说："高皇帝曾立下盟约，不是姓刘的不能封王。"吕后很不高兴，又问左丞相陈平和太尉周勃。陈平说："高祖平定天下，分封自己的子弟为王，这当然是对的；现在太后临朝，封自己的子弟为王，也没有什么不可以。"王陵很是气愤，骂陈平和周勃说："当初在先帝跟前宣誓时，你们不在吗？现在竟然违背了誓言，你们如何对得起先帝？"陈平说："您别着急。当面在朝廷上和太后争论，我们比不上您；将来保全刘家天下，您可就比不上我们了。"

果然，吕后不久就找了个理由，逼王陵辞官，而对陈平、周勃则礼遇有加。吕后把她的内侄、侄孙，像吕台、吕产、吕禄、吕嘉、吕通等一个个都封了王，并让他们掌握了军权。

吕后临朝的第八年，得了重病，临死前封吕产为相国，统领北军；吕禄为上将军，率领南军，并且叮嘱他们说："现在吕氏掌权，大臣们都不服。我死了以后，你们一定要带领军队保卫宫廷，不要出去送殡，免得被人暗算。"

公元前 180 年，吕后去世，吕产、吕禄想发动叛乱，只是一时不敢动手。齐王刘襄得知吕氏子弟要谋反，立即率军向长安进发。吕产得到这个消息后，派将军灌婴带领兵马去对付。但灌婴是忠于汉皇室的，他将军队驻扎在荥阳后，暗地里通知了齐王，要他联络其他诸侯王，等待时机成熟，一起起兵讨伐吕氏。

周勃、陈平也知道吕氏要发动叛乱，他们想到大臣郦商的儿子郦寄和吕禄是好朋友，就派郦寄去劝说吕禄："太后死了，皇帝年纪又小，您身为赵王，却留在长安带兵，大臣诸侯都怀疑您，对您不利。如果您能把兵权交给太尉，回到自己封地，齐国的兵就会撤退，大臣们也就能心安了。"

吕禄相信了郦寄的话，把北军交给太尉周勃掌管。周勃掌握了军权后，随即带兵杀了吕产，消灭了吕氏的势力。

因为吕后所立的皇上不是汉惠帝的孩子，因此大臣们决定在刘氏诸王中推一个最贤明的人为帝。经过商议，大臣们认为代王刘恒在高祖的几个儿子中最为稳重，品格又好，就派人到晋阳（今山西省太原市）把刘恒迎到长安，立为皇帝，这就是汉文帝。

汉初内政

经过连年的征战，到西汉建立之初，全国的经济状况已是一片萧条，人口大量减少。于是，汉初采取了休养生息的政策，减轻赋税，鼓励农业生产。

平定诸吕之乱后，汉文帝刘恒继位。在文帝与其子景帝统治期间，汉朝继续实行休养生息的政策，使经济迅速恢复。

汉初实行分封制，许多皇室同姓被封为诸侯王。这些诸侯国在地方上拥有很大的权力，他们与中央政权的矛盾日益突出，在景帝时期爆发了“七国之乱”。景帝平定了“七国之乱”，加强了中央集权。

黄老政治，休养生息

汉朝建立初期，中原在经历了秦朝末年的苛政、四年楚汉战争之后，人口大减，国力衰微。汉朝建立之初，刘邦想坐四匹马拉的车出行，居然找不到四匹同一个颜色的马。而朝廷大臣外出，也只能乘坐牛车。刘邦从白登山逃到曲逆（今河北顺平）时，曾赞扬曲逆城市的繁华，说它可以和洛阳媲美，因为这座城市竟然有五千户人家！曲逆在秦朝时可是一个三万户的城市，如今沦落至此，还被刘邦夸耀，可见当时的国家状况是何等凄凉。

为了让人们能够休养生息，西汉实行了较低的税收政策和较轻的徭役，让人们能够安心劳作，大力发展农业生产。萧何制定的一切法规，都是以黄老学说为指导的清净无为、与民休息的措施。所谓黄老学说，就是黄帝之学，老子之说。萧何认为，要使天下长治久安，就必须减轻刑法。

刘盈继位后不久萧何就逝世了，曹参接替他的官位，一切都依照萧何所定的规章行事，没有丝毫变更，凡向他建议改进的人，他就请那人喝酒，直到喝得酩酊大醉，不能开口才罢。

汉惠帝刘盈对此很不解，不免有些埋怨曹参。曹参于是问刘盈："你的才能，比起高皇帝（刘邦）如何？"刘盈说："我不如高皇帝。"曹参又问："我的才能，比萧何如何？"刘盈说："似乎也不如。"曹参说："这就对了，他们两位定下的法令规章，我们这些不如他们的人，岂可自求表现，随意变更？"刘盈听后便没话说了。

平息了吕氏一族后，刘恒继位，史称汉文帝。刘恒的妻子窦皇后信奉道家学说，刘恒受妻子的影响，也喜欢黄老学说。刘恒在位期间，废掉了割鼻断足的酷刑，对八十岁以上的老人都有赏赐，还经常免除全国的田赋。刘恒最宠爱慎夫人，但他却禁止慎夫人穿流行的拖地样式的衣服，原因就是这种衣服所费布料较多。

后来，刘恒的儿子刘启继位，即汉景帝，依然由母亲窦太后主持国政，继续追求维持现状的安定。黄老政治的持续推行，使人口大量增加，社会财富也随之增加。连续四十年的黄老政治，使得汉朝经济开始复苏，国力逐渐增强，出现了"文景之治"的局面。

文景之治

西汉王朝建立初期，汉高祖、惠帝、吕后都很重视恢复农业生产，以使社会秩序稳定，也取得了显著的成效。文帝和景帝相继在位期间，在这基础上进一步实施了轻徭薄赋，与民休息的政策。

止辇受言

"文景之治"能够成为封建社会的盛世，与文帝个人励精图治密切相关。他继位不久，就将诽谤妖言之罪废止，使臣下敢于大胆提出不同的意见。秦代以来有一种叫作"秘祝"的官，凡有灾祥就认为是臣下的过错。文帝下诏废除这种做法，并且声明：百官的错误和罪过，都要由皇帝来负责。他又不许祠官为他祝福。文帝自身生活也相当节俭，他在位二十三年，没有增添宫室苑囿、车骑服御之物。他屡次下诏禁止郡国向皇帝贡献奇珍异物。他所宠爱的慎夫人的衣着和屋内布置也很朴素。文帝曾想建造一座露台，当他听说需要百金，相当于中人十家之产后，就下令作罢。

因为文帝生活节俭，所以当时国家的财政开支也比较节省，贵族官僚也不敢太过奢侈，人民的负担也有所减轻，这是“休养生息”政策的一项重要内容。

文景两代施行了上述一系列措施，使得当时社会经济有显著地发展，汉王朝的统治秩序也渐渐巩固。西汉初年，较大的侯，封国不过万家，小的只有五六百户；经过文景之治，人民不再流离，人口增长迅速。较大的封国有三四万户，小的也户口倍增，而且比过去更加富有。农业有了发展，粮价也大大降低。据《汉书·食货志》记载，自汉初至武帝继位，七十年之间，国内政治安定，如果不是水旱之灾，百姓总是人给家足，郡国的粮仓中堆满了粮食。太仓里由于粮食过多，都到了腐烂而不可食的程度；京师的钱财以千百万计，连穿钱的绳子都朽断了。这些都生动地描述了“文景之治”。

晁错削藩

汉景帝统治的时候，国力已日趋恢复，商业也逐步繁荣。这时各诸侯国的势力也强大起来，靠着土地多，又都是刘邦的子孙，一些诸侯王便不愿再受朝廷的束缚。

其中的吴王刘濞，他的封国靠海，盛产铜，财富一点儿也不亚于大汉皇帝。汉朝规定各诸侯王要定期到长安来拜见皇帝，可刘濞却一直不来。

汉景帝还是太子的时候，晁错任太子家令，是太子府内的重要官员，他善于根据问题提出建议，很受太子的信任，被誉为太子的“智囊”。他在文帝时就上书建议削藩，但没有被文帝采纳。太子登基为景帝后，他出任内史，后升任御史大夫，位列三公。他对汉景帝说：“吴王一直不来朝见，按理早该治他的罪。先帝在世时对他宽大，他反倒越来越狂妄。不但私自开铜山铸钱，煮海水产盐，还招兵买马，扩充军队。不如趁早削减他们的封地，以除后患。”

汉景帝有点犹豫，怕削地会激起他们马上造反。晁错说：“诸侯存心造反的话，削地要反，不削地也要造反。现在造反，祸患还小；将来他们势力雄厚了再反，祸患就更大了。”晁错认为吴王这样的诸侯必反，是有道理的，但削藩的做法有些性急，也激化了诸侯与中央政权的矛盾。

汉景帝觉得晁错的话有道理，决心削减诸侯的封地。果然，吴王刘濞率先造起反来了。他打着“诛晁错，清君侧”的幌子，煽动其他诸侯一同起兵叛乱。

细柳阅兵

汉文帝在继位之初，对匈奴继续采取和亲的政策，双方没有再发生过大规模的战争。后来，匈奴听信了汉奸的挑拨，跟汉朝绝交。在公元前 158 年，军臣单于起兵六万，侵犯上郡（今陕西省延安市）和云中（今内蒙古托克托东北），抢夺财物后还杀了许多老百姓。边境的烽火台放起烽火来报警，远远近近的狼烟，连长安也望得见。

汉文帝连忙派三位将军带领三路人马去抵抗。为了保卫长安，另外派了三位将军带兵驻扎在长安附近：将军刘礼驻扎在灞上，徐厉驻扎在棘门（今陕西咸阳东北），周亚夫驻扎在细柳（今咸阳西南）。

一天，汉文帝去慰劳军队，到灞上后，刘礼和他部下将士纷纷骑着马来迎接。接着，汉文帝又来到棘门，受到的迎送仪式也是一样隆重。

最后汉文帝来到细柳，周亚夫军营的前哨一见远远有一队人马过来，立刻报告周亚夫。将士们戴盔披甲，弓上弦，刀出鞘，完全是准备战斗的样子。汉文帝的先遣队到达了营门，守营的岗哨立刻拦住，不让进去。先遣的官员威严地吆喝了一声，说："皇上马上驾到！"但营门的守将毫不慌张地回答："军中只听将军军令。将军没有下令，不能放你们进去。"

这时汉文帝的车驾到了，守营的将士照样挡住。汉文帝只好命令侍从拿出皇帝的符节，派人给周亚夫传话："我要进营来劳军。"周亚夫这才下令打开营门，让汉文帝的车驾进来。护送文帝的人马一进营门，守营的官员又郑重地告诉他们："军中有规定，军营内不许车马奔驰。"随从的官员都很生气，汉文帝却吩咐大家放松缰绳，缓缓地前进。

到了中营，只见周亚夫披戴着全身盔甲，拿着兵器，威风凛凛地站在汉文帝面前，拱拱手作了个揖，说："臣盔甲在身，不能下拜，请允许按照军礼朝见。"汉文帝大为震动，也扶着车前的横木欠了欠身，向周亚夫表示答礼，并向全军将士传达了他的慰问。

慰问结束后，汉文帝离开细柳。在回长安的路上，汉文帝的侍从都愤愤不平，认为周亚夫对皇帝太无礼了。但汉文帝却赞不绝口，说："这才是真正的将军啊！灞上和棘门两个地方的军队，松松垮垮，如果敌人来偷袭，不做俘虏才怪呢。像周亚夫这样治军，敌人怎敢侵犯他啊！"

在这一次视察中，汉文帝认定周亚夫是个军事人才，就把他提升为中尉，负责都城的治安。临终时，汉文帝把太子叫到跟前，特地嘱咐他说："如果将来国家发生动乱，叫周亚夫统率军队，准错不了。"

七国之乱

公元前154年，吴、楚、赵、胶西、胶东、甾川、济南等七个诸侯王发动叛乱，史称"七国之乱"。

叛军声势很大，一连攻下了好几座城池。朝廷里一些本来就反对削藩的人于是上奏，主张杀了晁错，让齐国失去兴兵的理由，可以不战而胜。汉景帝不愿杀晁错，一直不下决断。于是一批大臣上奏章弹劾晁错，说他大逆不道，应该腰斩。汉景帝无奈，只得同意。

于是，中尉来到晁错家，传达皇帝的命令，要他上朝议事。晁错完全蒙在鼓里，立刻穿上朝服，跟着中尉上车走了。车马经过长安东市，中尉忽然拿出诏书，要晁错下车听诏。刚宣布完汉景帝的命令，武士们就一拥而上，把晁错绑了起来。这个一心想维护汉家天下的晁错，竟这样莫名其妙地被腰斩了。

汉景帝杀了晁错后，下诏书要七国退兵。这时吴王刘濞已经夺得了半壁江山，使臣要他拜受汉景帝的诏书，刘濞冷笑说："现在我也是皇帝，为什么要下拜?"汉景帝这时才明白，吴王借削地的由头发兵，就是为了夺取天下，自己是错杀了晁错。

这时，汉景帝想起了汉文帝临终时的嘱咐，拜周亚夫为太尉，统率兵马去讨伐叛军。周亚夫不跟叛军正面作战，只派了一队轻骑兵抄了吴、楚两国的后路，断绝了他们的粮道。没有了粮食，叛军自己就先乱了起来。周亚夫这才发动精兵出击，把吴、楚两国的兵马打得一败涂地。吴、楚两国是带头叛乱的，这两国一败，其余五个国家也很快垮了。不到三个月的时间，汉军就把七国的叛乱平定了。

汉景帝平定了叛乱，虽然仍旧封了七国的后代继承王位，但规定诸侯王只能在自己的封国里征收租税，不许干预地方行政，不能任命地方官员。诸侯国的权力被大大削弱了，中央政权则巩固下来。

西汉皇朝的盛极而衰

经过汉初的休养生息，汉朝的经济得到了恢复和发展；而平定了诸吕之乱和七国之乱后，皇帝加强了中央集权，政治局面比较稳定。汉武帝刘彻在位期间，是西汉王朝的鼎盛时期。汉武帝实行了推恩令，使诸侯王国对中央的威胁彻底解除了；他放弃了汉初“无为而治”的黄老思想，采纳了董仲舒的观点，“罢黜百家，独尊儒术”，实现了政治、经济和思想文化上的大一统。

汉武帝在后期，好大喜功，奢侈无度，使国力受到损耗。武帝去世后，虽然在霍光的辅佐下一度出现了中兴局面，但逐渐走向衰败已经是西汉王朝发展的趋势了。

汉武创盛世

公元前 141 年，汉景帝逝世儿子刘彻即位，史称汉武帝。

汉武帝在继位后不久，就开始了改革措施。首先，他对官员的选择制度进行了改革，不再单纯依靠以往的功臣，而是大力起用儒生。汉武帝命令各诸侯国举荐孝廉和贤良方正的文学人才，并亲自考察任命，从中选择了许多有才华的人。

譬如主父偃，他给汉武帝出了一个“推恩令”的好主意，不费一兵一卒，就解决了诸侯国威胁中央的问题。诸侯国的传位，都是由嫡长子继承王位，其他儿子没有权利。而“推恩令”则允许诸侯王的所有儿子都分一杯羹。每个儿子都分一块儿土地，这样他们的土地越分越少，势力也就越来越小，无法再对中央构成威胁。

另外一位大臣桑弘羊提出在长安设置一个名为“平准”的机构，把所有国库的剩余物品都集中在这里，当市场上某种商品价格上涨时，就以低价出售这种商品；价格下跌时，则予以收购，以此保持物价稳定。应该说，这种官营商业确实起到了平抑物价，限制富商大贾操纵市场的作用，还使政府获得了巨额的利润。只是在实际执行中，还是免不了官商勾结起来囤积居奇，贱收贵卖，进行投机的行为。

桑弘羊还建议把盐铁收归国家经营，禁止民间私铸铁器和煮盐，召盐铁商做盐铁官，实行盐铁官营。由此朝廷不仅增加了巨大的收入，而且又削弱了地方豪强的割据势力。

除此之外，汉武帝还亲自参加治水。他下令开漕渠，自长安昆明湖引水通向黄河，灌溉了农田万余顷；亲率民工数万人，填塞黄河缺口；奖励西北边郡修渠灌田，在关中及山东淮南各地引水修渠，使农业生产大大提高。

这一系列的改革措施，使西汉很快就进入鼎盛时期。

张骞通西域

汉武帝继位之初，匈奴中有人投降了汉朝。汉武帝从他们的谈话中得知，西域有一个月氏国，与匈奴有世仇。汉武帝想，月氏在匈奴西边，如果能联合月氏，就形成了东西夹攻之势，还可以切断匈奴跟西域各国的联系，等于是切断了匈奴的右臂。于是下诏书征求能干的人到月氏去联络。

年轻的郎中张骞，自小就听家中的匈奴仆人堂邑父讲述草原大漠的雄壮，他看到汉武帝的诏书，认为这是一件有意义的事，便毫不犹豫地应征了。

在张骞的带动下，陆续征集了一百余名勇士。公元前 138 年，汉武帝派张骞带着这些勇士，扮作商旅模样出发，去寻找月氏国。月氏国本来立国在河西走廊，首都设在张掖（今甘肃张掖），后来被匈奴汗国击溃，才不断向西逃亡。

张骞跟他的使节团在进入河西走廊后不久，就被匈奴汗国捉住。但匈奴人并没有杀他们，只是派人把他们分散开来管住，堂邑父跟张骞住在一起。这一住就是十多年，张骞等人都在匈奴娶了妻子。后来他们终于找到机会逃了出来。

他们一直向西跑了几十天，吃尽苦头才逃出匈奴地界，虽然没找到月氏，却闯进了另一个国家——大宛（在今中亚细亚）。

大宛王早就听说汉朝是个富饶强盛的大国，这回听到汉朝的使者到了，很欢迎他们，并且派人护送他们到康居（约在今巴尔喀什湖和咸海之间），再由康居到了月氏。

月氏被匈奴打败以后，迁到大夏（今阿富汗北部）附近重新建立了大月氏国。由于在当地生活安逸，他们已经不想再跟匈奴作战了。所以大月氏国王听了张骞的话后，并不感兴趣，但因为张骞是汉朝的使者，大月氏国王还是很有礼貌地接待了他。

张骞和堂邑父在大月氏住了一年多，又到大夏去了一次，看到了许多以前从未见到过的东西。但是他们却始终没能说服大月氏国共同对付匈奴，于是只好返回。

在返回的途中，他们再次经过匈奴地界，又被扣押。幸好匈奴发生了内乱，张骞和堂邑父才逃了回来。

这一趟行程足足用了十三年，汉武帝本来以为张骞一行人都死了，现在看见张骞平安归来，非常高兴，封他为太中大夫。

张骞向汉武帝详细报告了西域各国的情况。他说："我在大夏看见邛山出产的竹杖和蜀地（今四川成都）出产的细布。当地的人说这些东西是商人从天竺（今印度）贩去的。既然天竺可以买到蜀地的东西，一定离蜀地不远。"

汉武帝于是再派张骞为使者，让他带着礼物从蜀地出发，去结交天竺。张骞把人马分为四队，分头去找天竺。四路人马各走了两千里地，都没有找到，有的还被当地的部族打了回来。往南走的一队人马最后绕过昆明，到了滇越（今云南东部）。滇越国王的上代原是楚国人，已经有好几代跟中原隔绝了，现在见到了汉朝使臣，表示愿意和汉朝建交。

公元前 126 年，张骞回到长安，汉武帝认为他虽然没有找到天竺，但是结交了一个一直没有联系过的滇越，这样的结果也让他很满意。

霍光与昭宣中兴

公元前 87 年，汉武帝逝世，临终时颁下遗诏，立少子弗陵为太子，命霍光以大司马、大将军身份辅政。

不久，左将军上官桀想把他六岁的孙女嫁给汉昭帝做皇后，霍光没有同意。最终上官桀靠汉昭帝的姐姐盖长公主的帮助，还是如愿以偿。

接着，上官桀和他的儿子上官安，打算封盖长公主的一个身边人做侯，霍光还是死活不同意，这让上官桀父子、盖长公主都十分恼火，他们把霍光看作眼中钉，想要除掉他。

汉昭帝十四岁那年，一次霍光检阅羽林军（皇帝的禁卫军）时，把一名校尉调到了他的大将军府。上官桀抓住这件事，假造了一封燕王的奏章，派一个心腹冒充燕王的使者，送给汉昭帝。信上说：大将军霍光检阅羽林军的时候，坐的车马跟皇上坐的一样。他还自作主张，调用校尉，这里面一定有阴谋。我愿意离开自己的封地，回到京城来保卫皇上，免得坏人作乱。汉昭帝看过奏章之后，就把它搁在了一边。

第二天，霍光听说燕王刘旦上书告发他，吓得不敢进宫。这时汉昭帝吩咐内侍召霍光觐见。霍光没办法，一进去就脱下帽子，伏在地上请罪。汉昭帝说："大将军尽管戴好帽子，我知道有人存心陷害你。”霍光很奇怪，磕了个头说：“陛下怎么知道？”汉昭帝说：“大将军检阅羽林军是在长安附近，调用校尉还不到十天。燕王远在北方，怎么可能知道这件事？就算一知道就马上写奏章送来，现在也还送不到宫中呢。再说，大将军如果真的要叛乱，也用不着靠调一个校尉。这明明是有人想陷害大将军，燕王的奏章是假造的。”在场的大臣们听了，无不佩服少年皇帝的聪明。

上官桀见一计不成，又生一计。他请盖长公主出面，请霍光喝酒。自己则埋伏在路上，准备在霍光赴宴时刺死他。没想到有人早把这个秘密泄露给了霍光，霍光随即报告了汉昭帝。汉昭帝命令丞相田千秋火速发兵，把上官桀一伙统统逮起来处死。

在处理上官桀和霍光一事上，汉昭帝展示了自己的聪明机敏，可惜的是，他在二十一岁时就得病死去，因为他没有孩子，霍光就把汉武帝的一个孙子，昌邑王刘贺立为皇帝。刘贺原是个浪荡子，天天吃喝玩乐，把皇宫闹得乌烟瘴气。霍光和大臣们商量后，决定联名上书，请皇太后下诏，废了刘贺，另立汉武帝的曾孙刘询为帝，就是汉宣帝。

宣帝直到霍光死后才亲政，其亲政的二十年中，着重于整肃吏治，加强皇权。因为霍氏家族掌权时间很长，宣帝亲政后首先族灭了霍氏家族，并且诛杀了一些地位很高的官员。

此外，宣帝还召集著名儒生在未央宫讲论五经异同，使得儒学得到很大发展。他屡次蠲免田租，在发展农业生产方面继续霍光的休养生息政策。

这时适逢匈奴发生内乱，呼韩邪单于亲至五原塞上请求入朝，宣帝至此得以完成武帝倾全国之力用兵而未竟的功业。

扩充疆域

汉王朝的疆域，通过不断的战争向四方扩充。

在南方，曾被秦王朝收入版图的闽中郡、南海郡、桂林郡和象郡，曾随着秦王朝的覆灭而宣告独立，建立了东海王国、闽越王国和南越王国。

公元前 138 年，闽越王国攻击东海王国，东海王国向汉朝求救。闽越军队见汉朝大军来势汹汹，慌忙撤退。东海国于是举国归降汉朝。三年后，闽越王国又攻击南越王国，南越王国也向汉朝求救，闽越国王骆郢的弟弟骆余善一看情形不对，即把骆郢杀掉，向汉朝乞和。

公元前 111 年，汉朝大军南下，一举灭亡了南越王国。第二年又拿下了闽越王国。秦王朝开拓的南方故疆，至此全部恢复。

在东北，汉朝跟朝鲜王国接壤。公元前 108 年，汉朝军队强渡清川江，攻陷王险城（今朝鲜平壤），国王卫右渠被他的部下所杀，卫氏朝鲜灭亡。汉朝将它的故地分为乐浪郡（今朝鲜平壤）、临屯郡（今朝鲜江陵）、玄菟郡（今朝鲜咸兴）和真番郡（今韩国首尔）。

在西南，汉朝边界只到巴郡（今四川重庆）和蜀郡（今四川成都），越过此线，便是“西南夷”，那里崇山密布，散布着数不清的部落，主要有夜郎、滇、邛都、昆明、徙、筰都、冉、白马等。汉武帝在公元前 130 年，遣唐蒙出使招抚夜郎，以其地设犍为郡，后又遣司马相如招抚邛、筰、冉等地。

到了公元前 126 年，武帝从张骞口中得知，从西南地区经身毒（今印度）可通至大夏、乌孙，要想联合西域乌孙等国夹击匈奴，必须重视经营这一地区，但其派出的使者虽得滇王之助，却被夷人所阻。汉武帝于是派兵征讨西南夷，将其逐个消灭。

西汉的衰败

公元前 49 年，汉宣帝逝世，刘奭继位为汉元帝，西汉的衰败从这时开始显现。元帝“柔仁好儒”，在治理社会秩序时，采取放纵的策略，经常大赦，导致盗贼横行，土地集中的情况越来越严重。这也逐渐导致皇权旁落，外戚与宦官专权的现象日益严重。元帝死后，刘骜继位为成帝。成帝好女色，先后宠爱的有许皇后、班婕妤和赵飞燕、赵合德姐妹，由于赵氏姐妹不能生育，因而对其他可以生育的妃嫔以及她们的子女都很忌妒，赵飞燕姐妹害死成帝与其他妃嫔的子女，史称“燕啄皇孙”。成帝最终因“酒色侵骨”，竟死在“温柔乡”之中。

成帝不理朝政，这使得外戚王氏集团有了兴起的条件，皇太后王政君的权力也越来越大。成帝死后，定陶王之子刘欣继位为汉哀帝。汉哀帝有“断袖之癖”，也就是今天所说的同性恋，他宠信董贤，终日与其厮混，使得国家的权力进一步集中到外戚王氏的手里。国家已呈现出非常衰败的景象，民间到处流传着“再受命”的说法。汉哀帝去世后，太皇太后王政君任命王莽为大司马，接替了董贤的位置，并迎立中山王刘衎继位为汉平帝，年号为元始。但是，大权掌握在王莽手中，刘衎已经沦为傀儡。五年后，王莽将年仅十四岁的平帝毒死，并迎立太子刘婴继位，自己当上了“假皇帝”。公元 8 年，王莽强迫刘婴退位，自己称帝，建立新朝，西汉王朝至此也走到了尽头。

匈奴：和亲或对抗

匈奴是生活在北方草原上的游牧民族，自西周起便开始威胁中原，周幽王烽火戏诸侯后，犬戎攻入镐京。战国时期，各国为对付匈奴的侵扰，都在北方筑长城，秦统一六国后，又将这些长城连在一起。

西汉初年，汉高祖刘邦曾率大军征讨匈奴，被困于白登山，后来虽然用计逃脱，但汉初已无力与匈奴进行大规模作战，于是采取了和亲的政策。文帝和景帝时期，继续和亲，同时在国内休养生息，发展经济。

到武帝时，国力强盛，多次命卫青、霍去病等击败匈奴。

匈奴的崛起

在西汉王朝建立的同时，匈奴部落也在漠北完成了统一。在秦始皇时，因为蒙恬率军进取河套，匈奴部落的酋长头曼带领自己的部族向北迁徙；秦末边防松弛，他又带领部族回到南边。因为他打算在自己死后传位给幼子，所以就派长子冒顿到月氏王国（今甘肃张掖）当人质。冒顿去后，这位狠心的父亲随即发兵猛攻月氏，希望月氏国王在大怒之下把人质杀掉。不料其计策被冒顿察觉，没有成功。没办法，头曼只得分给冒顿一部分人马，但仇恨的种子还是种下了。

后来，冒顿发明了一种射出时能发声的响箭——鸣镝，他下令给他的部属说："响箭射什么，你们就射什么，不射的处死。"最初这种响箭用在打猎上，冒顿在响箭射出后，发现有未跟着射的，就立即杀掉。后来，冒顿用响箭射自己的马，有的部属不敢跟着射，就立即被杀掉。接下来，冒顿又用响箭射自己的妻子，部属中还有不敢跟着射的，也立即被杀掉。一段时间以后，冒顿用响箭射他父亲的坐骑，部属们全都跟着射。

公元前 201 年，冒顿用响箭射他的父亲，头曼死在了儿子的乱箭之下。冒顿把他的继母与弟弟同时杀掉，宣称自己是“单于”，建立了匈奴汗国。匈奴汗国在冒顿的统领下，四处征伐。

汉朝刚建立的时候，冒顿单于就带领四十万人马，包围了韩王信的封地马邑（今山西朔县）。韩王信抵挡不了，向冒顿求和。刘邦得知后非常生气，派使者责备韩王信。韩王信害怕刘邦日后杀他，竟然向匈奴投降了。

白登山之围

冒顿占领了马邑后，继续向南进攻，围住晋阳，刘邦亲自赶去迎战。公元前 200 年的冬天，天降大雪，中原的兵士没碰到过这样冷的天气，有的人甚至都冻掉了手指。但是，汉朝的军队和匈奴兵一接触，匈奴兵就败走。刘邦派兵侦察，回来的人都说：“冒顿的部下全是一些老弱残兵，马匹都瘦得皮包骨。如果趁势打过去，准能打胜仗。”

刘邦怕这些兵士的侦察不可靠，派大臣娄敬到匈奴营地去刺探。娄敬回来说：“我们看到的匈奴人马的确都是些老弱残兵，但我认为冒顿一定是把精兵埋伏起来了，陛下千万不能上这个当。”刘邦大怒，说：“你胆敢胡说八道，想阻拦我进军。”接着把娄敬关押起来。

刘邦率领一队人马来到平城（今山西大同东北），突然四下里拥出无数匈奴兵来，个个人强马壮，原来的老弱残兵全不见了。刘邦拼命杀出一条血路，然后退到平城东面的白登山。冒顿单于派精兵把白登山团团围住，刘邦被困在山上整整七天，无法突围。

陈平一直守在刘邦身边，他见援兵也无法攻入，便派使者带着黄金、珠宝去见冒顿的宁胡阏氏（即匈奴王后），请她在单于面前说些好话。阏氏一见这么多的礼物，非常高兴，便对冒顿说：“我们虽然占领了汉朝地方，却没法长期住下来，再说，汉朝皇帝也有人会来救他。咱们不如早点撤兵回去吧，免得吃亏。”

冒顿听了阏氏的话，第二天一早，就下令将包围网撤开一角，放汉兵出去。刘邦一口气逃到广武，赶快把娄敬放了出来，说：“我没听你的话，弄得在白登山被匈奴围了起来，差点儿不能和你见面了。”

逃出虎口后，刘邦知道自己还没有力量征服匈奴，只好先返回长安。匈奴却是志气大长，时不时就来侵扰一下，大肆掠夺后即返回草原。

刘邦于是问娄敬该怎么办？娄敬说："最好采用'和亲'的办法，大家讲和，结为亲戚，彼此可以和和平平地过日子。我们把公主嫁给他，嫁妆一定要丰富，用不着抢掠就可得到这么多金银财宝，他就不会来烧杀了。将来公主生下儿子，继任单于，就是我朝的外甥，外甥和舅父怎么能够打仗呢？"

刘邦觉得很有道理，于是派娄敬到匈奴去说亲，冒顿也同意了。刘邦大喜，立刻下令将他的独生女儿鲁元公主远嫁匈奴。但皇后吕雉哭闹不休，极力阻挠，刘邦只得选了一个宫女，将她封为大公主，送到匈奴去和亲。

诱击匈奴

汉武帝时期，经过多年的休养生息，国力日渐雄厚。汉武帝的注意力又转向了北方，念念不忘要打败匈奴，一雪以前的羞辱。

公元前 133 年，一个大商人聂壹对汉朝大臣王恢说："匈奴在边界经常侵犯我们，总是一个祸根。现在趁他们提出和亲，不如把匈奴引进来，我们来一个伏击，准能打个大胜仗。"王恢问他："你有什么办法能把匈奴引进来？"聂壹说："我经常在边界上做买卖，匈奴人都认识我。我可以借做买卖的由头，假装把马邑献给单于。单于贪图马邑的货物，一定会来。我们把大军埋伏在附近，只要单于一到马邑，将军就可以截断他们的后路，活捉单于。"

王恢把聂壹的主意告诉了汉武帝。汉武帝决心采用聂壹的计策，于是派王恢、韩安国、公孙贺、李广等将军带领三十万人马埋伏在马邑旁边的山谷里。聂壹故意逃到匈奴，跟军臣单于说："我有办法混进马邑，杀死那里的官吏，这样就可以稳稳当当地拿下马邑。"军臣单于听了很高兴，但是到底还是有点怀疑，于是他先派几个心腹跟聂壹一起到马邑去，只等聂壹真的把官吏杀了，再发兵进去。聂壹回到马邑，按照事前和王恢商量好的办法，杀了几个已经定了死罪的犯人，把他们的头挂在城头上，骗匈奴使者去看，说这就是马邑县官的脑袋。匈奴使者见了人头后，信以为真，立刻回去报告军臣单于。军臣单于亲自带领十万骑兵去接管马邑，到了离马邑大约一百多里地的武州地方（今山西左云），只见草原上放着许多牲口，却没有放牲口的人。军臣单于犯了疑，抓住一个看守亭堡的亭尉，威胁他说："你把情况老实告诉我！要是说半句谎话，我马上把你的头砍了。"那亭尉就把汉兵布置的埋伏全都告诉了军臣单于。

军臣单于一听，赶快命令全军撤退。等到埋伏在马邑的汉军得到匈奴逃回去的消息时，已然追不上了。汉武帝的诱击战没有成功，汉朝和匈奴的和亲关系也宣告破裂，之后接连发生了几次大规模的战争，双方互有胜负。

卫青、霍去病征匈奴

汉武帝想要实现自己击溃匈奴的宏伟计划，一定要有自己得力放心的将领才行。当时，窦婴和灌夫获罪而死，韩安国年纪已大，除了能征惯战的李广，武帝手中再无合适的棋子儿。而作为汉武帝宠爱的卫子夫的弟弟，卫青无疑是一个合适的人选，所以刘彻决定起用年轻的卫青，来担负对匈奴作战的重要任务。

卫青，平阳人，本姓郑，早年地位低下。他的父亲郑季充当县中小吏，在平阳侯曹寿家供事，曾与平阳侯的小妾卫媪通奸，生了卫青。卫青是平阳侯家的仆人，小的时候回到父亲郑季家里，他父亲让他牧羊。郑季前妻生的儿子们都把他当作奴仆来对待，不把他算作兄弟。

卫青长大后，当了平阳侯家的骑兵，时常跟随平阳公主。汉武帝建元二年（公元前 139 年）的春天，卫青的姐姐卫子夫进入皇宫，受到武帝的宠幸。皇后没有生儿子，听说卫子夫受到武帝宠幸，且有了身孕，很忌妒她，就派人逮捕了卫青。卫青被抓后，幸而有个叫公孙敖的朋友救了他。武帝知道这件事后，很不满皇后的这种做法，索性就封卫子夫为夫人，封卫青为太中大夫。自此，卫青因祸得福，终于跻上了政治舞台。随着姐姐卫子夫的日益受宠，卫青在武帝心中的位置也越来越重。

元光五年（公元前 130 年），卫青当了车骑将军，讨伐匈奴，从上谷出兵；太仆公孙贺做轻车将军，由云中出兵；大中大夫公孙敖做骑将军，由代郡出兵；卫尉李广当骁骑将军，由雁门出兵；每军各有一万骑兵。卫青领兵到达龙城，取得了一定的战果。

元朔元年（公元前 128 年）春天，卫子夫生了男孩子，被立为皇后。这年秋天，卫青当车骑将军，从雁门出境，率领三万骑兵攻打匈奴，斩杀敌人几千人。第二年，匈奴侵入边境，杀死辽西郡的太守，掳掠渔阳郡二千多人，打败了韩安国将军的军队。汉朝命令李息将军攻打匈奴，从代郡出兵；又命令车骑将军卫青从云中出发，向西去攻打匈奴，直到高阙。于是攻取了河南地区，直到陇西，捕获敌人几千名，缴获牲畜十万头，打跑了白羊王和楼烦王。汉朝就把河南地区改设为朔方郡，并划定三千八百户封卫青为长平侯。

即元朔五年（公元前 124 年），卫青率六位将领，分别出高阙（今内蒙古乌拉特后旗东南）、右北平（今内蒙古宁城西南）、朔方（今内蒙古杭锦旗北），三路进击，深入匈奴汗国六百里，俘虏小王十余人，男女一万五千余人，牛羊近一百万头。

公元前 123 年，卫青再率六位将领出定襄（今内蒙古和林格尔）进击。这一次出击开始阶段取得了一定战果，但后来大将苏建和赵信所率领的三千骑兵，遭遇匈奴单于，最终全军覆没。大将赵信于兵败后投降匈奴。

公元前 121 年，年仅十九岁的霍去病被封为骠骑将军，出陇西（今甘肃临洮），越过焉支山（今甘肃山丹东南胭脂山）千余里，斩匈奴名王以下八千余人，俘获匈奴休屠王祭天时用的金人。同年，霍去病再出陇西作第二次进击，越过居延海（今内蒙古额济纳旗），深入匈奴腹地两千余里，杀虏三万多人。

霍去病一年中取得两次空前胜利，横穿河西走廊如入无人之境。河西走廊是匈奴汗国浑邪王的防地，匈奴单于伊稚斜大怒，要追究失败的责任。浑邪王害怕被杀，率众投降了汉朝。这对匈奴汗国是一个沉重打击，他们悲哀地唱道："亡我祁连山，使我牲畜不繁息。失我焉支山，使我妇女无颜色。"

匈奴汗国知道自己的昔日光荣已失，于是便采纳了赵信的建议，认为汉军不能深入沙漠，就远走瀚海沙漠。可是汉武帝却不肯罢休，公元前 119 年，卫青出定襄，霍去病出代郡，向匈奴发起总攻。伊稚斜单于大败，向北突围逃走。汉朝便在浑邪王故地河西走廊设立四郡：酒泉郡（今甘肃酒泉）、武威郡（今甘肃武威）、张掖郡（今甘肃张掖）、敦煌郡（今甘肃敦煌）。这块土地从此成为中国的领土。

在击退伊稚斜单于后，汉武帝指派了许多工匠，修建了一所豪华的房子送给霍去病。住宅落成后，汉武帝让霍去病去看看是否满意。霍去病看都不看，对汉武帝说："匈奴未灭，何以家为！"这一句爱国忘家的豪言壮语，流传至今。

可惜的是，霍去病从军只有六年，年纪轻轻就得病死了，死时还不到二十四岁。霍去病死后，汉武帝十分悲痛，给霍去病举行了隆重葬礼，下令边界上五个郡的百姓，都穿上黑衣来护送霍去病的灵柩。

昭君出塞

匈奴汗国在北逃以后，被西方的乌孙王国击败，国势萎缩。当时在位的单于又暴虐好杀，导致匈奴发生了分裂。

公元前 58 年，匈奴内部东方的将领们拥立呼韩邪为单于，起兵杀死了握衍朐提单于。这时西方将领们也拥立了一位亲王继位，号称屠耆单于。两个单于互相攻击。第二年，匈奴内部又崛起了三个单于，于是五个单于并立，全国大乱。

经过一番自相残杀，最后呼韩邪单于取胜。可是他的一位族兄却又在东方自立，号称郅支单于。公元前 54 年，郅支单于向西进攻，进入王庭(今蒙古哈尔和林)，呼韩邪单于向南败退，匈奴分裂为南北两个汗国。

呼韩邪单于不久就无法抵挡郅支单于的攻势，在公元前 51 年，他率领南匈奴汗国全部的人口和牲畜，向汉朝投降，并亲自到长安朝觐，请求迁居河套地区。

呼韩邪是第一个到中原来朝觐的单于，汉宣帝像招待贵宾一样设宴款待他，不仅答应了他的要求，还派了两个将军，带领一万名骑兵护送他到了漠南，不久又给他送去三万四千斛（十斗为一斛）粮食。呼韩邪单于对此十分感激。

郅支单于不久后开始侵犯西域各国，还杀了汉朝派去修好的使者。汉朝于是派兵一直打到康居，杀死了郅支单于。郅支单于一死，呼韩邪单于便向汉朝请求回归漠北的匈奴故地，得到同意后便率部众北迁，但仍然不断来长安朝觐汉朝。

公元前 33 年，呼韩邪单于再一次来到长安，请求同汉朝和亲。这时汉宣帝已经死了，他的儿子刘奭继位，就是汉元帝。

汉元帝同意了，但因为他没有女儿，便决定在宫中选一个宫女册封为公主，送去和亲。后宫的宫女都不愿意远离家乡，因此没人报名。这时宫女王嫱却主动站出来，表示自己愿意到匈奴去和亲。

王嫱字昭君，自幼进宫，不仅长得非常美丽，还知书达理。据说当时皇帝挑选妃子，都是看画工给宫女画的画像。许多宫女为了得到皇帝的召见，都贿赂画工，请他把自己画得美一点儿。王昭君由于不愿意贿赂画工毛延寿，因此被画得姿色平平，没被皇帝看中。

汉元帝听说有人报名和亲，十分高兴，马上封王昭君为公主，令呼韩邪单于在长安完婚。呼韩邪单于得到这样一个美貌的妻子，高兴和感激的心情自是不言而喻，亲自带着王昭君来向汉元帝谢恩。汉元帝看到王昭君如此美丽，心中奇怪。回到内宫找出王昭君的画像，发现根本没有本人十分之一的美貌，他越想越懊恼，一气之下便把毛延寿杀了。

为了纪念王昭君，汉元帝特意将昭君出嫁这年（公元前 33 年）的年号改成“竟宁”。这个年号果然名实相符，自从王昭君做了呼韩邪单于的阏氏后，就深得呼韩邪单于的喜爱，和匈奴人也相处得很好，并把中原的文化传给了匈奴。匈奴从此和汉朝和睦相处，六十多年没有发生过战争。

王莽篡汉建立新朝

自西汉成帝时起，朝政大权逐渐落入了以汉元帝皇后王政君为首的外戚王氏手中，王莽就是王政君的侄子。

公元8年，王莽篡汉自立，改国号为“新”，然后强制在全国推行了许多不切实际的新政，这些新政激起了从上至下的反抗，这些反抗中以绿林、赤眉起义影响最大。当王莽意识到他的政策无法推行，将其取消时，却为时已晚，“新”朝被推翻了。

王莽发迹

汉朝末年，成帝荒淫，继位后朝廷的大权逐渐落于外戚。皇太后王政君的兄弟都被封为侯。其中王凤还被封为大司马、大将军。王凤掌权后，他的几个兄弟、侄儿都十分骄横奢侈，只有一个侄儿王莽，因其父早死，没有骄奢习气。他像平常的读书人一样，做事谨慎，生活节俭。

王莽虽出身世家大族,但因为其父亲早死,以致家境贫苦。王莽虽然没有官职,但以孝顺母亲而有声名，他尊敬寡嫂，悉心照顾侄子，生活十分俭朴，加上博学多览，手不释卷，为人谦恭有礼，一时广受赞誉。

王凤病重时,王莽尽心尽力地照料,亲尝汤药,一连几月衣不解带。王凤颇为感动,临死前将王莽托付给了王政君，并请求汉成帝委任王莽官职，王莽因此做了黄门郎。

王莽做官之后，广结名士和将相大臣，赡养救济名士，家里不留余财，连自己的车马衣服都拿来分发给宾客，深得人心。一次王莽的母亲生病，公卿列侯都遣夫人去问候。王莽的妻子出去迎接，她衣不曳地，破布蔽膝，诸位公卿夫人都以为她是婢佣，后来才知道是王莽的妻子，对此非常吃惊。

于是，许多大臣、名士联名上书，大赞王莽的品德和才学。对王莽本来就颇为欣赏的汉成帝当即下旨，封王莽为新都侯，封地在南阳郡新野都乡（今河南新野境内），晋升骑都尉光禄大夫侍中。年仅三十岁的王莽一跃成为朝中重臣，可参与决策国家大事。

然而，王莽对此并不满足，只是表面还是一如既往地谦恭，没有一丝骄横之气。王莽深知，自己还未能站到把握朝政的核心位置，他还有一个强劲的对手——淳于长。

淳于长是帮助汉成帝宠妃赵飞燕登上皇后之位的功臣，汉成帝为了表示对淳于长的感激之情，封他做了关内侯，之后又封为定陵侯。无论从官职还是宠信程度上看，王莽始终比不过淳于长。

淳于长此时大权在握，哪里想到会有人敢算计自己，他勾搭上了被废的许皇后的姐姐，将其纳为小妾，还吹嘘自己可以让废后重新获得汉成帝的宠爱。许皇后信以为真，送了不少金银珠宝给这位大能人。淳于长果然是拿人钱财，与人消灾，竟然说动了皇太后和汉成帝，将已经被废黜的许皇后升为了婕妤，许婕妤因此对淳于长感激不尽。

没想到的是，淳于长忘乎所以，竟然色胆包天，常常对许婕妤动手动脚。经过一番打探，王莽对淳于长和许婕妤之间的事情了解得一清二楚，他连忙将这个情况汇报给了汉成帝。汉成帝怒不可遏，罢免了淳于长的所有官职。不久又有人落井下石告淳于长谋反，汉成帝不由分说，给他定了个大逆之罪，最终淳于长死在狱中。王莽就这样神不知、鬼不觉地扫清了障碍。不到四十岁就成为大司马、大将军。

王莽的新王朝

汉成帝死后，他的儿子哀帝登基。汉哀帝继位后其祖母傅太后、母亲丁太后的外戚得势，王莽退位隐居新野。其间他的儿子杀死家奴，王莽逼其儿子自杀，得到世人好评。

哀帝在位仅六年就死了，他没有儿子，汉平帝刘衎登基，由太皇太后王政君临朝听政，王莽东山再起，被任命为大司马，总揽朝政。公元元年，王莽被封为“安汉公”，第二年，他把自己的女儿嫁给平帝为皇后。平帝在位只五年就不明不白地死去，王莽遂立年仅两岁的孺子婴为帝，自己则独揽大权。臣民都称王莽为“摄皇帝”。

公元 8 年，王莽发动宫廷政变，由年仅五岁的孺子婴颁下用深奥古文写成的诏书，宣布把皇帝宝座禅让给王莽。历时 215 年的西汉王朝，到此结束。王莽命名他的政权为“新”。

应该说，王莽是一位儒家学派的巨子，他崇尚三皇五帝的时代，梦想着把儒家的学说一一实现，缔造一个理想的快乐世界。新王朝一建立，王莽立即着手进行改革，依照《周礼》，实施了一连串新政策，希望重现周公时代。因为王莽的改革完全附会《周礼》，所以后人称之为“托古改制”。

这场改革确实是全方位的，而其带来的混乱更是全方位的。王莽将全国上下所有的官名都按照《周礼》修改，就是地名也改了许多，搞得人们头昏脑涨，不知道这些官名究竟负责什么职务。王莽宣布土地都是“王田”，不能买卖，全国按人口重新分配土地。可想而知，这根本就是无法实行的政令。在经济方面，王莽屡次改革币制，货币名目繁多，换算也极不合理，甚至将早已失去交换价值的龟、贝等也作为货币。这场荒唐的改革很快便使社会生活出现了混乱，国内民怨四起。

绿林、赤眉起义

首先向新王朝发难的是王匡和王凤，他们在公元 17 年，在新市（今湖北京山东北）率领荆州地区的饥民起义，以绿林山为基地，攻打附近的乡聚，很快就发展到了五万人。不久绿林山发生了疫病，五万人差不多死了一半。剩下的只好离开绿林山，后来分作三路人马——新市兵、平林（今湖北随州东北）兵和下江（今湖北西部）兵。这三路人马各自占领一块地盘，队伍又慢慢强大起来。

当南方的绿林军在荆州一带活动时，东方的起义军也壮大起来。琅琊海曲（今山东日照）有个姓吕的老大娘，她的儿子是县里的一个公差，因为不肯依县官的命令毒打没钱付税的穷人，被县官杀了。这一来就激起了公愤，上百个穷苦农民发动叛乱替吕大娘的儿子报仇，杀了县官，跟着吕大娘逃到了黄海的岛屿上，一有机会就上岸攻打官兵。这时候，琅琊人樊崇在莒县起事。吕大娘死后，她手下的人投奔樊崇的起义军，在青州和徐州之间往来打击官府。为了与官兵区别，樊崇和他的部众都把眉毛染红，所以称赤眉军。王莽派军队来平剿，结果分别被绿林军和赤眉军打败。消息一传开，别的地方的农民也都活跃起来，黄河两岸的大平原上，大大小小的起义军就有几十路。

南阳郡春陵乡的豪强刘縯、刘秀兄弟两人，因为王莽废除汉朝宗室的封号，不许刘姓人做官，心里怨恨，此时他们也趁机发动族人和宾客七八千人起兵。他们和绿林军三路人马联合起来，接连打败了几名王莽的大将，声势逐渐壮大起来。

绿林军的几支队伍都没有统一的指挥，如今人马多了，总要有个首领来统一号令。公元 23 年，绿林军各路将士经过商议，正式立刘玄做皇帝，恢复汉朝国号，年号“更始”，所以刘玄又称更始帝。更始帝拜王匡、王凤为上公，刘縯为大司徒，刘秀为太常偏将军。绿林军从此也称为汉军。

汉光武帝开创中兴局面

王莽统治后期，各地农民起义蜂起，西汉皇族、汉高祖九世孙刘秀也和他的哥哥刘縯在舂陵起兵。刘秀逐步壮大自己的势力，消灭了赤眉、绿林等割据势力，统一全国，建立了东汉。

在东汉建立后，刘秀采取了一系列措施，借此缓和社会矛盾，稳定社会秩序，恢复生产发展，于是在东汉初期，社会比较安定，经济迅速恢复，人口也有所增长，历史上将这一时期称为“光武中兴”。

光武帝去世后，继任的汉明帝和汉章帝继续实施息兵养民的政策，出现了吏治清明，人民生活安定的“明章之治”。

昆阳之战

王莽面临北方赤眉、南方绿林两大起义集团的进攻，日渐焦虑不安。起初王莽认为赤眉军声势更大，便把进攻的重点放在围剿北方的赤眉军。当绿林军歼灭了甄阜、梁丘赐军，击败严尤、陈茂于南阳城下，接着刘玄称帝，公开提出恢复汉朝，建立更始政权之后，王莽才意识到南方的绿林起义军对新莽政权的压力更大，因而决定转移战略重心，准备彻底消灭绿林汉军。

王莽为了编成对汉军作战的强大部队，特任命大司空王邑和司徒王寻为统帅，征调当时所谓精通六十三家兵法的人，充当军中的类似参谋的官吏，并任用巨人巨毋霸为垒尉，专门负责构筑营垒。各州郡均自选精兵，由郡和牧守亲自率领，限期到洛阳附近集中，各地到洛阳的兵力达四十二万多人，号称百万大军。

新莽地皇四年(公元23年)，刘玄更始元年五月，王邑、王寻统帅的大军与严尤、陈茂会合后，即由颍川向昆阳前进，二三天即有十余万军队到达昆阳。统帅王邑立即下令围攻昆阳。

王凤、王常等见新莽大军逐渐云集昆阳，形势十分严重，刘秀所率之三千骑兵在颍川西北遇见新莽军后，也引兵退回昆阳，加上汉军其他退入昆阳的一些零星部队，昆阳守军共约一万人。王凤等鉴于敌我力量十分悬殊，对坚守昆阳信心不足，一些退入昆阳城中的官兵也惊慌失措，担心妻子儿女，想分散回去，各保存自己的地区。

刘秀却主张守卫昆阳，自己带一支人马突围出去，到定陵和郾城去调救兵。当天晚上，刘秀带着十二个勇士，趁王莽军不备，冲杀出了昆阳。

刘秀到了定陵，想把定陵和郾城的人马全部调到昆阳去。但是有些汉军将领贪图已经夺取的财产，不愿意离开这两座城。刘秀劝他们说："现在咱们到昆阳去，把所有的人马集中起来。打败了敌人，便可以成大事，立大功。要是死守在这里，敌人打来了，咱们打了败仗，连性命都会保不住，到时还谈得上财物吗？"将领们被刘秀说服了，才带着所有人马跟着刘秀上昆阳。

刘秀在取得初战的胜利后，向王莽军的中坚部队冲杀过去，把轻敌的王莽大将王寻杀死。昆阳城里的汉军一见外援打了胜仗，就打开城门冲了出去。这时天空突然暗了下来，响起了一声大霹雳，接着狂风呼啸，大雨像倾盆一样的直倒下来。巨毋霸带来助威的猛兽，不但不往前冲，反而往后面乱窜。王莽的军队好像决了口子的大水一样直往滍水（今河南鲁山沙河）逃奔，兵士掉在水里淹死的成千上万，惨不忍睹。当王莽军大将王邑逃回洛阳的时候，四十二万大军只剩下几千人。

昆阳大战消灭了王莽的主力，更始帝派大将申屠建、李松率领汉军乘胜进攻长安。王莽惊慌失措，只得把关在监狱里的囚犯都放出来，拼凑成一支军队，以抵抗汉军。但这支军队还没有接触到汉军的影子，就陆续逃散了。

不久汉军攻进长安城，王莽被杀，维持了十五年的新王朝土崩瓦解。

更始帝刘玄进入长安后，起义军内部发生内讧，部分将领被杀，另有一部分则去投奔了赤眉军。赤眉首领樊崇立刘盆子为帝，于公元 25 年攻占长安，刘玄投降后被杀。由于关中豪强隐匿粮食，组织武装顽抗，赤眉军被迫引兵东归。

刘秀隐忍建国

公元 23 年，昆阳大战后，刘縯和刘秀的名声越来越大，在昆阳之战中立下首功的刘秀一直马不停蹄地南下攻城略地，此时一个噩耗传来，刘秀的兄长大司马刘縯被更始帝所杀。原来，更始帝刘玄被拥立为皇帝后，刘縯及其属下一直心中不服，双方早就各怀异心。攻取宛城后，刘縯因为一个部下为更始所收捕，上殿力争，结果被更始帝下令斩杀。刘秀得此消息，极为震惊，他知道自己的力量还敌不过更始帝，不得不急返宛城向刘玄谢罪。刘秀到了宛城后，不与刘縯的部将私下接触，更不表昆阳之功，只是表示兄长犯上，自己也有过错。更始帝见刘秀如此谦恭，反而有些自愧，于是封刘秀为武信侯。但还是不敢放心重用他。直到杀了王莽后，刘玄遣刘秀行大司马事北渡黄河，镇慰河北州郡。路上，刘秀的挚交邓禹杖策北渡，追赶上刘秀，对刘秀言更始必败，天下之乱方起，劝刘秀："延揽英雄，务悦民心，立高祖之业，救万民之命，以公而虑，天下不足定也！"

各地的豪强大族有的自称将军，有的自称为王，还有自称皇帝的，各据一方，刘秀经过一番努力，逐步占据了河北。

见刘秀在河北日益壮大，更始帝极为不安，他遣使至河北，封刘秀为萧王，令其交出兵马，回长安领受封赏，同时令尚书令谢躬就地监视刘秀的动向，并安排自己的心腹做幽州牧，接管了幽州的兵马。刘秀以河北未平为由，拒不领命，史称此时刘秀"自是始贰于更始"。不久，刘秀授意手下悍将吴汉将谢躬击杀，其兵马也为刘秀所收编，而更始帝派到河北的幽州牧苗曾与上谷等地的太守韦顺、蔡允等也被吴汉、耿弇等人所收斩。自此，刘秀与更始政权公开决裂。

这时候，刘秀的军队与占据河北州郡的铜马、尤来等农民军进行了一番激战，迫降了数十万铜马农民军，并将其中的精壮之人编入军中，实力大增，当时关中的人都称河北的刘秀为"铜马帝"。更始三年（公元 25 年）六月，已经是"跨州据土，带甲百万"的刘秀在众将拥戴下，于河北鄗城的千秋亭继皇帝位，为表重兴汉室之意，刘秀建国仍然使用"汉"的国号，史称后汉（唐末五代之后也根据都城洛阳位于东方而称刘秀所建之汉朝为东汉），刘秀就是汉世祖光武皇帝。

建武元年十月，刘秀定都洛阳。此时的长安，极度混乱，赤眉大军拥立傀儡小皇帝刘盆子建立了建世政权，拥兵三十万众，进逼关中，更始遣诸将与赤眉大军交战，均大败而归，不久，更始请降，获封为长沙王，后为赤眉缢杀。刘秀闻绿林、赤眉两大起义军发生了火并，也派兵西入关中，与赤眉军展开拉锯战，最终，刘秀军以伏击重创赤眉军，并利用关中大饥的时机，连续重挫赤眉军，尚有十几万兵力的赤眉军兵士疲敝，粮草缺乏，被迫向刘秀请降。

镇压农民起义后，东汉采取各个击破的战略方针进攻南北各地的封建割据势力。从建武五年至十二年（29—36 年）之间，陆续消灭掉渔阳的彭宠，南郡的秦丰，梁地的刘永，齐地的张步，卢江的李宪，东海的董宪，汉中的延岑，夷陵的田戎，陇西的隗嚣，安定的卢芳和巴蜀的公孙述，重建了统一的刘汉封建政权。

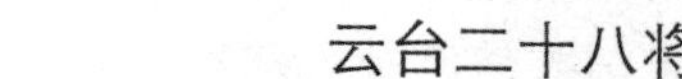

云台二十八将

在光武帝刘秀平定天下的过程中，骁勇善战、忠心耿耿的“云台二十八将”无疑立下了汗马功劳。他们是邓禹、马成、吴汉、王梁、贾复、陈俊、耿弇、杜茂、寇恂、傅俊、岑彭、坚镡、冯异、王霸、朱祐、任光、祭遵、李忠、景丹、万脩、盖延、邳彤、铫期、刘植、耿纯、臧宫、马武、刘隆等。光武帝自然也不会亏待这些战功赫赫的将军，但在统一天下之后，他本着“退功臣而进文吏”的原则，只给予这些将领们丰厚的赏赐，而将治理国家的重任交给了文臣。

光武中兴

刘秀建立东汉王朝后，为了巩固新建的政权，他吸取历史的经验教训，先后采取了一系列加强皇权和缓和阶级矛盾的政策措施。

刘秀对开国功臣都给予优厚的爵禄，赐予他们爵位田宅，高官厚禄，而摘除其军政大权。光武鉴于西汉前期三公权重，权柄下移，虽设三公之位，而把一切行政大权归之于设在中朝由皇帝直接指挥的尚书台。一切政令都由尚书台直接禀陈皇帝，由皇帝裁决。从此，“天下事皆上尚书，与人主参决，乃下三（公）府”；“虽置三公，事归台阁”。

光武帝还采取措施简化机构，裁减冗员。建武六年（公元 30 年）下诏令司隶州牧各实所部，省减吏员。于是“条奏并有四百余县，吏职省减，十置其一”。同时，废除西汉时的地方兵制，撤销内地各郡的地方兵，裁撤郡都尉之职，也取消了郡内每年征兵训练时的都试，地方防务改由招募而来的职业军队担任。

光武继承了西汉时期独尊儒术的传统，东汉建立后，即兴建太学，设置博士，各以家法传授诸经。光武巡幸鲁地时，曾遣大司空祭祀孔子，后来又封孔子后裔孔志为褒成侯，用以表示尊孔崇儒。光武还对于王莽代汉时期隐居不仕的官僚、名士加以表彰、礼聘，表扬他们忠于汉室、不仕二姓的“高风亮节”，企图养成重名节的社会风气，为巩固东汉封建统治服务。

光武帝多次下诏释放奴婢，并规定凡虐待杀伤奴婢者皆处罪。诏令免奴婢为庶人的范围，主要是，王莽代汉期间吏民被非法没收为奴的，或因贫困嫁妻卖子被卖为奴婢的；在王莽末年因饥荒或战乱被卖为奴婢的；在战乱中被掠为人下妻的。另外，还规定不许任意杀伤奴婢以及废除“奴婢射伤人弃市律”。同时，在省减刑罚的诏令中，还多次宣布释放刑徒。

光武鉴于西汉后期吏治败坏、官僚奢侈腐化的积弊，继位以后，注意整顿吏治，躬行节俭，奖励廉洁，选拔贤能以为地方官吏；并对地方官吏严格要求，赏罚从严。因而经过整顿之后，官场风气为之一变。

东汉初年，针对战乱之后，生产凋敝，人口锐减的情况，光武注意实行与民休养生息政策，他薄赋敛，省刑法，偃武修文，不尚边功，与民休息。东汉政权本是在豪强势力支持下建立起来的。但豪强势力的发展，土地兼并的逐渐严重，既威胁皇权，也影响百姓生活，为了解决这一问题并加强朝廷对全国垦田和劳动人手的控制，平均赋税徭役负担，光武帝采取措施抑制豪强势力，实行度田政策。

光武帝的一系列举措使社会矛盾有所缓和，社会生产逐渐恢复，社会稳定，人口增长。因为刘秀的谥号是光武，史称刘秀统治的东汉时期为“光武中兴”。

明章之治

光武帝去世后，其子刘庄继位为汉明帝，明帝死后，其子刘炟继位为汉章帝。东汉在明帝和章帝统治时期，实行息兵养民的宽松政策，使得社会稳定，经济发展，是汉王朝比较繁荣的一段时期，与文景之治一样，都是王朝建立初期出现的“治世”。

明章之治主要的政策及取得的成就有以下几点：

第一，减轻赋税和刑罚。明帝和章帝都鼓励农业生产，他们降低赋税，减轻徭役，兴修水利，又安置无地的贫民，使他们定居下来从事生产。到了明帝末年，“天下安平，人无徭役，岁比登稔，百姓殷富，粟斛三十，牛马被野”。章帝时期，又废除苛刻的法律五十多条。

第二，推崇儒家学说。明帝曾亲赴太学演讲，当时的王公大臣都受到他的影响，学习儒家思想。章帝曾亲自祭祀孔子，又在白虎观召集儒家名流进行学术讨论，当时形成了较好的学术风气。

第三，讨伐匈奴，征服西域。明帝时，派窦固等打败了北匈奴，一直将北匈奴赶到天山和蒲类海（今新疆巴里坤湖）一带，同时派班超出使西域，使西域各国与匈奴断绝关系，重新归附于汉朝，为后来和帝年间，窦宪等再次出击北匈奴并大破之打下了基础。北匈奴共有二十多万人投降，“遂登燕山，去塞三千余里，刻石勒功，纪汉威德，令班固作铭”，使得北匈奴最终向西远逃。

东汉与匈奴、西域的关系

东汉时期，汉朝与匈奴的关系也是对抗与和亲并存。

东汉明帝时期，南匈奴已经降汉。明帝采取了积极打击北匈奴和经营西域的政策，派班超出使西域。班超在西域经营多年，他平定了疏勒少数首领的叛乱，击败了莎车、康居、月氏等国，使东汉政府在西域的势力得到了逐步扩大。一直到东汉末年，因为东汉王朝内部统治混乱，无暇顾及，才结束了对西域的统治。

匈奴的南北分裂

东汉初年，匈奴内部接连发生旱灾、蝗灾，而且内讧不断。公元 48 年，八位亲汉的匈奴部落首领拥立日逐王比为单于，这八部首领的祖先曾追随呼韩邪单于降汉，他们拥立日逐王比时，又恢复了呼韩邪单于的称号，日逐王比于是成为第二位呼韩邪单于。呼韩邪单于率众降附汉朝，屯居于五原西部，后又徙于云中、美稷、朔方、定襄、雁门一带。这部分匈奴被称为南匈奴，留在原处的被称为北匈奴。北匈奴在力量有所强大之后，不时南下侵扰。

公元 73 年，刘秀之子汉明帝刘庄，采纳耿秉的建议，分兵四路出击北匈奴。最西一路，是奉车都尉窦固、骑都尉耿忠率领的酒泉、敦煌、张掖三郡的兵马和庐水羌胡的一万两千骑，击败了匈奴呼衍王，一直追到蒲类海（今新疆巴里坤湖），在当地置宜禾都尉，屯田伊吾（今新疆哈密）。

公元 74 年，汉明帝再命窦固、驸马都尉耿秉击平车师前、后王，重置西域都护，断了北匈奴的右臂。北匈奴陷入困境，南下降汉者越来越多。

窦宪燕然山勒铭

永元元年(89年),朝廷任命窦宪为车骑将军,联合南匈奴讨伐北匈奴。窦宪“佩金印紫绶,比照司空规格配备属员”,以执金吾耿秉和耿夔为副将,奉命出征,“发北军五校、黎阳、雍营、缘边十二郡骑士,及羌胡兵出塞”,与北匈奴军队大战于稽落山。汉军大破北匈奴军,“斩首一万三千级,受降二十万人”。窦宪率军一鼓作气,出塞三千余里,将北匈奴的残余部队一直追击至私渠海。经此一役,北匈奴的军事势力土崩瓦解。窦宪“登燕然山(今蒙古杭爱山),刻石勒功”,才班师回朝。

窦宪平定北匈奴立下大功,窦太后喜出望外。在窦太后的要求下,当年九月,和帝下诏,派中郎将持节到五原任命窦宪为大将军,同时犒劳赏赐三军将士,军中凡“各郡二千石长官子弟,都升任太子舍人”。永元二年(90年)六月,和帝在窦太后的授意下,再次下诏:册封窦氏四兄弟侯爵之位,窦宪封爵为武阳侯,食邑二万户,窦景为执金吾,窦瑰为光禄勋,窦宪的叔叔窦霸为城门校尉,霸弟褒奖作大匠,褒弟嘉少府,窦氏父子兄弟并为卿、校。窦笃、窦景、窦瑰等人均接受了封赏,唯有窦宪坚决辞去封爵,仍领大将军之职。按照汉朝官员级别配置,大将军的官位在三公之下,官属标准与太尉相同。如今窦宪北伐成功,手握重兵,满朝文武谁都不敢得罪他。为讨好权倾朝野的窦宪,王公大臣们竟然联合起来,上书奏请朝廷:将窦宪的大将军之位置于“三公之上,太傅之下”,并将其设置官属的档次提升。

永元三年(91年),窦宪决定彻底消灭北匈奴,遂派右校尉耿夔、司马任尚、赵博等人率领汉军出征,从居延塞至金微山(今阿尔泰山),“大破北单于,斩首五千余级,北单于遁逃,不知去向,其国遂亡”。这一场大战,令北匈奴彻底从西域消失了。

投笔从戎

汉光武帝刘秀建立东汉王朝后,请了一个大学问家班彪整理西汉的历史。班彪有两个儿子,班固和班超,还有一个女儿班昭,他们从小就跟随其父亲学习文学和历史。

班彪死后，汉明帝叫班固做兰台令史，继续完成他父亲所编写的历史书籍，也就是《汉书》。班超也跟着哥哥做抄写工作。虽然兄弟两个都很有学问，可是性情不一样，班固喜欢研究百家学说，专心致志写他的《汉书》。班超可不愿意老伏在案头写东西。他只要一听到匈奴侵扰边疆的消息，就扔下笔，气愤地说："大丈夫应当像张骞那样到塞外去立功，怎么能老死在书房里呢？"

汉明帝临雍拜老

就这样，班超投笔从戎，到大将军窦固军中当了代理司马。窦固想采用以往汉武帝的办法，派人联络西域各国，共同对付匈奴。他赏识班超的才干，派班超担任使者到西域去。

班超带着随从三十六人先到了鄯善（今新疆境内）。鄯善因为匈奴逼他们纳税进贡，勒索财物，一直对匈奴很不满意，如今看到汉朝派了使者来，鄯善王非常殷勤地招待了他们。过了几天，班超发现鄯善王对待他们忽然冷淡起来，便起了疑心，跟随从的人员说："你们看得出来吗？鄯善王对待咱们跟前几天不一样，我猜想一定是匈奴的使者到了这儿。"刚巧鄯善王的仆人送酒食来，班超装得早就知道的样子说："匈奴的使者已经来了几天？住在什么地方？"鄯善王和匈奴使者打交道，本来是瞒着班超的。那个仆人给班超一吓，以为班超已知道这件事，只好老实回答说："来了三天了，住的地方离这儿有三十里。"

班超把那个仆人扣留起来，对随从说："鄯善王要是改变主意，我们就要成为匈奴人的俘虏了。不入虎穴，焉得虎子，现在我们只有冒险一试，偷袭匈奴使者。"当晚，班超带头冲进了匈奴使者的帐篷，杀了匈奴使者和三十多个随从。鄯善王一看匈奴使者被班超杀了，马上表示愿意服从汉朝的命令。班超回到汉朝，汉明帝提拔他做军司马，又派他到于阗去。班超便带着原来的三十六名随从到了于阗，劝于阗王脱离匈奴，跟汉朝交好。

于阗王决定不下，便找来巫师向神请示。那个巫师本来就反对于阗王跟汉朝友好，于是故意装神弄鬼，对于阗王说："你为什么要结交汉朝？汉朝使者那匹浅黑色的马不错，可以拿来给我。"于阗王于是派国相向班超去讨马。班超说："可以，叫巫师自己来拿吧。"巫师得意扬扬地到班超处取马。班超二话不说，拔出刀就把巫师斩了，提了巫师的头去见于阗王，责备说："你要是再勾结匈奴，这巫师就是你的榜样。"于阗王早就听说班超的威名，看到这个场面，急忙表示愿意跟汉朝修好。

东汉经营西域

鄯善、于阗是西域的大国，他们结交了汉朝后，西域其他王国，像龟兹（今新疆库车一带）、疏勒（今新疆喀什噶尔一带）等也都跟着与汉朝修好。汉朝于是重设西域都护一职，由班超长期担任。西域经过了王莽时期的混乱，此时重返中国版图，班超功不可没。

公元 102 年，班超卸任返回洛阳，职位由任尚接替。任尚向班超请教说："我初次担当这么大的责任，深感难以负荷。您在塞外三十年，请赐指教。"班超说："塞外的汉朝官员，差不多在国内都犯过错误，才出塞立功求赎，并不都是小心谨慎的人。至于外国人士，更各有各的企图，很容易激起他们的反抗。你的性情严正，俗话说：'水至清则无鱼，人至察则无徒。'我建议你凡事求其简单，对小过错多加宽恕。"班超走后，任尚却没把这番语重心长的话放在心上，反而讥讽道："我以为班超有什么了不起，原来只是个平凡人物。"

只四年时间，任尚就激起西域各国的不满。任尚的总督府继班超之后，设在疏勒王国（今新疆喀什）。公元 106 年，各国联合向疏勒进攻，任尚不能阻挡。东汉政府把他召回，另行派遣段禧继任。但混乱的局势已不可收拾，段禧转战到龟兹王国（今新疆库车），不能再进。龟兹王是支持段禧的，但龟兹人民叛离了他们的国王，与温宿王国（今新疆乌什）、姑墨王国（今新疆阿克苏）组织联军，攻击段禧和龟兹王。段禧虽然把他们击败，不过整个西域却只剩下龟兹一座孤城与汉朝修好。勉强支持了一年后，东汉政府只得再撤销西域总督，撤出所有残留的屯垦区。

公元 119 年，敦煌太守曹宗试探着派遣部将索班再进入伊吾卢（今新疆哈密）屯垦，鄯善王国（今新疆若羌）和车师前王国（今新疆吐鲁番）重又归附汉朝。不久，尚未向西移尽的北匈奴残余部落（今新疆阿尔泰山南麓）跟车师后王国（今新疆吉木萨尔）联合，攻陷伊吾卢，杀死索班。鄯善王国向汉朝求救，班超的儿子班勇担任西域长史，进驻敦煌，他率领六千人反击，生擒车师后王国国王，带到索班死难处斩首，并把其人头送到洛阳悬挂示众。北匈奴向北逃走，从此再没有出现。

继班勇之后，再没有了一个像样的西域长史。最后一任王敬，在公元 152 年击斩于阗（今新疆和田）国王。于阗人民反攻，把王敬杀掉。这时，汉朝正陷于内争，不能再派出使节，西域遂再一次脱离，但其与中原在经济文化上的交往并没有中止。

黄巾之乱与汉室衰微

东汉末年，朝政腐败，皇帝昏聩，贪图享乐。东汉从和帝时起，外戚、宦官势力膨胀，为各自的利益结成集团，互相争斗。东汉后期的好几位皇帝，继位时都很年幼。如和帝继位时十岁，安帝继位时十三岁，顺帝继位时十一岁，冲帝继位时只有二岁，到三岁时便死了，然后质帝继位，只有八岁，九岁时也死了，继位的桓帝也只有十五岁。桓帝之后的灵帝，继位时是十二岁，于是太后临朝，外戚掌权。皇帝成年后，为摆脱外戚控制，不得不求助于宦官，于是宦官与外戚交替专权，东汉王朝被搅得暗无天日。最终在灵帝死后，宦官、外戚两大势力在火并中同归于尽。

腐败的统治导致了反抗，黄巾起义爆发，各地豪强也纷纷起兵，其中董卓捷足先登，占领都城，控制了中央政权，后被王允设计诛杀，但东汉政权已经名存实亡。

外戚、宦官和士大夫争权

在汉明帝、汉章帝统治的三十年间（58 年—88 年），在位的皇帝都能秉承光武帝的政策，休养生息，并多次招抚流民，赈济鳏寡孤独和贫民。加之班超对西域经营有方，社会比较安平，百姓生活也很殷实，史称“明章之治”。

汉章帝死后，十岁的和帝刘肇继位，由太后的兄长窦宪执掌朝政。窦家兄弟为所欲为，公报私仇，凡是对他们专权不满的人都被逼迫致死。窦宪不让和帝与朝臣有过多接触，于是和帝在十四岁时，依靠宦官郑众所掌握的禁军，消灭了窦氏势力。从此，外戚和宦官轮番干政弄权。

到安帝刘祜时期，太后的兄弟邓骘掌权。太后一死，安帝与宦官李闰、江京等合谋消灭邓氏势力，形成了皇后阎氏及其兄弟阎显等与宦官共同专政的局面。

公元 125 年，安帝死，阎皇后因太子刘保不是自己亲生的，将其废为济阴王，囚禁在德阳殿下，而立章帝曾孙，北乡侯刘懿为帝，自己临朝。

没想到刘懿当年即亡故，朝野上下人心浮动，中常侍孙程与其他宦官十八人，拥济阴王为帝，是为顺帝。顺帝将帮自己登基的这十九个宦官都封了侯。因为怕宦官专权，顺帝同时也重用外戚，拜梁皇后之兄梁冀为大将军。

梁冀跋扈专权，在顺帝去世后，连续立冲、质、桓三帝。公元 159 年，桓帝与宦官单超等合谋，消灭了梁氏势力，从此宦官独揽政权。

在外戚和宦官们轮流粉墨登场的时候，一个新的阶层——士大夫产生了，并逐渐凝聚了力量。

士大夫都是高级知识分子，在儒家学派唯我独尊之后，儒生们读书、当官、掌握朝政。他们不像外戚，是靠裙带关系掌握权力的。士大夫们或是靠苦读《五经》当的官，或是因为有出众的“孝行”、“廉行”，或是敢于“直言进谏”的“贤良方正”。他们有着扎实的儒学知识，具备儒教的道德礼仪。士大夫为了维护自己的既得利益，不断强化这种制度和观念：孝廉儒生必须出身于士大夫家庭。这种门第观念逐渐深入人心，让社会形态成直线发展，木匠的儿子继续当木匠，农夫的儿子继续当农夫，士大夫的儿子继续当士大夫。譬如杨震，四代中出了三个宰相，这种门第受到了人们普遍的羡慕和崇敬。

这些被认为尊贵门第的士大夫们越来越看不惯外戚靠女人取得权力，也鄙视宦官靠谄媚赢得圣心。面对朝政被这两个集团轮流玩弄，士大夫与外戚、宦官的冲突一触即发。

改革的清议

清议，就是根据儒家的伦理道德来臧否人物。做官的人如果触犯了清议，便会丢掉官职，被禁锢乡里，没有再次入仕的机会。这是庶族与士族斗争的产物。

东汉后期，宦官专政，当时政治黑暗，宦官把持了官员的任免权，这时的选举、征辟等，都要按照他们的意图执行，这就严重地侵犯了士人上进的权利。这一时期，太学生的人数已超过三万，各郡县也有很多儒生，由于上进无门，这些太学生就与官僚士大夫结合，形成了庞大的官僚士大夫反宦官专权的社会政治力量，在朝野都有很大影响。他们“激扬名声，互相题拂；品核公卿，裁量执政”，这就叫作“清议”。

“激扬名声，互相题拂”的意思，主要是比较廉正的官吏、士人、太学生等，他们互相标榜。例如：“天下模楷李元礼（李膺），不畏强御陈仲举（陈蕃），天下俊秀王叔茂（王畅）。”而“品核公卿，裁量执政”，主要是对宦官专权乱政进行批评。例如：“举秀才，不知书；察孝廉，父别居。寒素清白浊如泥，高第良将怯如鸡。”这样的议论从社会影响到太学，以郭泰为首的太学生，将太尉陈蕃、司隶校尉李膺奉为领袖，站在宦官集团的对立面，这对当时的社会来讲，也起到了激浊扬清的作用。

党锢事件

公元 165 年，有人告发宦官张让的兄弟野王县令张朔贪污勒索。司隶校尉李膺要查办张朔，张朔便躲进了哥哥家里。李膺亲自带领公差到张让家搜查，在张家的夹墙里搜出张朔，把他抓走并杀了。

张让马上向汉桓帝哭诉，桓帝知道张朔确实有罪，因而并没有难为李膺。于是李膺名气大增，读书人要是受到李膺的接见，就被看作是很光彩的事，称作“登龙门”。

第二年，有一个和宦官来往密切的方士张成，从宦官侯览那里得知朝廷马上要颁布大赦令，就纵容他的儿子杀死了自己的仇家。李膺马上把杀人凶手逮捕起来。第二天，大赦令下来，张成得意地对众人说：“诏书下来了，不怕司隶校尉不把我儿子放出来。”李膺听后心中冒火，说：“张成预先知道大赦，故意叫儿子杀人，大赦就不该轮到他儿子身上。”于是下令砍了张成儿子的头。

张成求宦官侯览、张让替他报仇。这两人就叫张成的弟子牢修向桓帝上书，诬告李膺和太学生、名士结成党派，诽谤朝廷，败坏风俗。

汉桓帝接到牢修的控告后，下令逮捕党人。除了李膺之外，还有杜密、陈寔和范滂等二百多人，都被通令悬赏捉拿。

李膺和杜密都是名人，很快即被下狱。陈寔本来是个太学生，因为有名望，也被划到党人名单里去。有人劝他逃走。陈寔说：“我进了狱，相信可以壮壮大家的胆量。”于是他自己投案，进了监狱。范滂一看陈寔主动投案，也挺着腰板进了监狱。

捉拿党人的诏书到了各郡，各郡的官员不管真的假的，都上报党人名单，多的有几百个。只有青州平原相史弼一个没报。青州于是派了一个官员到平原去查问，责问史弼为什么不报党人的名单。史弼说：“我们这里没有党人，叫我报什么？”

那官员脸一沉，说："青州下面有六个郡，五个郡都有党人，怎么平原偏偏会没有？"史弼回答说："各地的水土风俗不一样。别的地方有是别的地方，为什么平原就一定也有党人呢？"那官员拿他没有办法，就胡乱把平原的官员收在监狱里，回报朝廷。

宦官对被捕的党人进行了残酷的折磨。他们的头颈、手、脚都被上了刑具，叫作"三木"，然后被蒙住头一个挨一个地拷打。由于当时被捕的都是有名望的人士，很多人以不在党人名单为耻。一些儒生纷纷上书，称自己也是附党，应该连坐。这下却让桓帝感到难办了，但也只好置之不理。

第二年，太学生贾彪自告奋勇到洛阳替党人申冤。汉桓帝的皇后窦氏的父亲窦武也上书要求释放党人。李膺在狱中故意招出了好些宦官的子弟，说他们也是党人。宦官这才害怕了，对汉桓帝说："现在天时不正常，应当大赦天下了。"

汉桓帝正愁没有台阶下，听宦官如此一说，马上宣布大赦。这批党人虽然被释放，但是宦官却不许他们留在京城，打发他们一律回老家，并且把他们的名字通报各地，罚他们一辈子不得做官。历史上把这叫作"党锢事件"。锢，就是禁止的意思。

黄巾起义

东汉在宦官的把持下走向了衰亡。在东汉末年，为了镇压羌族人的反抗，东汉朝廷还不断加大赋税，加上汉灵帝公开卖官，各级官员疯狂盘剥，致使逃亡和民变日益增加。此时的朝廷，宦官和士大夫们正打得不可开交，对于在死亡中挣扎的农民没有丝毫兴趣。农民为了生存，遂逐渐集结在一个标帜"黄巾"之下，希望改变自己的命运。

所谓"黄巾"标志，指的是张角领导的起义军，因为这支队伍以头上包裹黄色头巾为标志，因此被称为黄巾军。

张角以他的家乡巨鹿（今河北宁晋）为根据地，供符咒传教，一方面称太平道，一方面又称自己是弥勒佛再世，佛、道二教并用。

东汉明帝刘庄，有一次梦见一个金人。第二天他和大臣们说起这个梦，有人告诉明帝，金人是西域的一个被称为"佛"的神祇。汉明帝于是遣郎中蔡愔等出使天竺（今印度）。两年后蔡愔回国，带来了一些佛经，和他一同回来的，还有摄摩腾和竺法兰两位高僧。明帝于是修建白马寺，供摄摩腾和竺法兰居住，并派人翻译《四十二章经》，至此佛教开始在中原传播。

道教是纯中国的宗教，以前那些炼丹炼金，求长生不死药的高人方士们，有一部分转变为念咒画符的人物，道教在不知不觉中形成。东汉时，道教还没有固定的名称。当时方士中的张道陵，在四川鹄鸣山修炼，用符咒为人治病祈祷，称“太平道”。凡是追随他的门徒，都要奉献五斗米，所以也称“五斗米道”。

张角懂得医道，并以此传教有十余年，门徒数十万人。他将全国分为三十六“方”，每方一万人，用“苍天已死，黄天当立，岁在甲子，天下大吉”作口号。甲子年是公元 184 年，即约定在这一年发动起义。

公元 183 年年末，张角的门徒马元义潜入都城洛阳，联络宦官做内应，准备在明年日期到时，夺取首都。但恰在此时，另一位门徒唐周向东汉朝廷告了密。马元义立即被捕，车裂而死。东汉军队根据唐周的报告，杀了一千多人，并通缉张角。张角在仓促间下令起兵，一夜之间，百万以上的农民掀起了暴动。但农民军毕竟无法跟正规军相比，不久后张角病死，其弟张梁、张宝被杀。黄巾军主力在坚持了九个月之后，被镇压下去。

起义军的主力虽然失败，但是零星的黄巾军一直坚持战斗了二十多年。东汉王朝为了镇压这次民变，不得不依赖地方势力。各地军阀、豪强乘势而起，令全国陷入四分五裂的局面，东汉朝廷名存实亡。

董卓之乱

公元 189 年，汉灵帝死，少帝刘辩继位，何太后临朝，其兄大将军何进辅政。此时宦官蹇硕为上军校尉，总领八校尉兵，势力很大。何进非常讨厌蹇硕，便找机会除掉了蹇硕，将其兵权收回自己掌控。中军校尉袁绍劝何进将掌权的宦官全部诛杀，但何太后不允。袁绍于是献策，召地方将士入京，杀尽宦官。

董卓本来答应袁绍，带兵助他铲除宦官。但快到洛阳时，董卓却突然下令停止前进。这时何进入宫，再次要求太后下令，诛杀宦官。宦官张让等埋伏在宫中，趁何进不防备，将其杀死。袁绍便与其弟虎贲中郎将袁术，率军闯入宫中，不分老幼，杀宦官两千余人。张让、段硅劫持刘辩出宫，逃至黄河南岸，被尚书卢植等率兵赶上，张、段二人投河而死。

董卓本来按兵不动，待何进被杀，袁绍尽诛宦官后，董卓即率军火速赶至洛阳，坐收渔翁之利。董卓在大将吕布的帮助下，控制了洛阳的禁军，袁绍见董卓力量大过自己，转而逃走。董卓于是废了少帝，立年仅九岁的陈留王刘协为帝，即汉献帝。董卓自封为相国，平素带剑上朝，见了皇帝也不行礼。

本以为控制了首都，控制了皇帝，就等于控制了天下的董卓，扬扬得意还没有几天，各地的反对势力就蜂拥而起，袁绍就是这些势力的代表。

董卓想，自己的地盘毕竟在关中，洛阳周围恐怕不是自己能掌握的，于是下令迁都到长安。皇帝和整个洛阳城的百姓，在兵士的看管下，也一齐踉踉跄跄地上了路。途中马蹄的践踏和饥饿疾病，让沿途堆满了尸体。董卓临走还不忘放把火，把繁华的洛阳付之一炬。

回到长安后，董卓以为这回安全了，却想不到顺心的日子只过了三年。公元192年，当讨伐董卓的战争进入胶着状态时，司徒王允唆动吕布叛变，把董卓刺死，屠灭了董卓三族。

东汉名存实亡

董卓死后，他的部下互相残杀，争夺地盘。大大小小的军阀在一起混战，虽然表面上对皇帝十分尊敬，即使任用一个小小的官员，也要上奏章请求批准，但实际上恰恰相反。当汉献帝刘协回到洛阳后，身边一片瓦砾，却没有一个军阀愿意送给他一粒粮食或一文金钱。

唯一不同的是曹操，在刘协逃回洛阳的次月，曹操率领他的兖州军队赶来，说洛阳太过残破，无法居住，请刘协迁都到他的根据地许县（今河南许昌）。曹操这一举动，让他得以使用皇帝的名义向全国发号施令，即“挟天子以令诸侯”。

曹操经过多年征战，陆续消灭了吕布、袁术、袁绍、刘表等割据势力，统一了北方。然后，他率军南下，打算一举荡平刘备和盘踞在江东（今鄱阳湖以东）的孙权。双方在赤壁（今湖北蒲圻西北）会战。孙刘联军在赤壁利用火攻，击败了曹操。赤壁之战后，刘备进入益州（今四川及云南），在公元214年攻陷成都，有了自己的根据地。

公元220年，曹操逝世，其子曹丕继位为魏王，并逼早已徒具虚名的汉献帝“禅让”。汉献帝只得宣布退位，将皇位“禅让”给曹丕。曹丕故作推辞，在“三让”之后才接受。

曹丕称帝，改国号为魏，即魏文帝，并尊曹操为武皇帝，庙号太祖，废汉献帝为山阳公，定都洛阳。至此，历时190余年的东汉正式结束。

消息传到成都，刘备一向以刘姓皇族的后裔自居，于是他宣称继承刘协的帝位，建立蜀汉帝国。孙权随后也宣布建国，国号为吴。

群雄并起

没有东汉的世家大族，就不可能出现魏晋的士族。而魏晋的历史，就是一部氏族力量与土著力量间较量、更替的历史。

——陈寅恪

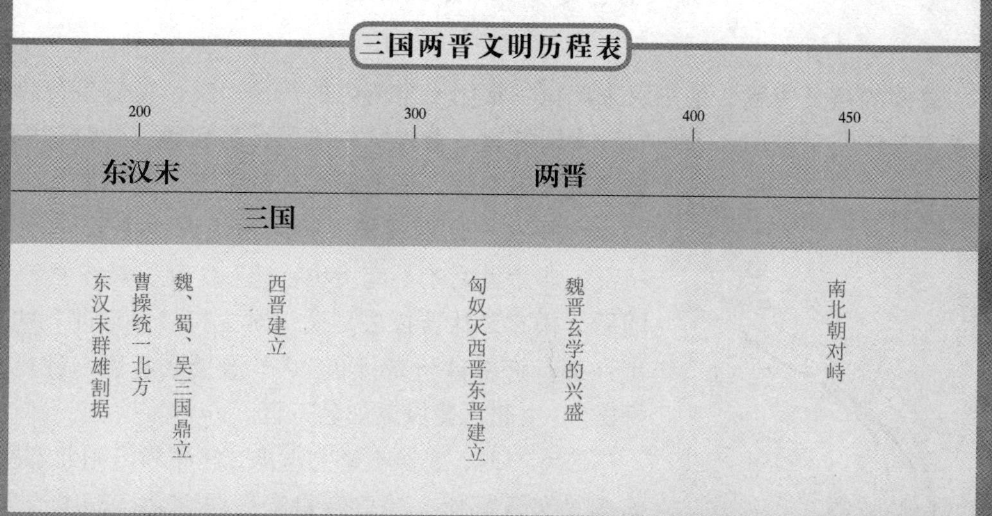

曹氏建魏

曹操消灭了北方的众多割据政权，基本上完成了对北方的统一，并实行了一系列恢复经济生产和社会秩序的政策，为曹魏的建立奠定了基础。曹操去世后，他的儿子曹丕迫使汉献帝禅位，正式建立魏国，并追尊曹操为“大魏武皇帝”，庙号“魏太祖”。

魏国统治后期，司马氏权势越来越大，司马懿发动“高平陵事变”，从此掌握了魏国实权。司马懿的儿子司马昭后来灭掉了蜀国。

挟天子以令诸侯

曹操的祖父曹腾，是东汉末年宦官集团十常侍中的一员。父亲曹嵩是曹腾的养子，曾任司隶校尉、大司农、太尉等官。曹操“少机警，有权数”，博览群书，善诗词，通古学，还有着过人的武艺。素以知人名世的太尉桥玄一见到曹操，就大为惊奇，说道：“天下将乱，非命世之才不能济也，能安之者，其在君乎！”随后，桥玄又让曹操去拜访汉末主持“月旦评”的名士许邵，许邵评价曹操说：“子治世之能臣，乱世之奸雄。”由此，曹操渐知名于世。

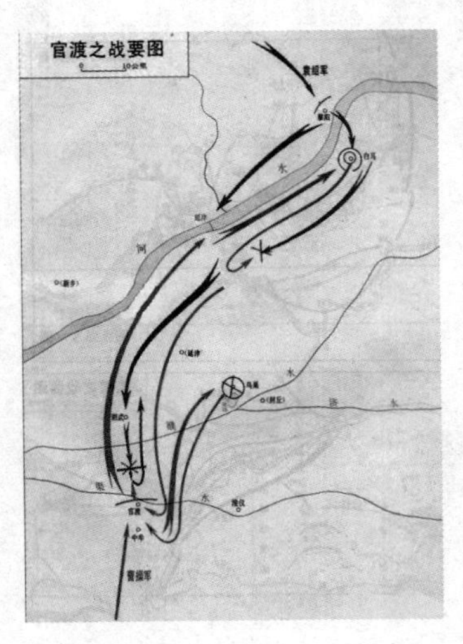

二十岁时，曹操被举为孝廉，任命为洛阳北部尉。洛阳为东汉都城，是皇亲贵势聚居之地，很难治理。曹操一到职，就申明禁令、严肃法纪，造五色大棒十余根，悬于衙门左右，“有犯禁者，皆棒杀之”。皇帝宠幸的宦官蹇硕的叔父违禁夜行，曹操毫不留情，立即将其处死。于是，“京师敛迹，无敢犯者”。

董卓进入洛阳后，曹操不愿与其合作，于是逃出京师，在陈留组织起一支五千人的军队，准备讨伐董卓。当时声称要讨伐董卓的军队很多，实际上他们是各怀鬼胎，意在伺机发展自己的势力。不久，诸军之间相互火并，形成了诸侯割据的局面。曹操经过六年的经营，也终于有了一块自己的根据地。董卓死后，献帝刘协逃回洛阳，曹操率领他的兖州军队赶来，请刘协迁都到他的根据地许县（今河南许昌）居住。这一举动，让曹操得以使用皇帝的名义向全国发号施令，即“挟天子以令诸侯”，这是曹操政治上的一大成功。

曹操在北方屯田

东汉末年，连年战乱，人民流离失所，社会经济萧条。

因为粮食短缺，军队也遇到了粮荒，公元 196 年，曹操在许昌进行了大规模屯田。民屯是曹操屯田的主要形式，由设在中央的大司农及地方上的典农校尉、典农都尉等官员进行分级管理，最基本的单位是“屯”，每屯五十人，设有屯司马管理屯田事宜。为了保证统一战争的需要，曹操还创办了军屯，军屯最基层的单位是“屯营”，每营六十人。军屯实行无偿劳役制，所得谷物就地充当军粮。军屯兵士束缚较严且屯兵身份世代相传，成为军户，如果兵士逃亡将罪及其妻子。在兴置屯田的同时，曹操还采取各种措施，扶植自耕农经济。针对当时人口流失、田地荒芜的情况，曹操先后采取招怀流民、迁徙人口、劝课农桑、兴修水利、检括户籍等办法，充实编户，恢复农业生产。此外，曹操还陆续颁布法令，恢复正常租调制度，防止豪强兼并小农。这一系列措施，不仅在一定程度上解决了军粮问题，也使农业生产得到了恢复，使濒于崩溃的经济得到了发展。

屯田制使北方的农业经济得以恢复，加强了曹操的政治经济力量，为其在三国逐鹿中争取了优势，并为其统一北方霸业奠定了坚实的经济基础。不久后官渡一战的胜利，让曹操击溃了他最大的敌人袁绍，统一了北方。

官渡之战

曹操把穷途末路的汉献帝接到许昌，“挟天子以令诸侯”，这就与北方势力最强大的袁绍发生了冲突。

袁绍家族显赫，四世三公，袁氏的门生故吏遍天下，他通过兼并战争，灭了割据幽州的公孙瓒等割据势力，占据了幽、冀、青、并四州土地，华北一带基本都属他的版图，他认为曹操是他称霸中原的劲敌，必先将其剪除。

公元 200 年 2 月，袁绍集中了十万精兵，派沮授为监军，从邺城出发进兵黎阳。他先派大将颜良渡过黄河，进攻白马，企图诱曹军离开官渡，然后一举消灭之。这时曹操早已领兵来到官渡，他听从谋士荀攸的计策，声东击西，分散袁绍的兵力，率军先抵延津一带，假装渡河，把袁军的主力诱到西边，然后乘其不备派一支轻骑兵突袭白马。袁绍听说曹军在延津渡河，果然派大军前往堵截，曹操亲率一支轻骑兵到达离白马十里之地，才被颜良发现，急忙仓促应战，被曹军前锋所击败，颜良也为关羽所斩杀。袁绍又派大将文丑率六千轻骑兵为先锋，全军追击曹军。曹操又采用伏击战大败袁军，斩杀了文丑。此时，形成了袁、曹两军对峙官渡的局面。

这时袁军尚有十万兵马，而曹军只有三四万人马，况且袁军粮草充足而曹军粮食不济，如果两军长期对峙，曹军难以坚持，所以就主动出击，但屡战不胜，曹操只好改变了战略，高壁深垒，坚守不出。双方展开数次攻防战。相持的几个月中，曹操曾派徐晃、史涣截烧了袁军的数千车粮食，但无济于事，曹军兵少粮缺，难以持久，出现了动摇的苗头，但曹操经过与谋士的商议，打消了撤军的念头，等待战机。

同年十月，袁绍的后方又将大批粮草运往前线，袁绍派大将淳于琼率一万人马保护，驻扎在离袁绍大营四十里的乌巢，谋士沮授向袁绍建议，派将军蒋奇率兵在外围巡逻，以防曹军偷袭。因袁绍对其极有成见，因而将沮授的建议置之不理。与此同时，谋士许攸向袁绍献计，趁曹军仍在官渡坚守，派一支人马绕过官渡，偷袭许都，使曹操首尾不能相顾，而袁绍也没有接受。这时从冀州传来许攸子侄犯法，受到惩治的消息，许攸决意弃袁投曹，并向曹操献计：速派兵前去偷袭乌巢，烧毁袁军粮草。

曹操听后兴奋不已，认为这是出奇制胜的良好战机，自己亲率五千人马，打着袁军的旗号，马衔横枚，兵士每人负一捆干柴，悄然无声地向乌巢进发，黎明时分赶到乌巢，立即开始行动，顿时浓烟滚滚火光冲天。袁军还没来得及穿衣，淳于琼的酒还没醒，仓促上马应战，结果被曹军所杀，袁军一看守将被杀，抱头鼠窜。

这时袁绍看到乌巢的火光，认为曹军会倾巢出动去劫粮，大寨肯定空虚，便不听劝阻，派大将张郃、高览去劫曹军的大寨，结果遭遇曹洪、夏侯渊等人的竭力抵抗，久攻不下，这时曹操又率军赶回，腹背受敌，张郃、高览等人均投降了曹操。

袁军自此人心惶惶，曹操采纳许攸的建议，迅速进兵，袁军俱无斗志，四处逃窜，袁绍与其子袁谭仅带了八百余人逃回了河北，袁军主力丧失殆尽。

两年后袁绍忧愤而亡，袁氏兄弟争权夺利，互相争斗，被曹操各个击破。公元205年，曹操又北征乌桓，直下辽东，彻底消灭了袁绍的残余势力，完全统一了北方。

高平陵事变

曹魏统治后期，司马懿发动了一次政变——史称“高平陵事变”。

曹魏中后期，作为世族大地主的代表人物，司马懿的地位越来越显要。司马懿（179—251年）字仲达，河内温（今河南温县）人，号冢虎，当时有“卧龙凤雏幼麒冢虎”一说，是三国时期魏国杰出的政治家、军事家，多次与诸葛亮作战。其孙司马炎称帝建立晋朝后，追尊他为晋宣帝。

明帝时，司马懿官至太尉。明帝去世后，司马懿与魏宗室、大将军曹爽共执朝政，两人之间的政治矛盾日益尖锐。曹爽奏请魏帝将司马懿转为太傅闲职，剥夺了他的兵权，又安排何晏、丁谧等心腹执掌机要，在朝中竭力排斥司马懿。司马懿假装生病，有意麻痹曹爽，而暗中却在策划反攻。

公元249年1月，曹爽兄弟随魏帝祭扫明帝高平陵（今河南洛阳南），司马懿乘机发动政变，夺取武库，其长子司马师奉命屯兵司马门，司马懿自己则和太尉蒋济出屯洛水浮桥，将曹爽的归路截断，又迫明帝的皇后郭太后下令废去曹爽兄弟官职，然后派人送奏章给魏帝，要求将曹爽兄弟的官职罢免。曹爽开始时很犹豫，但为求活命，最终只好同意交出大权。数日后，司马懿以谋反的罪名将曹爽兄弟族诛，曹爽的亲信何晏、丁谧、毕轨等人也被杀。自此以后，曹魏政权的实权由司马氏集团所掌握。

刘备称帝

曹操统一北方后举兵南下，力图统一全国。刘备与江东的孙权组成联军，在赤壁击败了曹操。此后，刘备在荆州发展自己的势力，并一直希望进入益州。

建安十六年（211年），刘备以帮助刘璋讨伐张鲁为借口，以法正、张松为内应，率军进入益州。刘备向北行军到葭萌便停住，在那里收买人心。后来事情败露，张松被杀，于是刘备与刘璋公开反目。刘璋派遣刘璝、冷苞、张任、邓贤等在涪江与刘备交战，结果都被刘备打败，除张任逃走外，其余皆战死。刘备的军队来到洛城，攻城时庞统中箭身亡，于是法正顶替了庞统谋士的位置。一年后，刘备攻破涪城，张任不愿投降，被刘备杀死。包围成都时，诸葛亮、张飞、赵云等奉刘备之命进入益州。在成都城前，马超归降刘备，简雍劝说刘璋向刘备投降，于是刘备自领为益州牧。建安二十年，张郃进攻蜀中，与张飞交战，败走。

汉中是益州的门户，有着极为重要的战略地位。刘备占领益州的同时，曹操收降张鲁，占领了汉中。蜀郡太守、扬武将军法正建议刘备攻取汉中，他认为：如果能够占领汉中，兴农积粮，观察、等待机会，那么上可以进取关中，统一中原；中可以蚕食雍、凉，扩大疆域；下可以固守要害，作为益州的屏障。现在据守汉中的仅有夏侯渊、张郃二将，集中主力攻打他们，一定可以取胜。刘备采纳了法正的建议，进兵攻打汉中。

建安二十三年，刘备起兵攻汉中，打算收取东川。刘备听取了法正的建议，夜袭夏侯渊，黄忠杀死夏侯渊。刘备取得了这次战争的主动权，曹操亲自到来后，刘备壁垒不战，最终使得曹操在无奈之下退军。刘备控制了汉中，自立为汉中王。

后来，刘备集团驻守荆州的关羽率军进攻樊城，水淹七军，击败了曹操的军队，迫降主将于禁，引起曹操集团的极大恐慌。但这时曹操与孙权联合，吕蒙从背后奇袭荆州，关羽大意失荆州后走投无路，最后在麦城被俘，被东吴杀害。

建安二十五年（220 年），曹操 66 岁，因病去世，他的次子曹丕继位为魏王。曹丕逼汉献帝禅位，建立了魏朝。

第二年，刘备在成都称帝，正式建立了蜀国政权，国号为汉，史称蜀汉。

白帝托孤

刘备称帝后，不顾诸葛亮的劝阻讨伐孙权，结果被东吴的陆逊火烧联营，兵败后逃至白帝城。刘备大受打击，在白帝城的永安宫一病不起，他知道自己的病已经难以治愈，便派人到成都日夜兼程地请诸葛亮前来嘱托后事。

当时，太子刘禅留守成都，诸葛亮带着刘备的另外两个儿子刘永和刘理赶到白帝城。刘备病危之际，对诸葛亮托付后事说：“自从我得到丞相的辅佐，终于建立了蜀国，但这次由于没有听从丞相的劝谏，以至有今天的失败。你的才华高过曹丕十倍，一定可以安定国家，成就北伐大业。如果我的儿子刘禅可以辅佐，你就辅佐他；如果他不争气，你可以取而代之。”

诸葛亮见刘备如此信任自己，十分感动，流着泪说："臣将竭尽全力辅佐幼主，贡献忠贞之节。"刘备又请诸葛亮在自己旁边坐下，叫刘永、刘理到面前，吩咐他们说："你们要记住，我死之后，你们弟兄三人，都要把丞相当作自己的父亲那样对待，不能有丝毫的怠慢。"说完，叫两个儿子向诸葛亮下拜，又对众将官说："我已经将国家大事都托付给了丞相，要我儿子像对待父亲一样对待他，也请诸位共同辅佐。"说完，刘备闭上了双眼，这一年他六十三岁。

从这时起，蜀国进入了"诸葛亮时代"。军政事务无论大小，都交由诸葛亮来裁决。诸葛亮希望能够与吴国联盟共抗曹魏，蜀国开始恢复与东吴的关系。

六出祁山

诸葛亮再次与吴结盟、平定了蜀国南方，然后准备北伐曹魏。蜀汉建兴六年（228 年）春，他开始第一次北伐，他令赵云等做疑兵，假装由斜谷（今陕西眉县南）攻郿城（今眉县北），以吸引魏军；自己则率主力攻向祁山（今甘肃西和县祁山堡）方向，陇右的天水、南安、安定等郡相继投降蜀国，接着他又收服了姜维，关中为之震惊。可是马谡丢了街亭，诸葛亮无奈只得退回汉中。不久，天水、南安、安定三郡又归附了魏国。

这年冬天，陆逊在石亭打败曹休，诸葛亮乘机出散关，包围陈仓（今陕西宝鸡西南），二十多天未能攻下，待魏国援军赶到，他只得再次退回汉中。建兴七年，诸葛亮第三次北伐魏国，进攻武都（今甘肃成县）、阴平（今甘肃文县西北），打败魏援军，攻克这两郡，留兵据守，自己撤军。第二年，魏军进攻汉中，诸葛亮又增调援军，加强防守。由于连续大雨，子午谷、斜谷等道路难以通行，魏军撤退。第四次北伐在建兴九年，蜀军包围祁山，司马懿统率魏军迎击，他知蜀军远来，军粮不多，于是坚守不出。诸葛亮退兵，想引诱敌人来追，但司马懿很谨慎，蜀军一停，他就扎下营寨。此时李严假传刘禅圣旨命令诸葛亮退兵，由于蜀军粮草也接应不上，诸葛亮只得班师，在撤退时以伏兵杀了魏国名将张郃。

第五次北伐时，诸葛亮率十万大军出斜谷口，到达郿县，驻扎在渭水南岸的五丈原。司马懿也在此扎营，不与蜀军作战，他认为蜀军远来，粮草运输困难，不能久持。诸葛亮对此的准备，是在渭水分兵屯田，以支持长期的战争。这次出兵前，诸葛亮曾与孙权约定同时攻魏，五月，十万吴军攻魏，没有取胜，撤回江东，所以依然只是蜀军与魏军周旋。八月，诸葛亮积劳成疾，病势无法挽救，不久后就与世长辞。诸葛亮去世，姜维等遵照他的遗嘱，秘不发丧，率军退入斜谷。诸葛亮共五次出师北伐，只有两次真正出兵祁山；另有一次是魏军向汉中进攻，不是诸葛亮出击，但被后世笼统地说成是“六出祁山”。

姜维北伐

诸葛亮“出师未捷身先死”，于五丈原逝世后，姜维被后主刘禅任命为右监军、辅汉将军，统率诸军，进封平襄侯。后来又历任司马、镇西大将军，兼任凉州刺史、卫将军、大将军。据《三国志》记载，公元238年至公元262年间，姜维共十一次出兵北伐。

第一次，是在公元238年，姜维和蒋琬率偏师从陇右出击，与魏军在南安相持不下。

第二次，是在公元244年，姜维和费祎从兴势出兵，派王平袭击魏将曹爽，大败之。

第三次，是在公元247年，出兵陇西，在洮西与魏将郭淮、夏侯霸大战。

第四次，是在公元249年，姜维派廖化去洮城，在这种“蜀中无大将，廖化作先锋”的情况下，姜维凭一己之力与魏国众多将领作战，互有胜负。

第五次，是在公元250年，姜维在羌胡的辅佐下，于洮西与郭淮交战，双方平手。

第六次，是在公元253年，费祎被刺杀后，姜维出兵包围南安，因粮草用尽而退兵。

第七次，是在公元254年，于陇西狄道出兵，杀死魏将徐质。

第八次，是在公元255年，与夏侯霸出狄道，于洮西大破王经，王经退守狄道城，被陈泰派兵所救。

第九次，是在公元256年，姜维再次出兵，蜀将胡济延误战机，于段谷为邓艾所败，死伤惨重。

第十次，是在公元257年，姜维乘魏将诸葛诞叛乱出兵秦川，魏军坚守不战，直到258年诸葛诞兵败才退兵。

第十一次，是在公元262年，姜维与邓艾战于侯和，被邓艾击败，然后回兵沓中。这是姜维最后一次北伐，蜀国的黄皓想用阎宇替代姜维，姜维因对黄皓擅权的行为十分厌恶，曾向后主建议诛杀黄皓，但后主没有同意，姜维觉得自己可能已经惹怒了黄皓，便居沓中避祸。钟会、邓艾领大军征蜀。公元263年，终于灭亡了蜀国。

孙吴政权的建立与发展

东汉末年，孙坚在镇压黄巾军过程中逐步扩大势力，他曾于凉州和荆州江南等地征战。董卓之乱时，孙坚也加入了讨伐董卓的联军。孙坚死后，其子孙策统领部众，约于公元194年开始向江东发展。他在周瑜等人的辅佐下，击败暂驻曲阿的扬州刺史刘繇，又迫使会稽太守王朗归顺。公元200年，孙策去世，其弟孙权统领部众，后与刘备联合在赤壁大败曹操。公元219年，孙权占领荆州，杀蜀将关羽。三年后，又在夷陵之战中打败刘备。公元229年，孙权称帝。

孙策定江东

东汉末年，孙坚曾随会稽朱俊镇压黄巾军，后于凉州和荆州江南等地征战。董卓之乱时，孙坚也加入了讨伐董卓的联军，隶属于袁术。

公元192年，孙坚战死，死时只有三十八岁。当时，孙坚的长子，十八岁的孙策将孙坚的灵柩运回，葬于曲阿县（今江苏丹阳），渡江居留在江都（今江苏扬州），与豪俊之士广泛交结，扩充势力，为父报仇。

孙策的势力不断壮大，公元194年，开始向江东发展。他在周瑜等人的辅佐下，击败暂驻曲阿的扬州刺史刘繇。

一开始，百姓们得知孙策的兵到了，都吓得避之不迭，当地的官长们也往往弃城逃跑。后来，人们渐渐发现，孙策的军士们都严遵将令，对百姓秋毫无犯。于是，百姓都非常高兴，送来牛、酒犒劳部队。

孙策发布文告，晓谕下属各县：“如果有刘繇、笮融的乡人和部下来投降，愿意从军的就允许从军，并将其全家的赋税徭役免除；不愿从军的也绝不勉强。”

文告发布后，归附者从四面八方赶来，不久，就召集了两万多士兵，一千多马匹。此时寿春的袁术得知孙策大胜，上表奏请，将孙策封为殄寇将军。

很快，刘繇放弃丹徒向西逃走，孙策向东进兵夺取吴郡。196 年，孙策的大军渡过浙江，向会稽逼近。会稽太守王朗不听功曹虞翻的建议，在固陵（今浙江萧山西）阻击孙策。孙策发动了几次水上进攻，均没能成功。

孙策的叔父孙静建议采用声东击西的战术，从查渎进兵，出其不意地攻击敌人。孙策采纳了这条计策。于是当天夜里，孙策的军队一面到处点燃火把，迷惑、牵制正面的敌人，一面暗中分出兵马从查渎出击。王朗事先没有料到，大惊之余派周昕率兵仓促迎战，孙策杀死周昕，击溃王朗，王朗带虞翻乘船逃到东冶。孙策乘胜追击，王朗、虞翻投降。于是孙策平定了江东。

生子当如孙仲谋

孙权（182—252 年），字仲谋，吴郡富春县（今浙江富阳）人，孙坚次子，三国时吴国开国皇帝。孙权幼年时跟随其长兄孙策平定江东，十五岁被举为孝廉、秀才，任阳羡（今江苏宜兴）长，代行奉义校尉。公元 200 年，二十六岁的孙策遇刺身亡，临死前他对孙权说："内事不决问张昭，外事不决问周瑜。"孙策对他的评价是："中国方乱，夫以吴、越之众，三江之固，足以观成败，公等善相吾弟。举江东之众，决机于两阵之间，与天下争衡，卿不如我。举贤任能，各尽其心，以保江东，我不如卿。"孙策死后，孙权继位为讨逆将军。

公元 208 年，孙权收服甘宁，剿灭黄祖。同年 7 月，曹操南下，刘备大败，曹操占了荆襄后，写信给孙权，有攻取东吴之意。东吴内部的主战派以鲁肃为首，主和派以张昭为首，互相争论不休。鲁肃从江夏带来诸葛亮，诸葛亮表明了刘备联吴抗曹的决心。周瑜及时返回，分析了战胜曹操的可能。孙权果断决定，任命周瑜为主帅，出兵三江口，大破曹兵。这便是历史上著名的赤壁之战。

公元 217 年，魏、吴于濡须口大战，互有胜负。战后，孙权与曹操和解。

公元 219 年，关羽进攻樊城，孙权的部下吕蒙袭取荆州又在麦城生擒了关羽，关羽被孙权杀害。

公元 220 年，曹丕逼汉献帝禅位，改元黄初。

公元 221 年，刘备称帝，然后率大军攻打东吴。孙权任命陆逊为大都督，陆逊在夷陵击败刘备。

公元 223 年，六十三岁的刘备于白帝城驾崩。诸葛亮派邓芝过江讲和。孙权与蜀汉联盟，共同对付曹魏。

公元 226 年 5 月，曹丕驾崩。孙权趁机率大军攻打江夏。

公元 229 年，孙权称帝，改国号大吴，改元黄龙。东吴王朝正式成立，随后将都城迁到建业（今江苏南京）。

赤壁之战

孙权、刘备联军在长江赤壁一带大败曹操军队，这是三国形成时期奠定三国鼎立基础的著名战役。赤壁，位于今湖北蒲圻西北，一说位于今嘉鱼东北。

周瑜赤壁纵火

曹操完成了统一北方的大业后，建玄武池训练水兵，于建安十三年七月出兵十多万，欲取荆州（约今湖北、湖南）以实现南北统一。这时孙权已攻克夏口（今武汉境），正欲向西攻取荆州，再吞并益州（今成都）以向北发展；刘备正寄荆州的刘表篱下，他“三顾茅庐”，请诸葛亮出山相助。诸葛亮为其制定了先占荆、益，联合孙权，再图取中原的策略。曹操的军队远来疲劳、水土不服、不善水战，使孙权坚定了抗曹的决心。孙权任命周瑜为大都督，程普为副都督，鲁肃为赞军校尉，率精锐水兵三万，联合了刘备的军队，共约五万，进驻夏口迎敌。

曹操的军队习惯陆战，一旦面对大江，就失去了威势，其新改编的及荆州投降的水兵，战斗力差，再加上疾疫流行，初次交锋便失利，只好暂退北岸，在乌林（今湖北洪湖境）与联军隔江对峙。

曹操下令将战船用铁链连在一起，减弱了风浪颠簸，使北方兵士能够适应。周瑜认为敌众己寡，不能久持，应该速战。部将黄盖看出了曹军“连环船”的弱点，建议他采取火攻，周瑜采纳了这个建议。黄盖派人送降书给曹操诈降，然后带领数十艘船出发，船上满载着浸油的干柴草，船上插着与曹操约定的旗号，并在船后系上轻快小艇，顺东南风向曹军驶去。在曹军皆争相观看黄盖来降的时候，黄盖下令将柴草点燃，自带人换乘小艇退走。火船乘风撞向曹军船阵，江面一片火海，火势延及岸边营屯。联军发起了进攻，曹操知败局已定，便将余船烧毁，带领军队败走。

赤壁之战，曹操由于自负轻敌，在指挥上出现了失误，加之曹军不善水战，终致战败。孙权、刘备面对强敌，对形势把握正确，结盟抗战，利用自己擅长的水战，巧用火攻，创造了这一以弱胜强的经典战例。

夷陵之战

东吴的孙权占领了荆州，从刘备的角度来讲，为了自己的帝业，他必须夺回荆州，但是由于他想夺回荆州的想法过于急切，因而在并没有做好大战准备的情况下，就在匆忙间发兵了。

公元 222 年 1 月，蜀汉的吴班、陈式率水军进入夷陵地区，于长江两岸驻扎。二月，刘备亲自率领主力大军从秭归进抵猇亭，从一月到六月间，吴、蜀两军一直相持不决。为迅速同吴军进行决战，刘备频繁派人到阵前辱骂挑战，但是东吴主将陆逊很沉得住气，对此一概不予理睬。刘备又派遣吴班率数千人在平地安下营寨，派八千人马在山谷中埋伏，企图引诱吴军出战，然后伏击。但是陆逊依然坚守不战，这使得刘备倚恃优势兵力企求速战速决的战略意图无法实现。逐渐地，蜀军的斗志松懈了，六月江南的酷暑时节，暑气逼人，刘备无可奈何，只得将水军转移到陆地上，于深山密林里安下营寨休整，以待秋后再发动进攻。蜀军当时正处于吴境二三百公里的崎岖山道上，距后方很远，后勤保障不方便，并且百里连营，兵力分散，使得陆逊有了实施战略反击的可乘之机。

陆逊看到战略反攻的时机业已成熟，于是上书吴王孙权说，准备展开反攻。

在大规模反攻之前，陆逊先派遣小部队进行了一次进攻以试探刘备。这次进攻虽然没有成功，但却使陆逊从中寻找到了火攻蜀军连营的破敌之法。当时正值江南的炎夏季节，天气闷热，而蜀军的营寨都是用木栅筑成的，周围被树林、茅草包围，一旦起火，火势就不可阻挡。

决战的时刻到了，陆逊命令吴军士卒各持一把茅草，在某个夜里突袭蜀军营寨，顺风放火。火势猛烈地蔓延起来，蜀军大乱。陆逊乘势大举反攻，刘备见己军全面溃败，便逃到夷陵西北马鞍山。陆逊集中兵力围攻，又歼灭数万蜀军。刘备在夜里突围逃遁，逃入永安城（又名白帝城）中。

经过这次战役，孙吴政权得到了稳固。此后，蜀汉的诸葛亮采联合东吴的策略，双方又形成了长期共同对抗曹魏的局面。

三国归晋与西晋的灭亡

曹魏统治后期，政权完全掌握在司马氏手中。

司马昭首先派钟会等将领举兵伐蜀，魏将邓艾以率军奇险，攻克关隘，逼近成都，蜀汉后主刘禅请降，蜀国灭亡。

公元 265 年，司马懿之孙司马炎逼魏帝禅位，改国号为“晋”，定都洛阳，司马炎就是晋武帝。

此时孙吴政权内部统治混乱，吴主孙皓奢侈残暴，东吴已经走向末路。公元 280 年，晋军逼近建业，孙皓投降，东吴灭亡。西晋完成了对全国的统一。

然而西晋统治集团内部也是矛盾重重，政权很快便分崩离析，统一的局势仅仅维持了三十七年，中国便又回到了分裂割据的状态。

魏灭蜀之战

魏景元三年（262 年），魏国大将军司马昭决定先灭蜀，然后顺江灭吴，他任命司隶校尉钟会为镇西将军前往关中整顿军队，准备伐蜀。景元四年八月，魏军兵分三路向蜀国进攻。蜀汉右车骑将军廖化率军前往沓中增援姜维；左车骑将军张翼等驻守阳安关口。

由于蜀军对咽喉险道斜谷、骆谷、子午谷的防守不够成功，这些地方很快被魏国魏兴太守刘钦占领。钟会于是分兵几路，同时进取汉中，并留下两万人在汉、乐二城外围困，自率主力直下阳安关口，蜀将傅佥被杀，蒋舒投降，魏军攻克关城（今陕西阳平关），接着又向南进军。

姜维知道汉中是保不住了，急忙摆脱邓艾，向阴平退去，但是抢先占了桥头（阴平东南）的诸葛绪阻住姜维。姜维做出向北欲绕道而东的假象，诱使诸葛绪离开桥头向北堵击，姜维乘机迅速通过桥头，会合了廖化、张翼等，在剑阁坚守。邓艾率军来到阴平，打算与诸葛绪合兵，一同南下。诸葛绪不同意，自带军向东，向钟会靠拢。钟会想独霸军权，诬告诸葛绪害怕敌人，不敢向前，并将其押回治罪，然后率军南下，被姜维于剑阁阻住去路。因魏军粮草接应不上，于是钟会准备退兵。邓艾向他建议，可以出奇兵从阴平经江油（今四川江油北）、涪县（今四川锦阳东），偷袭成都。

十月，姜维还被钟会牵制在剑阁，邓艾率军自阴平沿景谷道东向南，到了剑阁以南两百多里，钟会的部将田章等也跟进。邓艾率军从小道攀登，从七百余里无人烟的险域越过，令人意想不到地直抵江油，迫使守将马邈投降。然后派其子邓忠等向退守绵竹的蜀将诸葛瞻进攻，攻克绵竹，斩诸葛瞻。紧接着就攻陷了雒县（今四川广汉北），逼近成都。蜀后主刘禅感到大势已去，又受到主降派的劝导，决定向邓艾请降。姜维得知绵竹失守，担心腹背受敌，便率军退至巴西境，行军至郪县（今四川射洪西）时，奉刘禅之命，前往钟会处投降。邓艾率军入成都，西蜀灭亡。

司马氏夺权

魏国灭掉蜀国后，还没来得及挥师南下剿灭吴国，厄运便降临在自己头上。公元 265 年，宰相司马昭逝世，他的儿子司马炎立即下令给最后一任皇帝曹奂，叫他禅让，魏国在建立四十六年后灭亡。司马炎改国号为晋，首都仍设在洛阳。

司马氏的夺权，始于司马懿。在曹操刚刚掌权的时候，曾经征召司马懿出来做官。司马懿瞧不起曹操，认为他祖上是宦官的养子，出身低微，因此不愿意应召。但司马懿又不敢得罪曹操，就假装得了风瘫。曹操怀疑司马懿有意推托，就派了一个刺客深夜闯进司马懿的卧室去察看，果然看到司马懿直挺挺地躺在床上。刺客不信，拔出刀装出要劈下去的样子。他以为司马懿要不是风瘫，一定会吓得跳起来。可司马懿只瞪着眼望着刺客，身体纹丝不动。刺客这才不得不相信，收起刀向曹操回报去了。

司马懿知道曹操不肯放过他，自己也不能一辈子装下去。过了一段时期，便说风瘫病好了，于是曹操召他到军中效力。

司马懿先后在曹操和魏文帝曹丕手下担任重要职位，到了魏明帝曹叡继位时，司马懿已经是魏国的元老了。由于他长期带兵在关中跟蜀国打仗，因而一直掌握兵权。

魏明帝病重时，把司马懿和皇族大臣曹爽叫到床边，嘱咐他们共同辅助太子曹芳。曹芳继位后，任命曹爽当大将军，司马懿当太尉，共同掌管兵权。

曹爽虽说是皇族，但论能力、资格，都跟司马懿差得很远。为了独掌大权，曹爽建议皇帝提升司马懿为太傅，实际上是夺去了司马懿的兵权。接着，曹爽又把自己的心腹、兄弟都安排了重要的职位。司马懿看在眼里，装聋作哑，不但不干涉，还推说自己有病，不再上朝了。

公元 249 年，曹芳到城外祭扫祖先陵墓，曹爽和他的兄弟、亲信大臣全跟了去。司马懿既然病得厉害，自然没人请他去。

哪知曹爽一行人刚出皇城，司马懿的病就好了。他带着两个儿子司马师、司马昭，率领兵马占领了城门和兵库，假传皇太后的诏令，把曹爽的大将军职务撤了。曹爽没办法，只得乖乖投降，司马懿随后下令把曹爽一伙人处死。

这时，魏国的政权虽然名义上还是曹氏的，实际上却已落到了司马氏手里。

西晋替魏

司马懿杀了曹爽后不久便死了，司马师接替了他的职位，大臣中只要有人说他的坏话，司马师就会把那人除掉。曹芳恨透了司马师，想找机会撤掉司马氏兄弟的兵权。但没等曹芳找到机会，司马师就逼着皇太后把曹芳废了，立魏文帝曹丕的一个孙子曹髦为帝。

司马师不久后得病死了，他的弟弟司马昭做了大将军。司马氏父子三人，一个比一个厉害，一个比一个专横。魏帝曹髦实在忍耐不住了，他把尚书王经等三个大臣召进宫里，气愤地说："司马昭之心，路人皆知，我不能坐着等他来收拾我。今天，我要同你们一起去讨伐他。"二十岁的曹髦，根本不懂得怎样治司马昭。他集合了宫内的禁卫军和侍从太监，吵吵嚷嚷地从宫里杀了出来，自己还拿了一口宝剑，站在车上指挥。

司马昭的心腹贾充忙带了一队兵士赶来拦截，双方立时打了起来。贾充手下的兵士一见皇帝自己动手，毕竟有点胆怯，准备逃跑。贾充手下有个叫成济的，对贾充说："您看该怎么办？"贾充厉声说："司马公平时养着你们是干什么的！还用得着问吗？"贾充这一说，成济也胆大了，拿起长矛就往曹髦身上刺去。曹髦来不及反应，就被成济刺穿了胸膛，跌下车来死了。

司马昭听说他手下的人真的杀了皇帝，也有点着慌，连忙赶到朝堂上，召集大臣们商量。老臣陈泰主张斩了贾充，但司马昭不愿意。后来，司马昭用太后的名义下了一道诏书，给曹髦加上许多罪状，宣布将其废为平民，想把曹髦被杀的事轻轻掩盖过去。但是朝中大臣还是议论纷纷，司马昭没办法，就把罪责一股脑儿全推给了成济，下令将其满门抄斩。

除掉了曹髦后，司马昭从曹操的后代中找了一个十五岁的孩子曹奂接替皇位，这就是魏元帝。这位傀儡皇帝在司马昭死后即被司马炎废掉，西晋正式取代曹魏。

司马氏伐吴

司马炎终于下了攻打吴国的决心，他发兵二十万，采取大将羊祜生前制定的战略，由镇南大将军杜预打中路，向江陵进兵；安东将军王浑打东路，向横江（今安徽）进军；还有一路水军，由益州刺史王濬率领，沿着大江，顺流向东进攻。

杜预到达荆州后，积极进行军事部署，同时派兵奇袭西陵。西陵（今湖北宜昌东南）是孙吴的西部边镇，战略位置十分重要。只要晋军能突破西陵，益州的水师就可以顺流而下，驰骋荆州了。大军部署完毕后，杜预命令他的军队包围江陵。江陵城防坚固，易守难攻，杜预不想在这里消耗时间和兵力，因而对它只是围而不歼，切断了江陵和外部的联系。

其实杜预本人并没有什么武艺，连骑马都不会，射箭的技术就更谈不上了。但每有军事活动，朝廷都要召他参谋规划，因为他总是能知彼知己，善于同敌人斗智。在灭吴战争中，吴人最恨杜预，主要是因为他善于用兵，常常给敌人以致命的打击。杜预有大脖子病，东吴人就给狗脖子上戴个水瓢；看见长包的树，就写上“杜预颈”，然后砍掉，借以发泄对杜预的仇恨。

王濬也是个有能耐的将军，他早在益州就督造了大批战船，船上还造了城墙城楼，人站在上面，可以四面瞭望。

为了不让东吴发觉，造船一直是秘密进行的。但是仍有许多削下的碎木片掉在江里，顺水漂流到东吴的地界。东吴太守吾彦发现后，敏锐地感觉到事情不妙，连忙向吴主孙皓报告，说：“这些木片一定是晋军造船时劈下来的。晋军在上游造船，看来是要进攻东吴，我们要及早做好防守的准备。”可是孙皓对这一正确的分析并没在意，只是满不在乎地说：“怕什么！我不去打他，他们还敢来侵犯我？”

吾彦没办法，只得在江面险要的地方打上大木桩，钉上大铁链，把大江拦腰截住，又把一丈多高的铁锥安在水面下，好像无数的暗礁，以使晋国水军没法通过。

当杜预和王浑的两路人马节节胜利之时，王濬也得到了杜预的大力援助，一大批木筏运到。王濬命士兵在每个木筏上放上草人，披上盔甲，手拿刀枪。他先让几个水性好的兵士带领这一队木筏随流而下。这些木筏碰到铁锥，铁锥的尖头便扎在木筏子底下，被木筏扫掉了。

至于那一条条拦在江面的铁链，王濬命士兵在木筏上架起一个个很大的火炬，然后让这些装着大火炬的木筏驶在战船前面，遇到铁链，就烧起熊熊大火，时间一长，铁链铁锁便都被烧断了。这样，大队战船便顺利地打进东吴，很快和杜预的大军会师。晋军虽然已是长时间作战，但杜预却信心百倍，他说："现在我军军威大震，正像劈竹子一样，劈开了几节以后，下面的竹子，就可以迎刃而解，一劈到底了。"

果然，东吴很快就被平定了，武帝司马炎在庆功宴上流着泪说："此羊太傅之功也。"

东吴灭亡

自孙权死后，吴国内部宗室和大臣争夺权力，朝政十分混乱，末帝孙皓更是骄奢淫逸。

其实孙皓在刚刚继位的时候，还曾下令赈济贫苦人民，减少宫女数量，放生宫里的珍禽异兽，受到人们的颂扬。后来孙皓命令大臣的女儿要先经过他的挑选，漂亮的入后宫供他一人享受，剩下的才能谈婚论嫁，这就使他丧失了大臣们的支持。对他劝谏的大臣不会受到表扬，反而会被他用烧红的锯条残忍地锯下舌头或是打死。孙皓杀人的方法很多，且十分残忍，像挖眼、剥脸皮和砍掉双脚等等，这让他手下的将领们丧失了信心，纷纷投降西晋。陆逊的族子陆凯和次子陆抗均为东吴名臣，也曾劝谏孙皓，孙皓对他们也很不满，但因陆家家族势力很大，孙皓一时也没有办法处置他们。

看到蜀国灭亡后，人人都知道吴国也时日无多了，只有孙皓不知道，而且还雄心勃勃地想消灭新兴的晋国。孙皓想灭晋国，便找了一个方士来占卜，得出的卦辞是："庚子年，青盖入洛阳。"庚子年是公元 280 年；青盖，是皇帝专用的伞。

孙皓看到这个卦辞，高兴地跳起来，因为这分明是指出在那一年他就可以征服他的敌人。结果却是，晋帝国在公元 280 年攻陷了建业（今江苏南京），吴军竟然没有抵抗的能力。孙皓被活捉，连同他的青盖，一齐被送到洛阳。吴国自孙权称帝到被晋武帝司马炎灭亡，共历五十二年。

太康繁荣

公元 280 年，三国鼎立的局面完全结束了。晋武帝司马炎终于统一了全国，结束了长达近百年的分裂局面。这年四月晋武帝改元太康。在以后的十余年间（280—289），西晋政府重视生产，劝课农桑，兴修水利，民和俗静，家给人足，牛马遍野，余粮委田，出现了四海平一、天下康宁的升平景象。史称“太康繁荣”或“太康盛世”。

应当注意的是，所谓“太康繁荣”，其实除了是旧史的溢美外，也有虚假和脆弱的一面，晋初经济的发展，主要依靠榨取新经济开发区，给西晋统治中心地区输血而获得。故此在社会繁荣的背后，隐藏着很多严重的社会问题，在太康之后很快暴露出来，也就促成了西晋的短祚。

在西晋稳定的太康时期，武帝司马炎开始贪图醇酒和美女。他宫中的姬妾多到一万余人，以致他每天发愁，不知道该到谁那里睡觉才好。于是他就乘坐羊车，任凭羊停在何处，他就宿在何处，聪明的姬妾因此用盐汁洒到竹叶上，引羊驻足。

不仅如此，晋武帝每天仅三餐饭就要花费一万钱，即便这样，他还嫌没有可吃的菜，无法下筷子。而那一万钱，在当时足够一千人一个月的伙食。

晋武帝不思进取，完全沉溺在荒淫无度的生活中。在他带头倡导下，朝廷里的大臣都把摆阔气当作体面的事，奢侈之风在晋朝官员中迅速蔓延。

白痴皇帝司马衷

公元 290 年，晋武帝死，他的儿子司马衷继位，是为晋惠帝。

司马衷是个低能儿，对世事一窍不通。晋武帝在位时，有些大臣建议另立太子，但被晋武帝驳回了。其实，晋武帝也有点犹豫，只是不知道儿子到底傻到什么程度。一次，他想试试儿子，便送给太子一卷文书，里面提出了几件公事，要太子处理。

太子虽傻，太子妃贾南风却是个机灵的女人，见到这卷文书后，她连忙把宫里的老师请来，替太子做答案。老师引经据典，写得头头是道。贾妃看了挺满意，可想到皇上是知道太子平常不大懂事的，现在写出这样一份卷子，反倒叫他怀疑。于是就让太监照着那份答卷另外起草了一份粗浅的，让太子依样画葫芦抄写一遍，送给晋武帝。

晋武帝一看，卷子虽然写得不高明，但总算有问有答，可见太子的脑子还是清楚的。恰巧不久后的一天晚上，宫中着了火，司马炎到城楼上观看火情。这时，司马衷年仅五岁的儿子跑过来拽爷爷的衣服，说夜里危险，不能让光亮照到皇帝身上。

司马炎听了又感动，又惊讶，如此小的孩子竟有这样的智力。司马炎从此坚定了让傻儿子做太子的决心，希望孙子以后能有大的成就。

临终时，晋武帝立了遗诏，要皇后的父亲杨骏和汝南王司马亮一起辅政。杨骏为了独揽大权，和杨皇后串通起来，另外伪造一道遗诏，指定杨骏单独辅政。

晋惠帝继位后，国家政事一件也管不了，而且还总是闹笑话。有一年，各地闹饥荒，地方的官员把灾情上报朝廷，说灾区的老百姓饿死的很多。晋惠帝就问大臣："好端端的人怎么会饿死？"大臣回奏说："当地闹灾荒，没粮食吃。"惠帝忽然灵机一动，说："为什么不叫他们多吃点肉粥呢？"大臣们听了，个个目瞪口呆，不知如何回答。

看到皇帝是这样一个无能之人，周围的一群野心家便开始蠢蠢欲动了。

贾后专权

晋武帝认为魏朝的灭亡，是因为没给皇族子弟权力，使皇室孤立了。所以，他在继位以后效法刘邦，封了二十七个同姓王。每个王国都有自己的军队；王国里的文武官员，都由诸侯王自己选用。

晋惠帝继位以后，外戚杨骏排挤了汝南王司马亮，单独辅政。晋惠帝的妻子贾后不愿让杨骏操纵政权，秘密派人跟汝南王司马亮和楚王司马玮联络，要他们带兵进京，讨伐杨骏。楚王从荆州带兵进了洛阳，贾后马上宣布杨骏谋反，把杨骏杀了。

杨骏被杀之后，汝南王司马亮进洛阳辅政，可此时兵权已掌握在楚王司马玮手里，于是两人产生了矛盾。贾后也觉得两个王太多，就假传晋惠帝的密令，派楚王把汝南王抓起来杀了。

楚王本来是贾后的同党，但是贾后怕他连杀两王之后，权力太大。当天晚上，又宣布楚王假造皇帝诏书，擅自杀害汝南王，把楚王也办了死罪。楚王知道自己上了贾后的当，大叫冤枉，可惜为时已晚。

从此以后，朝廷上没有辅政大臣，名义上是晋惠帝做皇帝，实际上却是贾后专权。太子司马遹不是贾后所生，贾后怕他长大后自己的地位不保，于是千方百计想除掉太子。

贾后事先叫人起草一封用太子口气写的信，内容是逼晋惠帝退位。然后把太子请来喝酒，把他灌得烂醉，再趁太子昏昏沉沉的时候，骗他把那封信抄了一遍。第二天，贾后叫晋惠帝召集大臣，把太子写的信交给大家传看，宣布太子谋反。大臣们一看果然是太子亲笔，都不敢再说什么。

贾南风于是宣布废太子司马遹为庶人，把他及其三个幼小的儿子皆软禁于金墉城，并下诏杀掉太子的生母谢妃以及太子的侧妃。不久，太子被送往洛阳之外的许昌宫囚禁。颠沛道中，太子本来就生病的长子困厄而死。

曾经在太子东宫做过侍卫官的左卫督司马雅，常从督许超等人不甘心，聚集在一处商议，准备废掉贾后，复太子之位。大家商量来商量去，都觉得大臣张华和裴頠可以共事，而手握重兵的右军将军赵王司马伦也可以利用。

贾南风废了太子后虽然心里高兴，天天欢宴淫乐，但一天都没放松警惕，常派宫女太监乔装打扮，混于市场坊间探听消息。听说有人要拥复太子后，便决定抢先一步——毒杀太子。

司马遹被废黜后，一直怕被贾南风毒杀，天天都是自己在屋内煮饭。贾南风派去的太监孙虑到许昌后，根本无从下手，就与监守太子的刘振商议对策。刘振派人把太子迁移到一处小黑房子里，断绝了他的食物来源。宫中侍女及太子带来的从人对太子很忠心，不时隔墙抛扔食物，司马遹因此又苟延了几日。孙虑等得不耐烦，便破门而入打死了太子。

这样一来，赵王司马伦抓住了把柄，派禁军校尉、齐王司马冏带兵进宫杀了贾后。

八王之乱

赵王司马伦掌握了政权后，干脆把晋惠帝软禁起来，自己称帝。赵王一继位，就把他的同党，不论文官武将，或是侍从、兵士，都封了大大小小的官职。那时候，官员戴的官帽上都用貂的尾巴做装饰，由于赵王封的官实在是太多太滥了，因而官库里收藏的貂尾不够用，只好找些狗尾巴来凑数。所以，民间就编了歌谣来讽刺他们，叫作“貂不足，狗尾续”。

各地的诸侯王听说赵王做了皇帝，谁都想来夺这个宝座，于是展开了一场又一场的厮杀。参加这场混战的有赵王司马伦、齐王司马冏、成都王司马颖、河间王司马颙、长沙王司马乂、东海王司马越。加上已经被杀的汝南王司马亮、楚王司马玮，一共有八个诸侯王，史称“八王之乱”。

西晋诸王之间的这场大恶斗前后持续了十六年，数十万人丧失了生命，许多城市被洗劫和焚毁。在洛阳，十三岁以上的男子全部被迫服役，城内米价贵到一石万钱，不少人因饥饿而死，并掀起了大规模的流亡的浪潮。

司马衷作为一个傀儡，被诸王玩弄于掌间，天天以泪洗面，经常随乱军颠沛流离，风餐露宿。八王之乱结束后，司马衷回到了洛阳宫里。但他的非人生活却没有结束，大权掌握在东海王司马越手中。

到了公元 306 年，八王中的七个都死了，东海王司马越觉得威胁都已不在，立个傀儡皇帝也没用处，就暗中命令宫人在饼中下毒，送进显阳殿。司马衷取来吃了几个，便觉得腹中绞痛，接着扑倒床上，翻滚哀号，等宫人叫来御医，他已睁眼张口不省人事了。御医搭脉后连连摇头说："完了完了。"经宫人再三催问病由，御医才低声说是中毒，说完就急忙溜走了。

司马越不敢自己称帝，立了惠帝的弟弟司马炽——司马炎最小的儿子为帝，这就是晋怀帝。

西晋灭亡

经过八王之乱，西晋政权元气大伤。除了政局混乱外还遭遇各种打击，各地流民不断起义，内迁的少数民族上层分子也相继起兵反晋，其中刘渊、石勒起兵最早。

刘渊是匈奴左部帅刘豹之子，汉化程度很深。晋惠帝时担任五部大都督。当西晋宗室诸王混战于北方之际，匈奴贵族共推刘渊为大单于。

304 年（永兴元年），刘渊开始起兵。很快发展到五万人，定都于离石（山西离石），建国号"汉"，自称汉王，"胡"、汉各族很多人归附他。他在军事上也取得一系列的胜利，攻占了太原、平阳（山西临汾）等地，向南迁都于蒲子（山西隰县）。

石勒出身羯族，居上党武乡。曾被卖为家奴。刘渊称汉王时，他参加起义。

308 年（永嘉二年），刘渊称帝，迁都平阳。接着派王弥、刘曜等率大军进攻洛阳。310 年，刘渊死，子刘聪杀兄自立为帝。次年四月，石勒在苦县（河南鹿邑）宁平城消灭十余万晋军，晋军元气大伤。

六月，王弥、刘曜等攻下洛阳，杀王公以下三万余人，俘获晋怀帝。八月，又攻下长安。后来，晋将贾匹等在关中汉人的支持下夺回长安，迎司马邺为帝，是为愍帝。

公元 317 年长安陷落，西晋皇帝司马邺被俘，西晋灭亡。此时，镇守建康（今江苏南京）的司马邺的堂叔司马睿宣布继位，史称晋元帝。为了和司马炎建立的晋朝（西晋）相区别，历史上把这个朝代称为东晋。

遭祸乱五胡十六国

从东汉末年开始，中国西部和北部周边的各少数民族开始不断向内地迁徙。造成这一状况的原因，主要是汉王朝的军事征服，以及他们为弥补中原兵力和劳力不足，而对各少数民族的招诱。与此同时，周边各少数民族势力的消长变化也引起一些民族迁徙。内迁的民族主要包括匈奴、羯、鲜卑、氐、羌等，历史上泛称为“五胡”，他们在“八王之乱”时，纷纷建立了自己的国家，前后共十六个。

氐族的“成汉”

公元 298 年，关中地区闹了一场大饥荒，略阳（今甘肃天水东北）、天水等六郡十几万流民逃荒到蜀地。氐族人李特和他的兄弟李庠、李流，也跟着流民一起逃荒。

益州刺史罗尚不愿意让这批流民进入蜀地，想要把他们赶回关中去。李特几次向官府请求放宽遣送流民的限期。流民听到这个消息，都感戴李特，纷纷投奔他。

李特在绵竹设了一个大营，收容流民，不到一个月就收了两万人。李特派使者阎彧去见罗尚，再次请求缓期遣送流民。阎彧来到罗尚的刺史府，看到那里正在修筑营寨，调动人马，知道他们准备遣送流民了，便回到绵竹禀告李特。

当天晚上，罗尚派部将带了步兵、骑兵共三万人，偷袭绵竹大营，要劫掠流民。不料李特早有准备，三万晋军刚进营地，四面八方就响起锣鼓声。大营里预先埋伏好的流民，手拿长矛大刀，一起杀了出来。这批流民勇猛无比，将晋军杀得丢盔弃甲，四散逃窜。流民们杀散了晋军，知道朝廷不会罢休，就请求李特替他们做主，领导他们抗击官府。大家推李特为镇北大将军，李流为镇东将军，整顿兵马，攻下了附近的广汉。

罗尚兵败后重新集结队伍，围攻李特。李特战败牺牲，他的儿子李雄继续率领流民战斗。公元 304 年，李雄自立为成都王，两年后称帝，国号大成。

后来到李雄侄儿李寿在位时，改国号为汉，史称“成汉”。成汉立国 44 年，在公元 347 年投降东晋。

匈奴族刘渊建立“汉赵”

给西晋致命创伤的不是远在西南边陲的成汉，而是另一个流民集团所建立的汉赵国。

汉赵国的首领是匈奴人刘渊。百余年来，匈奴人跟汉人杂居通婚，绝大多数已经汉化。刘渊本姓栾提，打着“尊汉”的旗号起义，自称是汉王朝公主的后裔，所以改姓为刘。刘渊趁“八王之乱”时起兵，被族人推为大单于。公元 308 年，刘渊称帝，建立汉赵国。

刘渊当了皇帝后不久就逝世了，经过一场夺位斗争，他的儿子之一刘聪继位。刘聪的汉赵大军在石勒的率领下，打到了洛阳城下，怀帝司马炽被俘。刘聪问他说：“你们司马家骨肉之间，为什么自相残杀得这么厉害？”司马炽说：“汉赵帝国受天命而兴，司马家的人不敢劳你们动手，所以自己先替你们铲除。”这段话说得相当沉痛。刘聪封司马炽为侯爵，但却叫他跟奴隶们在一起生活，不久后还是把他杀了。司马炽被杀后，他的侄儿司马邺被一些大臣带着逃到长安，宣布继承西晋皇位。这个小朝廷勉强维持了四年，公元 316 年，汉赵大军兵临城下，司马邺投降后被杀，317 年西晋灭亡。

汉赵虽然灭了西晋，但它仍然是一个小得可怜的国家，刘聪和继任皇帝刘粲都荒淫且凶恶无比，只知道营建宫殿和搜罗美女。公元 318 年，宰相靳准杀掉刘粲，还将刘姓皇族，不管男女老幼，全部屠杀。刘姓皇族的坟墓，包括刘渊、刘聪在内，全部剖棺焚尸。

政变发生后，镇守襄国（今河北邢台）的大将石勒和镇守长安的亲王刘曜，分别向平阳进军，靳姓家族无论男女老幼也被如法炮制，全部屠杀。刘曜继任皇帝，把首都迁到长安。

公元 319 年，石勒派人到长安向刘曜献礼致敬。石勒虽是汉赵国的大将，但他自己拥有一支庞大善战的部队，汉赵国一半以上的土地都是由石勒夺取的，而且由他控制。刘曜见石勒来献礼，自然大喜过望，下诏封石勒为赵王，给予他厚厚的赏赐。可是，献礼的队伍中有一个人对刘曜说：“石勒之所以进贡，并不是效忠您，而是另有阴谋，目的在于探听虚实，准备发兵攻击。”刘曜立时震怒起来，把已踏上归途的石勒部众追回，不由分说，全体处斩。

石勒闻讯，立即宣布独立，脱离汉赵，建立后赵国。公元328年，汉赵国和后赵国在洛阳决战，刘曜父子都战败而死，汉赵灭亡。

羯族的“后赵”

建立后赵的石勒是羯族人，他的家里世代都是部落的头目。年轻的时候，由于并州地方闹饥荒，石勒和部落失散了，曾经给人家做过奴隶、用人。一次，石勒被乱兵捉住，关在囚车里。正好他的囚车旁边有一群鹿跑过。乱兵纷纷去追捕鹿群，石勒才趁机逃走。受尽苦难的石勒召集了一群流亡的农民，组成了一支强悍的队伍。刘渊起兵后，石勒投奔了刘渊。

羯族人的文化比匈奴人要低。石勒不像刘渊，受过汉族文化的教育，他可是连字都不认识。担任大将以后，石勒渐渐懂得要成大事业，光靠武力不行，于是就收留了一批北方汉族中贫苦的读书人，组织了一个“君子营”。

石勒做了皇帝后，删定律令，减百姓一半的田租，严禁兵士欺侮衣冠华族士人，并在都城内立小学十余所，崇文敬教，要他部下将领的子弟都进学校读书，还建立了保举和考试的制度。凡是各地保举上来的人经过评定合格的，就选用他们做官。

石勒不是一个好大喜功、奢侈浪费的君主，他对自己的地位和功绩很有自知之明。公元332年，石勒设国宴款待高丽使臣，酒到半酣，石勒问臣子徐光：“你看我能和前代哪个皇帝相提并论呢？”

徐光说：“陛下您应该高过汉高祖刘邦，比您高的仅仅是轩辕黄帝。”

石勒笑道：“人应该有自知之明，我没有那么大的功绩，假如我能遇到刘邦，我会向他俯首称臣的。大丈夫做事要光明磊落，怎么能像曹操和司马懿那样，欺负孤儿寡母篡夺人家的天下呢？”大家听了，对石勒莫不心悦诚服。

因为是少数民族，石勒严禁部下提到“胡”、“羯”等字。但是为了安抚汉族士人，有时候也没有绝对执行禁令。一次，汉族官员樊坦被任用做官，进宫朝觐的时候，他穿了一身破破烂烂的衣服。石勒吃惊地问他：“你怎么穷到这个地步？”樊坦忘了禁令，回答说：“刚刚碰到一批羯贼，把我的家当都抢走了，连一件像样的衣服都没留下。”石勒笑着说：“羯贼这样乱抢东西，太不应该！我来替他们赔偿吧！”樊坦这才意识到自己犯了禁令，于是吓得浑身发抖，连忙向石勒请罪。石勒则笑着说：“我这个禁令，是对付一般百姓的。你们这些老书生，我不怪你们。”说着，真的赔给樊坦一些衣服钱财，还赏给他一辆车，一匹马。

还有一次，有位饮酒大醉的羯人骑马闯入王宫，石勒大怒，立即怒问卫队小队长汉人冯翥："君王威行天下，王宫之内，为何有人敢驰入，作为守卫值班的军官，你为什么不能阻止来人！"惶惧之间，冯翥忘了忌讳，回答说："刚才那个醉胡乘马驰入，速度很快，我向他喊叫了半天，那个羯胡也听不懂我在说什么。"话音刚落，冯翥忽然意识到自己刚才犯了"国讳"，叩头出血，以求宽恕。谁料石勒只是笑了笑，说："胡人确实很难和他们讲话沟通。"

石勒因为自己不识字，便常找一些读书人把书讲给他听，一边听，一边还发表自己的见解。一次，他让人给他读《汉书》，听到有人劝汉高祖封旧六国贵族的后代的历史，就说："唉！刘邦采取这样的错误做法，还怎么能够得天下呢？"讲书的人马上给他解释，后来由于张良的劝阻，汉高祖并没有这样做。石勒点头说："这才对啦。"

由于石勒重用人才，在政治上比较开明，后赵初期出现了兴盛的气象。

冉闵的冉魏与鲜卑族的"前燕"

后赵国石勒死后，他的儿子石弘继位，石勒的侄儿石虎把石弘杀掉，自己上台。这时后赵内部发生大乱，石勒的养子冉闵称帝，建立了魏国，历史上称为冉魏。

冉魏建立后，立即与东晋政府联系，请求派兵共同讨伐胡人；又清定九流，实行九品官人法（见九品中正制），以争取汉族地主阶级的支持。在经济上，开仓散粮，以求得百姓的拥护。在军事上，竭力与后赵残余势力石祇、羌酋姚弋仲、前燕慕容儁争衡。

冉闵为今人所广为知闻的是屠杀胡人的命令，即杀胡令。

五胡乱华时期，民族仇杀极为严重，匈奴、羯等族军队经常屠城略地，北方汉族人口锐减。冉闵建立政权后，要求各胡退出中土，各还本道。他发布了"杀胡令"，致书各地，号召中国汉人扫清中原，河南、山东、山西、河北常山以南、安徽江苏北部等地被杀的胡人不计其数。

《资治通鉴》记载："（石）闵、（李）农……宣令：内外六夷，敢称兵仗者斩。胡人或斩关、或逾城而出者，不可胜数。……闵……下令城中曰：……日已后，与官同心者留，不同者各任所之。敕城门不复相禁。于是赵人百里内悉入城，胡、羯去者填门。闵知胡之不为己用，班令内外：赵人斩一胡首送凤阳门者，文官进位三等，武官悉拜牙门。一日之中，斩首数万。闵亲帅赵人以诛胡、羯，无贵贱、男女、少长皆斩之，死者二十余万……”

此时，本相互仇视的胡族空前团结起来攻击他建立的冉魏帝国，冉闵与各胡组成的联合部队在中原无休无止地混战，史载，他“立国三年，无月不战”。

由于残酷的民族仇杀和连绵的战争，加之饥馑，先前被迁到冀州、司州的胡汉各族人民数百余万各还本土，路上互相杀掠，饥疫死亡甚众，冉魏辖地渐小，人口锐减，农业生产逐步陷于停顿。

西晋时，慕容廆为鲜卑族慕容氏的首领，曾效忠西晋，与鲜卑族以外的民族作战。后来其儿子慕容皝于337年自称为燕王，342年击败了后赵的二十万大军，解除了来自中原的压力，定都龙城（今辽宁省朝阳市）。东破夫余及高句丽，攻灭鲜卑宇文部，成为辽西唯一的武装势力，为慕容儁入主中原打下基础。

公元352年，燕王慕容儁派慕容恪、慕容霸等人深入中原，进击冉闵以及其他后赵的残存势力。冉闵神勇的名声早已远播，燕兵不敢贸然进攻。双方进行了多次试探性的交锋，鲜卑燕兵虽然数倍于魏兵，但都吃了败仗。

慕容恪是鲜卑军中罕有的智勇双全的人物。最后，他想出一个计策，利用“连环马”，诱冉闵步军于平地决战。燕军将领认为自己的骑兵都打不过冉闵的步兵，平地决战更是没有胜算了，因此都非常犹豫。慕容恪却说：“冉闵性子轻锐，一定会与我军死战。我将大部分力量与他决战，等他的体力消耗尽了，你们在从旁边突袭，一定能够取胜！”

慕容恪的“连环马”，即使人马死掉了，仍旧是用锁连在一处的，这样就形成了重重障碍，阻挡了冉闵及其兵众的突围。三面受敌之下，冉闵又寡不敌众，激战半日，魏军悉数英勇战死。冉闵虽被围数重，最后仍向东跑出了二十多里。本来他可以马上脱险了，但这时他所乘的朱龙宝马却忽然倒地死了，冉闵被鲜卑兵士所俘。

冉闵被俘送到燕国首都蓟城后，慕容儁高声斥责道：“汝奴仆下才，何得妄自称帝？”冉闵一脸蔑视，大声说：“天下大乱，尔曹夷狄，人面兽心，尚欲篡逆。况我中土英雄，何为不可做帝王？”

慕容儁大怒，下令把冉闵处斩。冉魏立国三年，即宣告灭亡。

苻坚短暂统一北方

在冉闵诛胡羯的时候，关陇流民相率西归。永和六年（350年），曾先后投靠前赵和后赵的氐族贵族苻洪，自称大都督、大将军、大单于、三秦王，开始独

树一帜。但他称王不久就被人毒死。临死前，苻洪嘱咐儿子苻健急速入关，以关中为根据地。苻健遵从父命，率部众进入关中，攻占了长安。入关以后，苻健任自己的儿子苻坚为龙骧将军，他流着泪对苻坚说："你的祖父当年就曾被授予这个封号，我把这个封号授给你，望你好自为之。"这时，苻坚年仅十三岁。

苻坚自幼聪明慷慨好施，举止不逾规矩，八岁时就主动求师读书。他的祖父苻洪惊喜地说："我们戎狄部族世代只知道喝酒，你小小年纪却要求读书，真是太好了。"欣然满足了他。

永和七年（351年），苻健自称天王、大单于，国号大秦，次年又改称皇帝，史称前秦。苻健在位期间，留心政事，关中地区开始出现复苏气象。他在位四年病死。继位的苻生，是个刚愎自用的独眼暴君，以杀人为儿戏，继位不久就杀了后妃、公卿、宦官、宫女五百多人，手段惨毒，妃嫔和大臣们战战兢兢，度日如年，都把希望寄托在苻坚身上。

苻坚成人以后，博学多才，胸怀匡济天下的大志，广泛结交英豪，当他向尚书吕婆楼请教除去苻生之计时，吕力荐王猛。苻坚即派吕恳请王猛出山。

苻坚与王猛一见面便如平生知交，句句投机，苻坚觉得就像刘备当年遇到诸葛亮似的，如鱼得水。于是，王猛留在苻坚身边，为他出谋划策。晋升平元年(357年)，苻坚一举诛灭苻生及其帮凶，自立为大秦天王，改元永兴，以王猛为中书侍郎，职掌军国机密。

始平县（治今咸阳市西北）是京师的西北门户，地位极为重要。但长期以来，那里豪强横行，劫盗充斥，百姓叫苦连天。苻坚派王猛担任始平县令。王猛下车伊始，便明法严刑，禁暴锄奸，雷厉风行。有个树大根深的奸吏，作恶多端，王猛把他当众鞭死。奸吏的狐群狗党起哄上告，上司逮捕了王猛，押送到长安。

苻坚责问王猛说："为政之体，德化为先。你莅任不久就杀掉那么多人，多么残酷啊！"王猛平静地回答说："我听说过这样的道理：治安定之国可以用礼，理混乱之邦必须用法。陛下不以臣为无能，让臣担任难治之地的长官，臣一心一意要为明君铲除凶暴奸猾之徒。才杀掉一个奸贼，还有成千上万的家伙尚未伏法。如果陛下因我不能除尽残暴、肃清枉法者而要惩罚我，臣岂敢不甘受严惩以谢辜负陛下之罪？但就现在的情况而论，加给我'为政残酷'的罪名而要惩罚，臣实在不敢接受。"苻坚听罢，且叹且赞，向在场的文武大臣说："王景略可真是管仲、子产一类人物呀！"

王猛执法不阿，精明强干，治绩卓著，在三十六岁那年，他接连升了五次官，直做到尚书左仆射（宰相之一）、辅国将军、司隶校尉等。皇亲国戚和元老旧臣无不妒火中烧。氐族出身的姑臧侯樊世依仗自己的旧功，最先跳了出来，当众侮辱王猛说："我们曾与先帝共兴大业，却不得参与机密。你无汗马之劳，凭什么专管大事？这不是我们种庄稼而你白捡粮食吗！"王猛冷笑道："不光是你种我收，还要你做好饭端给我吃呢！"樊世咆哮道："迟早必叫你头悬长安城。"苻坚得知此事，果断地说："必须杀此老氐，然后群臣方能整肃。"后来樊世进宫言事，当场与王猛发生争论，他竟挥动老拳击向王猛，被左右拉住，他又破口大骂。苻坚大怒，立命将其斩首。其后，反对派对王猛由公开攻击转为暗中谗害。朝官仇腾、席宝利用职务之便，屡屡毁谤王猛。苻坚即将二人赶出朝堂。对飞长流短的氐族大小官员，苻坚甚至当堂鞭打脚踢。于是，那班人害怕，再也不敢胡说八道了。

后来，王猛升至三公之位，苻坚还要加给他位居三公之上的录尚书事（尊称"录公"）。王猛对此殊宠辞而不受。

在王猛等人的辅佐下，苻坚采取措施大力恢复和发展农业生产。他继位不久，就开放山泽，让百姓与官府一同开发生利。升平元年（357年）秋天，关中发生了严重的干旱，苻坚率先节省开支，把官府的金玉绮绣都分发给士卒，后宫不许穿锦衣。在天旱无雨，播种困难的情况下，他下诏推行汉代氾胜之创造的区种法，又组织人力兴修水利，凿山起堤，通渠引渎。为了通商行旅的便利，苻坚又下令从长安到各地，修筑了宽阔平坦的大道，沿途二十里设一亭，四十里置一驿。这些措施，促进了前秦经济的迅速恢复和发展，出现了田畴修辟、仓库充实的兴旺气象。

王猛

苻坚广设学宫，奖励人才，公卿以下的子弟都须入学。他每月亲临太学视察，考察学生的学习状况，分定不同的等次。他规定轮替值勤的中央禁卫军都要修学，对于不学无术的官吏，他的处理也十分严厉，凡百石以上的官吏，学不通一经、才不成一艺者，一概削职为民。

晋废帝太和四年（369年），桓温率师北伐前燕，进军枋头。前燕主慕容暐向苻坚求援，许诺将虎牢（今河南荥阳汜水镇）以西的地区割让给前秦。苻坚派兵二万救援，迫使桓温退兵。但慕容暐在晋军撤退后毁约，拒不割地。苻坚大怒，派遣王猛督师向前燕发动了进攻。前燕统帅慕容评集结三十万军队在潞川（今浊漳河）一线抵御秦军，采取以逸待劳的守势，伺机反击。王猛派精兵五千，趁夜从小道绕至敌后，放火烧毁了燕军辎重，迫使燕军出兵应战。燕军大败，被歼五万余人。苻坚又派王猛攻燕，降斩燕军十万人。王猛率师兵临邺城，慕容暐不得不俯首投降，370年前燕灭亡。

此后数年间，苻坚又派遣军队先后消灭了仇池（今甘肃成县西）的氐族首领杨纂、前凉、代国等割据势力，并在东晋孝武帝太元七年（382年）派大将吕光进军西域，相继讨平了西域三十六国，自西晋末年以来长期纷扰割据的黄河流域，终于重新实现了统一。

淝水之战

公元382年，苻坚认为自己的准备已经成熟，下决心大举进攻东晋，于是召集大臣商量策略。没想到，大臣们纷纷表示反对。权舆说："晋国虽然弱小，但是他们的国主还没犯什么大错，手下还有像谢安、桓冲那样的大臣，团结一致。东晋有长江作为天然屏障，再加上百姓都想抵抗，咱们要大举攻晋，恐怕还不是时候。"

苻坚听了很不高兴，大声说："长江天险有什么了不起，我们的军队那么多，大家把手里的马鞭子投到长江里，也可以把长江的水堵塞，他们还能拿什么来作屏障！"

这时，苻坚的弟弟苻融站出来说："现在打晋国，不但没有必胜的把握，而且京城里还有许许多多鲜卑人、羌人、羯人。陛下一旦离开长安远征，要是他们起来叛乱，后悔都来不及。您难道忘记了王猛临终前讲的话吗？"此时，王猛已经去世，他在临死前曾嘱咐苻坚不要轻易对东晋用兵。

但此时苻坚什么都听不进去，他要投靠自己的鲜卑贵族慕容垂谈谈看法。慕容垂说："强国吃掉弱国，大国并吞小国，这是自然的道理。像陛下这样英明的君王，手下有雄师百万，满朝是良将谋士，要灭掉小小晋国，不在话下。陛下只要自己拿定主意就是，何必去征求许多人的意见呢？"苻坚这才高兴起来，马上吩咐左右拿五百匹绸缎赏给慕容垂。

第二天，苻坚下令，派苻融、慕容垂充当先锋，姚苌为龙骧将军，指挥益州、梁州的人马，准备出兵攻晋。慕容垂的两个侄儿偷偷跟慕容垂说："皇上骄傲得过分了。看来，这次倒是我们恢复燕国的好机会呢！"

公元383年，苻坚先派苻融率军二十五万为先锋，从长安向东进发。九月，苻坚亲率大军进驻项城（今河南沈丘）。此时，苻融已向东晋在淝水西岸的重镇

谢玄大败前秦军

寿阳展开进攻。东晋派谢玄等统率北府兵八万将士迎战苻坚，另派水军五千人增援寿阳。

很快寿阳失守，水军部队只得在离洛涧（今安徽淮南东）二十里处驻扎下来。苻坚得知秦军攻下了寿阳，便把大军留在项城，自己率八千轻兵赶至寿阳。他自以为胜利在望，便派朱序去劝晋军投降，但朱序却将秦军的底细告知了晋军。谢玄根据朱序所报进行部署，突袭驻在洛涧的秦军前哨阵地，歼灭秦军万余人，接着挺进至淝水东岸，与秦军对峙于淝水。

苻坚登上寿阳城楼，见晋军阵营严整，又远望八公山上的草木，以为那都是晋军，心中不由畏惧。当时秦军涉水布阵，谢玄要求秦军稍退，让晋军渡过淝水进行决战。苻坚以为可以乘晋军半渡时进行偷袭，便一口应允。岂料秦军皆是强征得来的乌合之众，人心浮动，将士厌战，加上从前的晋军降将朱序乘机高呼："秦军败了。"于是秦军一退不止，东晋军队乘胜追击，大败秦军。苻坚在逃跑途中，听到风声鹤唳，都以为是晋军追来了。

淝水之战，东晋以少胜多，前秦大丧元气。苻坚逃到洛阳，收拾残兵败将，只剩下十几万。

对苻坚的历史评价

苻坚好功，而不能忍，智大而不见机。（王）猛知其不能除（慕容）垂，故劝以勿伐晋耳。不然，以（苻）坚之强，而欲取晋，夫又何难之有！

——王安石

（苻）坚之所以亡，由骤胜而骄故也。魏文侯问李克："吴（国）之所以亡？"对曰："数战数胜。"文侯曰："数战数胜，国之福也，何故亡？"对曰："数战则民疲，数胜则主骄，以骄主御疲民，未有不亡者也。"秦王（苻）坚似之矣！

——司马光

北方再度分裂

苻坚死后，他的儿子苻丕在晋阳（今山西太原）继位，但前秦已走到了尽头。居住在苑川（今甘肃榆中）的另一支鲜卑民族的酋长乞伏国仁，在勇士堡（今甘肃榆中）独立，建立西秦王国。

公元 386 年，氐族大将吕光在姑臧（今甘肃武威）听到苻坚死亡的消息，宣布建立后凉王国。同年，由漠北鲜卑酋长拓跋珪建立的代王国，在遥远的塞外盛乐（今内蒙古和林格尔）悄悄崛起。

公元 394 年，前秦帝国被西秦王国所灭。公元 397 年，后凉王国分裂，形成了鲜卑民族的南凉和匈奴民族的北凉。

前秦帝国的瓦解，让北中国陷入一片混战，少数民族纷纷宣布建国，先后有十九个小政权，他们你杀我夺，命运都不长久。

此时，代国改名为魏，史称北魏。它向后燕进贡，以求得到保护。公元 391 年，北魏国君主拓跋珪派他的弟弟到后燕都城中山（今河北定州）朝觐，后燕国太子慕容宝向他索取良马，遭到拒绝。于是慕容宝把拓跋珪的弟弟扣留不放，两国关系自此破裂。

慕容宝为了挽回面子，率领九万精兵讨伐拓跋珪。慕容宝长驱直入，一路上都没有北魏军队阻挡，一直抵达了黄河北岸。没想到拓跋珪的奇兵切断了他的后路，又教人散布谣言说，本已患病的慕容垂已经死亡。慕容宝听说父亲死了，疑惧不安，只好撤退。退到参合陂（今山西阳高）时，遇到拓跋珪的大军，后燕兵一半战死，一半投降，但投降的兵士也都被坑杀，只有慕容宝和数千人逃回。

慕容宝不甘心失败，在公元 396 年再次出征，慕容垂也带病上阵。大军到了参合陂，看到遍山堆积的八万余战士的白骨，军士们哭声震天。慕容垂惭痛交集，病情加重，不能再进，于是命令退军。他在途中死掉，慕容宝继承了帝位。

北魏乘机反攻，不到一个月，就把后燕帝国所属的华北平原全部占领。慕容宝在惊恐中逃回部落的根据地龙城（今辽宁）。慕容垂的弟弟慕容德，痛恨慕容宝昏庸误国，见慕容宝逃跑后没有消息，就宣布独立，建南燕王国。

南北分裂的中国

我国历史上的民族，如魏晋南北朝时期的民族，往往以文化来划分，而非以血统来划分。少数民族汉化了，便被视为“杂汉”、“汉儿”、“汉人”。反之，如果汉人接受某少数民族文化，与之同化，便被视为某少数民族人。南北朝时期，北方便有汉人因为久居鲜卑地区，接受鲜卑的文化，与之通俗，不仅被人们视为鲜卑人，他们自己也把自己视作鲜卑人。在少数民族中间也是这样。某一少数民族人如果接受另外一个少数民族的文化、风俗习惯，与之同化便被视为另一个民族的人，他的本民族反而隐蔽不显。南北朝正是这样一个民族互融的时代。

——陈寅恪

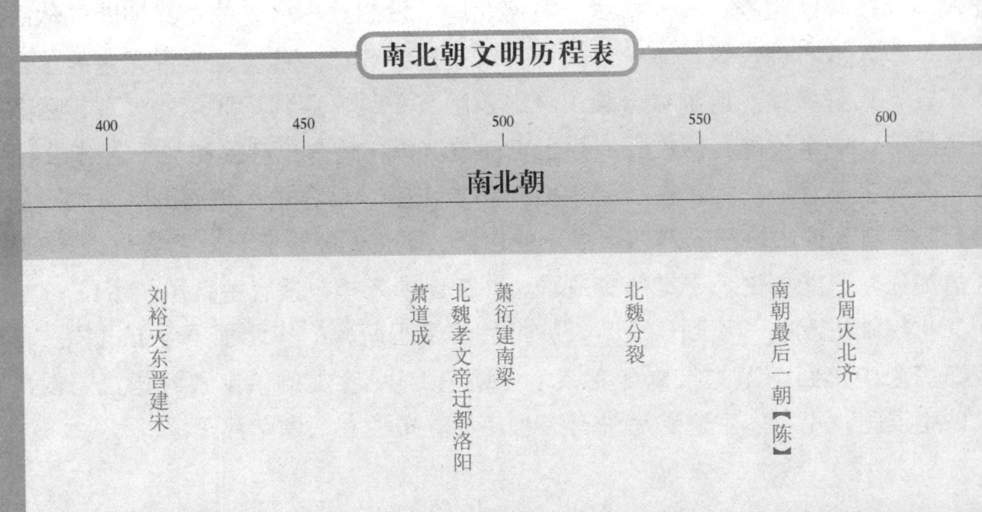

南朝：权臣夺位

南朝（420—589 年）

东晋之后建立于南方的四个朝代，总称为南朝。公元 420 年东晋灭亡，南方交替出现了宋、齐、梁、陈四个政权，它们存在的时间都比较短，最长的不过五十九年，最短的仅有二十三年，是我国历史上朝代更迭较快的一段时期。此时，中国正处于分裂时期，南朝与当时北方的北齐、北魏、北周等合称为“南北朝”。

南朝继承了东晋的领土，大致范围是中国南方，就是秦岭淮河以南的地区。其中，刘宋的疆域最大，向北达到了黄河；而最小的是南陈，只据有江陵以东，长江以南，国土狭小。

刘裕灭东晋

在南朝建立宋帝国的刘裕，本是东晋大将。小时候他家里非常贫困，长大后，依靠贩卖鞋子维持生计。不过，刘裕少有大志，一心想做一番惊天动地的大事业。带着这样的雄心壮志，刘裕年轻时从军，成为东晋北府军的下级军官。

隆安三年（399 年），孙恩、卢循在会稽起兵反抗晋朝，晋朝廷派前将军刘牢之东来镇压，刘牢之请刘裕为参府军事。刘裕在军中勇敢善战，屡立战功，因功不断升迁，从此起家，成为东晋一员虎将。

元兴三年（404 年）二月初一，刘裕在家乡京口起兵讨伐篡晋的楚帝桓玄。405 年，击败桓玄，晋安帝司马德宗复位，任刘为侍中、车骑将军、中外诸军事、徐青二州刺史、兖州刺史、录尚书事。刘裕从此控制了东晋朝政，权倾天下。

此时的刘裕，对于皇帝赐给他的封号表现出诚惶诚恐的样子，这可不是假装，因为当时刘裕资历还较浅，虽新立大功，但没有多少势力基础。而且桓玄的灭亡，也让刘裕清楚地看到：冒险称帝是件很危险的事情。刘裕是个聪明人，他在接受了册封后，移镇京都之外，遥控朝廷。这样既保证了自己军权在手，又远离了京城这块是非之地，可以进退自如。

刘裕执政晋室后，于 409 年率军灭掉广固（今山东省益都县）的南燕政权，又回师击败卢循。义熙六年(410 年),又西攻盘踞四川的谯纵,义熙九年收服巴蜀。

义熙九年（413 年），后秦姚兴病逝，姚泓继位，兄弟相残，关中大乱。刘裕开始进攻后秦，他派大将王镇恶、檀道济带领步兵，从淮河一带出兵向洛阳方向进攻，他自己则率领水军沿着黄河进军。那时北方鲜卑族建立的北魏开始强大起来，在北岸集结了十万大军，威胁晋军。为了对付北魏精骑，刘裕采用了“却月阵”战法，最终击溃对手。这次战役充分体现了他极善于指挥步兵、水军、战车诸兵协同作战的优秀军事指挥能力。经过此战，“却月阵”威名大震，为后人津津乐道，成为“以步制骑”的经典战例。

此战的胜利，给魏军以极大震慑，魏明帝吸取教训，听从谋臣崔浩的建议，不再与晋军为敌。刘裕取胜后，率水军沿黄河顺利西进，于义熙十三年（417 年）四月下旬到达洛阳，参加攻打长安的作战。

刘裕就这样打通了沿黄河西进的道路。义熙十三年（417 年）攻克长安，灭后秦。

建立如此功勋后，刘裕很快受封为宋王，受九锡。元熙二年（420 年），刘裕迫司马德文禅让，继皇帝位，国号宋，改元永初。东晋灭亡，中国开始进入南北朝时期。

刘裕当政时期，吸取了前朝士族豪强挟主专横的教训，抑制豪强兼并，并采取了很多措施，巩固帝位，这也显示了这位创业之君的治国才能。刘裕为人十分节俭，寡欲严整，就是做了皇帝之后也没什么改变，常穿着连齿木屐，在神虎门外散步。刘裕本是行伍出身，识字不多，但非常重视教育。他曾下诏说：“古之建国，教学为先，弘风训世，莫尚于此……选备儒官，弘振国学。主者考详旧典，以时施行。”从而巩固宋国的统治，同时也改善了社会风气。

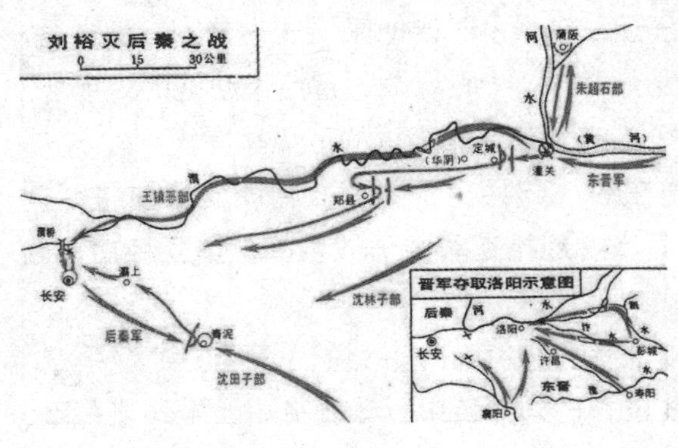

刘裕灭后秦之战

经过刘裕实施的一系列积极举措，刘宋政权得到了稳固发展。可惜的是，登基刚刚三年，刘裕就得了重病死去，谥号武帝。

暴君频出

南朝的宋帝国只有短短的六十年，却有九任皇帝，其中六任都是暴君。

第一任皇帝刘裕死后，他的儿子刘义符就因过度荒暴，被托孤的大臣们罢黜而死。刘义隆是刘义符的弟弟，他承继了其父兢兢业业的治国之策，下令免除百姓欠政府的“通租宿债”，又实行劝学、兴农、招贤等一系列措施，广大百姓得以休养生息，社会生产得到了极大的发展，然而，由于他多次轻率北伐，终告失败。在第三次北伐失败的次年（453 年），被他的儿子刘劭所杀。弑父凶手坐上金銮殿后不久，又被他弟弟刘骏击败处斩。

刘骏死后，其十六岁的儿子刘子业继位，不久刘子业的母亲王太后病重将死，派人唤他，刘子业说：“病人住的地方鬼多，我怎么能去？”王太后大怒，高喊：“拿刀来剖开我的肚子，我怎么会生出这种畜生？”刘子业疑心他叔祖刘义恭对他不利，便亲自率领军队到刘义恭家，把刘义恭和他的四个儿子一齐杀死，然后肢解其四肢，剖出肠胃，又挖掉其眼睛，泡在蜂蜜里，名“鬼目粽”。刘子业把姑母新蔡公主接进皇宫，收为姬妾，还把所有王妃公主都召到皇宫，命左右亲信轮流奸淫。他的婶母江妃拒绝，刘子业便打了她一百皮鞭，并把她的三个儿子都处斩。

一天晚上，刘子业梦见被他杀死的宫女向他咒骂，认为宫中有鬼，就手执弓箭，到处射鬼，宫中顿时乱作一团。等到射鬼已毕，宫中的人已逃得一个不剩了。这时宦官寿寂之拔刀而上，将刘子业杀死。刘子业的残杀政策弄得百官臣民人人自危，个个怨恨。刘宋王朝上下离心，国势更加衰败。

刘子业死后，他的叔叔刘彧登上皇位，刘彧猜忌成性，对宗室极不信任，便继续大兴杀戮，将文帝的其余十二个儿子也无端杀了，甚至连救过他命的哥哥建安王刘休仁也没能被他放过。宋家刘氏再遭此惨劫后，宗族势力迅速衰败，刘宋王朝也加速腐败、衰亡。

刘彧死后，其儿子刘昱继位。此时，刘宋王朝仍然内讧不已，朝政更加腐败，结果导致大权旁落。刘昱继位的第二年，桂阳王刘休范便在江州起兵反叛；公元476 年，又有南徐州刺史建平王刘景素据京口造反，但都被右卫将军萧道成先后镇压。因平叛有功，萧道成被进爵为公，迁中领军将军，掌握了禁卫军，督五州军事——这时刘宋在各地的重要军权已经大都掌握在了萧道成的手中，如果不加以遏制，刘宋王朝随时有颠覆的危险，但继位的小皇帝刘昱仍然毫无节制，残忍暴虐；且对时局不加体察，反而激化矛盾，终于导致了身死国亡的结局。

萧道成与南齐的发展

萧道成，字绍伯，宋明帝时为右军将军，后升任南兖州刺史，后平定江州刺史桂阳王休范的反叛，被封为公爵。公元 477 年，萧道成杀刘昱，立刘准为宋顺帝，自己晋爵齐王，后来他又逼宋帝禅位，建国号为齐，史称南齐。他在建国后减免了百姓的租债，宽简刑罚，下令扩大清理户籍，使局势平静，社会经济有所发展。

萧道成奋斗半生，既切身体会到创业艰难，也深刻明了误国祸患，所以和其他许多开国之君一样，他勤勉于朝政，谨慎治国，取得了较好成果。

萧道成在剪除刘宋残余势力的同时，大力改革，下令免除老百姓的旧租宿债，减轻市税；下令诸王不得各自营立邑邸，封略山湖，以保护自耕农的利益，希望达到“公不专利、氓不失业”的理想境界。

南齐朝廷规定：禁止招募、安抚流民返乡务农。在这个基础上，政府派员检定户籍、整顿户口，以分辨门第清浊界限，防止偷漏税赋，保证财政收入。这也是南齐的一项重大举措。萧道成办事历来雷厉风行，为此他设立了专门的机构，实行严格、全面的检籍，凡有违抗，便罚充远戍。但在实践中，由于官吏贪赃枉法，实际效果有限。

萧道成身为天子，倒是能够一直以身作则。他倡导节俭，自己便衣着简朴，不饰文绣、不求精细。后宫的器物栏杆等，以铜为装饰的，一概以铁取代。

这一系列的举措，确实起到了节省政府开支、提高行政效率、改良民风的作用。此外，萧道成还提倡儒学，注重学校教育和文化发展。一次视察衣库时，萧道成看见里面有一个玉导，说：“留着此物，正是滋长一切弊病的根源！”当即命令将玉导打碎，还检查库中存放着什么奇巧的物品，一概依照这一事例处理。他经常说：“假如我能够有十年时间治理天下，我就能让黄金的价值与泥土相等。”

这固然是大话，但萧道成治国的成效却是不可否认的。可惜的是，萧道成在位仅仅四年便因病死去，萧齐的前途也跟着他进了坟墓。

南梁的混乱

公元 500 年，南齐帝国的残暴皇帝萧宝卷，终于被萧衍拉下了皇位。萧衍发动兵变成功后，立了萧宝卷十四岁的弟弟萧宝融当皇帝。公元 502 年，萧衍命萧宝融下诏禅让，南齐帝国宣告结束。萧衍建立了南梁帝国，史称梁武帝。

萧衍登基后不久即对北魏发起了攻击，但都无功而返。一次萧衍梦见北朝的刺史、太守都来向他投降，便认为这是个好兆头。过了二十多天，恰好西魏的大将侯景派人来，说他跟东魏、西魏都有冤仇，决心向南梁投降，还表示愿意把他控制的函谷关以东十三个州都献给南梁。

萧衍接见了侯景派来的使者后，马上召集大臣商议。大臣们大多认为南梁和北朝多年来相安无事，现在接纳了北朝叛将，只怕会引起纠纷。但是萧衍一心恢复中原，再想起他做过的那个梦，便认为这是佛祖来帮助他了，于是他不听大臣的劝阻，把侯景封为大将军、河南王，派侄儿萧渊明带兵五万去接应侯景。

萧渊明带兵北上，受到东魏的进攻，几乎全军覆没，萧渊明也被俘虏了。东魏又进攻侯景，侯景大败。东魏派使者到南梁，主张双方重新讲和。侯景害怕起来，便派一个人冒充东魏使者送信到建康，提出用萧渊明交换侯景。梁武帝不知道这是侯景的试探，便写了一封信交给使者，信中说只要把萧渊明放还，就立即把侯景交给东魏。

侯景走投无路，他找到萧衍的一个侄子萧正德，诱骗他说，只要他肯做内应，推翻萧衍之后，就拥戴他做皇帝。萧正德权迷心窍，秘密派了几十艘大船，帮助侯景的叛军渡过长江，把梁武帝居住的内城——台城包围起来。由于救援的兵马都隔岸观火，因此台城很快失守，萧衍成了侯景的俘虏。

侯景自封为大都督，先杀了同伙萧正德，又把梁武帝软禁起来，将其活活饿死。梁武帝死后，侯景又先后立了两个傀儡皇帝。公元551年，他自立为皇帝。

因为侯景到处屠杀掠夺，百姓对他切齿痛恨。第二年，梁朝大将陈霸先、王僧辩率领大军进攻建康，侯景政权立刻土崩瓦解。

南梁王朝经过这场大乱，内部四分五裂。公元557年，陈霸先在建康建立了陈朝。

陈霸先建立南陈

建立了南陈的陈霸先，字兴国。永嘉之乱时，其先辈南渡，迁居吴兴长城（今浙江长兴县），家世寒微。

陈霸先相貌堂堂，“身长七尺五寸，日角龙颜，垂手过膝”。年轻时，陈霸先因为“多武艺”，好舞刀弄棒，当上了里长。陈霸先善于交际，到处游走后，他当上了梁朝的“油库吏”。陈霸先“倜傥有大志，不事生产”，终日游手好闲，又有铁饭碗，不时倒腾“公家”的油出来贩卖，挣些碎银后，在都城广交朋友，因此在下层社会中很有人缘，认识了上上下下不少人物。

陈霸先

梁朝宗室新喻侯萧映当吴兴太守时，陈霸先给他送了很多礼，终于成为这位侯爷的僚佐。从此，他正式开始了发达的运程。萧映对陈霸先非常器重，因为这位小吏出身僚佐黑道白道路路通，而且讲义气，重许诺，一呼百应。

萧映病逝后，陈霸先护送老上司的灵柩返回建康，中途获知贼人李贲反叛，便拥兵进讨，大破李贲叛军。后来侯景作乱，陈霸先与王僧辩会师，大败侯景，收复了建康，并被梁元帝封为长城县侯。

不久梁元帝被西魏军俘杀，陈霸先就与王僧辩共迎梁元帝的第九子、时任江州刺史的萧方智为帝，是为梁敬帝。梁敬帝只有十三岁，一切军国大事皆由陈霸先和王僧辩说了算。

这时，北齐把在寒山俘虏的梁武帝的侄子萧渊明送回，想让萧渊明当傀儡，任由自己摆布。王僧辩聪明一世，糊涂一时，拥立萧渊明继皇帝位，把原先和陈霸先共立的小皇帝萧方智封为“皇太子”。

陈霸先认为王僧辩废萧方智是名不正、言不顺，多次劝阻，皆被王僧辩拒绝，自此陈霸先决定和王僧辩反目成仇。而王僧辩对于陈霸先则一直心存感激，对这位曾大度地分给自己三十万石粮食的老战友始终信任有加。得知北齐有大举入侵寿春的可能后，王僧辩马上派人告知陈霸先，要他提前做好防备。陈霸先于是以拒抵北齐为名，留于京口，准备举兵突袭王僧辩。陈霸先夜间出兵，全军上下都以为是出兵抵御北齐，根本不知是去建康突袭自己人。待到王僧辩听说城外有兵来攻，慌忙四处寻找兵甲时，已经来不及了。

公元555年，王僧辩的残余势力杜龛、王僧智等人起兵，并引北齐军入寇。面对强敌，陈霸先披甲跨马，亲自带兵从建康西明门出击，大败北齐军，缴获无数战利品。公元556年，北齐又遣萧轨、东方老以及任约等人率十万大军攻梁，但全被陈霸先打败。

公元557年，陈霸先见北齐已经无法对自己构成威胁了，便将自己封为陈王。三天后，这位陈王就让梁敬帝“禅位”于己，改国号为陈，梁朝至此灭亡。

陈霸先只做了三年皇帝，便重病不治去世了。

北朝：王朝更替中的乱世

在北方混战的局面中，鲜卑族建立的北魏政权逐步强大起来，统一了北方。经北魏孝文帝推行的一系列汉化改革，北魏政权得到了长足的发展。但随着北魏官员奢侈之风的盛行，其政治日益腐败，北魏分裂为东魏和西魏。

公元 550 年，北齐取代了东魏。在北齐帝国建国六年后，西魏帝国宰相宇文泰逝世，政权经过了一系列动荡更迭。公元 557 年，宇文觉继位，改国号为北周。北周建国后，又发生多次宫廷政变。最后宇文邕继位。同时，北齐也经历了一系列的政变。

公元 576 年，北周大举向北齐进攻，第二年，北周军队攻陷邺城，高纬被擒获，北齐帝国灭亡。

北周帝国统一了北中国后，宇文邕就逝世了。此后的几位皇帝或荒淫或暗弱，外戚杨坚掌握了大权，把宇文皇族全部屠杀，北周帝国灭亡。

公元 581 年，杨坚建国，国号为隋。

北魏与南朝对峙

北魏统一北中国后，与南朝宋相峙，南北朝时期开始。北魏帝国趁南朝宋开国皇帝刘裕逝世之际，发兵占领了南朝宋国黄河以南的地区。公元 430 年，刘裕的儿子刘义隆决心恢复其固有疆域，于是大举北伐。北魏因春天冰解雪融，不利于骑兵驰骋，所以放弃虎牢、洛阳等重镇，向后撤退。南朝宋军渡过黄河追击，失土全部收回，举国欢腾。但是到了当年冬天，黄河冻结时，北魏发动反攻，南朝宋所收回的土地又全部失去。

公元 445 年，北魏帝国的杏城（今陕西黄陵）发生大规模民变，变民领袖盖吴派人向南朝宋帝国求援。刘义隆大喜，颁发给盖吴很多空白诏书，许诺为其封官拜爵，企图在北魏国内制造反抗力量。可是盖吴的起义很快失败，北魏皇帝拓跋焘南征，围攻悬瓠（今河南汝南）以示报复。这次攻击持续了四十多天，但因为久攻不下只好撤退。

刘义隆认为北魏实力不济，即命他的弟弟刘义恭进驻彭城（今江苏徐州），又命萧斌、王玄谟沿黄河西上进攻。南朝宋大军经过的地方，人们纷起响应，送来慰问品，希望收复失地，早日返回故乡。可是王玄谟却把北伐当作了发财的机会，他把归附的义民们拆散，分别分配给他的嫡系部队，每家发一匹布作犒赏，却命每家缴八百个大梨，运到江南贩卖。如此一来，人们大失所望，已来的设法逃走，没来的也不再投奔。

北魏皇帝拓跋焘亲统大军，从首都平城（今山西大同）南下赴援，战鼓与胡笳互动，声闻百余里。两军还没碰面，王玄谟已心胆俱裂，不敢迎战，遂命令部队后撤。结果被追兵冲击，全军覆没。

南朝宋的军队节节败退，拓跋焘的大军直抵长江北岸，在瓜步（今江苏六合南）渡口构筑阵地，与建康隔江相望。拓跋焘虽然派人伐木造船，扬言渡江，但他深恐彭城（今江苏徐州）的南朝宋的大军攻击他的后背，切断其粮道，所以到了公元 451 年的春天即行撤退，把愤怒都发泄到了战区那些没来得及逃走的农民身上，那里的男人全被杀死，女人全被掳掠北去，婴孩和儿童全部用槊矛刺穿肚肠，举到空中盘旋舞动，当作游戏。从黄河到长江的千里地方，只有断瓦残垣，人迹灭绝。

公元 452 年，拓跋焘被宦官谋杀，刘义隆听到消息，认为这是千载难逢的复仇良机，于是下令第三次北伐，结果再次大败。由于南朝宋和北魏彼此都没有能力统一中国，因此形成了南北对峙的局面。

北魏汉化

在南中国的皇帝们以杀人为乐时，北中国的北魏却在努力推行改革。北魏是鲜卑拓跋部落建立的帝国，文化程度很低，没有文字。自拓跋焘死后，北魏的政治也陷入腐败，鲜卑贵族和大商人的压迫，不断引起北方人民的反抗。

公元 471 年，拓跋宏继位，史称孝文帝。继位后，他下决心改革，巩固北魏的统治。拓跋宏受过很好的汉族教育，他认为要使国家强大，就一定要吸收中原的文化，改革一些落后的风俗。为此，他决心把国都从平城（今山西大同市东北）

迁到洛阳。

公元 494 年，孝文帝终于力排众议，把都城迁到了洛阳，改变了过去对中原遥控的形势，也摆脱了一百多年来鲜卑贵族保守势力在平城形成的羁绊和干扰。

国都定下之后，孝文帝又颁布了一系列措施：

一、禁止穿鲜卑传统衣服，改穿汉装。

二、规定汉语为国语，禁止说鲜卑话。年龄超过三十岁的人，由于学习不易，准许继续使用鲜卑话，但三十岁以下的人，必须使用汉语。

三、取消鲜卑姓，改为汉姓。如拓跋氏为首姓，改姓元氏，是最高的门第等级；丘穆陵氏改姓穆氏，步六孤氏改姓陆氏，贺赖氏改姓贺氏，独孤氏改姓刘氏，贺楼氏改姓楼氏，勿忸于氏改为于氏，纥奚氏改姓嵇氏，尉迟氏改姓尉氏。这八姓贵族的社会地位，等同于北方最高门第崔、卢、郑、王四姓。其他等级稍低一些的鲜卑贵族姓氏亦改为汉姓，其等第与汉族一般士族相当。

四、从平城迁都洛阳的人，就成为洛阳人，死亡之后，就葬在洛阳，不准归葬平城。

五、鼓励鲜卑人跟汉人通婚。

这场改革使北魏的政治、经济、文化有了较大的发展，进一步促进了鲜卑族和汉族的融合。公元 497 年夏天，魏孝文帝见改革顺利进行，于是发兵二十万，准备南征。

但是这次南征并没取得多大成功，魏孝文帝也因劳累过度，自此缠绵病榻，两年后便去世了。

北魏分裂

自孝文帝改革以来，北魏进入了鼎盛时期。但随着官员们以穷奢极侈、夸耀为荣，其政治日益腐败，官逼民反的暴动发生得越来越频繁。

北魏帝国有一个传统，每当选立太子时，太子的母亲即被迫服毒，以免其日后干预朝政。所以每到太子名字被公布之日，内宫即哭声震天。到宣武帝元恪（孝文帝之子）立他的儿子元诩当太子时，元诩的母亲胡贵嫔本应处死，但元恪没能下得了这个狠心。

公元 515 年元恪逝世后，六岁的元诩继位，史称孝明帝。胡贵嫔顺理成章地当上了皇太后，掌握了政府大权。

胡太后是个专横奢侈的人，她相信佛教，在皇宫旁边造起一座气势宏伟的永宁寺，寺里供奉的佛像有用金子塑的，也有用白玉雕的。寺的旁边建造了一座九十丈高的九层宝塔，每到夜深人静的时候，风吹动塔上的铃，发出的声音十里以外都能听得到。寺里有一千间僧房，都用珠玉锦绣装饰，叫人看了眼花缭乱。据说从佛教传到中国以后，像这样华丽的寺院，还从来没有过。

有了胡太后带头，下面的贵族豪门，也互相比阔气。河间王元琛在家举办宴会，宴席上用的食器，有水晶杯、玛瑙碗，都精巧华丽得出奇。元琛还请大家参观他堆满金银绸缎的仓库。后来大家到他家的马厩一看，发现喂马的食槽都是用银子打的。

北魏的皇室贵族这样穷奢极侈，当然得向百姓穷凶极恶地搜刮，因此反抗的暴动越来越多。那时候，北魏在北方边境设立了六个镇。公元523年，沃野镇（今内蒙古五原北）的匈奴人破六韩拔陵发动起义，其他五个镇的兵士纷纷响应。北魏政府为了防止六镇兵民的反抗，把起义失败的六镇兵士二十多万人都押送到冀州、定州、瀛洲。这些兵士在鲜卑族的葛荣的率领下再次起义，向洛阳进军。这时候，秀容（今山西）有个部落酋长尔朱荣，手下有八千强悍的骑兵，孝明帝就利用尔朱荣的兵力来对付葛荣。葛荣认为尔朱荣人马少，容易对付。他把兵士在几十里的阵地上散开，准备围捕尔朱荣。想不到尔朱荣把兵埋伏在山谷里，发动精兵突击，把葛荣的兵士冲散，再前后夹击。起义遭到失败，葛荣本人也被杀害了。

葛荣起义失败后，北魏内部也发生大乱。尔朱荣和胡太后、孝明帝在内乱中互相残杀。

公元528年，孝明帝的妃子生了一个女儿，胡太后却宣称生的是男孩，于是大赦天下，以示庆祝。孝明帝这年已十九岁了，看到母亲的这种行为，他觉得情势危急，于是暗中命令尔朱荣向洛阳进兵，用以胁迫母亲胡太后。消息泄露，胡太后遂把孝明帝毒死。

孝明帝死后，大臣们都要求立孝明帝的儿子为帝，胡太后知道已无法隐瞒，只好宣布，所谓皇子，本是皇女，于是另立了孝明帝的侄子、刚生下来才三个月的元钊当皇帝。

这种重大的事件竟如此儿戏，尔朱荣首先发难，一面扬言要追查孝明帝的死因，一面拥立元子攸当皇帝，并向洛阳进攻。很快洛阳陷落，胡太后和婴儿皇帝，都被尔朱荣装入竹笼，投进黄河溺死。

元子攸当上皇帝后，把尔朱荣诱进皇宫杀了。尔朱荣的妻子逃出洛阳，在城外集结尔朱家族散布在各地的武装部队，开始攻城。洛阳不久陷落，元子攸被叛军绞死。冀州（今河北冀州）刺史高欢又出兵讨伐尔朱家族，混战由此展开，一发不可收拾。

高欢与东魏

高欢（496—547 年），祖籍渤海蓨（今河北景县南），鲜卑名为贺六浑，世居位于今内蒙古自治区包头东北的怀朔镇，是鲜卑化的汉人。曾任东魏大丞相，执掌兵权，后投靠杜洛周和葛荣；后来又脱离义军，投靠尔朱荣，受到他的宠信，被任命为晋州刺史。葛荣失败后，葛荣余众也被高欢收编，高欢以山东的冀、定、相诸州为据点。同年，北魏孝庄帝杀死尔朱荣，但尔朱氏族人控制了朝廷。普泰元年（531 年），高欢起兵讨伐尔朱氏，在信都（今河北冀县）拥立元朗。永熙元年（532 年）夺取邺城，将内部不和的尔朱氏联军打得大败。进入洛阳后，又将尔朱氏和他自己所立的两个皇帝废掉，另立元修为孝武帝，自己出任大丞相、太师、世袭定州刺史，出兵平定并州，在晋阳造大丞相府。他对东魏的建立起到了决定性的作用。

当时，宇文泰据有关陇，孝武帝想依靠他消灭高欢，但计划不成，于永熙三年逃奔长安。高欢在洛阳立元善见为孝静帝，建立东魏。

宇文泰与西魏

宇文泰（507—556 年），字黑獭，鲜卑族，代郡武川（今内蒙古武川西）人。他是西魏王朝的建立者，也是实际统治者，西魏皇帝将皇位禅让与周后，他被追尊为文王，庙号太祖，是一位杰出的统帅和军事改革家。

他是北周的实际创建者。早在北魏末年六镇起义中，宇文泰便加入了鲜于修礼和葛荣的起义军。尔朱荣将葛荣镇压后，宇文泰隶属于尔朱荣部将贺拔岳。永安三年（530 年），尔朱天光、贺拔岳进入关中，镇压万俟丑奴起义，宇文泰跟随贺拔岳平定关陇。尔朱氏失败后，高欢将贺拔岳任命为关西大行台，宇文泰是他的得力助手。永熙三年（534 年），贺拔岳被高欢的同党侯莫陈悦杀死在平凉（今属甘肃平凉西南），宇文泰带领军众，击败侯莫陈悦，向东占领了长安。魏孝武帝与高欢之间有矛盾，于是任命宇文泰为大将军、雍州刺史兼尚书令。第二年，宇文泰杀孝武帝，立元宝炬为文帝，改元大统，建立西魏，宇文泰掌握了实际的大权。

宇文泰多次与东魏作战，互有胜负。大统三年（537 年）春，东魏向潼关进攻，宇文泰率精锐出潼关左面的小关，趁东魏军没有防备，大败之，东魏大将窦泰自杀。当年秋，东魏十万军队进至沙苑（今陕西大荔南），宇文泰的兵力不满万人，但东魏军十分轻敌，宇文泰亲自鸣鼓奋战，大胜敌军，俘虏七万人。西魏财力兵力都较东魏为弱，在军事上主要成守势。

北齐取代东魏

北齐是中国南北朝时北方的一个王朝，在公元 550 年，文宣帝高洋取代东魏，建立齐政权，建元天保，定都在邺，史称北齐。北齐共有六位皇帝，他们是：文宣帝高洋，废帝高殷，孝昭帝高演，武成帝高湛，后主高纬，幼主高恒。北齐在 577 年被北周消灭，这一政权共存在了二十八年。

北齐继承了东魏的领土，占有今黄河下游流域的河北、河南、山东、山西以及苏北、皖北等地区，是一个地方性政权，与其同时存在的还有西魏、北周（取代西魏）、南朝梁、南朝陈等政权。

北齐天保三年（552 年）以后，北齐向北出击库莫奚，在东北方向驱逐契丹，又向西北打败柔然，向西平定山胡（属匈奴族），向南攻取淮南，国力达到鼎盛。北齐有相当发达的农业、盐铁业、瓷器制造业，在北齐、陈、北周同时鼎立的三个国家中是最富庶的。

北齐继续推行大体上与北魏相同的均田制，但也略有不同。例如，受倍田的规定在北齐被取消了，不过一夫一妇的实际受田数仍与倍田相当。

然而到了北齐统治的后期，自皇帝至各级官吏的统治者们大多昏庸残暴。他们所养的狗马鹰都要加封官号，赋敛越来越严重，徭役日益繁重，造成人民疲劳不堪，府库空虚的局面；阶级矛盾逐渐加深，统治阶级内部的激烈斗争也更加表面化。

北齐后主的乱政

北齐后主高纬，字仁纲，共在位十二年，他性格吝啬荒淫。他的父亲是高湛，母亲是胡皇后。他继位时，北齐政权已经相当腐朽，但他仍然荒淫无道，自称“无愁天子”。他在位期间朝政腐败，最错误的一件事是诛杀名将斛律光，使北齐失去了能够抗击北周侵略的得力将领。后北周来攻，齐军大败，周军不久攻入北齐京师邺。惊慌之余高纬将皇位传于自己八岁的儿子高恒，然后带着高恒等十余人骑马向南方的陈朝投降。但他们刚逃到青州，就被周军俘虏，不久与高恒一起被辣椒塞口而死，死时二十三岁。

宇文觉建立北周

宇文觉（542—557 年），一名陀罗尼。代郡武川（今属内蒙古）人。鲜卑族，北周孝闵帝。他是北周文帝宇文泰的三子，母亲是北魏公主冯翊。宇文觉七岁(《周书》记载为九岁）时，被晋封为略阳郡公。当时有个叫史元华的人善于相面，为他相面后，私下告诉他的亲人："这位公子有至贵之相，不过可恨的是，他寿命不长。"

恭帝三年（556 年）三月，宇文觉被西魏恭帝拓跋廓封为安定公世子；四月，又受封为大将军。十月，宇文泰去世，宇文觉继承太师等官位。十二月，拓跋廓又下诏，将岐阳之地赐给他，封他为周公。557 年，宇文觉在其堂兄宇文护的支持下，接受禅让继帝位，国号周，史称北周。

建立周政权后，宇文觉将西魏恭帝封为未公，不久又将他杀死。而他的堂兄宇文护居功自傲，自任大冢宰，掌握了实权，独断专行。

宇文觉生来性格刚毅，对于宇文护专政极为不满，而司会李植与军司马孙恒也对位高权重的宇文护颇有微词，他们便与乙弗凤、贺拔提等人联合，私下向宇文觉请求诛杀宇文护，宇文觉表示同意。他们又联合了张光洛，却想不到张光洛将此事告诉了宇文护。于是宇文护将李植改封为梁州刺史，将孙恒改封为潼州刺史，这就相当于将他们外放了。乙弗凤又表示，他会想办法把宇文护引进宫后诛杀，但此事又被张光洛告知宇文护。宇文护于是与尉迟纲合谋，要废掉宇文觉。他们先设计诛杀了乙弗凤，接着派贺兰祥逼迫宇文觉逊位，贬宇文觉为略阳公，将其幽禁，不久又将他毒死。宇文觉死时年仅十六岁。

后来，宇文护被北周武帝宇文邕所诛杀，宇文邕下令派遣蜀国公尉迟迥在南郊上谥宇文觉为孝闵皇帝，其陵墓被称为静陵。

隋：短命的盛世王朝

在隋文帝和隋炀帝的统治下，中国又迎来了第二个辉煌的帝国时期。大一统的政权在中国重新建立起来，长城重新得到修缮，政府开凿了大运河（这为后来几百年间的繁华提供了可能），建造了宏伟的宫殿，中华帝国终于得以重振雄风。

——费正清

隋朝文明历程表

550　620

隋朝

杨坚代北周建隋

大一统于隋

隋炀帝开凿大运河

隋朝灭亡，李渊建唐

隋文帝开皇之治

建立隋朝的杨坚，史称隋文帝。

隋文帝统一全国以后，一面躬行俭朴，一面采取了许多有利于巩固政权的措施。

隋文帝提倡生活节俭，宫中的妃妾不着华丽的装饰，大臣只穿布衣，饰带上只镶嵌铜铁骨角，不用金玉。

除此以外，隋文帝对官制、兵制的改革，建立科举制度，选用办事能干的官员，严办贪官污吏等，也取得了不错的效果。这些政策使人口迅速增加，府库日渐充实，社会呈现了一片繁荣景象。因为隋文帝的年号是“开皇”，所以历史上把隋文帝统治的这二十年称为“开皇之治”。

杨坚夺权

杨坚（541—604 年）出身高贵，他家是从汉朝以来，直到魏晋、南北朝时期的名门望族。西魏时期，杨坚的父亲杨忠便和独孤信一起投靠了权臣宇文泰，此后杨忠因为屡建功勋，帮助宇文觉建立了北周政权，所以官爵升至柱国，封隋国公。

据《隋书》记载，周明帝见杨坚面相不凡，顿生猜疑，曾派名誉京城的相面先生赵昭审视杨坚，赵昭诡言回禀周明帝：“不过柱国耳。”之后，赵昭就私下跑到杨坚官邸，对杨坚说：“公当为天下君，必大诛杀而后定，善记鄙言。”

公元 575 年，周武帝下诏伐齐，杨坚在此次作战中功劳不小，进位柱国。不久周武帝驾崩，皇太子宇文赟继位，这就是周宣帝。他立了杨坚的女儿杨丽华为皇后，日常政务全由杨坚处理。年轻的宣帝是个酒色之徒，做皇帝不过两年，就禅位于七岁的皇太子宇文阐，也就是静帝，自己则称“天元皇帝”，做太上皇去了，北周王朝的统治迅速走向黑暗。这让觊觎着皇位的杨坚心中暗喜。

很快周宣帝就死了，杨坚趁机用假诏书夺取了军政大权以及京城部队的指挥权。周宣帝的弟弟宇文赞在朝廷中和杨坚的地位不相上下，杨坚于是派人对他说，你不必再这样劳累地参与政事，以后的皇帝位置肯定是你的，你只管回家等着就行了。宇文赞年轻，也没什么谋略，就相信了他的说辞，回家等着杨坚来迎接他登基。

宇文家族还有五位有势力的亲王，都在地方统兵，如果他们联合起兵，杨坚还是很难对付的。所以，在他们得知宣帝病逝的消息之前，杨坚便用假诏书将他们召回长安，然后收缴了他们的兵权和印信。

五位亲王见自己无法与杨坚抗衡，便设下了“鸿门宴”。杨坚对于五王的警惕不足，觉得自己既然已经解除了他们的兵权，谅他们也没什么作为了，见宇文招有请，遂带着杨弘、元胄等几个随员前往。到了王府，随从都被挡在门外，杨弘和元胄硬闯了进去。元胄进去一看就知道苗头不对，对杨坚道：“相府有事，丞相不宜久留！”宇文招马上斥责元胄，喝令他退下。元胄不但不退，反而提刀上前保护杨坚。宇文招不敢动强，只得赐给元胄一杯酒，说：“我哪有什么恶意，你何必如此紧张？”说完，装作呕吐，想要离开座位，却被元胄强行扶回座位上。宇文招几次想离开，都被元胄“劝”止。宇文招被置于元胄的威胁下，他手下的人也不敢轻举妄动。此时，元胄听到后堂有披挂盔甲的声音，急了，上前对杨坚说：“相府的事那么多，丞相怎么这样，老坐着不走？”说完，拉着杨坚就走。宇文招快步追出来，元胄堵在门口，等杨坚出了府邸大门，他才紧走几步赶上。

杨坚回到相府后，马上以谋反罪杀掉了这五个亲王。宇文皇室的势力被消除后，杨坚的皇帝之路便彻底平坦了。

公元 581 年二月，北周静帝以杨坚众望有归下诏宣布禅让。杨坚三让而受天命，自相府常服入宫，备礼继皇帝位于临光殿，定国号为大隋，改元开皇，宣布大赦天下。

统一之初的政治

杨坚登基后，于开皇七年（587 年）灭后梁，一年后下诏伐陈。开皇九年（589 年），隋文帝派遣大军挥戈南下，灭亡了割据南方的陈朝，统一了中国，结束了西晋末年以来三百年的分裂局面。

隋文帝统一全国以后，一面躬行俭朴，一面采取了许多有利于巩固政权的措施。

隋文帝除了提倡节俭外，还建立了科举制度，选用称职的官员，严办贪官污吏等，这一系列政策使人口迅速增加，经济日渐好转，社会呈现了一片繁荣景象。隋文帝的年号是“开皇”，历史上就将隋文帝统治的这二十年称为“开皇之治”。

这一系列措施中，对后世影响最大的要算建立科举制度了。隋朝以前，政府选用官员用的是九品中正制度，在一定程度上规定了门第出身，名门望族的子弟可以被选为上品做高官，庶族寒门出身的人只能被选为下品小官，以至出现了“上品无寒门，下品无世族”的现象。

隋文帝废除了九品中正制，命令京官五品以上，和地方总管、刺史等官员，以“志行修谨、清平干济”两个条件举荐人才，也就是要德才兼备的人。他希望通过这一制度缓和江南汉人的不满情绪，给中下层读书人提供入仕之途。考生不分出身，地位一律平等。到了隋炀帝杨广继位后，又创置了进士科，国家用考试的方法以才取人，考取的就可以到中央或地方政府中做官。

分化突厥汗国

在南北朝时期，中国北方地区的许多少数民族都趁机南进，使得弱小的拓跋部落所属的柔然部落趁机悄然兴起。北魏帝国不止一次对柔然汗国发动攻击，但都没有取胜。原因并不是柔然汗国强大，而是北魏大军一到，柔然汗国就后退，等北魏军队找不到人走了，他们又立即回来。

柔然汗国属于金山（今新疆阿尔泰山）的一个匈奴血统的突厥部落，突厥部落的酋长阿史那土门，在公元 552 年称伊利可汗，建立突厥汗国。公元 555 年，伊利可汗的儿子木杆可汗，大举进攻柔然汗国，柔然军队自此溃散。

突厥在灭掉柔然汗国后，完全统治了原来匈奴汗国的故地，其东方跟新崛起的契丹部落接壤，西方到葱岭、中亚。北齐、北周都没有力量跟它抗衡，只好竞相呈献珠宝财货和公主美女给他们。隋王朝统一中国后，仍不能马上摆脱它的威胁。

不过，突厥汗国内部并不太平，大小可汗时有内斗发生。隋朝皇帝杨坚对突厥采取和亲政策，但他这么做的目的并不是和解，而是分化。

杨坚把安义公主嫁给小可汗之一的突利可汗，突利可汗遂偏向隋朝。公元 599 年，当都蓝大可汗准备攻击大同城（今内蒙古乌拉特前旗东北）时，突利可汗马上向隋朝报信。都蓝大可汗大怒，跟另一小可汗达头可汗，联合攻击突利可汗，突利可汗部众溃散，投奔隋朝。杨坚改突利可汗为启民可汗，那时安义公主已经

隋文帝杨坚

去世，杨坚再把义成公主嫁给他，又在朔方地区（今河套地区）筑大利城（今内蒙古和林格尔），安置启民可汗陆续来归的部众，并派军队驻屯黄河北岸，防御都蓝大可汗和达头小可汗的攻击。

攻打流求，平定吐谷浑

隋朝时，台湾被称为流求。公元607年，隋炀帝杨广令羽骑尉朱宽“入海求访异俗”，到达流求。不久，炀帝又派朱宽到流求去招降，流求不从。公元610年，隋朝派虎贲郎将陈稜等率军攻流求，隋朝的政治和军事力量随着陈稜等的军事活动范围已至台湾。其实在此之前，大陆商人已常到流求进行贸易活动。从此以后，大陆人移居台湾的日益增多。

吐谷浑是鲜卑慕容部的一支，原居于徒河之青山（今辽宁义县境内），后来迁徙到今青海地区，他们逐渐征服了当地的羌族，建立起吐谷浑国。吐谷浑在东晋时期扩张至今新疆东南部地区，成为西陲的一个强大势力。北周时，吐谷浑主慕容吕夸称可汗，建都于青海湖西四十五里的伏俟城，其部落民众仍然过着游牧生活。

隋朝初年，吐谷浑曾袭击隋朝边境。公元581年，隋朝派军队在青海打败吐谷浑，慕容吕夸逃走，其他的部落头领纷纷率众归降。公元583年，隋朝再次击败吐谷浑。到了公元609年，隋炀帝率军亲征吐谷浑，沿途西巡。吐谷浑战败远遁，炀帝命令裴矩劝说高昌王麴伯雅、伊吾吐屯设来朝见。炀帝在燕支山（今甘肃山丹东），伯雅、吐屯设等西域二十七国均派使者来朝见。炀帝举行了歌舞盛会招待他们，前来参加盛会的人群和乘骑，周亘数十里，以此夸耀大隋帝国的强盛。炀帝在原吐谷浑占据之地置西海（今青海湖西）、河源（今青海兴海东南）、鄯善（今新疆若羌）、且末（今新疆且末南）四郡，将一些罪犯发配到这里守边，重开丝绸之路。

隋炀帝淫逸失国

杨广是隋文帝杨坚的次子，其母是独孤皇后。他在公元581年被封为晋王，公元589年任统兵伐陈，公元600年被立为太子，公元604年继皇帝位，年号大业，在位十三年。他是一位政绩和暴政都很突出的皇帝，有人将他比为商纣王、秦始皇，说他们是同样的暴君。他修建大运河、长城和东都洛阳城，三征高句丽，实施科举制度，对后世有积极的影响。但他滥用民力，横征暴敛，严重破坏了生产力。巨大的工程和连年的战争，使人民苦不堪言，激发了大规模的叛乱。

杨广弑父杀兄

隋王朝在杨坚的统治下，社会出现了繁荣安定的局面。杨坚认为，不但他的国家安定，他的家庭也同样安定。杨坚的皇后独孤氏忌妒心很强，他们有五个儿子，都是皇后所生，因此杨坚曾骄傲地说："从前的帝王，姬妾太多，儿子们不同母亲，所以往往分党相争；不像我的五个儿子，一母同胞，亲如手足。"

杨广，小名叫阿摩，从小就聪慧过人，深得父母的欢心。公元581年，隋文帝立长子杨勇为太子，将杨广封为晋王。杨广在南下灭陈和抵御北方突厥的战斗中立有大功，见父亲立了哥哥做继承人，开始对杨勇心怀妒恨，私下里与大臣杨素勾结，想夺取太子的地位。

杨勇是一个大而化之的花花公子，疏阔豪爽，不拘小节。独孤皇后最讨厌男人三妻四妾，杨勇偏偏有许多姬妾；杨坚最讨厌大臣花天酒地，杨勇偏偏喜欢音乐歌舞，常常通宵饮宴。杨广就从这些细微之处下手，离间父母与杨勇的关系。杨广除了妻子萧妃一人外不纳任何姬妾，家里的乐器上都布满灰尘，有的连弦都断了。杨坚夫妇每次到儿子的府里去，杨勇总是礼数淡薄，而杨广夫妇一定是双双站到门口亲自迎接。杨广出镇江都(今江苏扬州),每次入朝辞行时,都痛哭流涕,依依不舍。杨坚夫妇见儿子如此孝心,也流下眼泪,不忍他远离膝下。再加上杨广有很好的文学素养,对任何人都很诚恳,且谦虚有礼,因此朝中对他是一片颂扬之声。

后来,杨广见杨坚渐渐疏远了杨勇,便在独孤皇后面前谮言,说杨勇要加害自己,还在父亲生病的时候诅咒,希望父亲早点死。独孤皇后不断对杨坚诉说杨广的好处,这让杨坚最终在公元600年下诏,废太子杨勇为庶人,改立杨广为太子。

公元602年,独孤皇后病逝,两年后,文帝也病重卧床。杨广认为登上皇位的时机已到,便迫不及待地写信给杨素,请教他怎样处理将要到来的文帝后事。不料送信人误将杨素的回信送给了文帝,文帝读后大怒,马上宣召杨广入宫,要当面责问他。此时,文帝最宠爱的宣华夫人衣衫不整地跑进来,哭诉杨广乘她换衣时无耻地调戏她,文帝这才明白自己受了杨广的蒙骗,于是拍着床大骂:“这个畜生如此无礼,怎能担当治国的大任?皇后误了我的大事。”

文帝急忙命身旁的大臣柳述、元岩草拟诏书,废黜杨广,重立杨勇为太子。杨广早在文帝身边安插了爪牙,听说文帝要废了自己,忙与大臣杨素商量,带兵包围了皇宫,赶散宫人,逮捕了柳述、元岩。杨广的部下张衡猛击文帝的胸口,文帝口吐鲜血,立时死亡。

杨广继位后,马上假传文帝遗诏,要杨勇自杀。杨勇还来不及作出回答,就被来人杀死了。杨广的弟弟汉王杨谅不服,在并州起兵,杨广即令杨素率兵镇压,杨谅降后被幽禁死去。不久,杨广又派人毒死了杨勇所有的孩子,清除了家族中对自己构成威胁的对手。

开凿大运河

为了游玩和加强对全国的统治,杨广征调了一百多万民工,历时五年,修建了一条东北起自涿郡(今河北涿县),东南到苏杭,全长两千多里的大运河。河的两旁开辟大道,道旁种上榆树和柳树,岸边每隔两个驿站设置一座供杨广休息的行宫,一共建了四十多座。

杨广命令江南赶造龙舟,好带自己下江都。龙舟完成之前,杨广不堪寂寞,先在洛阳西郊兴建西苑,山上宫殿林立,每座宫里都有美女两三百人,宫内布置豪华,犹如天堂。杨广每次出游,骑马随驾的宫女就有数千人之多。等到龙舟造成,运到洛阳,他就立刻出游江都。偌大的龙舟不用桨篙,完全用纤夫拉,一次就要动用纤夫八万人。杨广出游一次，加上护卫的军队，大概有一万余艘船，首尾相衔可以绵延二百多里。骑兵还夹岸护卫，万马奔腾，旌旗遍野，场面甚是壮观。饮食供应由二百多公里以内地方政府奉献，极尽精美，宫人们无法吃完的，临走时一概抛弃。

到了江都，官员们都来朝觐，杨广从不问他们的政绩，只问他们奉献多少礼物钱粮，多的升官，少的贬黜。有些官员搜刮民女进贡，便能马上受到奖赏。

虽然隋炀帝开凿运河的目的是达到自己游玩享乐的目的，但隋运河以洛阳为中心，北起涿郡，南到余杭，共两千多公里长，分为四段，这四段是永济渠、通济渠、山阳渎（邗沟）、江南河，运河将黄河、长江、海河、淮河、钱塘江五大水系连接起来，促进了沿途城市的发展，使江都、余杭、涿郡等地很快繁荣起来，对维护国家统一、促进中央集权的稳定也有一定的意义。

赵州桥

隋朝有一项与大运河同样著名的工程，就是赵州桥。

河北省宁晋县洨河上著名的安济桥，又名赵州桥，设计者是隋朝杰出的工匠李春。

安济桥建于公元595年至公元605年，施工技术堪称巧妙绝伦。从整体来看，赵州桥是一座单拱桥，在当时算得上是世界上最长的石拱桥。它的桥洞不是普通的半圆形，而是像一张弓，桥面平坦宽阔，方便车马通行。

赵州桥最大的科学贡献，在于它的“敞肩拱”的创造。在大拱的两肩，砌有四个并列的小拱，既可以增大流水通道，节省石料，减轻桥身重量，又利于小拱对大拱的被动压力，增强了桥身的稳定性。这样的设计使得赵州桥经受住了无数次洪水冲击，八次大地震摇撼以及车辆重压，千载如一日，至今仍巍然挺立在洨河之上。

屠戮忠臣

杨广继位后，启用了老臣高颖为太常卿。高颖字玄昭，又名敏，自称是渤海蓨县（今河北景县）人，其实是汉化了的鲜卑族，他辅佐隋文帝杨坚统一华夏，功不可没。

高颖在隋文帝的时候便做了宰相，一天他陪皇帝外出，随口问母亲想要些什么。母亲突然间泪流满面，说：“自从你做了官，家里什么都不缺，如今你做了宰相，富贵已到顶了，所缺的就剩下砍头一项！你要小心啊！”高颖听后心中一惊。

后来，高颖的儿子娶了太子杨勇的女儿，因而他自然是不主张废太子的，皇后独孤氏对此很不高兴，挑拨隋文帝疏远了他，隋文帝便找了个茬儿，将高颖除名为民。

杨广继位后能够启用昔日的政敌，高颖真是感恩戴德，以为自己又能为国出力了。他对隋炀帝恪尽臣道，只要是他认为不正确的地方，就直言不讳，结果很快就招来了隋炀帝对他的仇恨，决定跟他新仇旧恨一起算账。

当年灭陈国之时，杨广是统帅，高颖是统帅府的长史，掌握实权。隋军攻入建康后，抓住了陈叔宝和他的宠姬张丽华。杨广派高颖的儿子传话，让高颖把张丽华留下来。高颖不予理会，斩了张丽华，并且说："周武王灭殷，杀了妲己。现在平定陈国，不宜娶纳张丽华。"杨广对此恨之入骨。加之后来高颖反对改立太子，杨广对他更是憎恨。

大业三年（607 年），高颖以诽谤朝政罪被杀。所谓"诽谤朝政"，一是隋炀帝下诏收集北齐、北周故乐人及天下散乐，高颖谏止，他认为："此乐早就废弃。现在要是收集，恐怕那些缺乏鉴别能力的人要丢掉原来的正宗，追逐这一末流，相互学习传播起来。"炀帝听了很不高兴。高颖于是对太常丞李懿说："北周天元皇帝喜爱音乐，结果亡了国，前车之鉴不远，怎么可以这么搞呢！"另一个是漠北突厥君主启民可汗来隋朝朝贺，隋炀帝为了显示中原的富庶，在接待的时候花费很大。高颖认为不应该这么做，结果就招来了杀身之祸。

杨素，字处道，弘农华阴（今陕西华阴）人。杨坚与杨素是同乡，因此杨素很快便成为杨坚的亲信，跟随隋文帝杨坚南征北战，功勋卓著，并协助他称帝。

杨素在隋文帝时就因屡立战功，长期左右朝政，其家人也都入朝做官。后来帮助杨广登基为帝后，其势力更是不一般。为了稳固自己的地位，杨素一直采取"顺我者昌，逆我者亡"的策略，结党营私，大肆排除异己。等到杨素帮杨广消灭了足以威胁他的诸位兄弟后，再面对杨素，杨广有了一种威胁感。加上杨素权势甚盛，门生故吏遍布朝野，所以为隋炀帝所猜忌，炀帝开始对杨素采取明举暗夺的策略。想到自己立了大功，如今却受到猜忌，杨素忧郁成疾。隋炀帝虽常派名医来诊断，赐名药治疗，可暗中却问医生杨素何时能死。杨素听说后，不肯再服药，对儿子说："我恐怕是活不成了。"没过多久，杨素便死了。

三征高句丽

公元 607 年，杨广向北出游，到了突厥汗国启民可汗的王庭。启民可汗用最尊荣的礼节接待他，让杨广大为满意。此时，高句丽王国正巧派了使节到突厥汗国，杨广看见这个使节，便吩咐他，让高句丽的国王高元来朝觐见。可是，高元一直没有来，这让杨广感到很没有面子，于是下令讨伐高句丽。

公元610年，杨广着手进攻高句丽的准备工作，造车造船，调集军队，征发物资。成百万的农民被征发来从事运输和各种劳役。被征发的农民昼夜不停地劳作，死亡者不计其数。恰巧这时黄河发大水，三十余郡成为水乡泽国。但征粮却毫不放松，交不上的农民纷纷逃亡，政府指称他们是“盗贼”，不但派兵征剿，还逮捕他们的家属处刑。于是，官逼民反，灾民纷纷武装起来，杀死官员，抢夺富民的粮食，天下于是大乱。

杨广一面派人平暴，一面毫不放松地进攻高句丽。公元612年，集中了一百多万大军的杨广，御驾亲征。

辽东（今辽宁辽阳）是高句丽王国西境第一大城，在隋朝大军的猛烈攻击下，城垣塌陷，高句丽守军悬白旗乞降。将领们既不敢接受，也不敢继续攻击，急忙停止攻击，向御营报告杨广。等到指示回来，守军已把缺口填住，恢复了抵抗。一连三次，都被耽误，加之渡鸭绿江深入高句丽国境的另一支军队失败，杨广只好狼狈撤退，这一战损失了三十万人。

公元613年，杨广第二次御驾亲征。此时，杨素的儿子杨玄感正在黎阳（今河南浚县）督运军粮。他突然发动叛变，截断了杨广的退路。杨广只得放弃辽东，回军迎战，第二次东征便这样草草收场。

公元614年，国内的起义已经呈汪洋之势，但杨广仍打算第三次东征。高句丽王国一连三年受到攻击，筋疲力尽，他们把杨玄感的同党，去年投奔到高句丽的斛斯政，送还给杨广，以表诚意。杨广觉得争到了一点儿面子，便撤军来到洛阳，用酷刑把斛斯政处死后，杨广再次征召高元入朝。

没想到高元仍然不来，杨广火冒三丈，下令准备第四次东征。

隋炀帝之死

在第四次东征准备期间，杨广也没有闲着。公元615年，他从洛阳出发，先到汾阳宫（今山西宁武）避暑，又悠悠北进，打算开始第四次军事行动。

突厥汗国的始毕可汗（启民可汗之子）得到消息后，亲统骑兵十余万，向杨广发动突袭。杨广退到雁门郡（今山西代县），被突厥团团围住，流箭直射到杨广面前，城内存粮又仅够二十余日。杨广魂飞魄散，整天抱着幼子杨杲哭泣，后来采用了樊子盖和萧瑀的建议才得以脱险。

杨广回到洛阳，心神稍定，发现又处于绝对安全之境时，他深怕自己在雁门郡的懦夫表现被人耻笑，于是决定一手遮天下耳目。他拒绝封赏守雁门郡的兵将，樊子盖一再请求杨广不可失信，杨广大怒说："怎么，你打算收买军心呀！"樊子盖不敢再说话。杨广又向群臣宣布萧瑀的罪状："一小撮突厥丑类，窜以雁门城下，萧瑀怕得不成样子，实在可羞。"于是把萧瑀贬出了洛阳。接着，杨广下令加强第四次东征的准备工作。

公元616年，杨广再次巡游江都。农民起义的烽火此刻越燃越烈，杨广预感末日临头，一直胆战心惊，晚上也难以安睡，睡梦中又常惊呼有贼。

公元618年，瓦岗军逼近江都，李渊也在太原起兵，将作大匠宇文智与郎将司马德勘、直阁裴虔通等人决定先下手为强。他们推右屯卫将军宇文化及为主，煽动士兵，于傍晚时分杀入宫中，发动了兵变。杨广仓皇改换服装，逃入西阁。

叛将裴虔通、元礼、马文举等引兵赶到西阁，只见炀帝和萧皇后正坐在一起哭泣，杨广还责问叛将道："我犯了什么罪，你们要如此对待我？"叛将们说："你穷兵黩武，游玩不息，穷奢极侈，荒淫无度，相信奸邪，拒绝忠言，使男子枉死战场，妇女儿童死于野外，百姓失去生计，天下大乱，你还说自己没有罪吗？"杨广说："我确实对不起百姓，至于你们，跟着我享尽了荣华富贵，我没有对不起你们，今天的事，是何人为首？"叛将说："天下人对你这个昏暴之君都恨之入骨，岂止是一个人带的头？"说完就上前拉杨广。这时，叛军封德彝赶来，传宇文化及的命令说："这种昏君，用不着带来见我，赶快结果了他。"萧皇后哀求说："皇上实在不贤，但看在以往对你们的恩情上，叫他让位，降为三公，留他一条命吧。"叛将们不允，并当面把杨广最心爱的幼子、十二岁的杨杲杀掉。杨广这时才发现存活已没有希望，于是叫喊道："你们别动手，让我喝毒酒自尽吧。"裴虔通不准，说毒酒不如刀锋省事。杨广哭着说："我怎么也是一位天子，就让我留个全尸吧。"说完解下了自己的巾带，马文举接过巾带，和士兵们一起将他拥入内室勒死。事后，萧皇后叫宫女拆去床做成棺材，装殓了杨广的尸体。杨广死时五十岁，当了十三年皇帝，谥号炀帝。

风起云涌的反隋战争

隋朝末年爆发了大规模的农民起义，目的是推翻隋王朝的残暴统治。这次起义发端于隋炀帝大业七年(611 年)王薄的首义，止于唐高祖武德七年（624 年）辅公祏反唐失败,共历时十四年。

在农民军的沉重打击下，隋朝的统治走向了末路。公元 618 年，部将宇文化及等在江都（今江苏扬州）将隋炀帝缢杀，隋朝灭亡。

隋朝灭亡后，农民起义的胜利果实落入了以李渊为首的地主贵族集团手中，建立了唐王朝。

起义风起云涌

自从隋炀帝杨广发动攻打高句丽的战争后,民变就不断发生,且规模越来越大。

首先起义的是山东邹平县人王薄，他在公元 611 年率众在长白山（今山东章丘东北）起事，自称“知世郎”，表示自己先知先觉，号召人们拒绝参加出征高句丽的战争，反对官府，因而吸引了众多逃避征役的农民加入。王薄的起事虽然不久就被官军镇压下去，但从此各地农民起义相继出现，星星之火，迅速燃演成了燎原之势。

公元 611 年，清河漳南人孙安祖为逃避兵役，在高鸡泊（今河北权城东）起事。不久窦建德也加入了起事军队。

公元 613 年，江苏、淮河一带的农民起事不断发生，至公元 616 年，形成了三支较大的起事队伍：泰州李子通，淮北左才相和六合杜伏威、辅公祏。当时隋炀帝曾派兵前来镇压，却被起义队伍打得大败。公元 617 年，李子通占领了丹阳（今江苏南京），杜伏威则自称总管，并以辅公祏为长史，成为江淮一带最大的起事队伍，直接威胁隋炀帝所在的江都。

在众多的起义军中，影响最大的要算瓦岗军和后来建立唐朝的李渊的军队。

杨玄感起兵造反

隋炀帝第二次进攻高句丽时，大臣杨玄感反叛，致使第二次东征夭折。杨玄感的父亲杨素是隋炀帝的亲信，帮助炀帝夺取了皇位，但后来受到炀帝猜忌，郁郁而终。杨玄感为此对隋炀帝早就不满，这一回看到局势混乱，就想利用这个时机推翻隋炀帝。

杨玄感用督运粮草的名义，征发了年轻力壮的民夫、船工八千多人，要他们运粮到辽东前线。这些年轻人恨透了劳役，听说叫他们远离家乡去干苦差事，更加气愤。一天，杨玄感把民夫集合在一起，说："当今皇上不顾百姓的死活，让成千上万的父老兄弟死在辽东，这种情况不能再忍受下去。我也是被逼来干这件事的。现在我决心跟大伙一起，推翻暴君。你们看怎么样？"大伙儿一听有人带头反对朝廷，顿时群起而呼应。

杨玄感把这八千农民编成队伍，发给他们武器，准备进攻隋军。他发现自己身边还缺少一个谋士，不禁想起了正在长安的好朋友李密。

李密的上代是北周贵族，少年时，李密被派在隋炀帝的宫廷里当侍卫。他生性灵活，在值班的时候左顾右盼，被隋炀帝发现了，认为这孩子不大老实，就免了他的差使。李密并不懊丧，回家以后发愤读书。有一回，李密骑了一条牛，出门去看朋友。在路上，他把《汉书》挂在牛角上，抓紧时间读书。正好宰相杨素坐着马车在后面赶上来，看到前面有个少年在牛背上读书，暗暗奇怪，便招呼他谈了一阵，觉得这个少年人很有抱负。回家以后，杨素便跟他儿子杨玄感说："我看李密这孩子的学识、才能，比你们几个兄弟强得多。将来你们有什么紧要的事，可以找他商量。"杨玄感从此就跟李密交上了朋友。

杨玄感起兵后，就把李密接来，向他请教如何推翻隋炀帝。李密说："要打败官军，有三种办法。第一，皇帝现在在辽东，我们带兵北上，截断昏君退路。他前有高句丽，后无退路，不出十天，军粮接济不上，我们不用打也能取胜，这是上策；第二是向西夺取长安，抄他的老巢。官军如果想退军，我们就拿关中地区做根据地，凭险坚守，这是中策；第三是就近攻东都洛阳。不过这可是一条下策。因为朝廷在东都还留着一部分守兵，不一定能很快攻得下来。"

杨玄感急于求成，听完这三条计策，觉得前两条都太费时间，就说："我看你说的下策倒是个好计策。现在朝廷官员家属，都在东都。我们攻下东都，把家属都俘虏起来。官军军心动摇，保管能取胜。”

于是杨玄感立刻出兵攻打东都洛阳，一路上有许多农民踊跃参加起义军，队伍扩大到十万人，接连打了几个胜仗。隋炀帝连夜退兵，派大将宇文述等带领大军分路去攻杨玄感。杨玄感抵挡不住，想往西退到长安去。宇文述带兵跟踪追击，最后把杨玄感的人马围住。杨玄感没路可走，最终被杀。

瓦岗军起义

李密从混乱中逃了出来，想找个起义军的首领做靠山，但是有的起义军首领看他是个文弱书生，不大重视他。李密没办法，只好改姓换名，东躲西藏，几次都险些被官府抓去。最后，他听说东郡（今河南滑县东）瓦岗寨有一支起义军，兵力很强。带头的叫作翟让，为人厚道，又喜欢结交英雄，就决定上东郡去投奔瓦岗军。

瓦岗军首领翟让，本来是东郡的一个小吏，因为得罪了上司，才被打进牢监，还被判了死罪。有个狱吏同情他，跟他说：“我看你是条好汉，怎么能在牢里等死呢。”一天夜里，狱吏偷偷把翟让放了。翟让逃到东郡附近的瓦岗寨，召集了一些贫苦农民，组织了一支起义队伍。当地一些青年人都来投奔他，其中有一个青年叫徐世绩，才十七岁，不但武艺高强，而且很有计谋。

徐世绩劝翟让说：“这里附近都是贫苦的老乡，我们不应该去打扰他们；我看荥阳一带，来往的豪门富商很多，不如到那里去筹办点钱粮。”翟让听从徐世绩的意见，带领农民军到荥阳一带，专门打击官府富商，夺取大批资财。附近农民来投奔翟让的越来越多，很快就发展到一万多人。

李密投奔翟让以后，帮助翟让整顿人马。那时候，附近各地还有一些小股的农民队伍。李密到各处去联络，说服他们联合起来，听从翟让指挥。翟让十分高兴，跟李密渐渐亲近起来。翟让虽然有了很多人马，但他并没想到自己能推翻隋炀帝。李密对翟让说：“从前刘邦、项羽，本来也是普通老百姓，后来终于推翻秦朝。现在皇上昏庸暴虐，百姓怨声载道，官军大部分又远在辽东。您手下兵强马壮，要拿下东都和长安，打倒暴君，还不是轻而易举的事！”

翟让听了很高兴，两人商量了一番，决定先攻打荥阳。荥阳太守向隋炀帝告急。隋炀帝派大将张须陀带大军镇压。李密请翟让摆开阵势，正面迎击敌人；他自己带了一千人马在荥阳大海寺北面的密林里设下埋伏。翟让假装不敌败退，张须陀紧紧追赶，中了李密布置的埋伏，全军覆没。

经过这一场战斗，李密在瓦岗军里提高了威信。他不但号令严明，而且生活朴素，凡缴获来的钱财，都分给起义将士。

李渊起兵

在李密除掉翟让的时候，李渊在太原起兵了。

李渊本是隋朝的贵族，号唐国公。在民变初起时，李渊曾带兵平乱，打败了不少起义队伍。但随着起义队伍越来越多，李渊逐渐感到情势恶化，起了脱离隋朝的心。

李渊有四个儿子，次子李世民是个很有胆识的青年。晋阳（今山西太原）县令刘文静，十分看重李世民，二人是知心朋友。刘文静跟李密有亲戚关系，李密参加起义军后，刘文静受到株连，被革了职，关在晋阳监牢里。

李世民赶到监牢里去探望，刘文静对他说："现在皇上远在江都，李密逼近东都，到处都有人造反。这可是打天下的好时机。"

李世民回到家里，想想刘文静的话，越想越觉得有道理。正好这时太原北面的突厥可汗进攻马邑，李渊派兵抵抗，打了败仗。李渊怕隋炀帝追究他的责任，心里非常着急。李世民抓住这个机会，劝父亲起兵反隋。

李渊犹豫了一下，也觉得不起兵确实无路可走了，便把刘文静从监牢里放了出来。刘文静帮助李世民招兵买马，李渊又派人把正在河东打仗的另外两个儿子李建成和李元吉召了回来。

李渊听从刘文静的计策，派人备了一份厚礼，到突厥可汗那里讲和，约他一起反隋。突厥可汗一口答应。

李渊稳住了突厥，就在太原正式起兵反隋，带领三万人马向长安进军。一路上他继续招募人马，打开官仓发粮给贫民，应募的百姓越来越多。在关中农民军的配合下，唐军顺利渡过黄河。留在长安的李渊的女儿见状，也招募了一万多人马，号称"娘子军"，响应唐军进关。

很快，李渊便攻下了长安，为了争取民心，李渊宣布约法十二条，将隋王朝的苛刻法令一概废除，并且让隋炀帝的孙子杨侑做了个挂名皇帝。

第二年（618 年），江都传来了隋炀帝被杀、宇文化及称帝的消息，李渊于是把杨侑废了，隋王朝宣告灭亡。李渊继位称帝，改国号为唐，史称唐高祖。

统一天下

公元 620 年，李渊派李世民统率大军进攻东都洛阳。李世民不但善于打仗，更善于用人。他从原瓦岗军和别的割据势力的降将中，收留了一批人，像有名的秦叔宝、程咬金、尉迟敬德等。

一次，李世民亲自带了五百名骑兵在阵地上巡视，结果被王世充发现。王世充发动一万多步兵、骑兵围上来，他的大将单雄信冲到李世民身边，用长矛直刺，本以为一枪就能结果了唐军主帅。不料李世民身后的尉迟敬德飞马赶上，大喝一声，把单雄信刺下马来。尉迟敬德保护李世民突出包围，两个人又带着骑兵转过身来，在郑军阵地来回冲杀，吓得敌兵不敢阻挡。接着，后面的唐军源源不绝地上来，把敌军打得一败涂地。

唐军将洛阳围得水泄不通，王世充被逼得走投无路，只好派人偷偷出城，赶到河北向窦建德求救。窦建德自从王世充称帝以后，也自称皇帝，国号叫夏，攻占了唐军许多土地。他接到王世充的求救信，一面带领三十万人马，水陆并进，援救东都；一面派出使者给李世民送去一封信，要李世民退回关中。

李世民把李元吉留下，继续围攻王世充，自己带三千多精兵北上，扼守武牢关（即虎牢关，在今河南荥阳汜水镇）。窦建德的大军到了武牢关，被唐兵拦住，久攻不下。李世民派轻骑兵抄小路，把夏军的粮道切断了。

窦建德十分气恼，他认为自己的兵力远胜过唐军，于是命令全军出动，摆开阵势准备与唐军决一死战。夏军从早上站到中午，可唐军就是不出来交战，兵士们又疲劳，又饥饿，有的坐在地上，有的到河滩上舀水喝。李世民一见时机已到，就命令将士渡过汜水，直冲窦建德大营。李世民乘夏军不防备，自己带领一支队伍插到夏军阵后，举起了唐军的大旗。夏军将士回头一看，以为唐军已经占领大营，没有心思再战，争先恐后地逃散了。窦建德在混战中受了伤，也被唐军俘虏。王世充眼看大势已去，也只好向唐军投降。

窦建德被送到长安后不久就被杀了，他的部将刘黑闼率领河北夏军，继续和唐军作战。唐军又花了三年时间，才把河北地区稳定下来。

此时，江淮起义军势力仍在发展。公元 619 年，杜伏威接受了唐朝的官爵。公元 622 年，他亲自赴长安，向唐投降。第二年，辅公祏在丹阳称帝，建国号为宋。但辅公祏的斗争仅坚持了七个月，到公元 624 年春，也被唐军镇压下去。至此，唐军统一中国的战争基本结束。

唐·五代十国：从强盛到分裂

唐得天下，一百三十年，明皇恃其承平，荒于酒色，渔阳窃发，四海横流。肃、代以降，方镇跋扈，陵迟至于五代，朝成夕败，有如逆旅。

——司马光

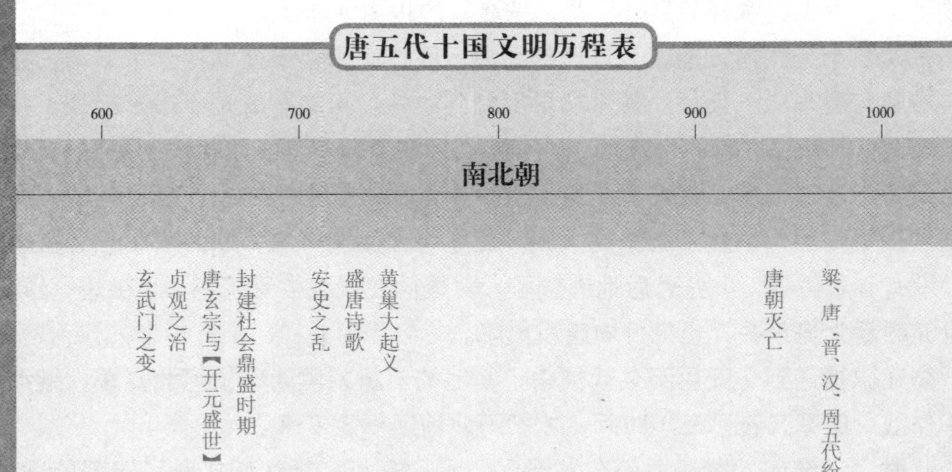

千古一帝唐太宗

唐太宗是我国古代伟大的军事家和政治家，堪称“千古一帝”。在唐朝建立的过程中，他出生入死，运筹帷幄。唐朝建立后，经过玄武门之变登上帝位，然后经过不断战争，统一中国，抗击外侵。他在位时执行夷汉一家的民族政策，使当时成为历史上民族关系最为良好的时期之一，为民族团结和融合起到了促进作用。他在位共二十三年，将国家治理得国泰民安，社会安定，经济繁荣，军事强大，使唐朝成为当时世界上最强大的国家，后人将他在贞观年间的统治称为“贞观之治”。

玄武门之变

唐高祖李渊建立唐朝后，封其长子李建成为太子，次子李世民为秦王，李元吉为齐王。三个儿子中，李世民战功最多，威信也最高，但因为李建成是长子，从而取得了太子地位。

李世民不但有勇有谋，而且手下还聚集了一批人才。文的有房玄龄、杜如晦等，号称十八学士；武的有尉迟敬德、秦叔宝、程咬金等勇将。太子李建成自己知道威信比不上李世民，心里妒忌，就和弟弟李元吉联合，一起在李渊面前进谗言，排挤李世民。

那时候，突厥进犯中原，李建成向唐高祖建议，让李元吉统帅尉迟敬德、秦叔宝、程咬金带兵北征。这样一来，调走了李世民的左膀右臂，自己就可以下手了。

李世民识破了这个计策，感到形势紧急，连忙找长孙无忌和尉迟敬德商量。两人都劝李世民先发制人。李世民说：“兄弟互相残杀，总不是件体面的事。还是等他们动了手，我们再来对付他们。”

尉迟敬德、长孙无忌都着急起来，说如果再不动手，自己也不愿留在秦王府里白白等死。李世民看他的部下十分坚决，就下了决心。

当天夜里，李世民进宫向唐高祖告了一状，诉说太子跟李元吉要谋害他。唐高祖答应到明天一早，叫兄弟三人一起进宫，由他亲自查问。

第二天早上，李世民叫长孙无忌和尉迟敬德带了一支精兵，埋伏在皇宫北面的玄武门，只等李建成、李元吉进宫。

没多久，李建成和李元吉骑着马朝玄武门来了，他们到了玄武门边，觉得周围的气氛有点反常，心里犯了疑。两人拨转马头，准备回去。李世民忙从玄武门里骑马赶了出来，高喊说："殿下，别走！"李元吉转过身来，拿起弓箭就想射杀李世民，但心里一慌张，弓竟然没拉开。李世民眼明手快，抢先射出一支箭，把李建成射死了。尉迟敬德紧跟着带兵冲上，一箭就将李元吉也射下马来。东宫和齐王府的将士听到玄武门出了事，全部出动，猛攻秦王府。李世民一面指挥将士抵抗，一面派尉迟敬德进宫胁迫李渊，李渊在不得已的情况下让位给次子李世民。

贞观之治

在唐太宗李世民继位之初，隋末征战带来的恶果还没完全消除，国家农田荒芜，民不聊生。唐太宗沿用了父亲李渊创立的政策，并逐步加以完善，在短短数年之间，就使流散的人回到故里耕作，粮价稳定，社会经济出现了迅速的恢复。在农业方面，唐太宗很重视水利工程，人们又创造了连筒、桶车和水轮等灌溉新工具，大大提高了灌溉效率。唐朝实行"均田制"，严格规定了占田的额度，抑制了土地兼并。农业生产的发展，让粮价越来越便宜，人口也随之大幅度增多。

唐太宗像

在政治上，唐朝实行三省六部制。三省是中书、门下和尚书省。

中书省是决策机构，负责军国大事、重要官员的任免、替皇帝起草诏旨，长官叫中书令。门下省负责审核中书省起草的诏旨，有认为不恰当的，可以驳回，长官叫侍中。

尚书省是最高的执行机构，长官有尚书令、左右仆射、左右丞等。尚书省下设吏、户、礼、兵、刑、工六部，长官为尚书，副职称侍郎。

吏部掌管全国官吏的任免、考察、升降、调动；户部掌管天下土地、户籍、赋税、财政收支等；礼部掌管国家典章法度、祭祀、学校、科举、接待外宾等事务；兵部掌握武将选用、兵籍、军械、军令等；刑部掌管法律、刑狱事务；工部掌管山泽、屯田、工匠、水利、交通、各项工程，等等。

在唐太宗统治的二十余年间，政治清明稳定，经济繁荣，与周边民族的关系也十分融洽。唐太宗的年号是“贞观”，所以这一时期史称“贞观之治”。

说到贞观年间的清明政治，很大程度上要取决于唐太宗的善于用人和敢于纳谏。

唐太宗的用人之道有很多特点。首先，他广泛吸收人才，包括敌对集团的人才。在隋末征战时，就吸收了原李密、王世充、窦建德集团的人才。他吸收了瓦岗军的秦叔宝、程咬金等；在攻破刘武周时吸收了尉迟敬德；在攻破窦建德集团时，吸收了张玄素；在消灭李建成时，吸收了魏徵。

其次，他用人不避亲仇。长孙无忌是唐太宗的妻子长孙皇后的哥哥，在玄武门事变中立下大功。因为历来外戚掌权会被众人攻击，因此长孙皇后和长孙无忌本人为了避嫌，再三请求只当一个空头官儿，不要实权。但长孙无忌确有宰相之才，因此唐太宗用人不避亲，任命他为宰相。

凌烟阁二十四功臣

唐朝贞观十七年（643年）二月二十八日，唐太宗为怀念当初一同打天下的诸多功臣，命阎立本在凌烟阁内描绘了二十四位功臣的画像，是为《二十四功臣图》，所画人物均按真人大小，面北而立，太宗时常前往怀旧。阁中分为三层：最内一层所画为功勋最高的宰辅之臣；中间一层所画为功高王侯之臣；最外一层所画则为其他功臣。

这二十四位功臣包括房玄龄、杜如晦、长孙无忌、魏徵、尉迟敬德、李孝恭、高士廉、李靖、萧瑀、段志玄、刘弘基、屈突通、殷开山、柴绍、长孙顺德、张亮、侯君集、张公谨、程知节、虞世南、刘政会、唐俭、李绩和秦叔宝。

房谋杜断

唐太宗能够取得盖世之功，与他知人善用是分不开的。房玄龄和杜如晦就是唐太宗手下最得力的两位谋臣。

房玄龄三十八岁时才投到李世民手下，那时唐军正在与隋军作战，每逢打了胜仗，有的将士忙着打扫战场，有的争相搜罗金银财宝，有的抢夺年轻女子，房玄龄却是到俘虏营里，将各级军官一一登记造册，挨个儿谈话。当唐军将俘虏押回京都时，他已对这些人的身世、才干了若指掌。李渊要下令杀这些人时，他就将挑选出来的名册交给李世民，让他收罗这些人才。久而久之，李世民便拥有了许多可用之才，势力越来越强。杜如晦就是那时被举荐给李世民的。

因为房玄龄坚持任人唯贤、不避仇过、才行兼顾、行重于才、扬长避短、明赏慎罚、用人不疑等原则，唐太宗李世民的身边聚集了一大批人才，成了兴国安邦的重要组织保证。

由于隋末以来十多年的战乱，社会经济遭到巨大破坏。有的地方千里萧条，人烟断绝。唐朝建立之初，内乱外敌此起彼伏，边境战事不断。为此，房玄龄手书“惧畏恐忧”四个大字，送与唐太宗，悬挂在显德殿上，太宗大为称赞：“你这四个字，正巧是我心头的事。”

房玄龄组织朝内大臣进行讨论，首先在大臣中树立以农为本的思想。接着亲自带着一批人深入农村进行调查研究。农民们常看到一群穿着朴素的人在田间走，还以为是县官出来视察，却不知是宰相亲自出巡。

一天，房玄龄看到库中有很多兵器闲放着，就建议皇上将其中一部分改作农家工具，以解决农具不足之虞。他发现劳动力严重不够之后，提倡再婚再嫁，鼓励生育，取消家奴，提倡僧尼还俗。一时间，竟有十余万人走出寺院。另外，房玄龄还出台了暂免死刑、释放罪犯、让人口密集地区的人向着地广人稀处迁移等措施。接着，他说服唐太宗重新颁布了《均田令》，甚至要求皇室以身作则，建议唐太宗把皇家园林芳华苑等地放弃，赐给当地穷人耕作。太宗果然依他所言，作出了很好的表率。

房玄龄善于谋划，而杜如晦则以决断著称。一次唐太宗与文臣商量事情，房玄龄感慨地说：“非如晦莫能筹之。”等到杜如晦来到时，杜如晦立即分析房玄龄的计谋做出决断。他们两人合作得十分融洽，人称房谋杜断。

杜如晦出身于世宦之家，少年好学。唐武德元年（618 年）杜如晦被李世民引为秦王府属官。此时，盘踞在陇右一带的薛举兵强马壮，趁李唐政权立足未稳，出兵东犯。高祖派李世民统兵征讨，杜如晦随军参赞，经两次交战，唐军彻底打垮了西秦的势力，解除了西北方面的威胁。李渊为嘉奖李世民的战功，命其出为使持节陕东道大行台。杜如晦随行任大行台司勋郎中，封建平县，食邑三百户。其后，李世民连续统兵东征刘武周、宋金刚、王世充等武装割据势力，杜如晦每每随行，为之参谋帷幄，决胜于疆场。他遇事善断，处理公务迅速无误，是同僚中最为干练的人才。

在李世民争储的过程中，杜如晦发挥了重要作用。下定决心要与建成、元吉进行最后决战时，李世民便密派尉迟敬德去召房玄龄、杜如晦等入府计议。杜如晦化装成道士模样，随长孙无忌潜人秦王府。在经过一番周密安排之后，武德九年（626 年）六月四日凌晨，李世民率杜如晦、尉迟敬德等一班亲兵亲将，发动了有名的“玄武门事变”。

杜如晦在太宗继位后出任兵部尚书，与房玄龄共同辅佐朝政。房玄龄善于谋划，比较会出主意，而杜如晦长于决断，在共同辅佐唐太宗期间，二人配合默契，被传为佳话。可惜杜如晦在贞观四年就去世了，年仅四十六岁，使太宗痛惜不已。

魏徵——以人为镜

在唐太宗所用的这些能人中，魏徵是最敢于直言进谏的。

魏徵原是李建成手下有名的谋士，多次建议李建成除掉李世民。玄武门之变后，有人向唐太宗告发了魏徵。唐太宗立刻派人把魏徵找来，问他为什么从中挑拨离间，破坏他们兄弟的关系。魏徵理直气壮地说：“可惜那时候太子没听我的话，要不然，也不会发生这样的事了。”唐太宗问魏徵：“历史上的君王，为什么有的人明智，有的人昏庸？”魏徵说：“兼听则明，偏听则暗。治理天下的君王如果能够采纳下面的意见，那么下情就能上达，他的亲信要想蒙蔽也蒙蔽不了。”唐太宗连连点头称是，觉得魏徵说话直爽，很有胆识，便把魏徵提拔为谏议大夫。

不久，唐太宗看到他的统治巩固下来，心里十分高兴。然而魏徵还时时进言说：“陛下要居安思危啊！”后来，魏徵提的意见越来越多，只要是看到唐太宗有不对的地方，他就当面力争。有时候，唐太宗听得不是滋味，沉下了脸，魏徵还是照样说下去，叫唐太宗下不了台。

有一次，魏徵在上朝的时候，跟唐太宗争得面红耳赤。唐太宗憋了一肚子气回到内宫，见了长孙皇后，气冲冲地说：“总有一天，我要杀掉这个乡巴佬！”长孙皇后吓了一跳，问："不知道陛下想杀哪一个？"唐太宗说："还不是那个魏徵！总是当着满朝文武的面侮辱我，叫我实在忍受不了！"

长孙皇后听了，一声不吭，回到自己的内室，换了一套朝觐的大礼服，向太宗参拜。唐太宗惊奇地问："你这是什么意思？"长孙皇后说："我听说英明的天子才有正直的大臣，现在魏徵这样正直，正说明陛下的英明，我怎么能不向陛下祝贺呢！"这一番话像一盆清凉的水，顿时把唐太宗满腔的怒火都浇熄了。

贞观十七年（643 年），直言敢谏的魏徵病死了。唐太宗非常难过，说："我好比山中的一块矿石，矿石在深山是一块废物，但经过匠人的锻炼，就成了宝贝。魏徵就是我的匠人！用铜制成的镜子，可以照见衣帽是否端正；用古史作镜子，可以参照政治的兴衰；用人作为的镜子可以知道自己的成绩与过错。我经常保持着这三面镜子，现在魏徵去世了，我少了一面镜子。"

两朝良佐长孙无忌

长孙无忌字辅机，河南洛阳人。先世乃鲜卑族拓跋氏，北魏皇族支系，后改为长孙氏。长孙无忌的妹妹就是李世民的皇后。

从李渊父子晋阳起兵叛隋，到建立唐朝，再到统一天下，长孙无忌一直追随李世民东征西讨。在李世民夺取皇位继承权的兵变中，长孙无忌称得上是首功之人。唐太宗几次要任命长孙无忌为宰相，但长孙皇后一再推辞，她提醒太宗要吸取汉朝吕氏、霍氏等专权的教训。长孙无忌自己也要求逊职，但鉴于他的才干，太宗仍然拜长孙无忌为宰相，任命他为尚书右仆射。

长孙无忌

晚年的唐太宗最烦心的就是太子问题。贞观十七年（643 年），李承乾被废，最有资格被立为太子的，是长孙皇后的另外两个儿子：魏王李泰和晋王李治。两人相比，李泰的条件更为优越。他是长孙皇后的次子，比李治年长九岁，也是唐太宗比较满意的一个。李治是长孙皇后的三子，唐太宗的九子，不论从年龄还是父子感情看，均处于劣势。

作为舅父，长孙无忌大力支持李治，他希望未来的皇帝应该由一个仁孝听话的外甥充当，这样，自己会得到尊重，权势会得到保障。魏王李泰聪明绝伦，稍长善作诗文，成人后喜好经籍、舆地之学，文武官员多投其门下，已然形成了一股政治势力。李泰恃才不恭，上品官员不放在眼里不说，关键是不去争取舅父对自己的支持。长孙无忌知道，如果李泰做皇帝，依靠重用的必定是他自己的党羽，绝不是他这个舅父。

一边是才华出众的李泰，一边是懦弱少能的李治，可唐太宗还是犯难了。李泰集团的主要成员是功臣子弟，他们靠祖上资荫，身处高官，希望通过李泰当皇帝，达到驱逐元老，自己掌权的目的。李治的支持者则是以长孙无忌为首的元老重臣。唐太宗希望自己死后，贞观政治依然坚持下去，那么就只能靠长孙无忌等元老重臣的辅佐，而绝不是李泰手下的那帮纨绔子弟。为此，他不得不舍弃李泰。由于李治仁弱，唐太宗即便在立了李治后，思想仍在动摇反复，一度又向长孙无忌提出想改立三子吴王李恪，被长孙无忌挡了回去，说："晋王仁厚，守文之良王，且举棋不定则败，况储君乎？"唐太宗只好作罢。长孙无忌以回天之力促成李治继位，是为唐高宗。

有讽刺意味的是，正因为李治的懦弱，最终导致长孙无忌冤死。

出征东突厥

唐太宗继位初期，中原战事虽然结束，但西边边境上还很不安定。特别是东突厥，当时还很强大，成为唐朝主要的威胁。东突厥贵族不断侵扰唐朝边界，闹得地方不得安宁。

唐太宗继位不满二十天，东突厥的颉利可汗就率领人马十多万，一直打到离长安只有四十里的渭水边。颉利可汗以为唐太宗刚继位，未必有能力抵抗，便派出使者进长安城，扬言突厥兵一百万，马上开到。

唐太宗不理颉利可汗的威胁，反而把使者扣押起来，亲自带了房玄龄等六个人，骑马到渭水边的便桥，指名要颉利可汗出来，隔河对话。

颉利可汗听说使者被扣，已经有点吃惊了，又看到唐太宗亲自上阵，后面唐军旌旗招展，军容整齐，不禁害怕起来，于是带着将领在渭水对岸，下马拜见唐太宗。

唐太宗隔着渭水对颉利可汗说："我们两家早已订立盟约，几年来也没有少给你们金帛，为什么要背信弃义，带兵进犯？”颉利可汗被责备得无话可说，表示愿意讲和。双方在便桥上订立盟约，颉利可汗退兵，唐太宗开始加紧训练将士。

第二年，北方下了一场大雪，东突厥的牲畜死了不少，发生了饥荒。颉利可汗对其他部族索要贡品，引起了部族的反抗。颉利可汗派他的堂兄弟突利去镇压，反被打得大败。突利逃回来后，却被颉利可汗责打了一通，两人因此翻脸，突利投降了唐朝。唐太宗决定抓住这个时机，派出李靖、徐世绩等四名大将，率领大军十多万，分路出击东突厥。

李靖和徐世绩

大唐王朝初期，在对异族的征伐中取得了后世难及的成果，这时最著名的两位军事将领李靖和徐世绩都被广为称颂。

李靖出生于官宦之家，隋将韩擒虎的外甥。他在隋朝做过一些小官，虽然官职卑微，但其才干却闻名于隋朝公卿之中，吏部尚书牛弘称赞他有“王佐之才”，隋大权臣杨素也抚着坐床对他说：“卿终当坐此！”

李渊起兵后，攻取了长安，李靖被俘，李世民爱慕他的才识和胆气，因而获释。李世民平定割据势力，李靖随军东进，多次立功，开始崭露头角。李靖的精诚至忠也博得了李渊的信用，改变了对他的成见，并亲笔写敕与李靖说：“既往不咎，旧事我久忘之矣。”

武德四年(621年)正月，李靖鉴于敌我双方的情势，上陈了攻灭萧铣的十策，得到了唐高祖的重视，二月即任命李孝恭为夔州总管，擢任李靖为行军总管，兼任孝恭行军长史。高祖又以为孝恭不太精通军旅之事，“三军之任，一以委靖”。李靖实际上已成为三军统帅。李靖佐助李孝恭出师，仅用了两个月的时间，即消灭了江南最大的割据势力后梁，战功卓著，唐高祖诏封他为上柱国、永康县公，赐物二千五百段。

贞观四年（630年）正月，李靖奉太宗命，率军从马邑（今山西朔县）出发，向恶阳岭挺进。颉利可汗万万没有想到唐军会突如其来，兵将相顾，无不大惊失色。他们判定：如果唐兵不倾国而来，李靖决不会孤军深入，于是“一日数惊”。李靖探知这一消息，密令间谍离间其心腹，其亲信康苏密前来投降。李靖迅即进击定襄，在夜幕掩护下，一举攻入城内，俘获了隋齐王杨暕之子杨正道及原炀帝萧皇后，颉利可汗仓皇逃往碛口（今内蒙古二连浩特西南）。李靖因军功进封代国公，赐物六百段及名马、宝器等。太宗高兴地对大臣说：“李陵以步卒五千绝漠，然卒降匈奴，其功尚得书竹帛。靖以骑三千，喋血虏庭，遂取定襄，古未有辈，足澡吾渭水之耻矣！”

此后，李靖又发起多次出人意料的进攻，获得大胜。在以李靖为首的多路大军联合攻击下，颉利可汗被大同道行军总管任城王李道宗擒获，并送到京师。东突厥从此宣告灭亡了。

李靖在青少年时曾锐意进取，然而一旦富贵在身，又深惧盈满，能知足而退。到了贞观八年（634 年）十月，担任宰相职务刚满四年的李靖即以足疾辞任，而且言辞恳切。唐太宗明白他的心意，并十分欣赏他的这一举动，派遣中书侍郎岑文本转告他说：“朕观自古已来，身居富贵，能知止足者甚少。”

徐世绩字懋功，因唐高祖李渊赐姓李，故名李世绩。后因避唐太宗李世民讳，遂改为单名绩。曹州离狐（今山东东明一带）人，后被封为英国公，是凌烟阁二十四功臣之一。历事唐高祖、唐太宗、唐高宗三朝，深得朝廷信任和重用，被朝廷倚之为长城。

说到李绩的功勋，首先当数他杰出的军事才能。李绩自十七岁参军，到七十六岁去世，在半个多世纪的戎马生涯中，经历大小战役无数，立下赫赫战功。李绩镇守并州十六年，令行禁止，四夷宾服。唐太宗曾深有感触地说：“隋炀帝劳百姓，筑长城以备突厥，卒无所益。朕唯置李世绩于晋阳而边尘不惊，其为长城，岂不壮哉！”

特别值得一提的是，乾封元年（666 年），李绩以七十三岁高龄，挂帅东征高句丽，经过两年多的浴血奋战，高丽王高藏投降，解除了唐王朝的心腹大患，也告慰了在生前曾经多次出兵高句丽但却一直未能取得全胜的唐太宗李世民。

不但如此，李绩在政治斗争中也处于不败之地，这缘于他善于审时度势。对于皇家的事情，李绩从不参与，巧妙地避开陷入皇权争斗的旋涡。他虽然身居高位，但从不贪恋权势，多次要求辞官，要求降级。

纵观李绩一生，明末清初著名的思想家王夫之有一段很精彩的评论：“于李密，忠也；于单雄信，义也；于兵士，恤也；于唐朝，始终如一，灭之高丽，功至高也。”

天可汗时代

贞观四年（630 年），大将李靖亲自率领三千名精锐骑兵，从马邑出发，趁颉利可汗不防备，连夜进军，逼近突厥营地。颉利可汗毫无防备，发现唐军突然出现，大惊失色。李靖又派间谍混进东突厥内部，说服了颉利可汗的一个心腹将领投降。颉利可汗一看形势不妙，偷偷逃跑了。

李靖攻下定襄，得胜回朝，唐太宗十分高兴，说："从前汉朝李陵带兵五千，结果不幸被匈奴俘虏；现在你以三千轻骑深入敌人后方，克服定襄，威震北方，这是自古以来少有的盛事啊！"

颉利可汗逃到阴山以北，怕唐军继续追赶，便派使者到长安求和，还说要亲自朝觐。唐太宗一面派唐俭去安抚，一面又命令李靖带兵前去察看颉利可汗的动静。李靖领兵到白道（今内蒙古呼和浩特西北）和徐世绩会师，两支军队一起向阴山进发。

颉利可汗求和实际上只是缓兵之计，想等草青马肥的季节来到，再逃到漠北。他看到唐俭来到，以为唐太宗中了他的计，暗暗高兴，防备也松懈下来。没想到李靖和徐世绩率领唐军很快到了阴山，命令部将苏定方率领两百名轻骑，冒着夜雾进军。等到东突厥的前哨发现唐军的时候，唐军离颉利可汗的营帐只有七里地了。颉利可汗慌忙骑上他的千里马逃走，李靖指挥唐军追杀，东突厥兵找不到主帅，乱成一团。唐军歼灭东突厥兵一万多，还俘获了大批俘虏和牲畜。颉利可汗也没跑掉，最后被他的部下抓住交给了唐军，押送长安。

东突厥灭亡了，唐太宗在东突厥原地设立了都督府，让东突厥贵族担任都督，由他们管理东突厥各部。

这次胜利提高了唐太宗在西北各族中的威信，回纥等各族首领一起来到长安朝觐，拥护唐太宗为他们的共同首领，尊称他是"天可汗"。在中国的历代皇帝中，唐太宗是唯一一个被沙漠绿洲之国尊称为"天可汗"的人。在今天甘肃敦煌的莫高窟中，就有一尊画像被认为是唐太宗像，画上除了唐太宗，还有唐朝的官员和西域各国国王的身影。

在灭掉东突厥后，唐太宗开始和西突厥展开了斗争。贞观十四年（640 年），唐军在侯君集等的率领下攻取高昌，以其地为西州，又置安西都护府于交河城（今吐鲁番西雅尔和卓）。公元 642 年至 648 年，唐军在接连打败西突厥后，又攻取焉耆、龟兹等地。天山南路各国纷纷摆脱西突厥的控制，归附唐朝。唐迁安西都护府于龟兹，统领龟兹、焉耆、于田、疏勒四镇，称"安西四镇"。

文成公主远嫁吐蕃

在与东突厥战斗的时候，唐朝的南方还崛起了一个新兴国家——吐蕃王国。

吐蕃兴起于青藏高原，建立吐蕃王朝的，是活动在雅隆河谷的牦牛部，统一牦牛部各部落的叫弃聂弃赞普。“赞普”是雄强丈夫的意思，以后成了吐蕃君长的尊称。从弃聂弃开始，吐蕃确立了酋长世袭制度，第八世赞普布袋巩甲以后，吐蕃社会获得了较快的发展，逐渐由原始社会过渡到奴隶社会。公元629年，年仅十三岁的松赞干布平息叛乱，统一了部族，建立起强盛的吐蕃王国。

在唐代画家阎立本绘制的《步辇图》中，生动描绘了吐蕃使者进见的场面。那是贞观八年（634年），唐太宗端坐在女子抬着的步辇上，由唐朝官员引入的就是吐蕃使者——宰相禄东赞。禄东赞入唐，是为了和唐朝建立联姻关系。

据说，当时各国来求亲的使者很多。唐太宗下了一道命令，要前来求亲的使者先解答五个难题。哪一国使者能够解答，就应允和那一国和亲。

第一道题目是要求把一根很细的丝线，穿过一颗有九曲孔道的明珠。禄东赞把丝线系在一只蚂蚁的腰部。蚂蚁带着丝线，爬过明珠的九曲孔道，丝线也就带过来了。

第二道题目是把一百匹母马和一百匹小马驹儿放在一起，要求辨认出哪匹马驹儿是哪匹母马生的。禄东赞把母马和马驹儿分开关了一天，断绝了马驹儿的饲料和水。第二天，再把它们放在一起。饿慌了的马驹儿分别奔到自己的母亲那里去吃奶。它们的母子关系也就认出来了。

禄东赞通过了一道道考试，最后一道是要从两千五百名美貌年轻的女子中，找出谁是文成公主。禄东赞凭他敏锐的眼力，一下子就把那位仪态万方的公主认出来了。

贞观十五年（641年）正月，文成公主入嫁吐蕃，松赞干布前往位于黄河源头的美丽湖泊柏海（今青海鄂陵湖或札陵湖）边上迎接远道而来的公主。文成公主带去了大量物品，有锦帛珠宝、生活用品、医疗器械、生产工具、蔬菜种子，还有经史、诗文、工艺、医药、历法等书籍，打开了吐蕃工艺发展、繁荣的美好时代。

七十年后，唐朝的又一位公主——金城公主，携带着锦缯数万匹、多种工匠以及一个龟兹乐队进入吐蕃，嫁给了弃隶缩赞赞普。吐蕃通过互市，向唐朝购买茶叶、丝绸等物品。一些吐蕃贵族子弟进入长安学习汉文化。双方派遣的使臣不绝于途。汉文化的输入对吐蕃社会起了巨大的促进作用，吐蕃的马和形制优美奇异的金银器等物品不断地传到内地，吐蕃的赭面风俗也被汉族妇女所模仿。

女皇时代

武则天名武曌，是中国历史上唯一的女皇帝，也是继位时年龄最大的皇帝，她登基时已经67岁了；她还是中国历史上寿命比较长的皇帝之一，去世时82岁。她入宫时原是唐太宗的才人，后来却成为唐高宗的皇后。高宗去世后她先是成了太后，后来又废掉自己的儿子登基，尊号为“圣神皇帝”，退位后称“则天顺圣皇后”。她的女儿太平公主也有很强的权力欲，想效仿其母，但在与李隆基的夺权斗争中失败被杀。

从才人到一代女皇

唐太宗是个精明能干的皇帝，但是他的儿子高宗李治却是个庸碌无能的人。

贞观二十三年（649年），二十二岁的李治继位。李治的性格优柔寡断，朝廷大事都靠他的舅父、宰相长孙无忌拿主意，直到他立了皇后武则天，情况发生了根本性的变化。

武则天名曌，十三岁时成为唐太宗的才人。公元649年，唐太宗逝世，依照皇家规定，已故皇帝的姬妾，都要出家为尼。唐太宗的所有姬妾都被送到长安感业寺，武则天也在其中。

唐高宗李治在他还是太子的时候就见过武则天，一直念念不忘。公元654年，唐高宗与妻子王皇后到感业寺进香，又看见了武则天，二人相对垂泪，这一切被王皇后收入眼底。那时，王皇后正跟李治的另一位姬妾萧淑妃争宠，于是把武则天接回皇宫，封为昭仪，想用她帮助自己打击萧淑妃。

武则天回宫后，立时赢得了唐高宗的宠爱，不仅疏远了萧淑妃，还想废了王皇后，立武则天做皇后。这件事遭到很多老臣的反对，特别是长孙无忌，说什么也不同意。武则天私下拉拢了一 批大臣，在唐高宗面前支持武则天当皇后。他们对唐高宗说："册立皇后是陛下的家事，别人管不着。"唐高宗这才下了决心，把王皇后废了，让武则天当皇后。

武则天当了皇后，使出果断泼辣的手段，把那些反对她的老臣一个个降职、流放，连长孙无忌也被逼自杀。

没过多久，唐高宗生了一场病，成天头昏眼花，有时候连眼睛都张不开。本就不喜欢处理国政的高宗，见武则天能干，索性把朝政大事全交给她管了。

武则天掌了权，渐渐不把高宗放在眼里。高宗想干什么，没有经过武则天的同意，就干不了。唐高宗心里气恼，有一次，他跟宰相上官仪商量，打算废了武则天。上官仪下去起草废除皇后的诏书，而此时，早就有太监把这件事报告了武则天。

武则天像

等上官仪拿着起草好的诏书来见高宗时，武则天也已到了。她厉声问高宗："这是怎么回事？"唐高宗见了武则天，吓得好像矮了半截，把上官仪起草的诏书藏在袖子里，结结巴巴地说："我本来没这个意思，都是上官仪教我干的。"武则天立刻下命令把上官仪杀了。从此以后，唐高宗上朝，武则天也坐在旁边，大小政事都得由皇后点了头才算数，朝中称之为"二圣"。

公元683年，唐高宗逝世。武则天先后把两个儿子立为皇帝——中宗李显和睿宗李旦，都不中她的意。她把中宗废了，把睿宗软禁起来，自己以太后名义临朝执政。这一来，又遭到一些大臣和宗室的反对，并有人起兵，发动叛乱。

武则天派兵镇压了叛乱，全国恢复了安宁，没有人再敢反对武则天。一名叫傅游艺的官员，联络了关中地区九百多人联名上书，请求太后继位称帝。武则天一面推辞，一面提升了傅游艺的官职。结果，劝她做皇帝的人越来越多。公元690年，武则天接受大家的请求，自称圣神皇帝，改国号为周，成了中国历史上唯一的女皇帝。

武则天驯马

在一次驯马中，武则天受到了唐太宗的注意。有一次，唐太宗带着宫妃们去看一匹叫“狮子骢”的马，这匹马长得十分肥壮，但是性格暴躁，不好驾驭。唐太宗问众多宫妃，谁有办法驯服烈马。妃子们都不敢接口，只有十四岁的武则天站了出来，说：“陛下，我能！”

太宗非常吃惊，问她有什么办法。武则天说：“只要给我三件东西：第一件是铁鞭，第二件是铁锤，第三件是匕首。它不听话就用鞭子抽它；还不服，用铁锤敲它的头；如果再还不服管教，这样的马也没有用处，就用匕首砍断它的脖子。”唐太宗听了哈哈大笑，很赞赏她的泼辣性格。

信任酷吏，施用酷刑

武则天虽然广用人才，但她过分相信酷吏，使得在她统治的这一时期，酷吏的酷刑代替了律法和诉讼。

周兴是有名的酷吏，除了武则天自己和武姓亲属外，所有的官员和牵连所及的民众，都在他的酷刑下发抖，只要是周兴逮捕审讯的人，很少有能活着走出狱门的。

可是有一天，同样的命运也降临到了他的头上。武则天接到告密信，说周兴跟已经处死的叛党是同谋。武则天是宁可错杀一千，也不放过一个的，立刻下密旨给另一个酷吏来俊臣，叫他负责审理这个案件。

说来也巧，当太监把密旨送到来俊臣家时，来俊臣正和周兴在一起喝酒。来俊臣看完武则天的密旨，不动声色，把密旨往袖子里一放，仍旧回过头来跟周兴谈话。

来俊臣说：“最近抓了一批犯人，大多不肯老实招供，您看该怎么办？”周兴捻着胡须，微微笑着说：“这还不容易！我最近就想出一个新办法，拿一个大瓮放在炭火上。谁不肯招认，就把他放在大瓮里慢慢烤，还怕他不招？”

来俊臣听了连连称赞：“好办法，好办法。”一面说，一面就叫公差去搬一只大瓮和一盆炭火到大厅里来，把瓮放在火盆上，盆里炭火熊熊，烤得整个厅堂的人禁不住流汗。

周兴正在奇怪，来俊臣站起来，拉长了脸说：“接太后密旨，有人告发周兄谋反。

你如果不老实招供，只好请你进这个瓮了。”

这就是著名的“请君入瓮”成语的由来。周兴死后，来俊臣当上了酷吏的头。他所用的酷刑，仅“枷”一项，就有十种使人心悸的名号：“定百脉”、“喘不得”、“突地吼”、“着即承”、“失魄胆”、“实同反”、“反是实”、“死猪愁”、“求即死”、“求破家”。其他酷刑，如“凤凰展翅”，名称虽美，却是把人手足绑上短木，像扭绞绳索一样地扭绞双臂。“玉女登梯”，是教犯人爬上高梯，用绳子拴着脖子，向背后牵引，或窒息而死，或跌下摔死。来俊臣还写有《罗织经》一书，把他逼供的种种招数都记述在内。

名相狄仁杰

狄仁杰（630—700年），字怀英，唐代并州太原（今山西太原）人。

唐高宗仪凤年间（676-679年），狄仁杰出任大理丞，一上任，就发现有两万多件积案等候处理。他用了一年时间一一做了妥善处理，竟没有一桩案件上诉。

其中有一桩案件最难处理。武卫大将军权善才不慎砍了昭陵（唐太宗坟墓）陵园中的柏树，狄仁杰判处免职之罪，唐高宗要他改判为死刑，狄仁杰不肯。唐高宗气得脸色都变了，大叫：“权善才砍了陵上的柏树，不处其死罪，是朕对先帝的不孝！”众臣一看龙颜大怒，都纷纷给狄仁杰递眼色。狄仁杰却坚持说：“臣历览古史，深知忤逆皇上是没有好下场的。但也不尽然，如果是夏桀王、商纣王时代，确实没有好下场；如果逢尧、舜之君，就不会这样。今恰值尧舜（指高宗）在位，所以臣才不怕纣主杀忠臣比干的事发生……如果皇上不接纳卑臣的意见，百年之后，有何面目到九泉之下去见古代那些直谏的忠臣？国家大法公布于天下，何种罪行判何种罪，是分得清清楚楚的。怎么能把不够死刑的罪判成死罪呢？法律如果随意更改，天下百姓便不知什么叫犯法，什么叫合法了。因为不慎砍了昭陵的一棵树就要杀一个将军，那百姓们会怎样评价皇上呢？”这一番慷慨陈词使唐高宗无话可说，权善才终于免处死罪。

后来狄仁杰到豫州任刺史，正赶上唐朝宗室越王李贞起兵反对武则天，武则天派大将张光辅加以清剿。张光辅生性残暴，加上奉旨平叛，非常嚣张跋扈，任意向地方勒索钱财。地方官员不敢违抗，唯独狄仁杰对他不加理会。张光辅大怒，当面责骂狄仁杰轻视自己。狄仁杰说：“你统帅三十万大军，要杀的只是越王李贞一个。可是现在您纵放军队疯狂抢掠，杀死无数百姓，这与作乱又有什么区别？我恨不得把你亲手杀了。”张光辅无法反驳。

武则天感到狄仁杰能根据事件本身进行判断，而不是根据上司的意思办事，是一个难得的人才，就把他调到京城担任宰相。公元700年，狄仁杰因病去世，武则天望着站满官员的朝堂，流着眼泪说："朝堂上空了！"以后朝廷每有大事，大臣们无法判决时，武则天都会叹息："老天为什么那么早夺去我的国老啊！"其实，狄仁杰死的时候已经七十一岁了。

中宗复位

神龙元年（705年），宰相张柬之奉迎李显复位，派兵把武则天逐回皇太后应该居住的上阳宫。当时武则天已经八十二岁了，受不住这一生中最后的当头一棒，回到上阳宫后即一命呜呼。

李显史称唐中宗，复位后不久，他的妻子韦皇后就效法当年的武则天，跟李显同时出现在金銮殿上听政。因为唐中宗昏庸懦弱，大权不久就落入了韦皇后手中。韦皇后与李显最宠爱的小女儿安乐公主一起，公开擅权纳贿，把国家官爵分别标定价格，公开兜售。

人们期待的唐朝中兴局面没有出现，相反，朝政日益腐败起来。随着权力欲望的不断膨胀，韦皇后希望丈夫早日死掉，以便自己能够像武则天一样女主天下。安乐公主也要求父亲立她为皇太女，希望登上权力的最高峰。李显知道大臣们不会接受这个决定，不肯答应。于是，母女二人合谋，在公元710年毒死了唐中宗。

这时，武则天第四子李旦和女儿太平公主还有相当大势力，是韦后登基的障碍。就在韦氏母女打算除掉李旦和太平公主的时候，李旦的第三子李隆基发动羽林军，抢先一步攻进皇宫，杀了韦后、安乐公主，并将韦氏党羽一并铲除。

李隆基发动政变时，李旦并不知道。等到知道时，政变已经成功。这时太平公主出面，请李旦继承皇位，是为唐睿宗，李隆基被立为太子。

太平公主完全继承了她母亲的坚强性格，对政治充满野心。李旦在位时，太平公主通过哥哥的手控制政府。当时朝中七个宰相，五个都是太平公主的党羽。

太平公主争权

太平公主与武攸暨结婚后，人们通常认为，这次婚姻是武则天为了保护太平

公主而采取的手段。武则天在太平公主第二次结婚的两个月后正式登基，太平公主因为成为武家的儿媳而避免了危险。因为武攸暨性格谨慎谦退，太平公主开始大肆包养男宠，与朝臣通奸，并将自己中意的男宠进献给母亲。

武则天认为小女儿的长相、性格都像自己，常与之商议政事，但从不让太平公主将她参与政事的事情外泄。太平公主畏惧母亲，行事也比较收敛。渐渐地，武、李两家矛盾尖锐化，武则天召回李显，立为继承人，并通过一系列联姻将武、李两家联系起来，以图消弭未来的政治斗争。太平公主虽是武家儿媳，但政治上一直是李家的拥护者。

唐中宗复位后，太平公主逐渐走到幕前，积极参与政治，很受中宗的尊重。可惜唐中宗不久便被韦后与安乐公主毒死。上官婉儿与太平公主一起草拟遗诏，立李重茂为皇太子，皇后知政事，相王李旦参谋政事，试图在韦后与皇族之间谋取平衡。但宗楚客与韦后党羽商议，改李旦为太子太师，架空了李旦，打破了这一平衡。太平公主遂派其子薛崇简与刘幽求一起参与了李隆基等人诛杀韦后的行动，清除了韦氏党羽，并亲手将李重茂拉下皇位，拥立李旦复位，是为唐睿宗。太平公主因此番功劳而晋封万户，三子封王，为唐朝公主权势之顶峰。

在协助李隆基政变除掉韦后以后，太平公主与李隆基发生了权力之争。她要求睿宗废掉太子李隆基，并积极培植党羽。此时，朝中七位宰相有五位是经由太平公主任命的，文武百官除了姚崇、宋璟等寥寥数人外，大多数都依附太平公主。睿宗则试图在李隆基和太平公主之间寻求政治平衡，以避免伤害到任何一人。

公元712年，唐睿宗李旦让位给太子，李隆基继位称玄宗。这时太平公主的势力已相当壮大，与唐玄宗势同水火。唐玄宗再一次先发制人，展开大规模逮捕整肃，剿杀了太平公主的党羽，次年，太平公主准备起兵夺权。不料李隆基早有防备，先发制人，诱杀了左、右羽林将军和宰相。太平公主见党羽被诛杀殆尽，不得不逃入南山佛寺，三日后返回。太上皇李旦出面请唐玄宗恕其死罪，被唐玄宗拒绝，太平公主最终被赐死家中。至此，经过一连串的宫廷政变，动荡的局面才稳定下来。

十六岁时，太平公主下嫁唐高宗的嫡亲外甥、城阳公主的二儿子薛绍。婚礼场面非常豪华，照明的火把甚至烤焦了沿途的树木，为了让宽大的婚车通过，不得不拆除了县馆的围墙。后来薛绍受一起谋反罪的牵连，武则天下令将薛绍杖责一百，结果饿死狱中。当时太平公主正怀着她和薛绍的第四个孩子。武则天为了安慰女儿，打破唐公主食实封不过三百五十户的惯例，将她的封户破例加到一千二百户。

李隆基开元兴盛世

唐玄宗统治前期，以开元为年号。这时的唐玄宗励精图治，先后任命姚崇、宋璟、张九龄等贤能之士为相，并且能够虚怀纳谏，使国内政治稳定，经济繁荣，天下大治，史称“开元盛世”。

但是取得了这些成就后，唐玄宗开始沉溺于享乐。他宠幸杨贵妃，任用奸相李林甫，朝政渐渐混乱，为安史之乱及唐朝的衰败埋下了祸根。

唐玄宗执政

唐玄宗李隆基继帝位后，首先把自己的兄弟都派到地方去做官，免得他们在长安积聚力量，堵塞了他们发动宫廷政变的可能。

随后，唐玄宗先后任命干练正直的官员姚崇、宋璟、张嘉贞、张九龄、韩休等人为宰相，针对当时的弊政进行了一些改革。裁减了韦氏母女“出售”的冗官，精简了庞大的官僚机构，还令减免赋税，让农民努力生产。

在武则天统治时期，修建了很多唐佛寺，许多人出家为僧。中宗、睿宗也信佛，佛教势力继续发展，全国的僧尼不服役，不纳税，建寺造像又耗资无数。唐玄宗接受姚崇的建议，下令淘汰天下僧尼，强使还俗的有一万余人。并下令各地不得创办佛寺，禁止民间铸佛像和抄写佛经，抑制了佛教的发展。

就在唐玄宗励精图治的时候，河南一带发生了特大蝗灾。中原的广阔土地上，到处都是成群的飞蝗，蝗群飞过的时候，黑压压的一大片，连太阳都被遮没了，庄稼更是颗粒无收。

当时，人们认为蝗灾是上天降给人们的灾难，非常恐慌。各地为了消灾求福，都烧香求神，可蝗灾还是在不断扩大。宰相姚崇这时向玄宗上了一道奏章，认为蝗虫不过是一种害虫，没有不能治的。只要各地官民齐心协力驱蝗，蝗灾是可以扑灭的。

唐玄宗十分信任姚崇，立刻批准了姚崇的奏章，下令百姓一到夜里就在田头点起火堆，等飞蝗看到火光飞下来，集中扑杀。这个命令一下去，汴州（今河南开封）刺史倪若水拒不执行。据说他也写了一道奏章，说蝗虫是天灾是没法抗拒的，要消除蝗灾，只有积德修行。这时长安朝廷里的一些官员也站出来反对，认为姚崇灭蝗的办法，过去从来也没人做过，现在这样冒冒失失推行，只怕闯出什么乱子来。

唐玄宗听到反对的人多，也动摇起来，又找姚崇来问。姚崇从容不迫地回答说："做事只要合乎道理，就不能讲老规矩。再说历史上大蝗灾的年头，都因为没有很好扑灭，造成严重灾荒。现在河南河北，积存的粮食已经不多了，如果今年因为蝗灾而没收获，将来百姓没粮吃，流离失所，国家就危险了。"

唐玄宗听姚崇说得有道理，亲自到了灾区视察，看见漫天的蝗虫肆虐，而百姓却因为害怕遭天谴而不敢捕杀。唐玄宗于是叫人捉来几只蝗虫，煮熟了，当着众人的面吃了下去，表示自己坚决治虫的决心。

人们看见皇帝吃了蝗虫，马上放了心，开始用姚崇的办法灭蝗，果然有效，灾情马上缓解下来。

唐玄宗在他继位以后的前二十多年里，比较肯接受宰相和大臣们的正确意见，采取了一些有利于经济发展的措施。这个时期唐朝国力强盛，财政充裕。人说，当时各州县的仓库里都堆满了粮食、布帛，长安和洛阳的米和帛都跌了价，历史上把这一时期称为"开元之治"。

选用贤才

唐玄宗以前的几代君主，朝政不稳定，其中一个很重要的原因就是宰相太多，其中许多人的任期又很短，因此唐玄宗总揽政务后，就开始削减宰相人数。

经过认真选择、仔细考虑，唐玄宗起用了姚崇为相。一次唐玄宗召姚崇骑马打猎，然后讨论政治，曾问姚崇是否愿意出任宰相。姚崇答，除非唐玄宗接受十条改革纲领，即著名的十事要说，否则就难以从命。纲领的内容是：皇帝应以仁爱治天下，而不是靠严刑峻法的威慑力量；不进行军事冒险；行使法律应不论亲疏，同样严厉；禁止宦官参政；禁止开征苛捐杂税来取宠于皇帝；禁止任命皇亲国戚在中央政府任职；树立皇帝以前因与大臣们关系过分亲密而受损的个人权威；

容许大臣们直谏而不用担心专横的惩处；停止建造佛寺道观；清除外戚过分的政治权力。唐玄宗表示同意，姚崇于是接受任命。姚崇著名的十事要说，几乎囊括了武则天末年以来的弊政，总结了历史上盛衰治乱的经验及教训，为开元施政的基本方针奠定了基础，时人称他为“救时之相”。

唐玄宗信任宰相，除军国大事须与他共同商定，其他一般庶务也放手让他去做。姚崇还受到玄宗的特别礼遇，每在偏殿相见，玄宗必起立相迎，事毕退朝，则临轩相送。这是其他宰相所未曾受到的宠遇，因此，他辅佐玄宗竭智尽力，任相时间虽然不长，却颇有成就。也正是在这一时期，确定了唐玄宗在位期间实行的一种新的施政形式：只用为数甚少的宰相，通常只有两三人。继姚崇之后，唐玄宗又先后任命了张说、李元纮、韩休、张九龄等人为相，国力日盛。

远见卓识的张九龄

张九龄也是一位富有卓识远见的政治家，他见玄宗凭借着国富民强、兵甲强盛的条件，有贪求边功、穷兵黩武的思想苗头，就经常向玄宗敲警钟。他所举荐引进的官员，也都是正直有识之士。公元735年，范阳节度使张守因斩契丹叛臣有功，玄宗欲提拔他做宰相，张九龄苦苦相劝，认为不能用宰相职务奖赏功臣，玄宗总算勉强接受了。不过，玄宗对张九龄的一再规谏很不耐烦，就在这一年，他罢免了张九龄的宰相职务，任命李林甫做宰相。

任用奸相李林甫

在开创了盛世之后，唐玄宗逐渐开始满足了，沉溺于享乐之中。没有了先前的励精图治精神，也没有改革时的节俭之风了。正直的宰相张九龄等人先后被罢官，小人李林甫登上相位。

李林甫能登上宰相的高位，并在这个位置上一待就是十九年，一方面是靠了他的政治手腕，另一方面也是由于他的善于阿谀奉承，非常符合唐玄宗晚年的口味。

在唐玄宗的眼中，李林甫善解人意，从不跟他唱反调，用起来顺手。李林甫每次上奏，玄宗都很满意。这是因为李林甫的功夫下得深，他通过宦官和妃嫔，把玄宗的心理活动摸得一清二楚。掌了大权后，他第一个要做的，就是将谏官们的嘴巴封住。唐玄宗听不到有人说李林甫的坏话，自然更加信任他了。

李林甫当了宰相之后，对才能、声望在自己之上并受皇帝器重，因而有可能对自己构成威胁的人，就千方百计进行排斥。天宝初年，左相为李适之，右相为李林甫。李适之心胸宽阔，坦率正直。一次，李林甫故意告诉李适之说："华山发现金矿，如果开采，可以使国家富裕，圣上尚不知此事。"等到李适之将此事告诉了玄宗，李林甫又对玄宗说："我早就知道华山蕴藏金矿，但华山是陛下王气所在，不宜开凿，所以未曾提出。"李隆基于是认为李林甫处处替自己着想，对李适之则逐渐冷淡，并对李适之说："以后报告事情，最好先跟李林甫商议一下，不要轻率发言。"李适之哑口无言，对心怀叵测的李林甫产生畏惧之心，遂提出退居。

这样的事李林甫着实做了不少，因此当时的人们就说，李林甫这个人是"嘴上像蜜甜，肚里藏着剑"。成语"口蜜腹剑"就是这样来的。由此，玄宗以为国家繁荣，因此逐渐倦怠了政事。

宠幸杨贵妃

杨玉环（719—756年），蒲州永乐（今山西芮城西南）人，出身官门世家。曾祖父杨汪是隋朝的上柱国，唐初被李世民所杀。父杨玄琰是蜀州司户，去世后，杨玉环就被寄养在洛阳的三叔杨玄璬家。

杨玉环天生丽质，加上优越的教育环境，使她具备一定的文化修养，性格婉顺，精通音律，擅长歌舞，并善弹琵琶。唐玄宗的女儿咸宜公主在洛阳举行婚礼时，杨玉环也应邀参加。咸宜公主之胞弟寿王李瑁对杨玉环一见钟情，遂册立为寿王妃。婚后，两人甜美异常。

不料，唐玄宗对这个儿媳妇同样也是一见钟情。为了得到杨玉环，唐玄宗先是打着孝顺的旗号，下诏令她出家做女道士，说是要为自己的母亲荐福，并赐道号"太真"；不久后便正式纳为了自己的妃子。那年，玄宗六十一岁，杨玉环二十七岁。玄宗对杨玉环的宠爱无与伦比，贵妃每次乘马，都有大宦官高力士亲自执鞭；专为贵妃制作衣服的织绣工就有七百人；为了让心爱的人尝到她喜欢的新鲜荔枝，玄宗不惜动用八百里加急来运送。

杨玉环自入宫以来，从不过问朝廷政治，更不插手权力之争，只是以自己的妩媚温顺及过人的音乐才华，受到了玄宗的百般宠爱。只是玄宗为了表达这种宠爱，愿意将杨玉环家所有的亲戚都封为高官，给予重禄。

对于这段旷世爱情，后人写了许多诗歌故事来纪念，其中著名的有杜牧的《过华清宫》、白居易的《长恨歌》、白朴的《唐明皇秋夜梧桐雨》杂剧、洪晟的《长生殿》传奇等。

大唐帝国的渐行渐远

自从公元755年安史之乱起，直到公元907年朱全忠篡位为止，唐朝一共还有152年的天下。在这一个时期中，表面上还维持着统一，对外的威风亦未至于全然失坠，然而自大体言之，则终于日入于衰乱而不能够复振了。（吕思勉《中国通史》）

安史之乱是唐代社会矛盾的爆发，也是唐代由盛而衰的历史转折点。地主阶级和农民阶级这一基本矛盾的尖锐化，交织着已经激化的统治阶级内部矛盾、民族矛盾，形成了唐代后期复杂、混乱、动荡的社会生活的主要内容。（余冠英、王永照《唐诗选》）

玄宗后期的腐败

唐玄宗统治的后期，把唐朝的军事制度由府兵制改成了募兵制，在边疆设立节度使，形成了兵权外重内轻的格局，加上这一时期土地兼并日益严重，社会矛盾逐渐激化，唐朝慢慢由盛入衰，这一过程集中爆发的导火索，就是安史之乱。

唐玄宗设立募兵制的初衷，是为了加强边境的防御，在重要的边境地区设立了十个藩镇，长官叫节度使，不仅带领军队，还兼管行政和财政，权力很大，地位非常重要。按照惯例，节度使立了功，就可能被调到朝廷当宰相。可惜当时是李林甫掌权，这个人心胸狭窄，不但排挤朝廷的文官，还猜忌边境的节度使。担任朔方等四个镇节度使的王忠嗣，立了很多战功。他手下的将领哥舒翰、李光弼，都是骁勇善战的名将。李林甫看王忠嗣的功劳大，威望高，怕他被唐玄宗调回京城当宰相，派人向唐玄宗诬告王忠嗣想拥戴太子谋反，害得王忠嗣险些丢了性命。王忠嗣受不了这个冤枉，一气之下就病死了。当时，边境将领中有一些胡人。

李林甫认为胡人文化低，不会被调到朝廷当宰相，就在唐玄宗面前竭力主张重用胡人，理由是胡人善战，而且跟朝臣没联系，靠得住。唐玄宗本来最怕边境的将领谋反，就听李林甫的话，提拔了一些胡人当节度使。在这些节度使中，唐玄宗、李林甫特别看重平卢（今辽宁朝阳）节度使安禄山。

安禄山年轻时在平卢军里当过将官，因为不遵守军令，打了败仗，边境守将把他解送到长安，请朝廷处分。当时的宰相张九龄为了严肃军纪，把安禄山判了死刑。唐玄宗听说安禄山挺能干，下令把安禄山释放。

张九龄对唐玄宗说："安禄山违反军令，损兵折将，按军法不能不杀；而且据我观察，安禄山不是个善良人，不杀恐怕后患无穷。"

但唐玄宗不听张九龄的劝谏，还是赦免了安禄山。后来，张九龄被撤了职。安禄山却靠他奉承拍马的手段，一步一步地升官，当上了平卢节度使。不出三年，又兼任范阳（今北京市）节度使。

安禄山起兵

安禄山当了节度使以后，就尽量搜罗奇禽异兽、珍珠宝贝，经常送到宫廷讨好唐玄宗。他知道唐玄宗喜欢边境将领报战功，就采取阴谋手段，诱骗平卢附近的少数民族首领和将士参加宴会。在酒席上用药酒灌醉他们，把兵士杀了，又把他们的首领割了头，献给朝廷报功。唐玄宗果然高兴，召安禄山到长安朝觐。

安禄山长得特别肥胖，凸肚子，矮个子，装出一副傻乎乎的样子。唐玄宗一见到他就乐了，指着他的肚子开玩笑说："这么大的肚子，里面装的什么东西？"安禄山不假思索地回答说："没有别的，只有一颗赤诚的心。"

唐玄宗更高兴了，封安禄山为郡王，还替他在长安造了一座华丽的府第，让杨贵妃把安禄山收做干儿子，亲热得像一家人一样。安禄山取得了唐玄宗和李林甫的信任，除了范阳、平卢两镇外，又兼了河东（今山西太原）节度使，控制了北方边境的大部分地区。

不久李林甫病死，杨贵妃的同族哥哥杨国忠凭着他的外戚地位，接任了宰相。杨国忠本来是个流氓，安禄山很瞧不起他。一次杨国忠向安禄山索取巨贿，被一口拒绝，而且对杨国忠也不维持应有的礼貌。杨国忠不能忍受这种轻蔑态度，决心打击他。

杨国忠不止一次对李隆基说，安禄山会谋反，可李隆基不相信。于是，杨国忠采取了"逼他反"的手段，派遣军队包围了安禄山在长安的住宅，逮捕他的宾客，全部处死，希望安禄山会有激烈的反应。安禄山果然震恐，随之愤怒起来，决定叛变。

天宝十四年（755 年），安禄山经过一番周密准备，决定发动叛乱。这时候，正好有个官员从长安到范阳来，安禄山假造了一份唐玄宗从长安发来的诏书，召集将士宣布说："接到皇上密令，要我立即带兵进京讨伐杨国忠。"

十五万步兵、骑兵在河北平原上进发，一路上烟尘滚滚，鼓声震地。中原一带已经有一百年左右没有发生过战争了，老百姓好几代没有看到过打仗，沿路的官员也是跑的跑，降的降。安禄山的叛军一直向南进攻，几乎没有遭到什么抵抗。

长安陷落

范阳叛乱的消息传到长安，唐玄宗认为是有人造谣，不相信。到后来警报一个个传来，他才慌了起来，立刻召集大臣商议。杨国忠得意扬扬地说："我早说安禄山要反，还不是被我说准了嘛。不过，陛下尽管放心。他的将士不会跟他一起叛乱。不出十天，一定有人把安禄山的头送来。"

唐玄宗听了这番话，安心了。但是，安禄山的头没到长安，叛军却长驱直入，渡过黄河，直接占领了洛阳，安禄山自称大燕皇帝。公元756年，安禄山向西进击，直逼潼关。

潼关是京城长安的门户，形势险要，道路狭窄。唐玄宗派大将哥舒翰带领重兵把守。叛将崔乾祐在潼关外屯兵半年，没法打进去。潼关的守军每天晚上在烽火台烧起一把火，作为平安的信号。关里的烽火台接到信号，也一座接一座放"平安火"，一直传到长安。

叛军攻不进潼关，但是关里的唐王朝内部却闹起矛盾来。哥舒翰主张坚守潼关，等待时机；郭子仪、李光弼也从河北前线给唐玄宗上奏章，请求引兵北上，攻打安禄山的老巢范阳。但是，宰相杨国忠却反对这样做。他想到重兵都掌握在哥舒翰手里，如果哥舒翰打胜了，回到长安，自己的宰相位子肯定就保不住了。于是，杨国忠天天在唐玄宗面前说潼关外的叛军已经不堪一击，哥舒翰守在潼关按兵不动，会丧失歼灭叛军的时机。唐玄宗听信杨国忠的话，接二连三派使者到潼关，逼哥舒翰带兵出潼关杀敌。

哥舒翰明知出关没有好处，但是没法违抗皇帝的圣旨，痛哭一场，只好带兵出关了。关外的叛将崔乾祐早已养精蓄锐，只等唐军出来。他派精兵埋伏在灵宝（今河南省西部）西面的山谷里。哥舒翰的二十万大军一出关，就中了埋伏，几乎被叛军打得全军覆没。叛军乘胜打进潼关，哥舒翰也被俘虏了。

潼关一失守，关内就无险可守。从潼关到长安之间的一些地方官员和守兵，都纷纷弃城逃走。烽火台上的"平安火"见不到了，唐玄宗这才感到形势危急，着急起来，要杨国忠想办法。杨国忠哪里想得出办法，只有劝玄宗逃走。

于是，唐玄宗、杨国忠带着杨贵妃和一批皇子皇孙，在将军陈玄礼和禁卫军的护送下，逃出了长安。一路上走走停停，第三天到了马嵬驿（今陕西兴平县西），随行的将士又饿又累，想到这一切都是受了奸相杨国忠的累，不肯再走，发生了哗变。

这个时候，有二十几个吐蕃使者拦住杨国忠的马，向杨国忠要粮。杨国忠还没来得及答话，周围的兵士已经嚷起来："杨国忠要造反了！"一面嚷，一面射起箭来。杨国忠慌里慌张想逃，几个兵士赶上去，把他的头砍了下来。

兵士们杀了杨国忠，情绪激昂，把唐玄宗住的驿馆包围了起来。唐玄宗听到外面闹哄哄的，问是怎么回事，左右太监告诉他，兵士们已把杨国忠杀了。唐玄宗大吃一惊，不得不扶着拐杖，走出驿门，慰劳兵士，要将士们回营休息。兵士们不理唐玄宗的话，照样吵吵嚷嚷，要求将杨贵妃处死。

唐玄宗怎么舍得杀这个宠爱的妃子呢？他低着头站了半晌，才说："贵妃住在内宫，怎么知道杨国忠谋反呢？"高力士知道不杀杨贵妃，不能平息兵士的气愤，就说："贵妃是没有罪，但是将士们杀了杨国忠，如果留着贵妃，将士哪会心安？希望陛下慎重考虑，将士心安，陛下也安全了。"

唐玄宗为了保自己的命，只好狠了狠心，叫高力士把杨贵妃带到别的地方，用带子勒死了。将士们听到杨贵妃已经被处死，总算消了气，撤围回营。

平定安史之乱

经过这场兵变，唐玄宗像惊弓之鸟一样，急急忙忙地逃到成都去了。太子李亨留下来主持朝政。李亨从马嵬驿一路收拾残余的队伍北上，在灵武（今宁夏灵武西南）继位，这就是唐肃宗，遥称唐玄宗为太上皇。

此时的安禄山虽然称帝，但他的集团内部矛盾重重，加上安禄山登上皇帝宝座后得了眼病，双目全盲，心情烦躁，动辄杀戮。最后，当他要杀掉他的长子安庆绪时，反被安庆绪杀死。安庆绪继帝位后，史思明屯驻范阳，拥有重兵，不听调遣。

唐朝趁机从陇右、河西、安西、西域等地陆续调集了十多万军队，又向回纥借兵四千人，唐肃宗以其子李豫为天下兵马元帅，以郭子仪为副元帅，率军一举收复了长安。

公元 759 年，史思明杀掉了安庆绪，在范阳称大燕皇帝。两年后，史思明大败李光弼率领的唐军，乘胜向长安进犯，可是在途中被其子史朝义杀死。史朝义在洛阳称帝后，叛军内部更加分裂，从此没有力量再向唐朝发动进攻。

公元762年，唐朝宫廷内发生政变，宦官李辅国杀死了张皇后，唐肃宗受惊而死。李辅国拥立太子李豫继帝位，即代宗。

唐代宗调集各路兵马，又向回纥借到一部分军队，以其子李适为天下兵马元帅，仆固怀恩为副元帅，率军收复了洛阳、河阳、郑州、汴州等失地。史朝义逃往河北，河北叛将见他大势已去，纷纷向唐朝投降。公元763年，史朝义在唐军打击下，穷蹙自杀。历时七年多的安史之乱至此结束，可唐朝的繁盛却一去不复返了。

刘晏改革

安史之乱后，唐王朝开始走向衰败，财政方面日渐紧缩。乾元元年（758年），唐肃宗李亨决定对长江、淮河流域和四川地区的富裕家庭强行征收财产税，同时批准各地对商人携带的价值超过一贯的货物征收关津通过税。与此同时，大规模出售道士、和尚、高级知识分子、官员的资格。但是，这些应急措施所带来的收入仍然不能为平息战争和对功臣的赏赐提供足够的经费，政府急需开辟新的财政来源。于是，一大批原来名不见经传的官员上台执政，其中最为著名的就是刘晏。

刘晏是曹州南华（今山东东明）人，字士安。开元十三年（725年）唐玄宗东封泰山，刘晏作为神童被地方举荐，作了一篇《东封书》，对玄宗封禅一事大加颂扬，因此得到玄宗的赏识，被称为“国之祥瑞”，封为秘书省正字，成为当时最年轻的政府官员，不过此后的官运却并不亨通。

唐代宗上台后，信任大臣元载，而元载过去是刘晏的老部下。面对当时繁杂的经济事务，元载想到了刘晏，保荐他担任户部待郎，并兼任度支、转运、盐铁、铸钱等使职，帝国的经济命脉一下子便归刘晏一手执掌了。

刘晏经过了几次官场沉浮，意识到自己在政府上层缺乏强有力的支持者，除了继续维持好与元载的关系外，他把眼光投向了当时权势熏天的程元振，送去不少礼物。

不幸的是，刘晏的赌注下错了。程元振在处理一次吐蕃入侵事件中表现得惊慌失措，被流放到江陵。元载不顾大臣们的反对，依然起用刘晏为河南、江淮以东转运使，全权负责当时对中央来说生死攸关的漕运。

也许是意识到了自己的政治才干不如元载，刘晏上任后，将政治上的抱负放到了次要地位，决心在经济工作中一展宏图。在元载的全力支持下，刘晏对漕运进行了全面彻底的整顿和改革，并很快就取得了令人震惊的成就，不但原来已经断绝的东路漕运得以恢复，而且在效率方面较之前代也大有提高。当他组织运输的第一批粮食运达长安时，代宗皇帝欢喜异常，组织了军乐队到东渭桥迎接运粮船队，又派宦官对刘晏进行慰劳表彰，将他比喻成西汉开国皇帝刘邦那个在后勤组织方面特别有天赋的助手萧何。

在继续做好漕运工作的同时，刘晏开始对食盐专卖制度作深力度的改革，以增加专卖收入。通过对食盐专卖各环节所作的明智变通，政府得自食盐专卖的收入在短短的几年间翻了十倍有余，由刘晏接管时的每年六十万贯猛增至大历末年的六百万贯。刘晏在经济工作中所表现出来的殚精竭虑不但获得了代宗和元载的赏识，也为他本人带来了巨大声誉，甚至宋代一贯对财政官员嗤之以鼻的司马光，也在他的著作《资治通鉴》中不惜大费笔墨对刘晏进行夸赞。

在户税的管理上，刘晏加重了官僚、寄庄户的户税，整顿了各种浮客户的户税，减轻了商贾的户税。地税和户税既扩大了征收面，又趋于合理负担，既加强了管理又增加了国家的财政收入，效果甚佳。

动乱中的政治角逐

在刘晏全力以赴于经济工作的同时，元载与宦官鱼朝恩的斗争进入了白热化阶段。很快，鱼朝恩的专权傲慢，使代宗对他起了杀机，与元载站在了同一条战线上。

出于对鱼朝恩所统领禁军的畏惧，元载直到在军事、人事上做出了一系列的安排后，才将自己处心积虑拟就的对付鱼朝恩的计划向代宗和盘托出。代宗于是安排了一场不怀好意的酒宴，一无所知的鱼朝恩欣然赴约，元载收买了鱼朝恩的亲信周浩，将鱼朝恩当场缢杀。

元载肃清了自己最大的敌人后，有些忘乎所以了，开始肆无忌惮地迫害仅仅被怀疑为对自己不忠诚的人，其中不乏代宗赏识之人。随着一批批的官员被清洗，代宗对元载的野心也认识得越来越清楚，但他还是很畏惧，情急无奈中，曾说了当时很著名的一句话："三品以上皆是贼。"并开始试图改变这种元载一手遮天的现状。

大历十二年（777年），代宗的舅父、统领宫廷禁军的吴凑发动突然袭击，带兵在元载的官衙将他抓获，押至万年县监狱中处死。刘晏负责主审此案，他曾请求皇上饶过元载，但其他官员一向对元载心怀不满，一番酷刑后，对元载仅仅想死得痛快点的愿望也不给以满足，在向元载口中塞入一双袜子后，才让元载在满嘴臭气中死去。同时被杀、被贬的，还有元载的诸多死党。

元载的亲信杨炎没有被杀，但也因而被贬，因此，他对刘晏深加怨恨。德宗继位后，由于刘晏长期掌管财政大权，许多朝臣都很妒忌他，就上奏书说转运使可以罢免，德宗又风闻刘晏秘密上奏劝代宗立独孤妃为皇后。杨炎任宰相后，一心想要为元载报仇，就在德宗面前不断进言，使刘晏被贬斥。不久，杨炎又通过一些人的诬告最终使皇帝处死了刘晏。

刘晏的家人被流放到岭南，他的几十个部下都受到不同程度的牵连而被贬官流放，刘晏被抄家时，全部财产不过书籍两车、米麦数斛（每斛十斗）而已。而在对刘晏的罪行上，却写有“按问赃贿，不知纪极”的罪名。

刘晏的被害在朝廷内外引起轩然大波，对于那些为刘晏鸣冤的人，杨炎都不放过，一律予以打击。由于不少手握重兵的节度使对中央随随便便杀害刘晏这样的重臣表示愤慨，杨炎只得派遣大批人员到各节度使那里做解释工作。为了推卸自己的责任，他说自己完全是秉承德宗的意旨所为。德宗不久就对此有所耳闻，也派亲信宦官到淄青节度使李正己那里核实。李正己本来就曾为刘晏遇害一事向杨炎率先发难，遇此良机自然大加利用，使德宗对杨炎起了杀机。公元 781 年，在德宗的支持下，杨炎被赶出京城到遥远的海南担任崖州司马，还未到达目的地，就被德宗派遣的宦官追上赐死。

唐朝就在这种不断的官场角逐中，陷入了更深的泥潭。

宦官专政

唐朝初年，宦官数量不多，地位也很低，更无权过问军政大事。这种情况，到玄宗时才发生显著变化。晚年的唐玄宗怠于政事，进奏的文表都先让宦官高力士审阅，小事就由高力士处理，大事才自己裁决。虽然高力士并不喜爱政治，但权势仍震慑朝野。连皇太子李亨都唤他“二哥”，公主、驸马都尊称他“老太爷”。唐玄宗还委派宦官监军、到藩国出使等重任。

安史之乱后，皇帝对将领们充满猜忌，开始信任宦官。唐肃宗时，用权阉李辅国掌禁军。德宗时，设立护军中尉二人、中护军二人，全以宦官充任，统率左右神策军、天威军等禁军。从此，宦官掌典禁军成为定制。

唐后期，顺宗、宪宗、敬宗皇帝皆死于宦官之手。从唐穆宗以后，唐朝的皇帝都是由宦官拥立的。这样一来，宦官的权力就更大了，连皇帝的命运都掌握在他们的手里。

唐文宗李昂（穆宗的儿子）继位的第二年，各地推荐的举人到京都应试。有一个举人叫作刘蕡，在试卷里公开反对宦官掌权，认为要国家安定，应该排斥宦官，把政权交给宰相，把兵权交给将帅。

这份考卷落在几个考官手里，考官们传来传去地看，赞不绝口，觉得不但文采好，而且说理精辟，是篇难得的好文章。但是到了决定录取的时候，谁也不敢表示态度，因为录取了刘蕡，就得罪了宦官，他们的位子也保不住。

结果，跟刘蕡一起来投考的二十二人都中了，刘蕡却落了选。刘蕡是大家公认的杰出人才，这次因为说了些正直话落选，大家都觉得委屈了他。

甘露之变

晚唐时期，虽然宦官专权，但被宦官所掌握的皇帝并不想任由宦官胡作非为。他们中还是有人想铲除宦官势力，重振当年祖上的荣光，唐文宗就是这样一位皇帝。

当时的朝臣中绝大多数都畏惧宦官，只求保身，不敢参与文宗诛杀宦官的计划。一次，唐文宗生了一场病，正好宦官头子王守澄手下有个官员叫作郑注，精通医道。王守澄把他推荐给唐文宗治病，文宗服了他的药，果然一天天好了起来。唐文宗很高兴，召见郑注，发现他口齿伶俐，像是个有才干的人，就不断提拔郑注，引为亲信。后来郑注又向文宗推荐了自己的朋友李训。郑注与李训很快倒向了文宗，文宗就将想诛灭宦官的心事密告李训、郑注，当时李训已任翰林学士、礼部侍郎同平章事（宰相），郑注任翰林大学士、工部尚书。李、郑都看到了诛杀宦官可能给自己带来的巨大影响，因而都表示愿意为文宗效力，积极地出谋划策。

李训任宰相后，紧锣密鼓地开始了一系列对策。首先开始整顿吏治，消除朝中的朋党之争。水火不容的两派首要李宗闵、李德裕等都被贬出朝廷，又大力提拔“新进孤立无党之士”。在对待宦官的策略上，李训则利用宦官之间的矛盾，分化瓦解。他先擢升一直被王守澄抑制的宦官仇士良为中尉，分去王守澄的权势。随后将王守澄不喜欢的宦官全部贬到外地为官。其实，作为同一类人，王守澄生怕同类分自己的权力，因而少有喜欢的宦官。而与王守澄有仇的韦元素和杨承和等实力派大宦官都被处死，由此还博得了王守澄的欢心。

经过一系列有预谋的计划后，王守澄被彻底孤立起来。李训见时机成熟，便让文宗逼王守澄喝毒酒自杀。曾经不可一世、人见人怕的大宦官王守澄就这样轻而易举地被除掉了。李训也因此而威望大增，“每进见，他宰相备位，天子倾意，宦官卫兵皆慴惮迎拜”。宦官们威风扫地，气焰大为收敛。

李训与郑注又密谋，打算彻底诛灭宦官。因为宦官手中握有军权，必须要掌握一定的军事力量，才有可能取得成功。于是，李训先让郑注出任凤翔节度使，执掌军队，以为外援。二人约定，在王守澄下葬时，命宦官中尉以下者全集中于浐水送葬。然后由郑注率亲兵将宦官全部诛杀。本来按照这个计划，成功的可能性相当大。但李训有较强的投机心理，他想要独占这种不世之功。于是，在没有通知郑注的情况下，李训临时改变了计划。他和宰相舒元舆，金吾将军韩约等人想出一计。

公元 835 年的一天，唐文宗上朝的时候，韩约上殿启奏，说禁卫军大厅后院的一棵石榴树上，昨天夜里降了甘露。天降甘露被认为是好兆头，李训当即带领文武百官向文宗庆贺，还请唐文宗亲自到后院观赏。

唐文宗命令宰相李训先去察看，李训装模作样地到院子里去兜了一圈回来说："我去看了一下，恐怕不是真的甘露，请陛下派人复查。"唐文宗又命令仇士良带领宦官去观看。仇士良叫韩约陪着一起去。韩约走到门边，神情紧张，脸色也发白了。仇士良觉得奇怪，问韩约说："韩将军，您怎么啦？"

正说着，一阵风吹来，吹动了门边挂的布幕。仇士良发现布幕里埋伏了不少手拿明晃晃武器的兵士，大吃一惊，连忙退出，奔回唐文宗那里。李训看到仇士良逃走，立刻命令埋伏的卫士赶上去。哪知仇士良和宦官们已经把文宗抢在手里，把他拉进软轿，抬起就走。李训赶上去，拉住文宗的轿子不放，一个宦官抢前一步，朝李训劈胸一拳，把他打倒在地。仇士良趁机扶着文宗的软轿，进内宫去了。李训预谋失败，只好从小吏身上讨了一件便衣，化装逃走。仇士良立即派兵出宫，大规模逮捕一些参加预谋的官员，把他们全都杀了。李训东奔西逃，走投无路，在路上被杀。郑注正从凤翔带兵进京，得到消息，想退回凤翔，也被监军的宦官杀死。

唐文宗和李训、郑注策划的杀宦官的计谋彻底失败，这次事变即被称作"甘露之变"，在这次事变后，受株连被杀的有一千多人。宦官们从此把唐文宗严密监视起来，唐文宗的日子更不好过，过了五年得病死去。仇士良立文宗的兄弟李炎继位，这就是唐武宗。而宦官则一直掌控着大权。

和亲回纥

安史之乱除了直接引起藩镇割据，更引起严重外患，使西域再度丧失。

安禄山兵变后，唐朝中央把西部边界属于陇右战区（今青海乐都）和河西战区（今甘肃武威）的军队，调往中原参战，边界等于没有防务。吐蕃王国抓住这个机会，于公元 763 年，沿着一千余千米的边境，发动全面总攻，唐军节节败退，河西走廊与中原之间的交通，被拦腰切断。

河西走廊和西域，最后终于全部沦入吐蕃王国和回纥汗国之手。西疆的防卫力量，经这次摧残，再无力振作。唐朝又陷于藩镇的混战，也没有力量西顾。吐蕃兵团经常长驱直入，在关中地区攻城略地，烧杀掳掠，过去繁华富庶的地方，变得一片荒凉。

公元 788 年，德宗李适采用宰相李泌以夷制夷的建议，把女儿咸安公主嫁给回纥汗国的天亲可汗。三年后，吐蕃军攻击灵州（今宁夏灵武），回纥出兵迎击，吐蕃遭到空前大败，天亲可汗把俘虏送到长安献捷。咸安公主在回纥生活了二十一年，经历了四位可汗，为回纥与唐朝的和平做出了极大贡献。

唐穆宗在位时，应回纥的请求，将自己的妹妹、唐宪宗的第十七个女儿太和公主下嫁，成为回纥崇德可汗的王后。

公元 825 年，崇德可汗去世，其弟彰信可汗继位。公元 832 年，彰信可汗去世，特勒可汗继位。太和公主先后成为彰信可汗和特勒可汗的王后。此后几年，回纥发生大灾难，先是连年饥荒，接着瘟疫大作，然后便发生了内乱。唐军趁机大败回纥军队，太和公主回到了故国。

当时的皇帝唐武宗李炎，以盛大的礼仪迎接公主归来，然而太和公主却换上囚服，痛哭流涕，自言辜负了朝廷的重托，没有尽到责任。唐武宗派人安慰公主，并晋封她为安定长公主。历经坎坷的太和公主终于回到了阔别近二十年的故国，然而因为在战乱中饱受屈辱和惊吓，在返回长安不久后便因病去世了。

朋党相争

在藩镇和宦官夹缝中，唐王朝的中央政府又出现了朋党斗争，这两个政客集团，一称“李党”，一称“牛党”。李党的重要人物有李德裕、李绅、郑覃；牛党重要人物有李逢吉、牛僧孺、李宗闵。李党多是世家士大夫，牛党则是寒门士大夫，出身平民。两派官员互相倾轧，争吵不休，一直闹了四十年，历史上把这种争吵叫作“朋党之争”。

这场争吵还是在唐宪宗在位时候开始的。一年，长安举行考试，选拔能够直言敢谏的人才。在参加考试的人中，有两个下级官员，一个叫李宗闵，一个叫牛僧孺。两个人在考卷里批评了朝政。考官看了卷子，认为这两个人符合选拔的条件，就把他们推荐给唐宪宗。

这件事让宰相李吉甫知道了，李吉甫是个士族出身的官员，本来就瞧不起科举出身的官员，现在出身低微的李宗闵、牛僧孺居然敢批评朝政，揭了他的短处，更加生气。他在唐宪宗面前说，这两人被推荐，完全是因为跟试官有私人关系。唐宪宗听信了李吉甫的话，把几个试官降了职，李宗闵和牛僧孺也没有受到提拔。

李吉甫死后，他的儿子李德裕依靠父亲的地位，做了翰林学士。那时候，李宗闵也在朝做官。李德裕对李宗闵批评他父亲这件事，仍旧记恨在心。

唐穆宗继位后，又举行进士考试。有两个大臣因为熟人应考，私下里托过考官，考官钱徽没买他们的面子。正好李宗闵有个亲戚应考，被选中了。这些大臣就向唐穆宗告发钱徽徇私舞弊。唐穆宗问李德裕是否有这么回事，李德裕回答是。结果唐穆宗把钱徽降了职，李宗闵也受到牵连，被贬谪到外地去。

从此以后，李宗闵、牛僧孺就跟一些科举出身的官员结成一派，李德裕也跟士族出身的官员结成一派，两下明争暗斗得厉害。

牛、李两派为了争权夺力，都讨宦官的好。到了唐武宗继位，李德裕当了宰相，竭力排斥牛僧孺、李宗闵，把他们都贬谪到南方去了。

公元846年，唐武宗病死，宦官们立武宗的叔父李忱继位，就是唐宣宗。唐宣宗在登基之日就对左右说："刚才靠近我身边的人是不是李太尉？他每次看我的时候，我都感到毛发耸立。"果然没过几天，李德裕即被罢相，然后一贬再贬。李党成员也被纷纷斥出，牛党却时来运转，一升再升。然而这时争了大半辈子的牛僧孺、李宗闵等，毕竟年事已高，虽得到升迁，却多数病死在途中。闹了四十年的朋党之争终于收场，但是混乱的唐王朝已经闹得更加不好收拾了。

黄巢起义

咸通十三年（873年），关东地区遇到了一场严重的旱灾，可唐朝廷依然催促地方上交赋税。濮州（今河南范县南）人王仙芝领导几千人在长垣（今河南长垣）起义，以天补均平大将军兼海内诸豪都统的名义传檄诸道，痛斥唐朝廷官吏"贪沓，赋重，赏罚不平"，深得人们的拥护。公元875年，王仙芝打下了濮州和曹州，队伍壮大到数万人。这时，黄巢率领数千人在冤句（今山东菏泽西南）起义，响应王仙芝。

黄巢和王仙芝两支起义队伍会合后，转战山东、河南一带，接连攻下许多州县，声势越来越大。唐王朝非常恐慌，命令各地镇压。但是各地藩镇都不愿意损伤自己的队伍，互相观望，使唐王朝束手无策。唐王朝看硬的不行，就采用软的手法。在起义军攻下蕲州（今湖北蕲春）的时候，派宦官来见王仙芝，封他"左神策军押牙兼监察御史"的官衔。王仙芝表示愿意接受任命。黄巢得知这个消息，气极了，带了一群将士冲到王仙芝那里，狠狠责备王仙芝，说："当初大家起过誓，要同心协力，平定天下，现在你想去当官，叫我们弟兄往哪里去？"王仙芝还想搪塞，黄巢抡起拳头，朝王仙芝劈头盖脸地打了过去，打得王仙芝满脸是血。王仙芝自知理亏，只好认错，把唐朝廷派来的宦官赶跑了。

经过这番波折，黄巢决定跟王仙芝分两路进军。王仙芝向西，黄巢向东。不久，王仙芝率领的起义军在黄梅（今湖北）被唐军打败，本人也被杀死。王仙芝失败后，起义军重新会合，大家推黄巢为王，称冲天大将军。

起义军在黄巢的带领下，一路上势如破竹，接连打下越州、衢州（今浙江衢县）；接着又劈山开路，打通了从衢州到建州（今福建建瓯）的七百里山路，经过一年多的长途跋涉，一直打到广州。

起义军在广州休整以后，岭南地区发生瘟疫，黄巢决定带兵北上。唐王朝命令荆南节度使王铎、淮南节度使高骈集合大批官军沿路拦击，被黄巢起义军一个个击破。起义大军顺利地渡过长江，吓得高骈推说得了中风症，躲进扬州城不敢应战。

起义军渡过淮河，向官军将领发出檄文，说："我们进攻京城，只向皇帝问罪，不关众人的事。你们各守各的地界，不要触犯我们的锋芒！"

各地将领接到檄文，害怕起义军，都想保存实力，不愿为唐王朝卖命的消息传到长安，唐僖宗吓得朝着大臣哭哭啼啼。

公元880年，黄巢带领六十万大军，浩浩荡荡开进潼关。潼关周围满山遍野，飘扬着起义军洁白的大旗，一眼望不到边。守潼关的官军还想顽抗黄巢亲自到阵前督战，将士们见了，一齐欢呼，声音在山谷间回响，震天动地。官军将士听了心惊胆战，哪敢抵抗，纷纷烧掉营寨，四下逃命。

起义军攻下潼关，唐王朝惊慌失措，唐僖宗和宦官头子田令孜带着妃子，逃到成都去了，来不及逃走的唐朝官员全部出城投降。

当天下午，黄巢坐着金色轿子，在将士的簇拥下，进入长安城。长安百姓扶老携幼，夹道欢迎。起义军大将尚让当场向大家宣布说："黄王起兵，本来是为了百姓，不会像姓李的（指唐朝皇帝）那样虐待你们，你们可以安居乐业了"。兵士们看到人群里的贫苦百姓，就把自己得到的财物散发给他们。

过了几天，黄巢在长安大明宫即位称皇帝，国号大齐。

起义军经过七年的斗争，终于取得了胜利。

但是，黄巢起义军长期流动作战，占领过的地方，都没留兵防守几十万起义军进入长安以后，四周还是官军的势力。没有多久，唐王朝调集各路兵马，包围长安。长安城里的粮食供应发生了困难。

黄巢派出大将朱温驻守同州（今陕西大荔），但是朱温却投降了唐朝。唐王朝又召来沙陀贵族、雁门节度使李克用，率领四万骑兵进攻长安。起义军遭到大败，只好撤出长安。

黄巢带领起义军撤退到河南，又遭到朱温、李克用的围攻。公元884年，黄巢在攻打陈州（今河南淮阳）失败之后，受到官军紧紧追赶，最后退到泰山狼虎谷，兵败自杀。

唐王朝走向末日

黄巢起义失败后，唐僖宗回到长安。这时候，各地藩镇在镇压黄巢起义的过程中，都扩大了自己的势力，成为大大小小的割据力量。其中最强大的，是河东节度使李克用和宣武（治所在今河南开封）节度使朱温。朱温自从背叛黄巢投靠唐朝后，唐僖宗给了他高官厚禄，还赏他一个名字，叫“全忠”。

当黄巢从长安退到河南的时候，兵力还很强，有一次。黄巢军攻打汴州，朱温向李克用求救。李克用打败了起义军，回到汴州，朱温假意殷勤招待，大摆酒宴，趁李克用喝得酩酊大醉的时候，派兵把驿馆团团围住，想把李克用害死。李克用靠几个亲兵拼命救出，才突围逃走。从此，李克用与朱温结下了冤仇，一直互相攻打。

唐僖宗病死后，他的弟弟唐昭宗李晔想依靠朝臣来反对宦官，结果都失败了。到了后来，宦官还把唐昭宗软禁了起来，打算另立新皇帝。这件事给野心勃勃的朱温一个好机会。朱温派出亲信偷偷溜进长安，跟宰相崔胤秘密策划，发兵杀了宦官头目刘季述，迎接唐昭宗复位。唐昭宗和崔胤还想杀所有宦官，另一些宦官就投靠另一个藩镇、凤翔节度使李茂贞，把唐昭宗劫持到了凤翔。崔胤向朱温求救，朱温带兵进攻凤翔，要李茂贞交出唐昭宗。李茂贞兵力敌不过朱温，只好投降。

朱温把唐昭宗抢了过来，带回长安。从此唐王朝政权就从宦官手里，转到了朱温手里。朱温掌了大权后，把宦官全部杀光，挟持唐昭宗迁都洛阳。离开长安的时候，朱温派人把长安的宫室、官府和民屋全部拆光，把材料运到洛阳，还逼迫长安的官吏、百姓一起搬到洛阳。

长安百姓扶着老人，拖着孩子，在兵士的驱赶下赶路，惨不忍睹。唐昭宗到了洛阳，还想秘密召各地藩镇来救他。但是还没有盼到，朱温已经动手把唐昭宗杀了，另立了一个十三岁的孩子做傀儡，就是哀帝。

宦官完了，皇帝也完了，留下的还有一批唐王朝的大臣。朱温手下的谋臣对朱温说：“你要干大事，这批人最难对付，他们平时自命清高，把自己称作‘清流’，应该把他们扔到浊流（指黄河）里去。”朱温依了他的话，在一个深夜，把三十多名朝臣集中起来杀掉，扔到了黄河里。

公元 907 年，朱温废了哀帝，自立为帝，改国号为梁，建都汴（今河南开封），史称后梁。统治了将近三百年的唐朝宣告结束。

五代十国：分裂割据纷争频仍

从公元907年朱温灭唐建立后梁到960年赵匡胤建立北宋，在这短短的五十四年间，中原大地相继出现了梁、唐、晋、汉、周五个朝代，史称后梁、后唐、后晋、后汉、后周。与此同时，在周边地区还相继出现了前蜀、后蜀、吴、南唐、吴越、闽、楚、南汉、南平（即荆南）和北汉十个割据政权，这就是中国历史上的“五代十国时期”。这一时期是中国古代第三次大分裂时期的序幕，是唐代藩镇割据的延续，也是由唐代大一统向北宋局部统一的过渡。

后梁开国与梁晋争霸

开平元年（907年）朱温废唐哀帝，自行称帝，改名为晃，建都开封，国号为“梁”，史称“后梁”，后人称为后梁太祖。自此唐朝结束289年的统治，中国进入五代十国的纷乱时期。

朱温在称帝前后，革除了一些唐朝积弊，奖励农耕，减轻租赋，基本上统一黄河中下游地区，与河东（今山西太原西南）的晋（李克用）、南方的吴、吴越、楚、闽、南汉、剑南的前蜀、凤翔的岐（李茂贞）、幽州的燕（刘守光）等政权并立。朱温虽然作了某些改革，但他残暴成性，战争中滥行杀戮，与据有太原的李克用、李存勖父子连年作战，使黄河两岸遭到严重破坏。

朱温篡唐后，很多藩镇均不承认后梁，仍用唐年号。次年（908年）蜀王王建也称帝，建立了前蜀。当时有些割据势力表示归顺后梁，朱温遂晋封湖南马殷为楚王，两浙钱镠为吴越王，广东刘隐为大彭王，福建王审知为闽王。后幽州刘守光称帝，建立燕国。连同后梁，十个割据势力并存。

在唐时，朱温就与另一个节度使李克用有恩怨，所以自建国起，后梁与晋王李克用、李存勖持续战斗，直至亡国。后梁建立后就发兵八万，打算收复被李克用占据的潞州，但围攻半年不下。次年初李克用死，李存勖继为晋王，亲率晋军为潞州解围，大获全胜。此后，在与晋的争斗中，梁多次战败，处于劣势。

乾化二年（912 年）二月，朱温亲统大军与晋争河北，得病返洛阳。六月，他的次子朱友珪发动政变杀掉朱温，自立为帝。913 年正月，改元凤历。二月，朱温第三子朱友贞发动洛阳禁军兵变，友珪自杀。此后，后梁内部分裂，内乱不断，国力进一步削弱。

公元 911 年，晋在柏乡（今属河北）决战中，大败后梁兵，接着攻占幽（今北京）、魏（今河北大名北）等州，取得河北。后梁龙德三年（923 年）四月，李存勖称帝于魏州，是为庄宗，改元同光，国号唐，史称后唐。十月，后唐庄宗李存勖攻入开封，末帝自杀。后梁亡。

先智后昏李存勖

攻灭后梁的李存勖是李克用的长子，幼时体貌出众，而且忠厚沉稳，喜欢独来独往，很受李克用的喜爱。十一岁时便跟随父亲出征作战，李克用对聪明出众的李存勖寄予了厚望。渐渐长大的李存勖几乎是文武全才，善于骑马射箭，又精通《春秋》，喜欢音乐，懂音律。

李存勖比起他的父亲来，谋略更胜一筹。在他的劝说下，李克用发兵解救幽州的刘仁恭，阻止了朱温势力的发展。此外，他还多次劝父亲注重军纪等。

李克用临死时，交给李存勖三支箭，嘱咐他要完成三件大事：一是讨伐刘仁恭（刘守光），攻克幽州（今北京一带）；二是征讨契丹，解除北方边境的威胁；第三件大事就是要消灭世敌朱温。他将三支箭供奉在家庙里，每临出征就派人取来，放在精制的丝套里，带着上阵，打了胜仗，又送回家庙，表示完成了任务。

李克用病死时，晋军与梁军对峙潞州，李存勖采用奇袭大挫梁军。得胜之后，李存勖回到了晋阳，开始了系统的整顿改革。整顿军队，严肃军纪，提高了战斗力；罢黜地方的贪官污吏；同时减轻人民的租赋税收。从此，河东地区民心依附，百姓开始安居乐业。所以他在和朱温的对抗中逐渐地占了上风。

公元 911 年，李存勖在高邑（河北高邑县）打败了朱温亲自统帅的五十万大军。接着，攻破燕地，将刘仁恭活捉回太原。九年后，他又大破契丹兵，将耶律阿保机赶回北方。经过十多年的交战，李存勖基本上完成了父亲遗命，于公元 923 年攻灭后梁，统一北方，四月，在魏州（河北大名县西）称帝，国号为唐，不久迁都洛阳，年号“同光”，史称后唐。

然而，李存勖称帝后，认为父仇已报，中原已定，不再进取，开始享乐。他自幼喜欢听戏看戏，此时，伶人受到皇帝宠幸，可以自由出入宫中和皇帝打打闹闹，侮辱戏弄朝臣，群臣敢怒而不敢言。有的朝官和藩镇为了求他们在皇帝面前美言几句，还争着送礼巴结。李存勖还用伶人做耳目，去刺探群臣的言行，置身经百战的将士于不顾，而去封身无寸功的伶人当刺史。李存勖还曾派伶人、宦官抢民女入宫，有一次，竟抢了驻守魏州将士们的妻女一千多人，搞得众叛亲离，怨声四起。

公元926年，李存勖听信宦官谗言，冤杀了大将郭崇韬。另一战功卓著的大将，也是李克用养子的李嗣源也险遭杀害。是年三月，李嗣源在将士们的拥戴下，率军进入汴京。被提拔为直御指挥使的伶人郭从谦趁军队都调到城外候命之机发动兵变，杀入宫内，在混乱中射死了前来带领侍卫抵抗的李存勖。李嗣源攻入洛阳，派人从灰烬中找到了李存勖的一些零星尸骨，葬于雍陵。李嗣源自己又当上了皇帝。

李嗣源继位后，改革弊政，政局出现了短暂的小安。但他年老多病，同时也猜忌大臣。李嗣源死后，937年一月，李嗣源的女婿石敬瑭勾结契丹攻入洛阳，后唐末帝李从珂自杀，后唐灭亡。

周世宗改革

契丹灭后晋，但很快就撤出了开封。这时，后晋大将刘知远在太原称帝，率军南下，很快收复了洛阳和汴京，并改国号为汉。刘知远只做了十个月皇帝就死了，他的儿子刘承祐继位以后，内部发生动乱。刘承祐嫌手下将领权力太大，秘密派人杀害大将郭威。这激怒了郭威，于是发动兵变。

公元950年，郭威推翻了后汉，被将士拥戴为皇帝，国号周，就是后周太祖。周太祖出身贫苦，也读过一点书，注意重用人才，改革政治。在他的治理下，五代时期的混乱局面开始好转。

周太祖去世后，他的养子也是内侄柴荣继承帝位，是为周世宗。柴荣年轻时曾随商人颉跌氏在江陵贩茶，对社会积弊有所认识。史载其“器貌英奇，善骑射，略通书史黄老，性沉重寡言”，柴荣在协助郭威处理军政时期，就展示了他出众的才华。

周世宗继位不久，北汉勾结契丹，联兵南下。周世宗亲自出征，打败了北汉的军队，获得大捷。战后，周世宗简选禁军骑、步诸军，将精锐者升为上军，羸弱者裁汰，革除了唐后期豢养冗兵的积弊。周世宗广泛收罗人才，继续推行改革。

政治上，澄清吏治，严明赏罚，惩治贪赃，倡导节俭，力戒奢华。经济上，鼓励逃户回乡定居，减免各种无名科敛，安抚流民，招民垦殖逃户田，编制《均田图》，派遣使者分赴各地均定田租，查实隐匿耕地，使之均摊正税，废除曲阜孔氏的免税特权，鼓励人们开垦荒田，把中原的无主荒田都分配给逃亡人户耕种，优待返回的逃户，并免收以前人民所欠的两税，取消了两税以外的苛捐杂税和一些徭役，动员民众兴修水利，疏浚漕运；停废敕额（朝廷给予寺名）外的大量寺院，敕额外僧尼一律还为编户，禁私度僧尼。此外，周世宗还倡导文治，他修订刑律、历法，考正雅乐，广搜遗书，雕印古籍。周世宗在政治、经济和军事上进行的相关改革，取得了一定的成效，连年战乱中终于出现了安定的局面。

显德二年（955 年），世宗采用王朴提出的“先易后难”的战略方针，致力于统一全国的大业，先出兵后蜀，收回四州。次年伐南唐，经三年苦战，收回淮南、江北的大片土地。显德六年（959 年）征辽，收回燕云十六州中的三个州，就在周世宗乘胜进取幽州的时候，他突患重病，被迫班师，六月驾崩，时年仅三十九岁。

世宗柴荣在政治、经济和军事上的改革及成就，为北宋统一全国奠定了基础。

北宋：外族威胁中的统一

中国在 11 世纪至 13 世纪发生了根本的社会变化。首先，文官政治取代了唐朝的以地方藩镇为代表的军人政治，受到儒家教育的文人担任政府高级行政官员；孟子以王道治国的思想第一次付诸实施。其次，宋朝在农业文明、城市文明和物质文明（如手工业）方面取得了很大的成就。农业技术的新发展，新土地的开垦，以及农作物产量的提高，奠定了宋朝经济繁荣的基础。城市商业和手工业得到了迅猛的发展，出现了以商人为代表的新富人阶层，促进了饮食文化、茶文化、建筑及居住文化的发展。因此，我认为宋朝是中国中世纪的结束和近代的开始。

——狄特·库恩（Dieter Kuhn，德国汉学家）

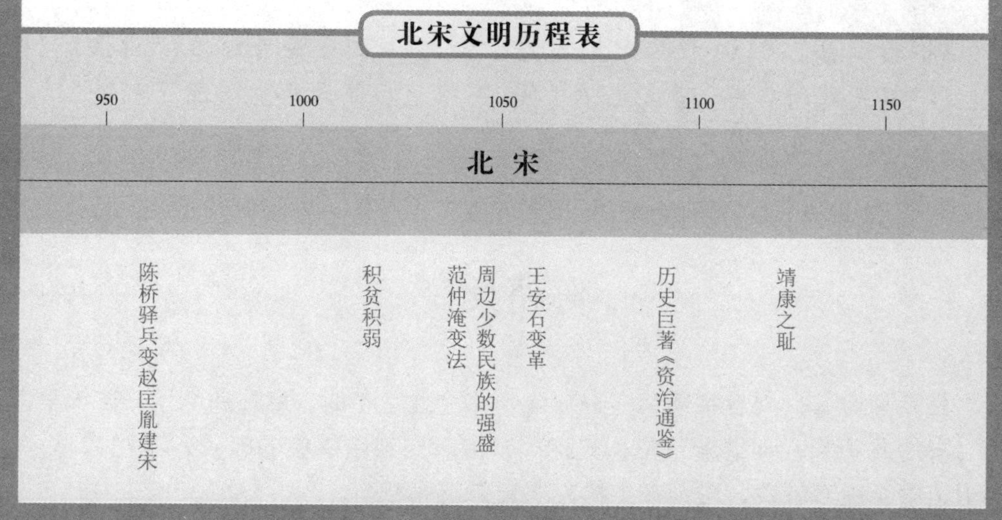

北宋中前期政治、军事

从公元960年后周大将赵匡胤发动陈桥兵变，建立宋朝，到1127年金兵攻破开封，将宋徽宗钦宗俘虏。这一阶段是中国历史上的北宋时期。

北宋建国后，宋太祖便着手统一全国，经过近二十年的兼并战争，基本统一了中原地区，从而结束了五代十国的纷争局面。

北宋前期，统治者鉴于唐末五代以来藩镇割据军人跋扈的历史，开始推行“重文抑武”的思想，逐步削弱武将兵权，降低武臣地位。同时，扩大科举考试录取名额，重用文人。这些措施尽管起到了加强中央集权的目的，但却是以削弱军队的战斗力为代价的。在同辽、西夏的战争中，宋军总是处于劣势，结果只能以巨额金银换取和平，加上军费开支庞大，北宋最终陷入积贫积弱的局面。为了摆脱困境，神宗任用王安石为相，推行新法，但由于保守势力过于强大，王安石两次推行新法，均以失败而告终。哲宗元祐年间，英宗皇后高氏彻底废除了新法，宋朝又恢复了原先的统治方式。至此，北宋开始走向衰亡。

陈桥兵变

公元959年，周世宗柴荣在进攻幽州（今北京）时，意外病倒了，英年早逝。他七岁的儿子柴宗训继承帝位，史称周恭帝。周恭帝继位的时候，年纪太小，由宰相范质、王溥辅政，殿前都点检赵匡胤掌握军权。

赵匡胤是周世宗手下的得力大将，南征北战，立下不少战功，他统率的禁军是后周一支最精锐的部队。

公元960年，后周朝廷正在举行朝觐大礼的时候，忽然接到边境送来的紧急战报，说北汉国主和辽朝联合，再次出兵攻打后周边境。范质、王溥马上派赵匡胤带兵抵抗。赵匡胤接到出兵命令，立刻调兵遣将，带着他的弟弟赵匡义和亲信谋士赵普，开拔到距京城二十里的陈桥驿，命令将士就地扎营休息。

大军刚离开不久，京城内就起了一阵谣传，说赵匡胤将做天子，这个谣言不知是何人所传，但多数人不信，朝中文武百官顿时慌作一团。

这时军营中也谣言四起。第二天，天刚亮，将士们就都闹哄哄地拥到赵匡胤住的驿馆。赵匡胤听得外面一片嘈杂的人声，刚打开房门，几个人就把早已准备好的一件黄袍，七手八脚地披在了赵匡胤身上，然后大伙跪倒在地上磕了几个头，高呼“万岁”。接着，又推又拉，把赵匡胤扶上马，请他一起回京城。

赵匡胤骑在马上，才开口说：“你们既然立我做天子，我的命令，你们都能听从吗？”将士们齐声回答说：“自然听陛下命令。”

赵匡胤就发布命令：到了京城以后，要保护好周朝太后和幼主，不许侵犯朝廷大臣，不准抢掠国家仓库。执行命令的将来有重赏，否则就要严办。

赵匡胤本来就是禁军统帅，再加上有将领们拥护，没有谁敢不听号令。到了汴京，又有石守信、王审琦等人做内应，没费多大劲儿就拿下了京城。

将领们把范质、王溥找来。赵匡胤见了他们，装出为难的样子说：“世宗待我恩义深重。现在我被将士逼成这个样子，你们说怎么办？”范质等见米已成粥，也只得向新皇上行礼。

周恭帝让了位，赵匡胤继位做了皇帝，国号叫宋，定都东京（今河南开封）。历史上称为北宋，赵匡胤就是宋太祖。

杯酒释兵权

宋太祖继位后不出半年，昭义节度使李筠和淮南节度使李重进就起兵反对宋朝。宋太祖亲自出征，费了很大劲儿，才把他们平定。为了这件事，宋太祖心里总不大踏实。有一次，他单独找赵普谈话，问他说：“自从唐朝末年以来，换了五个朝代，没完没了地打仗，不知道死了多少老百姓。这到底是什么道理？”赵普说：“道理很简单。国家混乱，毛病就出在藩镇权力太大。如果把兵权集中到朝廷，天下自然太平无事了。”

这件事让赵匡胤如梦初醒，过了几天，赵匡胤在宫里举行宴会，请石守信、王审琦等几位老将喝酒。酒过三巡，宋太祖命令在旁侍候的太监退出。他拿起一杯酒，先请大家干了杯，说：“我要不是有你们帮助，也不会有现在这个地位。

但是你们哪里知道，做皇帝也有很大难处，还不如做个节度使自在。不瞒各位说，自坐上这个位子，我就没有一夜睡过安稳觉。”

石守信等人听了十分惊奇，连忙问为什么。赵匡胤说：“皇帝这个位子，谁不眼红呀？”

石守信等听出话音来了，都跪在地上说：“陛下为什么说这样的话？现在天下已经安定了，谁还敢对陛下三心二意？”

赵匡胤摇摇头说：“对你们几位我还信不过？只怕你们的部下将士当中，有人贪图富贵，把黄袍披在你们身上。你们想不干，能行吗？”

石守信等听到这里，感到大祸临头，连连磕头，含着眼泪说：“我们都是粗人，没想到这一点，请陛下指引一条出路。”

宋太祖说：“我替你们着想，你们不如把兵权交出来，到地方上去做个闲官，买点田产房屋，给子孙留点家业，快快活活地度个晚年。我和你们结为亲家，彼此毫无猜疑，不好吗？”

石守信等齐声说：“陛下给我们想得太周到啦！”

第二天上朝，昨晚在皇宫喝过酒的大将每人都递上一份奏章，说自己年老多病，请求辞职。赵匡胤马上照准，收回了他们的兵权，赏给他们一大笔财物。

烛影斧声

宋太祖继位后，采取了一系列措施，击溃了后周残余势力李筠、李重进等的反抗，然后采取“先南后北”的统一中国的策略，先后攻灭了南平、湖南、后蜀、南汉、南唐等割据政权，同时又加强了对北方契丹的防御。在内部也进一步加强了中央集权，并采取积极措施恢复生产。宋初的经济得到了发展，但就在赵匡胤踌躇满志的时候，却突然在开宝九年（976年）十月的一个晚上驾崩了。第二天，他的弟弟赵光义继承了皇位，即历史上的宋太宗。对于宋太祖的死，《宋史·太祖本纪》上只有一段简略的记载：“癸丑夕，帝崩于万岁殿，年五十，殡于殿西阶。”但宋代的笔记野史上却有一些颇为离奇的记载。

相传在赵匡胤去世的当晚，曾召时任开封府尹的弟弟赵匡义入宫，兄弟二人独自酌酒对饮，商议国事。室外的宫女和宦官在烛影摇晃中，远远看到赵匡义时而离席摆手后退，时而又见赵匡胤手持玉斧戳地，“嚓嚓”的斧声清晰可闻。

两人饮酒直至深夜，赵匡义才告辞出来，赵匡胤睡下。然而次日凌晨，突然传出赵匡胤的死讯，皇后立即命宦官王继恩去召皇子赵德芳入宫，然而王继恩却将赵匡义请了来。皇后心知不妙，只得哭喊道："我们母子性命都托付于官家了。"官家是对皇帝的称呼，皇后这样说，也就表示承认赵匡义做皇帝了。赵匡义也伤心流泪，说："共保富贵，不用担心。"两天后，赵匡义登基为帝。

赵匡胤以五十岁的盛年逝世，而且是突然死去，本就容易令人起疑。再加上赵匡义在赵匡胤死的当晚与之单独相处，又抢在赵德芳之前登基，留下了许多令人不解的疑团。

为了显示自己继位的合法性，赵匡义抛出了其母杜太后的遗命，即所谓的"金匮之盟"。说是杜太后在临终之际，曾召赵普入宫记录遗命。杜太后当时问赵匡胤何以能得天下，赵匡胤说是祖宗和太后的恩德与福荫。太后却说："错了，若非周世宗传位给幼子，主少国疑，你怎能取得天下？你当吸取教训，他日帝位先传匡义，匡义再传匡美，匡美传于德昭，如此，则国有长君，是社稷之幸。"赵匡胤于是泣拜接受教训，杜太后便让赵普将遗命写为誓书，藏于金匮之中。然而，这个"金匮之盟"是在赵光义继位五年以后才公布出来，因此，关于赵匡义继位一直流传着各种各样的猜疑。

统一中国

宋帝国稳固了内部后，即着手统一中国。因为北方辽国的势力很大，赵匡胤和赵普制订了先南后北的计划，花了近十年时间，先后出兵消灭了南平、后蜀、南汉。这样，南方的割据政权只留下南唐和吴越两国。

南唐是"十国"中最大的一个割据政权，加上土地肥沃，战乱不像中原那样频繁，所以经济繁荣，国家富裕。南唐的最后的一个国主李煜，史称李后主，是一个著名的词人，对诗词、音乐、书画都十分精通，可就是不懂得处理国事。

北宋建国后，李煜每年向北宋进贡大量金银财宝，想维持他的地位。后来看到宋朝接连消灭了周围三个小国，才着慌起来，表示愿意取消南唐国号，自己改称"江南国主"。但是这一点小小让步，根本不可能改变赵匡胤统一中国的决心。

公元 974 年，赵匡胤派大将曹彬、潘美带领十万大军，分水陆两路攻打南唐。由于被辽阔的江面挡住了进军的道路，宋军开始赶造浮桥。

这个消息传到南唐的国都金陵（今江苏南京），李后主问大臣该怎么办，大臣说："自古以来，没听说搭浮桥过江的，一定办不成！"李后主听了哈哈大笑，说："我早说他们是小孩子闹着玩罢了。"

三天后，宋军搭好浮桥，一举跨过了长江，十万宋军很快打到了金陵城边。这时候，李后主还在宫里跟一批和尚道士诵经讲道，浑然不知宋军已到了城外。

等到发现了宋军，李后主连忙调动驻守上江的十五万大军来救。兵到皖口，受到宋军两路夹攻。南唐军放火烧宋军，哪知正碰到起北风，反烧了自己，全军覆没。

李后主投降后被押到东京汴梁，宋太祖对他还比较优待。但是李后主从一个尽情享乐的国君变成一个亡国的俘虏，心里十分辛酸，每天流着眼泪过日子。他本来是写词的能手，在这段时期里，写下了“问君能有几多愁，恰似一江春水向东流”的词句。这首词让后来继位的宋太宗赵匡义心里很不舒服，怀疑李后主还想复辟南唐，就把他毒死了。

公元 978 年，割据漳、泉二州的陈洪进和吴越的钱祐看到南唐灭亡，相继归附了宋朝，南方的割据政权全被消灭。

雍熙北伐

赵匡胤在统一了中国南方后，马上出兵攻打北汉都城太原。北汉请辽朝出兵援助，宋军吃了败仗。公元 979 年，宋太宗亲率大军出征北汉，把“十国”中的最后一国灭掉，消除了五代十国分立割据的局面。

宋太宗灭了北汉，想乘胜攻打辽朝，收复北方失地。宋军攻势凌厉，北方有几个州的辽朝守将纷纷投降。宋军在打到幽州（今北京）时，辽朝大将耶律休哥带领援兵赶到，双方在高梁河（今北京城西）大战，宋兵惨败。宋太宗乘了一辆驴车，狼狈地逃回东京。

从那以后，辽军不断袭击宋朝边境。宋太宗十分担心，就派杨业为代州刺史，扼守雁门关。雁门关在杨业的把守下，坚若磐石，辽军多次进攻都被击退。

不久辽景宗耶律贤死去，继位的辽圣宗耶律隆绪才十二岁，由他的母亲萧太后执政。这时有边将向宋太宗上奏章，认为辽朝政局变动，正好趁这个机会收复燕云十六州。宋太宗接受了这个意见，在公元 986 年，派曹彬、田重进、潘美率领三路大军北伐。这一年，宋太宗的年号是雍熙，史称“雍熙北伐”。

三路大军分路进攻，旗开得胜。潘美和杨业并为一路人马，出了雁门关，很快就收复了四个州。但是曹彬率领的东路军主力因为孤军深入，被辽军杀得大败，宋太宗赶快命令各路宋军撤退。

潘美、杨业在掩护军民撤退的途中，监军王侁命令从大路行军，不同意杨业在小路伏击辽军、掩护撤退的方法，主将潘美也支持王侁的主张。杨业无可奈何，只好带领手下人马出发了。临走的时候，他流着眼泪对潘美说："这个仗肯定要失败。我本来想看准时机，痛击敌人，报答国家。现在大家责备我避敌，我不得不先死。"

接着，他指着前面的陈家峪（今山西朔县南）对潘美说："希望你们在这个谷口两侧，埋伏好步兵和弓弩手。我兵败之后，退到这里，你们带兵接应，两面夹击，也许有转败为胜的希望。"

杨业出兵没有多远，果然遭到辽军伏击，杨业抵挡不住，只好一边打一边后退，把辽军引向陈家峪。到了陈家峪，只见两边静悄悄的，连宋军的影儿都没有。

原来杨业走后，潘美也曾经把人马带到陈家峪。等了一天，听不到杨业的消息，王侁认为一定是辽兵退了，怕杨业抢了头功，催促潘美把伏兵撤去，离开了陈家峪。等到他们听到杨业兵败，又从另外一条小道逃跑了。

杨业兵败被俘，绝食了三天三夜，牺牲了。宋太宗丧失了一名勇将，把潘美降了职，王侁革职查办。但宋辽之间的对峙从此转变，宋朝由攻转守，再无力主动发起北伐，辽朝掌握了军事上的主动权。

澶渊之盟

宋太宗死后，儿子宋真宗赵恒继位，有人向宋真宗推荐寇准，说他忠于国家，办事有决断。寇准在宋太宗时期曾经担任过高官，因为得罪了一些权贵人物，被排挤到地方做了知州。宋真宗看到边境形势日益紧急，于是接受了大臣的推荐，把寇准召回京城。

公元 1004 年，辽朝萧太后和圣宗耶律隆绪亲自率领二十万大军南下，前锋直达澶州（今河南濮阳）。寇准劝宋真宗带兵亲征，宰相王钦若和大臣陈尧叟却暗地里劝真宗逃跑。王钦若是江南人，主张迁都金陵（今江苏南京）；陈尧叟是蜀人，劝真宗逃到成都去。

宋真宗犹豫不决，只得让寇准拿主意。寇准一听迁都的建议，就知道是王钦若和陈尧叟搞的鬼，声色俱厉地说："这是谁出的好主意？出这种主意的，应该先斩他们的头！皇上亲自带兵出征，可以鼓舞士气，一定能打退辽兵。如果南逃，人心动摇，敌人就会乘虚而入，国家就保不住了。"

宋真宗听了寇准一番话，也壮了胆，决定亲征，由寇准随同指挥。

这时候，辽军已经三面围住了澶州。宋军在要害的地方设下弩箭，辽军主将萧挞兰带了几个骑兵视察地形，正好进入宋军伏弩阵地，弩箭齐发，萧挞兰中箭丧命。

澶州城横跨黄河两岸。宋真宗在寇准、高琼等文武大臣的护卫下，渡过黄河，到了澶州北城。这时候，各路宋军也已经集中到澶州，将士们看到宋真宗的黄龙大旗，士气高涨，欢声雷动。

辽军主将一死，萧太后又痛惜又害怕；又见宋真宗亲自率兵抵抗，觉得宋朝不好欺负，就有心讲和了。

辽国坚持要索回被后周帝国夺取的瓦桥关（今河北雄县）以南的“关南地区”，包括莫州（今河北任丘）、瀛洲（今河北河间）。宋真宗不肯接受，他希望的是没有损失的和平。但是辽国后卫部队已对莫、瀛二州开始猛烈攻击，危在旦夕，如果陷落，辽国的条件势必更加苛刻。于是宋真宗表示，关南地区不可以割让，但宋国愿每年向辽国进贡，作为补偿。于是宋辽双方正式达成和议，宋朝每年给辽朝绢二十万匹，银十万两，称“岁币”；北宋与辽朝确立为叔侄关系；双方开放边境贸易等。历史上把这次和议叫作“澶渊之盟”。

这次合议，对宋辽双方都有一定的积极意义。对于北宋来说，以一定“岁币”换得北宋幽燕地区的和平，可以将主要的精力实力放在内政建设和西北的战事上（西夏）。对于辽来说也是一个很合适的条约，当时的辽内部暗流涌动，及时从南方宋政权的纠缠中脱身是明智之举。从整个中华民族发展的历史来看，“澶渊之盟”结束了辽宋之间几十年的战争，使此后辽宋边境长期处于相对和平的状态，有利于边境地区的生产和发展。宋辽两国自此一百多年内没有发生大的战斗，使沉沦在混战中二百多年的黄河以北的人们，初次得到了安定。

狄青征战西夏

宋辽进行战争的时候，长期在中国西部发展的党项族强大起来，他们建立了自己的政权——大夏，北宋称其为西夏。

西夏在国王李元昊时期，经济得到了较快的发展，他还采取了联辽抗宋的战略，不断入侵宋边境。夏宋之间的战争持续不断，西夏严重威胁着北宋王朝，无良将可用的宋仁宗急需杰出的军事将领。这时，普通士兵出身的狄青进入了求贤若渴的仁宗的视野。

狄青家世代为农，入伍后即参加了对西夏的战斗。当时宋军常打败仗，士兵更是士气低落，而狄青每次作战却都身先士卒。他总是披散头发，戴着铜面具，手持利刃冲入敌阵，往往所向披靡。在对西夏战争的四年中，狄青经历大小二十五战，身上留下了八处大伤痕。因作战英勇，得到了当时主持西北战事的韩琦和范仲淹的赏识，范仲淹还送给狄青一部《春秋左传》，说："将领若不知天下古今之事，顶多只是匹夫之勇。"狄青自此潜心苦读，研习历代将帅兵法。

宋仁宗从范仲淹的口中听说过狄青，打算召他进京。但前线战事紧迫，狄青离不开，仁宗于是就让他画出作战地图送至京师。狄青是士兵出身，脸上有从军时的刺字，仁宗曾下诏让他将脸上的刺字印记用药除去，狄青却说："陛下以功擢臣，不问门第，臣所以有今日，是因为有这印记，臣愿意留着印记，用以激励军心，所以不敢奉诏。"仁宗因此更加器重和信任这名爱将。

由于狄青勇猛善战，屡建奇功，所以升迁很快，几年之间，历官泰州刺史、惠州团练使、马军副部指挥使等，皇祐四年（1052 年）六月，推枢密副使。宋夏议和后，狄青又受命平定了广西的叛乱。

此时，狄青的声望达到顶峰，然而，宋自开国以来，一直极力压低武将地位。从宋太祖的"杯酒释兵权"，分割禁军统帅权力，到实行"更戍法"，使兵不知将，将不知兵，直至发展到凡将帅出征，要由朝廷授以阵图、训令，将帅只能按图作战的荒唐地步。在这样的政治环境中，随着狄青官职的升迁，朝廷对他的猜忌，疑虑也在逐步加深。就连原来屡屡称颂狄青战功，誉之为良将的庞籍、欧阳修等人也极力反对任命狄青。

嘉祐元年（1056 年）八月，仅作了四年枢密使的狄青终于被解除职务，出知陈州，但因无过，被加同中书门下平章事（即宋代的宰相）衔。不到半年，狄青就发病郁郁而死，年仅四十九岁。

狄青的遭遇是宋王朝重文轻武的国策的缩影，这种政见使得北宋在后来的对外战争中，一直处于被动的地位。

王安石变法

宋神宗继位后，对宋初积弱的政治现状非常不满，决心做一番变革。这时候北宋的统治面临一系列危机，军费开支庞大，官僚机构臃肿而政费繁多，加上每年赠送辽和西夏的大量岁币，使北宋财政年年亏空，据《宋史·食货志》记载，至治平二年（1065 年）亏空已达 1570 多万。广大农民由于豪强兼并，高利贷盘剥和赋税徭役的加重，屡屡暴动反抗。值此内外忧患，财政困乏之际，神宗没有气馁，力图"思除历世之弊，务振非常之功"，表现出"励精图治，将大有为"，"奋然将雪数世之耻"的政治气概。他身边的官员韩维便推荐了王安石。

王安石是抚川临川(今江西抚州西)人。宋仁宗曾调他到京城当管理财政的官，他一到京城，就向仁宗上了一份万言书，提出他对改革财政的主张。当时宋仁宗刚刚废除范仲淹的新政，一听到要改革就头疼，根本没理王安石。

这一回，王安石接到宋神宗召见的命令，又听说神宗正在物色人才，改革朝政，就高高兴兴应召上京了。一到京城，宋神宗果然召他单独进宫谈话。王安石趁机提出了改革的主张。公元 1069 年，宋神宗把王安石提升为宰相，进行变法改革。这场改革发生在熙宁年间，因此也叫“熙宁变法”。

王安石变法的主要内容是：

一、青苗法：在每年青黄不接之际，将官仓里的存粮贷给农民，减少高利贷的盘剥，又使官仓存粮“新陈相易”。

二、农田水利法：政府鼓励地方兴修水利，开垦荒地。

三、免役法：官府的各种差役，民户不再自己服役，改为由官府雇人服役。民户按贫富等级，交纳免役钱，原来不服役的官僚、地主也要交钱。这样既增加了官府收入，也减轻了农民的劳役负担。

四、方田均税法：为了防止大地主兼并土地、隐瞒田产人口，由政府丈量土地，核实土地数量，按土地多少、肥瘠收税。

五、保甲法：政府把农民按住户组织起来，每十家是一保，五十家为一大保，十大保为一都保。家里有两个以上成年男子的，抽一个当保丁，农闲练兵，战时编入军队打仗。

王安石的改革面比范仲淹大多了，因此遭到更多地主、贵族的反对，其中最著名的反对派代表就是司马光，他认为祖宗所制定的法律规章，是绝不能有任何改变的。

公元 1074 年，河北闹了一次大旱灾，农民到处逃荒。一些官员趁机进言，说旱灾是王安石变法造成的，要求神宗把王安石撤职。神宗的祖母曹太后和母亲高太后也在神宗面前哭哭啼啼，诉说天下被王安石搞乱了，逼神宗停止新法。

宋神宗本来在众多的反对声中就已是勉强支持了，这次只好妥协，让王安石暂时离开东京，到江宁府去休养。

第二年，宋神宗又把王安石召回京城当宰相。刚过了几个月，天空出现了彗星。彗星也叫扫把星，在当时被认为是不吉利的预兆。宋神宗慌了，要大臣对朝政提意见。一些保守派又趁机攻击新法。王安石迫不得已，再一次辞去宰相职位，回江宁府去了。

王安石走后，他的助手吕惠卿继续主政，然而不久即被攻击去职，只靠宋神宗一人坚持新法。公元 1085 年，宋神宗去世，十岁的儿子赵煦继位，是为哲宗，由祖母高太皇太后临朝执政。这位老太后立即召回被贬到洛阳的司马光担任宰相，变法立即停止，所有的新法全部撤销，一切恢复原状，王安石变法宣告失败。

宋哲宗元祐八年（1093 年），在宣仁太后主导下，致力于恢复祖宗旧制，前后历时九年。支持变法者被称之为“元丰党人”，反对变法者被称之为“元祐党人”。从此宋朝变法派与守旧派互相打击，朝政陷入了党争的泥沼，不可自拔。

宋哲宗亲政

高太后垂帘时，新政被废，新党被排挤，蔡确也被贬到了陈州。蔡确在安州游车盖亭时，写下了《夏日游车盖亭》十首绝句，诗被与蔡确有过节的吴处厚所得。吴处厚曾在蔡确手下为官，希望他推荐自己，但被蔡确拒绝了，由此怨恨不已。吴处厚拿着蔡确的诗，说诗中将高太后比作武则天。高太后怒不可遏，将蔡确贬到新州。

车盖亭诗案一翻开，马上不可收拾，旧党利用高太后对蔡确的不满，捕风捉影，对整个新党进行一次次斩草除根式的清算。在蔡确被贬到新州时，旧党将司马光、范纯仁和韩维誉为“三贤”，将蔡确、章惇和韩缜斥为“三奸”。他们将王安石和蔡确亲党名单张榜公布，以示警告，新党几乎都被降官贬斥。司马光的同僚及追随者们在高太后的支持下，欲给新党以毁灭性的打击。

哲宗亲政后，马上召回了章惇、蔡卞、黄履和张商英等新党。章惇等人曾是神宗变法时的重要人物，在经历了旧党的残酷倾轧后，他们与亲政的哲宗一样，都有着强烈的报复心理。

一次，章惇与苏轼外出游玩，走到一个深潭边，见潭下临万仞绝壁，有根木头横在上面。章惇请苏轼到绝壁上去题字，苏轼见绝壁下深不见底，当即摇头。章惇却从容地吊下绳索攀着树下去，在壁上大书：“苏轼章惇来。”上来后面不改色，神采依旧。苏轼拍拍他的肩膀说：“君他日必能杀人，能自判命者，能杀人也。”章惇听罢哈哈大笑。

章惇返回朝廷后，决心变本加厉地对旧党进行报复，在哲宗的支持下，将旧党的主要人物吕大防、刘挚、苏轼、梁焘等人都贬到岭南，对已故的司马光等人追贬或削夺恩封。绍圣初年，每逢郊祀大礼，朝廷都要颁布大赦诏令，通常连死囚都会被免去死刑。有大臣请示哲宗，可否赦免贬谪的旧党官员，哲宗回答得极为干脆：“决不可以。”彻底宣判了旧党的死刑。

内忧外患，北宋灭亡

由于北宋官吏的腐败，迫使人民纷纷起兵反抗。北宋前期的王小波、李顺起义就曾经对其统治造成了严重的威胁。至北宋末年，又出现了方腊、宋江等人的起义。

与此同时，北方的强国辽已经被女真族建立起来的金所消灭。金灭辽后，继而把矛头直指北宋的统治。公元1125年2月，金以宋朝破坏与其定下的共同对辽的协议为名，大举出兵侵宋。宋朝的局面大乱，徽宗迫不得已将皇位让于太子赵桓，是为宋钦宗。金兵直迫宋都开封，宋徽宗逃至金陵（今江苏南京）。北宋军队在丞相李纲的指挥下，击退了金军，暂时制止了金国的南侵。

但由于徽、钦二帝软弱无能，一心想和金国求和，他们先后答应割地赔款给金国，又罢免了李纲等忠臣，使得金兵更加肆无忌惮。公元1127年，金军又一次攻打开封，并掠去徽、钦二帝及大量财物。至此，北宋王朝宣告灭亡。

蔡京专权

在北宋末期，保守派与变法派党争非常剧烈，变法派中的干将蔡京迅速崛起。

蔡京天资聪明，据说有过目不忘的本事，而且练就了一手好书法。王安石变法时期，蔡京得中进士，步入仕途。此后，蔡京展示自己的能力，数次升迁，得到王安石的重用。

然而，宋神宗死后，高太后临朝听政，司马光出任宰相，尽复旧人旧法，对新人新法一概排除，蔡京这个王安石变法的得力干将，成了被打击的主要对象。哲宗亲政后，开始起用变法派，但因新旧党争反复不已，难于取得明显成效。宋徽宗继位后，有意修熙丰政事，继续推行新法。

此时被外放的蔡京竭力讨好奉宋徽宗之命来江南搜集民间书画和奇巧之物的宦官童贯，还将自己画的屏风、扇面等物送给童贯，让他献给徽宗。童贯对蔡京的字画也非常欣赏，便每天派使者送一幅到京城，还附上一些吹捧之词。宋徽宗本身也是爱好书法绘画的，对蔡京的书法赞赏不已，决定重新起用蔡京。

蔡京几经起落，一到朝廷，就投宋徽宗所好，经常进奉自己的字画博取徽宗的欢心。经过蔡京不断的献媚和取悦，宋徽宗最终决定拜蔡京为右相，一年后，又拜为左相。蔡京掌权后，荐引党羽，排斥异己，大肆专权。蔡京的弟弟蔡卞，一直在政治上坚持追随岳父王安石，渐有担任宰相的意图，但后起的蔡京一日千里，抢在自己前面担任了首辅，他对此懊恼万分。兄弟二人不时因政事发生争执。一次，蔡京请求任命童贯为制置使，蔡卞反对，说不能任用宦官担当边防大吏。蔡京于是给弟弟加上一个“诋毁”的罪名，把蔡卞赶到河南做府尹去了。

蔡京专权日久，宋徽宗也不是不知道，他任用蔡京主要是因为蔡京能将自己的腐化生活安排得十分周到。当初宋徽宗还是端王的时候，有个叫郭天信的人预言端王当富有天下，贵为天子。待到宋徽宗继位，郭天信便因预言被验证而得宠。他每次上奏天子时，必定要通过陈述来动摇蔡京的地位。一次，郭天信秘密禀告说日中有黑子，并且连续禀告数次，宋徽宗十分恐惧，开始怀疑蔡京。正好御史中丞石公弼、殿中侍御史张克公屡屡揭发检举蔡京的罪恶，宋徽宗借此机会，将蔡京罢官。

蔡京被贬不到两年，宋徽宗又将他召回了京师。蔡京担心言官攻击自己，便事先做御笔秘密进献，请皇帝亲笔书写下达，称为“御名手诏”，如有违背者便按违背皇帝之命论罪。

蔡京自应召回京后，不但进献奇珍异宝，还大兴土木，任意更改官名。结果弄得官名混杂，人浮于事。政和六年（1116 年），宋徽宗诏令恢复蔡京的相位，总理尚书、中书、门下三省事务。蔡京再次成为政坛上的风云人物，蔡家人也跟着鸡犬升天，个个身居显位，就连杂役也身居大臣。

方腊起义和宋江起义

花石纲指专门运输奇花异石以满足皇帝喜好的一种运输交通名称，宋代陆运、水运各项物资大都编组为“纲”。在宋徽宗时，蔡京、童贯为徽宗搜罗花石，把东南一带闹得昏天黑地，出产花石多的地方，百姓遭殃也重。睦州青溪（今浙江淳县）出产各种花石竹木，朱勔的应奉局常常派人到那里搜刮。

当地有个叫方腊的人，家里有个漆园，平时靠这个园里的出产来度日。自从朱勔办了花石纲以后，方腊家经常遭到勒索，简直就活不下去了。方腊恨透了那些官府差役，决心造反。

公元 1120 年，方腊打起杀朱勔的旗号，发动起义。方腊自称“圣公”，追随他的将士们戴着各色头巾作为标志。青溪附近的百姓都被花石纲害苦了，纷纷响应方腊起义军。没到十天，起义军就聚集了几万人马。

当地官军派兵镇压，结果被起义军打得落花流水。起义军乘胜攻进青溪县，赶跑了那儿的县官。接着，又接连打下了几十座县城，很快打到了杭州。

宋徽宗听说方腊造反，赶忙派童贯带领十五万官军到东南去镇压起义。童贯到了苏州，知道花石纲引起的民愤太大，就用宋徽宗的名义下了一道诏书，承认错误，并且撤销了专办花石纲的“应奉局”，把朱勔撤职。

东南的百姓看到朝廷取消了花石纲，罢免了朱勔，总算出了一口气。童贯利用这个间隙，集中各路大军进攻，方腊不得不退回青溪，据守在山谷深处的帮源洞。官军不知道山路，没法进攻，这时起义军里出了奸细，给官军引路。方腊没有防备，兵败被俘，押解到东京后被杀。

方腊起义失败后，宋徽宗立即恢复了苏杭“应奉局”，并在开封重新设置了“应奉司”，加紧搜刮“四方珍异之物”，宫殿、园林等巨大土木工程也照旧进行。

几乎与方腊起义同时，北方的宋江等三十六人也从河北起兵。宋江起义军正式宣布起义后不久，就离开了梁山泊，转战于山东青、齐与河南、河北一带，史书记载说：这支起义军“横行河朔、东京，官兵数万，无敢抗者”。约两年后，到宣和三年（1121 年）二月，宋江义军从江苏沭阳乘船进攻海州（今连云港），被海州知州张叔夜所派的伏兵包围，损失惨重，退路又被切断。在这走投无路的情况下，宋江不得不率众投降，接受朝廷招安，成为宋朝官军中的一部分。到了元朝末年，小说家施耐庵以宋江起义为原型，加工写成了长篇小说《水浒传》。

金国的崛起

中国东北部的女真族，长期以来一直附属于契丹族，其中居住西南部的编入契丹户籍，称为熟女真；居住东北部不编入户籍的，称为生女真。生女真人数最多，包括几十个部落，其中完颜部最大。

公元 1112 年的春天，辽国天祚帝耶律延禧到东北春州（今属吉林）巡游，兴致勃勃地在混同江（今松花江）捕鱼，并且命令当地的女真各部酋长都到春州朝见。

按照当地风俗，在每年春季最早捉到的鱼，要先给死去的祖先上供，并且摆酒宴庆祝。辽天祚帝便在春州举行了头鱼宴，请酋长们喝酒。天祚帝几杯酒下肚，有了几分醉意，叫酋长们给他跳舞。那些酋长虽然不愿意，但是不敢违抗命令，就挨个儿离开座位，跳起舞来。

接下去轮到一个青年人，他神情冷漠，两眼直瞪瞪地望着天祚帝，一动也不动。这个青年就是女真族完颜部酋长乌雅束的儿子，名叫阿骨打。

天祚帝见阿骨打不跳舞，很不高兴，一再催他跳。一些酋长怕得罪天祚帝，也从旁相劝。可是不管好说歹说，阿骨打拿定主意，就是不跳，叫天祚帝下不了台。

这场头鱼宴闹得不欢而散。天祚帝虽然当场没有发作，但散席之后，对大臣萧奉先说："阿骨打这小子这样跋扈，实在使人没法容忍。不如趁早杀了他，免得发生后患。"萧奉先认为阿骨打没有大的过失，又是酋长的儿子，杀了他怕引起其他酋长的不满，就说："他是个粗人，不懂得礼节，不值得跟他计较。就算他有什么野心，小小一个部落，也成不了气候。"天祚帝觉得萧奉先说得有道理，也就把这件事搁在一边了。

可阿骨打不是这样想，他早就对辽朝贵族欺负女真人不满了。现在天祚帝竟然叫女真的酋长们给他跳舞解闷，明显是侮辱他们。眼看辽朝越来越腐败，阿骨打决心要自立门户，摆脱辽朝的统治。

公元 1113 年，阿骨打的父亲乌雅束死去，阿骨打继任完颜部首领，他建筑城堡，修理武器，训练人马，先后在宁江州（今吉林扶余东南）等地大败辽兵。接着攻占辽朝边境州县，壮大了自己的军事力量。

公元 1115 年，完颜阿骨打称皇帝，史称金太祖，国号"大金"，定都会宁府（今黑龙江省阿城南）。

金太祖自立后，攻打辽朝东北重镇黄龙府（今吉林农安县）。天祚帝派了二十多万步兵、骑兵到东北去防守，但还是被金兵打得大败，武器都丢得精光。天祚帝看硬的不行，就想跟金朝讲和。金太祖可不答应，指名道姓要天祚帝投降。天祚帝恼羞成怒，组织兵力七十万，亲自带领到黄龙府去。

金太祖命令将士筑好营垒，挖掘壕沟，准备抵抗。正在这个时候，辽朝发生内乱，天祚帝下令撤兵。金太祖趁机追击，几十万辽军一下就被击垮，天祚帝一天一夜逃了几百里，才算保住了一条命，而辽朝的兵力已大部丧失。

金军灭辽

自宋朝建立以后，收复燕云地区一直是自太祖以来历代帝王的梦想。宋徽宗向来好大喜功，更想完成祖宗的未竟之业，建立“不朽功勋”。

政和元年（1111 年），宋徽宗派童贯出使辽国，途经燕京时，童贯结识了燕人马植。马植声称自己有灭辽的良策，因此童贯将他带回，改名为李良嗣。李良嗣看来，北方金朝崛起，并一直将辽朝视为劲敌，如果联合金国，肯定能灭亡辽国。宋徽宗听后大喜，当即赐李良嗣国姓赵，授以官职。

重和元年（1118 年），宋徽宗派遣马政等人，由海路出使金国，希望联合灭辽。双方几经往返后，确定由金国攻取辽国的中京大定府，北宋则攻取辽国的燕京析津府和西京大同府。灭辽后，燕云之地归宋，宋朝把过去每年给辽的岁币如数转给金国，这就是历史上有名的宋金“海上之盟”。

双方约定好后，金兵于是向南进攻，接连攻下了辽朝四座京城，还留下一个燕京，按双方约定该由宋军攻打。此时童贯刚刚镇压了方腊起义，忙带领十五万大军赶到北方，攻打燕京。他满以为辽兵的主力已经被金军消灭，打下燕京可以不费多大劲儿。哪知道辽兵虽然虚弱，比宋军还强得多。童贯一连打了两次败仗，不但燕京没有收复，而且损兵折将，把多年以来积存的粮草、武器全都丢光。

童贯为了逃避失败的责任，暗地里派人请金军攻燕京。金军一举拿下了燕京，不肯还给北宋。童贯只好答应把燕京的租税每年一百万贯钱献给金朝，才把燕京赎了回来。这一来，北宋的腐朽衰弱尽收金太祖完颜阿骨打的眼底。

公元 1125 年，金太祖的弟弟金太宗完颜晟继位不久，马上派出人马追杀辽国天祚帝，一举灭了辽朝。紧接着，金军发兵南下，进攻矛头直指北宋王朝。

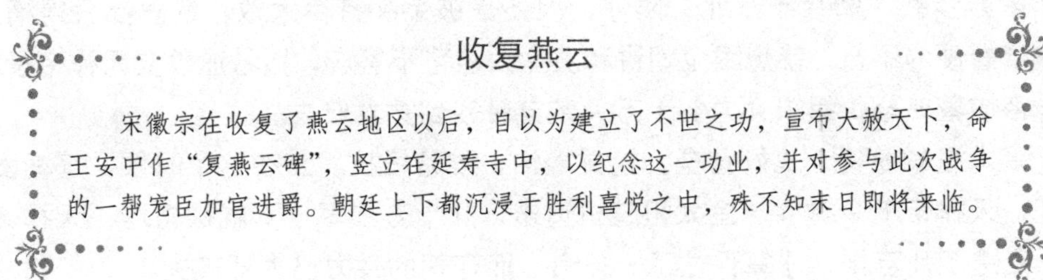

收复燕云

宋徽宗在收复了燕云地区以后，自以为建立了不世之功，宣布大赦天下，命王安中作“复燕云碑”，竖立在延寿寺中，以纪念这一功业，并对参与此次战争的一帮宠臣加官进爵。朝廷上下都沉浸于胜利喜悦之中，殊不知末日即将来临。

金军攻宋

金宋联合灭辽后，金太宗借口宋朝收留了一名辽国逃亡的将领，分兵两路进攻北宋。西路由宗翰率领，攻打太原；东路由宗望率领，攻打燕京。两路大军约定在东京汴梁（今河南开封）会师。

前线的告急文书像雪片一样飞到朝廷，金太宗还派出使者到汴梁，胁迫北宋割地称臣。这时，东路金兵已攻下燕京，直奔汴梁而来。

宋徽宗看到形势危险，又气又急，拉住一个大臣的手说："唉，没想到金人会这样对待我。"话没说完，一口气塞住喉咙，昏厥过去。大臣们手忙脚乱地把他救醒，宋徽宗醒来之后，马上向左右侍从要了纸笔，写下了"传位东宫"的诏书，宣布退位。不久，就带着两万亲兵逃出汴梁，到亳州（今安徽亳县）避难去了。

太子赵桓继位，就是宋钦宗。宋钦宗把主张抵抗的李纲提升为兵部侍郎，并且下诏亲自讨伐金兵。其实，宋钦宗心里也害怕，看着宋军在前线接连打败仗，汴梁吃紧，宰相白时中、李邦彦两人又积极主张逃跑，宋钦宗也动摇了。

李纲好不容易才稳住了宋钦宗，开始积极准备防守，在京城四面都布置了强大的兵力，配备好各种防守武器；还派出一支精兵到城外保护粮仓，防止敌人偷袭。

很快，宗望率领的金兵就到了城下。他们用几十条火船，从上游顺流而下，准备火攻宣泽门。李纲招募敢死队兵士两千人，在城下列队防守。金军火船一到，兵士们就用挠钩钩住敌船，使它没法接近城墙。然后李纲又派兵士从城上用大石块向火船投掷，石块像冰雹一样泻了下来，把火船打沉了，金兵纷纷落水。

宗望眼看东京城防坚固，一下子攻不下来，就派人来讲和。宋钦宗和李邦彦早就想求和，立刻派出使者到金营谈判。

宗望提出的议和条件十分苛刻，不仅要北宋赔给金朝大量金银、牛马、绸缎，割让太原、中山、河间三镇土地，还要宋钦宗尊称金国皇帝为伯父，并派亲王、宰相到金营作人质。宋钦宗、李邦彦一心求和，准备全部接受。

李纲抗金

李纲听到朝廷准备接受这些丧权辱国的条件，怒火中烧，主张跟金人拖延谈判时间，只等四方援兵一到，就可以反攻。宋钦宗却很不耐烦，说："你只管带兵守城，和谈的事不要管。”

过了十天，各地救援的宋军二十万人马陆续到了城外，此时围城的金兵只有六万。宗望一看形势不妙，赶快把人马后撤，缩在堡垒里。援军大将种师道、姚平仲都支持李纲的抗战主张。种师道主张长期相持，等敌人粮草接济不上被迫退兵的时候，再找机会反击；但是姚平仲心急，主张派一支人马乘黑夜偷袭金营，活捉宗望。这个偷袭计谋偏偏又被泄露了出去，金军得到情报，事先做了准备。姚平仲偷袭没成功，反而中了金军伏击，损失了一千多人马。

这一来，一批投降派大臣幸灾乐祸，大肆造谣，说援军已经全军覆没，还趁机攻击李纲。宋钦宗惊慌失措，一面派使者到金营赔礼，一面把李纲、种师道撤职。

这个消息一传出来，汴梁全城骚动，军民个个气愤。特别是太学里的学生，群情激昂。太学生陈东，自从汴梁被金人围攻以后，曾经带领太学生三次上书宋钦宗，要求处斩蔡京、童贯、朱勔等六名国贼。听说李纲被撤职，陈东马上集合了几百名太学生，拥到皇宫的宣德门外，上书请愿，要求朝廷恢复李纲、种师道的职位，惩办李邦彦、白时中等奸贼。

汴梁的军民听说太学生请愿，都不约而同地来到宣德门前，一下子就聚集了几万人。这时候，李邦彦正好从宫里退朝出来，被请愿的太学生看到，一阵砖头、瓦块乱砸，吓得李邦彦抱头缩颈，赶快逃进宫去。

宋钦宗在宫里听见太学生闹了起来，没办法，只好派人召李纲进宫，并且当众宣布，恢复李纲、种师道的职务。

李纲复职后，重新整顿队伍，下令凡是能够英勇杀敌的一律受重赏。宋军阵容整齐，士气高涨。宗望看到这种情况，也有点害怕，不等宋朝交足赔款，就匆忙撤退了。

宗望被迫退兵，种师道马上向宋钦宗建议，在金兵渡黄河退却的时候，发动一次袭击，把金兵消灭掉。但是宋钦宗没有同意，想到李纲和种师道得到了太学生的拥护，心中总是七上八下，害怕他们拥兵自重，发动兵变，于是找了个理由把李纲、种师道撤了职。

靖康之耻

李纲被罢了官，宋钦宗松了口气，金太宗更是异常高兴，马上命令宗翰、宗望再次南攻。

这时候，太原城已经被宗翰的西路军围困了八个月，太原守将王禀率领军民

坚决抵抗。城里早已断了粮，待到牛马吃完、皮革烧光、野草糠皮吃尽，太原城终于被金兵攻破，王禀带着饥饿的兵士跟金兵巷战之后，跳进汾水牺牲。

太原失守，两路金兵合力南下。各路宋军将领听到汴梁吃紧，纷纷带兵前来援救。可宋钦宗和一些投降派大臣忙着准备割地求和，竟命令各路援军退回原地。

这时候，在黄河南岸防守的宋军还有十二万步兵和一万骑兵。宗翰的西路军到了黄河北岸，不敢强渡。到了夜里，宗翰虚张声势，派兵士打了一夜战鼓。南岸的宋军听到对岸鼓声，以为金兵要渡河进攻，纷纷丢了营寨逃命，十三万宋军一下子逃得无影无踪，宗翰没动一刀一枪，顺利过了黄河。

宗望率领的东路军也攻下大名（今河北大名），渡河南下。两路金兵不断向汴梁逼近。宋钦宗吓昏了，只好派他弟弟康王赵构去求和。

赵构经过磁州（今河北磁县），州官宗泽跟赵构说："金朝要殿下去议和，这是骗人的把戏。他们已经兵临城下，求和又有什么用呢？"赵构害怕被金朝扣留，就在相州（今河南安阳）留了下来。

没有多久，两路金军杀到汴梁城下，猛烈攻城。宋钦宗这时候再想召回李纲，已经来不及了。眼看末日来到，宋钦宗痛哭了一场，亲自带着几个大臣手捧求降书，到金营去求和。宗翰勒令宋钦宗把河东、河北土地全部割让给金朝，并且向金朝献金一千万锭、银两千万锭、绢帛一千万匹。宋钦宗一一答应。

汴梁城不能马上备齐这么多物品，金将就借口宋钦宗太慢，扣押了徽宗、钦宗两个皇帝和皇族、官吏二三千人，满载着搜刮到的财物，回北方去了。这是公元 1127 年，宋钦宗年号靖康，史称"靖康之耻"。北宋王朝统治了 167 年，自此宣告灭亡。

二帝北上抵达上京后，金人命他们身穿孝服，拜祭阿骨打庙，这被称为献俘仪，实际上是以此羞辱北宋君主。宋朝的皇室成员，女子被分配到洗衣房做工，男子则编入军队。钦宗的妻子朱皇后不甘忍受侮辱，自杀了。

后来，金人将徽宗和钦宗赶到荒凉偏僻的边陲小镇——五国头城，徽宗没过几年就病死了，钦宗异常悲痛，身心受到沉重打击。绍兴十二年（1142 年），宋金关系有所缓和，和谈时，金放徽宗的韦贤妃由五国头城归宋。她离开时，钦宗挽住她的车轮，请她转告南宋高宗，说自己若能归宋，当一太乙宫主足矣。但南宋的高宗担心哥哥回来后威胁自己的帝位，虽然表面上高喊要迎回宋钦宗，心里却巴不得他早早客死异地。

绍兴二十六年（1156 年），钦宗死去。直到五年后，死讯才传到南宋。高宗表面上痛不欲生，内心却暗自高兴。

孱弱偏安的南宋王朝

在这一个多世纪的争斗中，中国本土逐渐落入亚洲内陆部落民族之手。金、元这两个由征服者建立的朝代，都继承了前者的业绩，并逐步加强了对中国的统治。女真人建立的金朝在打败辽之后，占领了整个中国北方。蒙古人的元朝打败了金，为征服全中国建立了必要的机构。当外族征服者学会了越来越有效地控制和剥削中国之后，汉人在其统治之下就越来越难生存。但是中国文明不仅没有灭绝，反而颇有创造性地应付了外族挑战，发展了不同的表达方式和应战模式，中国的文化遗产反而因此变得更加丰富多彩。

——伊佩霞（Patricia Buckley Ebrey，美国汉学家）

南宋文明历程表

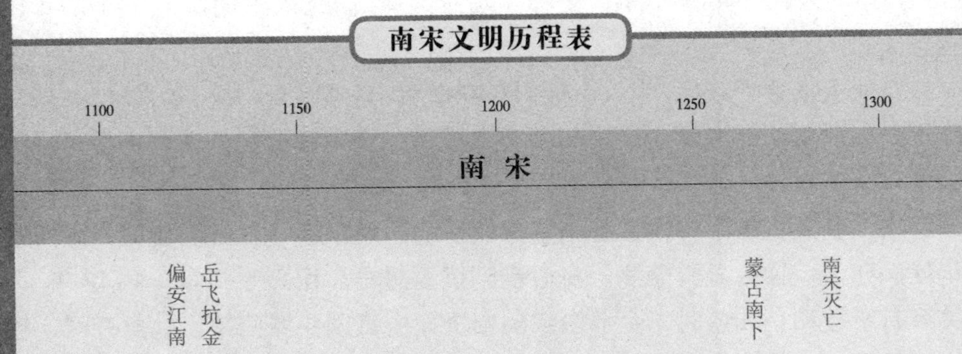

偏居东南

徽钦二帝被俘后，钦宗的弟弟赵构于1127年登基称帝，定都临安。

金军过江攻打临安，赵构一度乘船到海上躲避。当岳飞抗金取得节节胜利的时候，赵构害怕一旦父兄被救会影响自己的帝位，他重用秦桧，将岳飞害死，向金求和。1206年，宋宁宗在韩侂胄的鼓动下，派韩侂胄出兵北伐金国，但很快大败而归，南宋再次向金求和。

宋高宗“巡幸东南”

靖康之变时，留在相州的康王赵构，看到徽宗和钦宗被俘，便在应天府（今河南商丘）宣布登基。史称赵构建立的宋国为南宋，赵构就是南宋高宗。

南宋建立后，由于金兵的严重威胁，不得不起用抗战派代表人物李纲为左相。那时，河北、河东的军民纷纷组织义军抗敌，多的几万人，少的也有上万人。李纲认为应该支持这些武装力量，收复失地，并且推荐宗泽留守开封。但是李纲只当了七十五天宰相，就被投降派黄潜善（右相）、汪伯彦（知枢密院事）挤走，他所苦心经营的抗金措施，一概被废除。在这种情况下，太学生陈东、进士欧阳澈先后上书，请求留用李纲，罢免黄、汪，还都开封，结果竟被高宗处死。

南宋帝国的建立引起金军第三次总攻。这一次，金军用了一年多的时间，把黄河以南、淮河以北，包括开封、洛阳、长安（今陕西西安）在内的几个重要城市全部占领。

高宗无奈，只得渡过长江后定都临安（今浙江杭州）。金国大将完颜兀术（宗弼）不肯罢休，仍然尾追。公元1129年，南宋陈邦光降敌，引导完颜兀术过江，直攻临安。赵构逃向明州（今浙江宁波），金军又攻陷明州。赵构乘船漂向大海，金军追不上，只得向江北撤退。完颜兀术一直撤退到长江，要渡江时，才遇到困难。南宋大将韩世忠在黄天荡（今江苏南京东北）迎击，韩世忠的妻子梁红玉亲擂战鼓。金朝军队遭到自开国以来的第一次挫败，但是仍然突围而去。原因很简单，金军十万人，宋军只有八千人。完颜兀术摆脱韩世忠的阻击，带兵回到建康，抢掠了一阵，准备撤回北方，到了静安镇（今江苏江宁西北），又遭到了岳飞军的袭击，被杀得一败涂地，狼狈逃窜。岳飞赶走金兵，收复了建康。

靖康耻，犹未雪

完颜兀术在黄天荡的挫败，加上宋国民兵在各地发动的有效阻击，使金国无法继续扩张。金兵北撤以后，金朝在中原地区立了一个傀儡皇帝刘豫，国号大齐。南宋高宗回到都城临安，偏安一隅，不愿再和金国交战，至于收复中原失地，更是想也不想。但是，宋朝的军民却都盼望朝廷北上抗金，夺回故土。

在众多主张抗金的将领中，岳飞最为有名。岳飞一心恢复中原，对自己和部下要求十分严格。他的军队被称为岳家军，军纪严明，作战勇猛。在金军中更是流传着一句话：“撼山易，撼岳家军难。”

南宋有岳飞、韩世忠等一批名将，再加上各地百姓组织的义军配合，要打退金兵本来也是有条件的，但是宋高宗还是一味向金朝屈辱求和。

公元1140年，金朝再次发动全国精锐部队，以完颜兀术为统帅，分四路大举南下。宋高宗这才不得不下诏书，要各路宋军抵抗。

岳飞得到命令，立刻派兵出击，自己坐镇郾城指挥，先后收复了颍昌（今河南许昌东）、陈州（今河南淮阳）和郑州。完颜兀术见状，带大军“铁浮图”直逼郾城。

“铁浮图”是经过专门训练的一支骑兵，这支人马都披上厚厚的铁甲，以三个骑兵编成一队，居中冲锋；又用两支骑兵从左右两翼包抄，叫作“拐子马”，号称刀枪不入。

岳飞看准了拐子马的弱点，命令将士上阵时带着刀斧。等敌人冲来，弯着身子，专砍马脚。马砍倒了，金兵跌下马来，被岳飞的军队打得一败涂地。

完颜兀术在郾城失败后，又改攻颍昌，结果又被岳飞打败。岳家军节节胜利，一直打到距离汴梁只有45里的朱仙镇。各地的义军听到岳家军打到了朱仙镇，都欢欣鼓舞，渡过黄河来同岳家军会合。岳飞看到胜利在望，也止不住心里的兴奋，鼓励部下“直捣黄龙（金朝国都）”。

绍兴和议

宋军的节节胜利使完颜兀朮束手无策，打算放弃黄河以南地区，退守燕京（今北京）。但他的一个智囊阻止他说："自古以来从没有听说过，当权人物在政府内部猜忌掣肘，而大将能够在外建立功勋的。岳飞生命都有危险，岂能有所作为。"

这位智囊的判断完全正确，自从南宋高宗赵构登上皇帝宝座以后，他日夜恐惧的只有两件事，一是他的哥哥钦宗赵桓突然被释放回国，他的皇帝便做不成；二是将领权力过大，万一发生"陈桥"式兵变，他的皇帝同样也做不成。

此时，高宗的心腹宰相秦桧提议跟金国和解，并暗示说和解只是一种手段，目的在于解除帝位的威胁。而岳飞日夜不忘打败金军，迎回二位被俘的皇帝，让宋高宗既憎恶又害怕。眼看岳飞打下了朱仙镇，又雄心勃勃直捣黄龙，宋高宗急忙下令撤退，并在一天之内，连续颁发十二道召回金牌。

岳飞在前线等待高宗的进军诏令，没想到接到的却是朝廷催促退兵的紧急金牌。在接到第十二个金牌时，不能再不退兵，否则就是叛变。他向拦在马前恳求不要撤退的民众垂泪说："十年之功，废于一旦。"

果然，完颜兀朮看到岳家军撤走，马上重整旗鼓，向南进攻。本来被岳飞收复的河南许多州县，一下子又丢失得精光。

秦桧和宋高宗决心向金朝求和，他们恐怕受岳飞、韩世忠等人的阻挠，让韩世忠做枢密使，岳飞做枢密副使，名义上是提升，实际上是解除了二人的兵权。公元 1141 年，金朝派使者到临安，谈判议和条件。谈判结果是：宋、金之间，东面以淮河为界，西面以大散关（今陕西宝鸡西南）为界；南宋向金朝称臣，每年进贡银绢各二十五万。历史上把这次屈辱投降的和约叫作"绍兴和议"（绍兴是高宗的年号）。

岳飞风波亭遇害

绍兴和议后，宋高宗决心铲除岳飞，命秦桧诬陷岳飞谋反，逮捕岳飞父子下狱。岳飞在狱中受尽酷刑，始终不承认谋反，在供词纸上只写下八个大字："天日昭昭，天日昭昭。"审讯持续了两个月，仍然毫无结果。朝廷官员都知道岳飞是冤枉的，有些官员大胆上奏章，替岳飞申冤，结果也遭到秦桧的陷害。

韩世忠亲自去找秦桧，质问他岳飞是不是真的谋反。秦桧回答说："莫须有。""莫须有"是"也许有"、"不见得没有"之意。韩世忠当即叹息："莫须有三个字，怎么能服天下人心？"

从此，"莫须有"三字在中国就成为"诬陷"和"冤狱"的代名词。公元1142年的一个夜里，年仅三十九岁的民族英雄岳飞在牢里被害，同时被害的还有他的儿子岳云和部将张宪。岳飞被害以后，临安狱卒隗顺偷偷地把他的遗骨埋葬起来。直到宋高宗死后，宋孝宗时期，岳飞的冤狱才得到平反昭雪，人们把岳飞的遗骨改葬在西湖边栖霞岭上，后来又修建了岳飞庙，庙内端坐着全身戎装的岳飞塑像，塑像上方悬挂的匾额上，刻着岳飞亲笔写的"还我河山"四个大字。在岳飞墓对面，放着用生铁浇铸的诬陷岳飞的秦桧夫妇、审判岳飞的万俟卨和张俊四个反剪双手的跪像，表达了人们对民族英雄的景仰以及对卖国贼的憎恨。

秦桧卖国

秦桧出生在一个中小地主家庭，北宋徽宗年间，秦桧中进士，曾任太学学正、御史中丞。靖康二年（1127年），秦桧在战争中被金兵所掳，金太宗便把秦桧送给了他的弟弟挞懒任用。从此，秦桧亦步亦趋地追随着挞懒，逐渐成为他的亲信。

《金国南迁录》中记载，金国大臣考虑南宋复仇事，议及放纵秦桧归国，鲁王说，只有放宋臣先回，才能使他"顺我"。忠献王粘罕说，这件事在我心里已酝酿三年了。只有一个秦桧可用，我喜欢这个人。"置之军前，试之以事"，表面上虽然拒绝，而内心中经常能"委曲顺从"，秦桧始终主张"南人归南，北人归北"的政策，今天如能放他回南宋，他必得志。就这样金人决定放秦桧南归。秦桧南归后，自称是杀死监视他们的金兵，夺船逃回来的。臣僚们虽然觉得杀死监守人员容易，但能一帆风顺地南归实在不可思议。这时有人便认为秦桧是叛徒，可随即有人站出来反驳，说如果金人是有意放纵他，也要把他的家眷作为人质扣留，为什么能与妻子一起回来呢？大家猜来猜去，谁也不能说服谁，也就不了了之了。

秦桧南归后，向高宗提出：要想天下无事，就得"南人归南，北人归北"。南宋的军队和将领主要是西北、河北和山东等地人组成的，如果照"北人归北"的主张，就等于把北方土地全部奉献给女真贵族，大批不愿降金而南下的北方人士，就都得回去受金人的统治。这个点子，实际上就等于南宋自毁长城。这时赵构还慑于抗战派士大夫以及全国军民的议论和气势，秦桧的这条投降路线未被采纳，他也以此而被斥逐。

绍兴五年(1135年)，金国粘罕死，挞懒得势。绍兴八年(1138年)，赵构又起用秦桧为相。绍兴九年(1139年)，秦桧不顾赵鼎、胡铨、韩世忠、张浚、王庶、岳飞、李纲等反对议和的上书，签订了第一个宋金和约。秦桧为相后，原来在战和间徘徊的高宗开始专意乞和。

宋金刚开始议和，金统治集团内部就发生了政变，对南宋主张用诱降讲和策略的挞懒被杀，宗弼(兀术)上台。从绍兴十年(1140年)起，金撕毁和约，以宗弼当统帅，挥军直取河南、陕西。岳飞等名将在这一阶段痛击金兵，创造了大好局面。秦桧唯恐重要将领难于驾驭，就想法收他们的兵权，以扫除不利于他投降活动的障碍。于是密奏召三大将韩世忠、张浚、岳飞入朝，“论功行赏”，明升官职，实收兵权。宗弼得知秦桧解除三大将兵权，自毁长城的消息后，就乘机一再对南宋进行军事威胁。绍兴十一年(1141年)九、十月间，秦桧按金人授意，兴起岳飞之狱。

随着秦桧的权势越来越大，朝中不肯依附他的官员，不是自己离职，就是被排挤。秦桧株连无辜，举不胜举。岳飞被害时，株连坐牢者六人。上书为岳飞喊冤的，均被捕杀于狱中。秦桧对反对过他的人，即使平民百姓于细枝末节之处持有异意，也绝不放过。一次秦桧举行家宴，一个扮小官戏子的头发上的大环跌落在地。一戏子问：“这是什么环？”小官说：“二胜环（谐音为‘二圣还’，二圣指徽宗、钦宗，均被金俘去）。”戏子说：“你坐太师（无意中涉及秦桧，因他称秦太师）椅，为什么把‘二胜环’丢在脑后？”意思是说坐上太师椅，就把二圣南还的事置之度外了。此话一出，顿时人人失色，秦桧大怒，把戏子关进了大牢。

秦桧当国，把南宋之初在与金人的长期抗战锻炼出来的良将劲卒尽加杀害和驱逐。南宋初年军队的抗敌锐气，经秦桧主政二十年间，丧失殆尽。

完颜亮南侵

在南宋内部主战派与主和派争斗不止的时候，金内部统治集团也出现了纷争。

完颜亮的父亲是阿骨打的长子，却不是嫡子，因此阿骨打的弟弟太宗完颜晟将帝位传给了阿骨打的嫡孙——完颜亶，史称熙宗。表面上，完颜亮对熙宗表现得十分忠诚。一次熙宗召完颜亮去谈话，在讲到阿骨打艰苦创业时，完颜亮故意做出一副感动的样子，呜咽流泪，让熙宗十分感动。完颜亮和熙宗的妻子裴满皇后关系很密切，公元1149年完颜亮生日时，熙宗命亲信赐了贺礼，裴满皇后也附赐了礼物。熙宗得知后很为不满，不但将裴皇后的礼物追回，还杖责了送礼的人。

完颜亮自此开始感到不安，以为熙宗已经察觉了自己的夺位用心。

不久，翰林学士张钧获罪被处死，有大臣揭发张钧之罪是受完颜亮指使的，熙宗很生气，将完颜亮贬出了京城。这一来完颜亮的心中更是愤恨，在经过中京（今北京）时，便与中京留守萧裕密谋，准备在河南起兵夺权。刚走到良乡（今北京市郊良乡镇），熙宗突然又召他回上京，封他为平章政事，完颜亮于是和唐括辩、乌带密谋，准备在京城发动政变。唐括辩和乌带主张在废去熙宗后，立皇弟完颜常胜或邓王子完颜阿懒为帝。完颜亮很不满，说："即位者，舍我其谁。"恰巧这时河南兵士孙进起义，自称皇弟。完颜亮就乘机散布谣言，使熙宗处死了完颜常胜和完颜阿懒等有资格继承王位的宗室。

见劲敌都被诛杀，完颜亮终于发动政变，杀死了熙宗，自立为帝。为了防止别人和自己争夺皇位，完颜亮杀死了许多同宗贵族，并决定迁都燕京（今北京）。营建新都的工程自 1151 年开始，历时三年。因工程浩大，工期又急，从役的百余万工匠、民夫挣扎劳作，倒毙者不计其数。

进入新的都城后，完颜亮慷慨陈词，表明了自己的志向："吾有三志，国家大事，皆我所出，一也；率师伐国，执其君长问罪于前，二也；得天下绝色而妻之，三也。"

第一愿此时已告达成，第二愿不易一蹴而就，这第三愿，对完颜亮来说易若探囊取物。被他收入深宫而"妻之"的，有他的弟媳、小姨子、堂姐妹，更有甚者，连叔母、舅母都不能幸免。

心满意足之后，完颜亮亲率大军六十万，南下攻宋。在出发之前，完颜亮趾高气扬地跟将领们说："从前梁王（指兀术）进攻宋朝，费了多少时间，没取得胜利。我这次出征，多则一百天，少则一个月，一定能扫平南方。"

与此同时，金朝皇族拥立完颜雍继位，进据中都（今北京），声讨完颜亮，下令南征军回国复员。完颜亮却还不知道这些，攻击照常进行。大军渡过淮河后，毫无阻挡地到达了长江北岸的和州（今安徽和县），对岸即是采石（今安徽马鞍山采石镇）。这时，南宋官员虞允文奉命到达采石劳军，看到江北的金军，立刻集结当地军民，自任统帅，严密布防。金军只善于骑马，不善于驾船，因此被虞允文打败。

完颜亮气得发疯，把逃跑的士兵全体驱到江边杀死，然后放弃和州，向东前进至瓜洲（今江苏扬州瓜洲镇）。虞允文临时组织的军队也向下游行动，到达瓜洲对岸的京口（今江苏镇江）。完颜亮这时得到了内部叛乱的消息，更加怒不可遏。但他认为完颜雍不足挂齿，消灭宋国之后，完颜雍自会瓦解。下令三日内渡江，败退者即斩。士兵们听到如此惨急的军令，大批逃亡，扬言投奔新皇帝，军心动摇。来不及逃跑的士兵发动兵变，杀死了完颜亮。

隆兴北伐

金主完颜亮败死之后，南宋高宗于绍兴三十二年（1162 年）五月下诏宣布禅位，皇太子赵玮改名赵昚，六月赵昚正式登基，是为孝宗。孝宗是南宋最想有所作为的君主，也是南宋唯一志在恢复的君主。即位第二个月就为岳飞案平反，并对秦桧构陷的其他冤案进一步做出处理。

隆兴元年（1163 年）四月，孝宗为防止反对派干预，径自绕过三省与枢密院，直接向张浚和诸将下达了北伐的诏令。隆兴北伐正式开始。张浚在接到北伐诏令之后，调兵八万，号称二十万，一路由李显忠率领取灵璧，一路由邵宏渊指挥攻取虹县（今安徽泗县）。开始阶段，北伐进展顺利，李显忠顺利攻克灵璧和宿州。这令孝宗大受鼓舞，但前线两将矛盾却趋于激化。孝宗升李显忠为淮南、京东、河北招抚使，邵宏渊为副使，但他耻居李下，向张浚表示拒绝接受李显忠的节制。而张浚则迁就了邵宏渊的要求。

之后李显忠与邵宏渊在宿州府库赏赐的问题上产生纠纷，因而人心浮动。终于，宋军在宿州败于金军，所幸金军不知底细，没有贸然追击，宋军才在淮河一线站住了脚跟。宿州旧郡名符离，故史称这场溃败为“符离之溃”。

“符离之溃”对孝宗的雄心给予了重大的打击，他开始在战和之间摇摆不定。此后，一些主和派官员得到起用，宋金开始和议。南宋朝廷内部对战和展开了激烈的争论，最终孝宗决定继续议和。十二月，陈伯康因病辞相，主和派官员汤思退升为左相。但金朝的要价很高，孝宗在主战派的鼓动下，对议和官员问罪，拒绝归还攻克的四州，和议陷入僵局。

孝宗令张浚巡视两淮，全力备战，准备与金军决一雌雄。汤思退及其同党却攻击张浚“名曰守备，守未必备，名曰治兵，兵未必精”。孝宗最终于四月召张浚入朝罢相。四个月后，张浚死在离京途中。孝宗开始倒向了主和派一方。汤思退被任命都督江淮军马，汤思退与金人暗通，要求金军重兵迫和。十月，金军轻而易举地突破宋军两淮防线。十一月，楚州、濠州和滁州相继失守，长江防线再度告急。汤思退主张放弃两淮，退守长江，尽快与金议和。

孝宗此时看到金人议和的要价贪得无厌，便激愤地表示：“有以国毙，也不屈从。”抗金呼声再次高涨。十一月，孝宗罢免汤思退。但宋军在战场上一再处于劣势，孝宗不得不再派使者与议和。金朝见以战迫和的目的基本达到，便停止进攻，重开议和。

隆兴二年岁末，宋金达成和议，史称“隆兴和议”。其主要条款有：宋金世为叔侄之国；“岁贡”改为“岁币”，银绢各为二十万两匹；南宋放弃所占海、泗、唐、邓、商、秦六州，双方疆界恢复绍兴和议时原状；双方交换战俘，叛逃者不在其内。与绍兴和议相比，南宋在隆兴和议中的地位有所改善。皇帝不再称臣，岁贡改为岁币，数量也有所减少，这是金朝最大的让步，而南宋在采石矶会战以后收复的海、泗等六州悉数还金，则是宋朝最大的让步。

这次交战后，宋金两国继续维持“绍兴和议”的和平，长达四十多年没有开战。

父子猜忌——孝宗与光宗

宋孝宗赵昚的皇后郭氏共生四子，长子死后，孝宗认为次子庆王的禀性过于宽厚仁慈，不如三子恭王“英武类己”，于是册立恭王赵惇为太子，也就是后来的宋光宗。

赵惇入主东宫后，勤奋好学，一举一动都严守礼法，对孝宗更是恪尽孝道。就这样，他小心翼翼地做了十几年孝子，年过不惑，父亲却依然身体康健，而且也没有将皇位传给他的意思，心中很是烦恼。一天，赵惇终于耐不住性子了，向孝宗试探道：“我的胡须已经开始白了，有人送来染胡须的药，我却没敢用。”

孝宗立刻便听出了儿子的弦外之音，回答道：“有白胡须好，正好向天下显示你的老成，要染须药有什么用！”太子碰了个软钉子，更加摸不清父亲的意思，只得求助于太皇太后吴氏（高宗的皇后）。太皇太后便开始向孝宗暗示，早点传位给太子，但得到的回答却是太子还须历练。

淳熙十四年（1187 年），八十一岁高龄的高宗驾崩，孝宗悲痛欲绝。对高宗的禅位之恩，孝宗一直心存感激，加上自己已年逾六旬，对恢复中原也深感力不从心，便表示自己要为高宗守孝三年。赵惇终于盼到了禅位大典，登基为帝。

孝宗退居重华宫，而登上了帝位的赵惇，长长出了一口气，觉得自己终于没有必要装出“孝子”的模样来讨孝宗的欢心了，心中大快。不过在继位之初，赵惇还不敢造次，依然仿效孝宗侍奉高宗的先例，每月四次朝见重华宫，偶尔再陪孝宗宴饮、游赏。孝宗以为自己能像高宗那样颐养天年了，但好景不长，赵惇便找借口不来了，父子二人逐渐产生隔阂。不久，赵惇立独子赵扩为太子，孝宗表示反对，说这孩子天性懦弱。这让赵惇感到恐惧和不安，在他看来，父亲不仅对太子不满，甚至对自己的皇位都是潜在的巨大威胁。这种恐惧感逐渐成为一种挥之不去的阴影，终于导致了赵惇无端猜疑和极度偏执的症状。

绍熙二年（1191 年），李皇后趁赵惇离宫之机，残忍杀死了情敌黄贵妃。次日，太子赵扩主持祭祀天地的大礼，仪式进行中突然狂风大作，继而大雨倾盆而下，祭坛上的灯烛燃起大火，祭祀被迫中断。

这一幕让正处于极度伤心中的赵惇受了惊吓和刺激，“心病”加重，不仅不再去看望父亲，还经常不理朝政。不久孝宗逝世，赵惇连丧事也不肯主持，根本不相信孝宗已死，以为这是一个篡夺自己皇位的圈套。每天只是待在深宫中喝酒，时刻担心遭人暗算，佩剑和弓箭从不离身。

孝宗死后，光宗不肯服丧，于是，大臣韩侂胄和赵汝愚经过太皇太后允许，逼迫光宗退位。光宗只好让位于太子赵扩，自己闲居临安寿康宫，自称“太上皇”。赵扩主持完宋孝宗的葬礼，就登基做皇帝，是为宋宁宗。

庆元党禁

宋宁宗赵扩是在稀里糊涂的情况下继承皇位的，当太皇太后吴氏命赵扩穿上黄袍时，赵扩吓得绕着殿柱逃避，口中大声喊叫：“儿臣做不得，做不得！”

最后，还是大臣们夹扶着赵扩，强行给这个懦弱的皇子披上了黄袍。史载宁宗“不慧”，也就是智商不高，毫无主见，一直是听凭他人摆布。所以，赵扩大概只想做一个饱食终日、无所用心的亲王，不愿做九五之尊的皇帝，为国家大事劳心费神。

宋宁宗继位后，重用了使其登上皇位的赵汝愚和韩侂胄两位大臣，任命赵汝愚为宰相，韩侂胄为枢密院都承旨，册立韩夫人为皇后，韩侂胄由此得势。韩侂胄自恃有功，希望能够得到封赏。赵汝愚对他说：“我是宗室，你是外戚，不应论功求赏。只有下层人士，推赏一二便算了事。”韩侂胄很不高兴。以后，韩侂胄就结党营私，利用台谏，控制言路，排挤赵汝愚。韩侂胄命手下参奏赵汝愚图谋不轨。赵汝愚被罢去相位，宋宁宗让他出任福州知府。但韩侂胄一伙又将赵汝愚贬到永州（今安徽零陵）安置，最后赵汝愚死在贬谪的路上。这件事在朝廷中引起了很大反响，许多大臣和太学生为赵汝愚抱不平，结果都被贬斥或送到五百里以外编管。

韩侂胄极尽奉迎谄媚之能事。一次，韩侂胄与客人在南园饮酒，园内景色优美，其中还有一个小山庄，是竹篱笆的茅草房，很有田园韵味。韩侂胄对客人说：“这么美的田园风光，只是少了点鸡犬之声。”客人们本来也是说着这些不关痛痒的赞美之词，突然就听到篱笆间有“汪汪”的狗叫声，众人惊讶不已，一看，原来是一个叫赵师择的官员趴在那里学起了狗叫，并做摇尾乞怜状。韩侂胄甚为开心，从此以后更加信任赵师择。

宋宁宗还在韩侂胄集团的策划下，下令禁止道学，定理学为伪学，罢斥朱熹等理学家，对当时的许多知名人士进行清洗，禁止朱熹等人担任官职，参加科举。因为此事发生在庆元年间，史称“庆元党禁”。

开禧北伐

由于实行党禁，逼走赵汝愚，韩侂胄在政治上逐渐失了人心。当时金朝内部比较腐朽，金主璟沉溺酒色，朝政荒疏，内讧迭起，北边部族又屡犯金朝边境，在连年征战中士兵疲敝，国库日空。韩侂胄认为有机可乘，就把恢复故疆、报仇雪耻作为建立功业的途径，作为争取人心、提高威望的一种手段。于是，他策动了“开禧北伐”。

宋宁宗时期，在与金朝的关系上，又逐渐趋于紧张。宋宁宗因为不满金朝蛮横要求按旧时的礼仪行事，对自己受屈辱的地位感到不满，因此他也支持韩侂胄对金朝采取强硬的措施。

开禧元年（1205 年）四月，宋宁宗采纳韩侂胄的建议，崇岳飞贬秦桧，追封岳飞为鄂王，削去秦桧死后所封的申王，改谥“谬丑”，下诏追究秦桧误国之罪：“一日纵敌，遂贻数世之忧。”这些措施，有力地打击了主和派，使主战派得到了鼓舞，很得民心。为了得到更多的支持，韩侂胄重新启用了辛弃疾等一批主张对金用兵的大臣。同年五月，宋宁宗下诏北伐金朝，史称“开禧北伐”。

开战之前，一些有识之士就提出此时进行战争几无胜算。叶适不仅拒绝起草宣战诏书，还上书宋宁宗，认为轻率北伐“至险至危”。武学生华岳上书，认为此时南宋“将帅庸愚，军民怨恨，马政不讲，骑士不熟，豪杰不出，英雄不收，馈粮不丰，形势不固，山砦不修，堡垒不设”，认定这次北伐将“师出无功，不战自败”。结果华岳被削去学籍，遭到监禁。反对的声音立即被韩侂胄镇压下去。

开禧二年（1206 年），韩侂胄任命京洛招抚使郭倪出奇兵突击，攻陷了金国边境重镇泗州（今江苏盱眙北）。宁宗赵扩随即昭告全国，宣布了金国的诸多罪状，下令北伐。

南宋军队四道并进，郭倪攻宿州（今安徽宿州）；大将李爽攻寿州（安徽凤台）；皇甫斌攻唐州（今河南唐河）；王大节攻蔡州（今河南汝南）。金朝事先得到了风声，觉察到南宋“将谋北侵”，已有了准备，在遭到进攻后立即进行了反击。由于韩侂胄用人不当，中路军统帅之一皇甫斌率军攻打唐州时被金军击溃，接着在攻打蔡州时大败于溱水，韩侂胄急忙把他撤了。北伐主战场两淮统帅邓友龙等也因兵败而被撤职。不久，金军就对宋军发起了进攻，宋朝军队由进攻转为防守。在金军的大举进攻之下，真州（今江苏仪征）、扬州相继被金军占领，西路军事重镇和尚原与蜀川的门户大散关也被金军所占。金军扬言造舰渡江，南宋上下震恐异常。

韩侂胄的美梦破灭，急向金国求和。然而金朝要求南宋交出发动战争的祸首韩侂胄。韩侂胄没有退路，只得硬着头皮再打仗。他重新任命赵淳为两淮置制使，负责镇守江、淮。

这时，主和派的代表杨皇后和礼部侍郎史弥远、参知政事钱象祖等人密谋，乘韩侂胄入朝时，将他杀掉，人头被送到金国中都（今北京）示众。

嘉定元年（1208 年），南宋王朝与金朝签订了屈辱的“嘉定和议”，和议条款为：两国境界仍如前；嗣后宋以侄事伯父礼事金；增岁币为银帛各三十万；宋纳犒师银三百万两与金。宋朝皇帝与金朝皇帝的称谓由以前的侄叔改变为侄伯，比“隆兴和议”更为屈辱。

苟且终难偷生

南宋在开禧北伐后，又出现了杨皇后干政的政治局面。之后的皇帝宋理宗和宋度宗都重用奸相贾似道。这时蒙古开始崛起，相继攻灭了金和西夏，南宋在蒙古大军的进攻下节节败退。1276 年，元军攻占临安，陆秀夫、张世杰和文天祥等人坚持抗元。1279 年，陆秀夫背着南宋最后一个小皇帝跳海身亡，南宋灭亡。

杨皇后干政

在诛杀韩侂胄一事上，宁宗赵扩的妻子杨皇后起了举足轻重的作用。

赵扩在登基之前，经常赴太皇太后宫的家宴，见到过本为太皇太后宫中杂剧演员的杨氏，被她深深吸引。继位后，太皇太后便将杨氏赐给了赵扩，封为贵妃。尽管有皇帝的宠爱，但杨氏感到自己出身低微，很难立足，便冒认杨次山为兄，作为她在外朝的耳目和帮手。

就在杨氏被封为贵妃的这一年，宁宗的韩皇后去世，韩侂胄失去了宫中的靠山。此时后宫除了杨氏，还有一位曹美人也正得宠幸。在立新皇后的问题上，韩侂胄觉得曹美人性情柔顺，较易控制，而杨贵妃工于心计，因此力劝赵扩立曹美人为后。杨氏知道后，虽然心里万分愤恨韩侂胄，表面上却丝毫不表现出来，只是极力讨得赵扩的欢心，最终被立为皇后。

韩侂胄北伐失败，正好给了杨皇后报复的好机会，她竭力向赵扩斥责韩侂胄轻启兵端，祸国殃民。但是赵扩对韩侂胄仍然没有失去信任，朝廷大权也还在韩侂胄手上。杨皇后清醒地认识到，自己与韩侂胄势不两立，必须抢先下手为强。就这样，杨皇后找到了与韩侂胄素来不和的史弥远，二人一拍即合，诛杀了韩侂胄。

诛杀韩侂胄的成功，使史弥远和杨皇后往来更加密切，开始一内一外操纵着宁宗。杨皇后心思缜密，对赵扩的脾气秉性了如指掌。赵扩自奉节俭，杨皇后也在饮食、衣服上尽量朴素。赵扩体弱多病，杨皇后就精心照顾，连他该服什么药都能推测得八九不离十。一次，赵扩得了痢疾，召御医入宫诊治，御医刚号了脉，问了症状，还没开方子，杨皇后就问道："官家吃得感应丸否？"御医回答："吃得，吃得。"杨皇后又说："须多给官家吃些。"御医惊诧，但没敢多开，只给赵扩服了二百丸感应丸，病情略止。于是又服了一次，病情果然痊愈。

赵扩日渐衰老，杨皇后比皇帝大七岁，自己也开始担心起来，虽然生过皇子，但都夭折了。现在养育的皇子赵曮不是自己亲生的，但好在母子关系还不错。在赵曮被正式立为太子的过程中，杨皇后鼎力支持。为了答谢杨皇后，赵曮做太子后，不遗余力地颂杨皇后。对于赵曮的知恩图报，杨皇后十分满意。然而，赵曮却于嘉定十三年（1220 年）去世了，赵扩新选立的皇子赵竑，对杨皇后和史弥远内外勾结十分不满，杨皇后深感不安。

嘉定十七年（1224 年），宋宁宗病死。杨皇后与史弥远发动宫廷政变，二十岁的赵昀登基，由杨皇后垂帘听政。

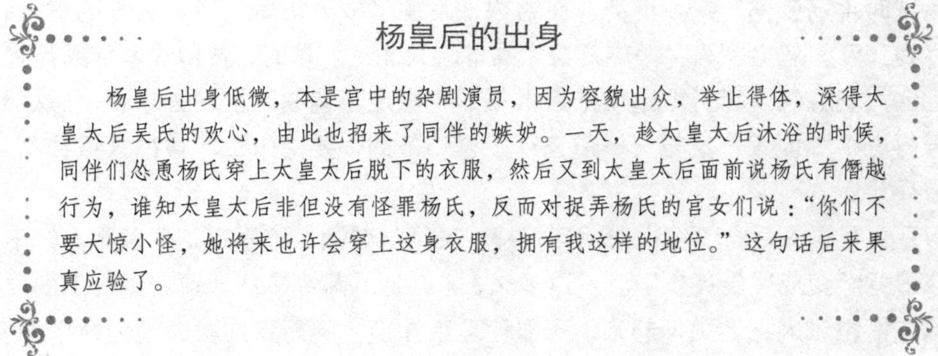

杨皇后的出身

杨皇后出身低微，本是宫中的杂剧演员，因为容貌出众，举止得体，深得太皇太后吴氏的欢心，由此也招来了同伴的嫉妒。一天，趁太皇太后沐浴的时候，同伴们怂恿杨氏穿上太皇太后脱下的衣服，然后又到太皇太后面前说杨氏有僭越行为，谁知太皇太后非但没有怪罪杨氏，反而对捉弄杨氏的宫女们说："你们不要大惊小怪，她将来也许会穿上这身衣服，拥有我这样的地位。"这句话后来果真应验了。

贾似道误国

宋理宗赵昀继位的前十年都是在权相史弥远挟制之下，自己对政务完全不过问，一直到 1233 年史弥远死后宋理宗才开始亲政，亲政之初立志中兴，采取了罢黜史党、亲擢台谏、澄清吏治、整顿财政等等改革措施，史称"端平更化"。然而，在他执政后期，朝政相继落入丁大全、贾似道等奸相之手，国势急衰。

这一时期，蒙古崛起。1234 年，南宋联蒙古国灭金。金国最后的都城蔡州被攻陷，金国灭亡。这是因为蒙古集合精锐，进行千里大迂回，攻破了金的唐州、邓州等地，蔡州已成孤城。宋朝廷在此情况下顺水推舟，派出宋朝大将孟珙率军队联合蒙古灭掉金朝。此后，南宋意图收复河南等故地，但由于内部的政争及实力等因素，最终计划没有成功，宋军受到蒙军的攻击，损失惨重。

开庆元年（1259 年），蒙古大汗蒙哥出兵三路进攻南宋，贾似道以右丞相兼枢密使的身份带兵出征。贾似道没有指挥的才能，更无作战的勇气，在移兵黄州的途中，远远看见一支队伍，以为是蒙古军袭来，吓得抱头叹息："这番死了！这番死了！"等军士报知前面的敌人不是蒙古军，而是一小股南宋的叛军时，贾似道才下令迎战。

当时，鄂州城的守卫战打得很是激烈，城中南宋军民死伤很大，但蒙古军也伤亡不小。如果宋军坚守，蒙古人很难轻易向南推进。可是贾似道却恨不得早早逃离这个危险的地方，因此当忽必烈扬言要进攻扬州时，贾似道连忙遣使向蒙古人求和，自许了许多投降条件。但忽必烈拒绝议和，这使得贾似道忧恐万状，一筹莫展。

正在这时，进攻四川一带的西路蒙古军战败，蒙古大汗蒙哥在进攻四川合州钓鱼城时中箭受伤，病发而死，蒙古内部发生了权力之争，留在后方的王室趁机自立为大汗。忽必烈为了争夺汗位，准备起兵北还。这时，贾似道若能乘势追击，一定会大获胜利。可贾似道明知蒙古军即将撤走，偏偏又主动去求和，忽必烈当然乐得占个大便宜，就与贾似道签订了议和条约，要南宋每年输纳大量钱物，这才带兵北还。

蒙古兵退去后，贾似道向朝廷报捷，说经过苦战，终于打跑了蒙军。一下子，贾似道竟然变成民族英雄了。没过多久，忽必烈派郝经来催要贾似道许下的岁币，贾似道慌忙派人把他关押起来，不敢让理宗知道。继而更加卖力地为皇帝搜罗美女、艺伎，引诱皇帝纵情享乐。

很快，理宗死去，侄子赵禥继位，是为度宗，依然重用贾似道。此时蒙军南下，襄阳被困两年，贾似道密而不报，还骗赵禥说元兵已经退去。襄阳在蒙古兵的围攻之下越来越危急，贾似道却每天躲在他的别墅里斗蟋蟀。公元 1273 年，元军攻破樊城，都统范天顺自杀，统制牛富率军巷战，后来也自尽身亡。一个月后，襄阳宋将吕文焕向元军投降。这时候，贾似道也知道瞒不住了，就把责任推给襄阳守将，将其革职了事。

忽必烈看到南宋这样腐败，决定一鼓作气消灭南宋，派左丞相伯颜率领元兵二十万，分两路进军，一路从西面攻鄂州，另一路从东面攻扬州。宋度宗又惊又怕，一病死了，贾似道于是拥立了一个四岁的幼儿赵显做皇帝。伯颜攻下鄂州后直取临安，宋军全线崩溃，贾似道逃回扬州。到了这个时候，南宋距离亡国只有一步之遥了。

端平入洛

金国灭亡后，南宋举国上下都沉浸在报仇雪恨的狂喜之中，宋理宗赵昀将金哀宗的遗骨奉于太庙，告慰徽、钦二帝的在天之灵。这时蒙军北撤，赵昀于是下诏进军河南，宋军进驻了刚刚经历过战火的汴梁（今开封），此时的汴梁虽然已是一片废墟，宋军收复的只是一座空城，但这座故都的收复毕竟圆了“靖康之难”以来无数志士仁人的梦。

南宋大将全子才占领开封后，后方没有及时运来粮草，以至无法继续北进，贻误了战机。不久，大将赵葵又在粮饷不继的情况下继续向洛阳进军，结果遭到蒙军伏击，损失惨重，只能南归。其他地区的宋军见主力返回，也开始全线败退，“端平入洛”的失败，使南宋损失惨重，数万精兵死于战火，投入的大量物资付之流水，还让蒙古找到了进攻南宋的借口。

元军攻打南宋

元兵进逼临安，宋恭帝赵显的祖母谢太后和大臣们一商量，赶紧下诏书要各地将领带兵援救。诏书发到各地，响应的人很少，只有赣州的文天祥和郢州（今湖北钟祥）守将张世杰两人带兵赶来。

文天祥到了临安，右丞相陈宜中派他到平江（今江苏苏州）防守。这时候，元朝统帅伯颜已经渡过长江，分兵三路进攻临安。其中一路从建康出发，已经越过平江，直取独松关（今浙江余杭）。陈宜中又命令文天祥退守独松关。文天祥刚离开平江，独松关已经被元军攻破，想再回平江，平江也失守了。

文天祥只得回到临安，跟张世杰商量，要集中兵力跟元军决一死战。但是胆小的陈宜中说什么也不同意。

伯颜带兵，很快到了离临安只有三十里的皋亭山（在今杭州东北）。朝廷里一些没有骨气的大臣，包括左丞相留梦炎都溜走了。谢太后和陈宜中惊慌失措，赶紧派了一名官员带着国玺和求降表到伯颜大营求和。伯颜指定要南宋丞相亲自去谈判。陈宜中害怕被扣留，不敢到元营去，逃往南方去了。张世杰不愿投降，气得带兵出海去了。

谢太后没办法，只好宣布让文天祥做右丞相，去谈判投降。文天祥带着大臣吴坚、贾余庆等到了元营，却根本不提求和的事，反而表明了要决一死战的决心。

双方会见之后，伯颜扣押了文天祥，让别的使者先回临安去跟谢太后商量。吴坚、贾余庆回到临安，把文天祥拒绝投降的事回奏谢太后。谢太后一心投降，马上改任贾余庆做右丞相，再次到元营求降。伯颜接受降表后，再请文天祥进营帐，告诉他朝廷已另外派人来投降了。文天祥气得把贾余庆痛骂一顿，但是投降的事已无法挽回。公元 1276 年，伯颜带兵占领了临安，把所有皇族俘虏都押送大都（今北京）。

逃出元军之手的，是恭帝的两个哥哥——九岁的赵昰和六岁的赵昺，他们在大臣陆秀夫的护送下逃到了福州。陆秀夫派人找到张世杰、陈宜中，决定拥立赵昰继位，史称端宗，继续反抗元朝。

文天祥抗元

文天祥此时也逃了出来，辗转赶到福州，在新的朝廷里担任枢密使。他向陈宜中建议，从海路进攻元军，收复两浙地区。但是陈宜中认为这样做太冒险，没有同意。

文天祥只好改变主意，到南剑州（今福建南平）建立都督府，招募人马，准备反攻。次年进兵江西，在各地起义军的配合下，连续打败元军，收复了会昌等许多县城。

这时候，另一路元军已经南下，猛攻福州，宋军节节败退。陈宜中眼看没有希望，就独自乘船逃到海外去了。张世杰和陆秀夫等保护端宗赵昰逃上海船，往广东转移。不幸海上刮起一场飓风，年幼的赵昰受了惊，得病死了。张世杰和陆秀夫在海上又拥立赵昺继位，把水军转移到厓山（今广东新会南）。

元朝大将张弘范向元世祖报告说，如果不迅速扑灭南方的小朝廷，恐怕有更多的宋人响应。元世祖就派张弘范为元帅，李恒为副帅，带领精兵两万人，分水陆两路南下。

张弘范先派兵攻打驻守在潮州的文天祥。文天祥兵少势孤，被俘虏了。元军到了厓山，张弘范先派人向张世杰劝降，张世杰不肯。张弘范知道张世杰平日很敬佩文天祥，就要文天祥写信给张世杰招降，文天祥只是冷笑。张弘范无奈，只得拼命攻打厓山。

1279 年，张世杰兵败牺牲，陆秀夫背着小皇帝赵昺，跳海自杀，南宋宣告灭亡。

元军攻下厓山后，张弘范召集将领，举行庆功宴会，把文天祥请来，想说服他投降元朝。然而文天祥还是不肯，张弘范便把他押送到了大都。

忽必烈对文天祥十分敬佩，下令好好招待，希望他投降元朝。但文天祥把前来劝降的人都骂跑了，忽必烈无奈，就把文天祥移送到兵马司衙门的牢房里，想让恶劣的环境逼他改变心意。

文天祥进牢的第三年，河北中山府发生了一场农民起义。起义领袖自称是宋朝皇室的后代，聚集几千人马，号召大家打进大都，救出文丞相。元世祖此时还是没有丢掉招降的幻想，决定亲自劝降文天祥。但文天祥却矢志不改，只求一死。元世祖知道劝降已没有希望，下令把文天祥处死。

文天祥在 1278 年被元军俘虏时，曾写下“人生自古谁无死，留取丹心照汗青”的诗句。被送到大都后，前后被囚三年，在狱中写下了《正气歌》，拒绝投降，他的民族气节至今依然被人们颂扬。

最后的保卫战

就在元军南下攻打临安的同时，为防止四川的援军突袭，忽必烈命令一支军队主动进攻四川。时任四川制置副使的王珏以钓鱼城为根据地拼死抵抗。当年蒙哥就曾死在钓鱼城下，王珏相信，历史会再一次重演。

两军相持了一年之久，互有胜负，忽必烈深知四川的战略重要性，增兵数万，命大将不花强攻重庆。不花将重庆城围了个水泄不通，双方激战数日不分胜负，就在王珏鼓励士兵死守城池之时，都统赵安却向元军献城投降了。

王珏悲愤异常，率领士兵与进城的元军展开了巷战。苦战一夜，寡不敌众的王珏带着几个亲随和家属乘船渡江，想去往涪州。在船上，王珏越想越伤心，为自己没有死在重庆后悔不已，举起斧子猛砍船底，想举家自沉。船工见状，夺下王珏的斧子就扔进了江中。王珏于是又要投江，被家人死死抱住。不料船到半路，王珏最不愿意看到的结局出现了：元军水师伏击了他们，王珏被活捉了。

元军在占领重庆后，连夜向钓鱼城进兵，守将在得到不花不屠城的许诺后，开城投降。曾经大名鼎鼎的钓鱼城，就这样兵不血刃纳入了元朝的版图。王珏在得到这一消息后，趁看守的元兵不备，解下弓弦，自缢而死。

虽然王珏最终失败了，但从公元 1243 年到公元 1279 年，王坚、王珏带领钓鱼城军民抵抗蒙古大军的进攻，历经大小二百余战，在最大程度上延缓了元军的攻势。

蒙古帝国

蒙古帝国使得许多区域性文明发生了迅速的相互接触，而在此之前，这些文明在其发展中很少把它们联系在一起，甚至很少知道同时代的其他文明，它们与同时代的其他文明只是通过传导性的欧亚大地被潜在地联系在一起。在那一度秩序井然的欧亚大平原穿越往返的使团，其文化上的作用远较政治上的成果重要得多。

——阿诺德·汤因比（Arnold J Toynbee，英国历史学家）

元朝文明历程表

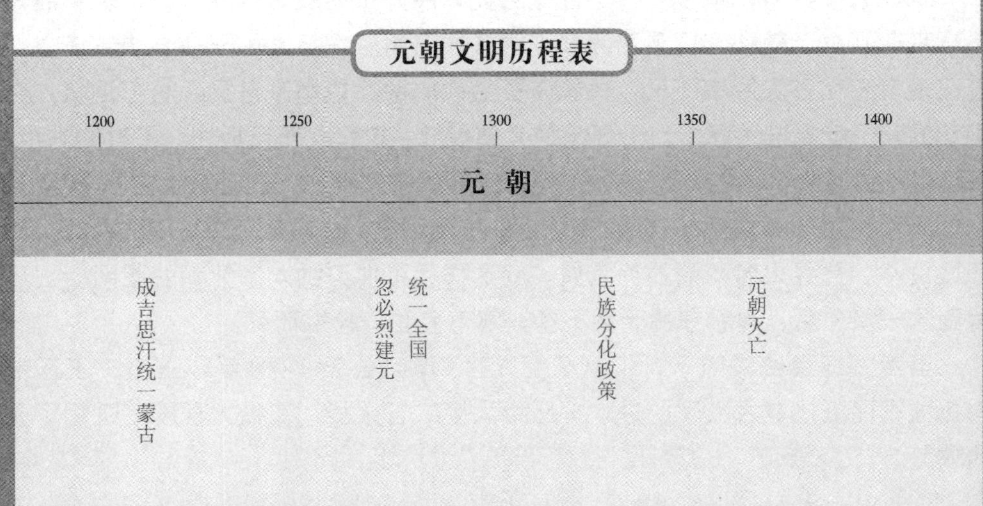

元：疆域最大的封建王朝

元朝（1271—1368 年），是中国历史上第一个由少数民族建立的大一统封建王朝。蒙元统治者经过半个多世纪的征服战争，先后消灭西夏、金、西辽、大理、吐蕃、南宋等政权，结束了中国历史上的第三次大分裂时期，实现了多民族国家的空前统一，形成了有利于各民族文化交流发展的有利环境，中国多民族文化并存的格局进一步得到肯定。作为中国历史上的一个重要朝代，元朝不仅在中华文化史上发挥了承上启下的作用，而且在诸多领域出现了新的飞跃，推进了中国多元一体文化的发展进程，开创了中国各民族文化全面交流融合的新局面，对中华文化的繁荣和发展做出了重要贡献。

铁木真统一蒙古草原

就在韩侂胄北伐的公元 1206 年，中国北部的瀚海沙漠群以北的斡难河上游，金帝国的藩属——蒙古族诸部落，正举行一个重大的集会，推举孛儿只斤部落五十二岁的酋长铁木真为大可汗，尊称成吉思汗，意思是海洋皇帝。蒙古帝国正式诞生。

在蒙古诸部落的四周，环绕着突厥的部落，部落间常为争夺水草而不断地攻杀和劫掠，往往成为血海世仇。

铁木真是蒙古族孛儿只斤部酋长也速该的儿子，九岁那年，也速该把铁木真带到一个朋友家定亲。也速该把铁木真留在朋友家里独自回家，赶了一段路，正好看见有一批塔塔儿部人在草原上举行宴会。按照当地风俗，也速该便下马参加了塔塔儿人的宴会。

塔塔儿部和孛儿只斤部打过仗，但也速该没想到这一层。塔塔儿部中有人认出了也速该，偷偷在也速该吃的食物里放了毒药，也速该赶回家里很快就咽了气。

也速该一死，孛儿只斤部失掉了首领，都散了伙，原来归附也速该的泰亦赤部也脱离了他们，还带走不少也速该的奴隶和牲畜。泰亦赤部的首领怕铁木真长大以后找他报仇，就带领人马捉拿铁木真。铁木真好不容易才逃了出来。

为了恢复父亲的事业，铁木真想尽办法，渐渐把部落失散的亲属和百姓聚拢来，相继击败了泰赤乌、蔑儿乞诸部，力量渐渐增强。铁木真的好朋友札木合，也是一个部落的首领，看到铁木真力量强大了，自己部下有人投奔铁木真，札木合很不高兴。

公元1190年，札木合的弟弟抢夺铁木真的马群，被铁木真的部下杀了，双方发生了冲突。札木合集合了他统治的三万人马攻打铁木真，双方在斡难河边的草原上展开了一场大战，铁木真抵挡不住，败退了。札木合把抓住的战俘全部杀死，引起了部下的不满，纷纷脱离札木合投奔铁木真。铁木真虽然打了败仗，实力反而壮大了。

没过多久，塔塔儿部的首领蔑古真得罪了金朝，金朝派丞相完颜襄约铁木真配合进攻塔塔儿部。铁木真认为这是个为父亲报仇的好机会，就和金兵一起夹击塔塔儿部，塔塔儿部全军覆没。金朝认为铁木真立了大功，封他做官。

公元1203年，铁木真在土剌河攻击王罕，王罕的克烈部是当时蒙古草原上最强大的部落之一，而铁木真一举就击败了克烈部，为统一蒙古铺平了道路。接着，铁木真又击溃了草原上的最后一支力量——乃蛮部的太阳汗，统一了蒙古诸部，被尊称为成吉思汗。

成吉思汗继位后，建立了军事和政治制度，使用了蒙古文字，使蒙古成了一个强大的汗国。但是金朝还把蒙古当作它的附属国，要成吉思汗向金国进贡，成吉思汗立志要改变这种屈辱的地位。

成吉思汗分封

成吉思汗为了巩固统一，加强统治，首先建立了一套完整的军事制度。成吉思汗按照十进制的办法，把蒙古各部牧民统一划分为十户、百户、千户、万户，打破了原来的氏族部落，并相应地设立了十户长、百户长、千户长，万户长。万户长和千户长由成吉思汗直接任命分封。万户长及千户长按其等级高低，领有一定范围的大小不同的疆域作为封地，并领有封地内数量不等的封户，成为大小领主。

成吉思汗把占领地区首先分封给了他的三个儿子。

长子术赤封于钦察、花剌子模及康里国故地，今咸海以西，里海以北之地皆属之。后来因为术赤比成吉思汗早死，这一封地归于其子拔都。

次子察合台封于西辽及畏兀儿故地，东起阿尔泰山，西至阿姆河，包括新疆天山南北路等地，后来称为察合台汗国。

三子窝阔台封于乃蛮故地，今鄂毕河上游以西至巴尔喀什湖以东一带均属之，后来被称为窝阔台汗国。

依照蒙古惯例，在成吉思汗死后，幼子拖雷获得其父的直接领地，即斡难河及客鲁连河流域一带蒙古本部地方。

成吉思汗死后，窝阔台继位，决议远征欧洲。这次西征的统帅是成吉思汗的孙子、术赤之子拔都。拔都在 1236 年至 1241 年间,统帅蒙古军渡过札牙黑河（乌拉尔河），在亦的勒河（伏尔加河）中游击溃不里阿耳部（保加利亚），继续西进，占领了钦察以及从宽田吉思海、亚速海直到斡罗思东南的广大领土，又分兵进入孛烈儿（波兰）和马扎儿（匈牙利）等地。在今捷克一带遇到顽强的抵抗，西进受阻。

此时适逢 1242 年，窝阔台的讣报传到蒙古军营，大军乘机回师。拔都则领本部留在钦察草原，建立了钦察汗国。

1246 年春，窝阔台之子贵由被立为大汗。贵由继汗位不到三年就死了，拖雷之子蒙哥继位。蒙哥决定由四弟忽必烈总管漠南，另外派遣其六弟旭烈兀向西方进军，目的是征服波斯（今伊朗）。

1256 年，旭烈兀攻下了阿拔斯哈里发的报达国（巴格达）。1259 年，进军苫国（叙利亚）京城大马司（大马士革）。算端（今译苏丹，回教国君主）纳昔儿弃城逃走。旭烈兀留居帖必力思，建立了伊利汗国。

成吉思汗建立的蒙古国，经过三次西征，形成了钦察汗国、察合台汗国、窝阔台汗国和伊利汗国。后来，蒙古各统治集团为争夺大汗权位，彼此间矛盾激化，加上各汗国间缺乏必要和有力的联系，因而使钦察汗国和伊利汗国走上各自独立发展的道路。

成吉思汗重用耶律楚材

在成吉思汗帐下，有一位深得他倚重的谋士，成吉思汗亲切地叫他“吾国撒合里”（蒙语“长髯人”）。这个有着美丽大胡子的人，就是耶律楚材。

耶律楚材三岁时父亲去世，母亲杨氏是当时名士杨昙之女，出身于书香门第，

具有较高的文化修养，便带着耶律楚材回到了老家东丹（今辽宁北镇一带），在悬崖上修了两间小屋，教儿子读书。短短几年，耶律楚材不但史籍、儒家经典、诗词歌赋无所不通，对天文、地理、律历、术数及释道、医卜也都有涉猎。1215年，金国燕京城被蒙古兵攻破。耶律楚材跑到了报恩寺，拜在万松老人门下学佛，自号“湛然居士”。

成吉思汗早就听说了耶律楚材的才学，派人对他说：“你是个人才！是契丹人中的豪杰。你的祖国契丹以前被金国人所灭，如今我蒙古灭了金国，你应该高兴啊。”耶律楚材听后迟疑半晌，回答说：“我家三代侍奉于金国，自当忠诚，怎能将君父当作寇仇呢？”成吉思汗听后非常尴尬，但认为此人重君臣之情，恪守信义，值得重用。再加上耶律楚材身材魁伟，髯长鬓美，极其英武；回答询问时，声音洪亮流畅，成吉思汗愈发喜欢，便把他作为自己的亲随，不离左右。

公元1219年夏天，成吉思汗西征，耶律楚材奉命随行。祭旗那天，忽然降下暴雪三尺，许多人都认为这是不良征兆。耶律楚材为鼓舞士气，便说：“隆冬之气，见于盛夏，恰是打败敌军，获取胜利的好兆头。”

成吉思汗曾对儿子窝阔台说：“耶律楚材是上天送给我们家的礼物，是上天委派他来帮助我们打江山的。我死之后，你主持国政，军国大小事务都可以放心交付给他去办理。”

耶律楚材因为是虔诚的佛教徒，每每随军出征，看到蒙古兵夺下一城一地都要杀人抢掠，心里非常痛苦。当蒙古诸将贪婪抢掠之时，耶律楚材则在拼命保护图书文物，收集经籍。为了减少杀戮，他便借助神佛的名义，设法对成吉思汗施加影响。

后来耶律楚材负责京城的管理。当时的燕京城虽为国都，但社会秩序异常混乱。每天等不到天黑，就有一些盗贼驾着牛车闯入富家，搬取财物，如果反抗，则杀人劫货，谁也不敢阻拦追究。耶律楚材经过仔细查询，了解到这些盗贼都是豪强的亲属和世家子弟。耶律楚材毫不手软，将他们一网打尽，投入监狱。这些人的家属于是贿赂官员，企求从轻发落。但耶律楚材还是将这些罪大恶极的盗贼斩首示众。从此以后，燕京的社会治安才变得好了起来。

成吉思汗死后，耶律楚材又帮助窝阔台当选大汗，制定国家的典章制度，后来忽必烈基本上沿袭了耶律楚材制定的一系列政策，并发扬光大。

忽必烈建立大元

建立元朝的忽必烈，是成吉思汗幼子拖雷的儿子，全名为孛儿只斤忽必烈。拖雷有十一个儿子，长子就是蒙哥，四子忽必烈，六子旭烈兀，七子阿里不哥。蒙哥继汗位后，遣忽必烈开拓南部汉地，令旭烈兀远征西域，以阿里不哥留守和林，看管蒙古本土，自己则亲率大军伐宋。

当忽必烈听到蒙哥的死讯时，为了争夺汗位，急忙北返，在自己的大本营开平（今多伦西北）宣布继大汗位。两个月后，阿里不哥也在和林继大汗位。忽必烈花了四年的时间，最终击败阿里不哥，夺得了最高统治权。

蒙古的汗位继承，一向都是大家共同推选。忽必烈为了保持住蒙古大汗的地位，改变了传统的选汗制度，采取汉人预立皇太子的办法，确定帝位继承人，并在公元 1264 年建都燕京。公元 1272 年，忽必烈在燕京旧城的东北筑造新城，建设宫殿衙署，命名首都为大都。在灭亡了南宋后，统一了中国，被后世称为元世祖。

忽必烈建立的元朝，极盛之时的版图古今无与伦比，东起朝鲜、西至地中海、北抵西伯利亚、南达南海及印度洋，包括了几乎整个亚洲及欧洲东部。这个庞大帝国的组成，又分成两部分：

元朝辖区：包括今中国、蒙古本土、朝鲜及南洋部分地区。

四大汗国：钦察、察合台、窝阔台、伊利诸汗国，形式上都奉元朝皇帝为宗主，实际上各自独立。

元世祖的统治

元朝建立后，有意识地保留了中原的一些制度，但关于采用什么政策来统治汉地的问题，争论一直存在。元世祖忽必烈极力提倡采用汉法。为了贯彻汉法，巩固对全国的统治，元世祖在中央设立了中书省，总理全国行政事务，由枢密院掌管军事，御史台负责监察。

在地方上，设立行中书省，简称行省。行中书省各设丞相一人，掌管全省的军政大事。行省下设路、府、州、县。当时全国共有 10 个行省，即岭北、辽阳、河南、陕西、四川、甘肃、云南、江浙、江西、湖广。至于山东、山西、河北和内蒙古等地则称为“腹里”，作为中央的特区，由中书省直辖。行省制的确立，有效巩固了国家的统一，也是我国政治制度史上的一项重大变革，对后世有着巨大影响。

在军事方面，元世祖实行军民异籍、军民分治的政策，使军职不得干预民事。虽然军职是世袭的，但军队的调遣、军官的任命，都由枢密院直接掌握。元朝军队分为蒙古军、探马赤军、汉军和新附军等。探马赤军是在蒙古灭金时组成，以蒙古人为主体，包括色目、汉人在内的一支先锋部队。汉军是以汉军为基础，经过整编而成的部队。新附军是南宋投降后改编的部队。蒙古军和探马赤军是骨干，主要驻防于京师和腹里，而汉军和新附军多驻江淮以南。

忽必烈在财政管理方面有一定的问题。在宋朝的各种制度中，忽必烈发现了“钞”，或者说纸币的用途。他把钞票引入流通领域，并使它成为财政的基础。他的第一任“理财”大臣是不花刺的穆斯林赛夷阿札儿，他似乎把钞票的发行维持在合理的限度内。随后继任的几位大臣们开始轻率行事。公元 1262 年，阿合马任诸路转运使，兴办铁冶，增加盐课，获得了巨大利润，忽必烈因此升他为中书平章。可是阿合马恃功骄傲，为皇太子真金和其他大臣所厌恶。公元 1282 年，益都千户王著和高和尚等人，假借皇太子的名义将阿合马击杀。阿合马死后，元世祖又命卢世荣为中书右丞。卢世荣提出改革钞法、制定市舶条例等措施。元世祖很宠信他，但其他官僚纷纷上章弹劾，不到一年，卢世荣也被杀。公元 1286 年，元世祖起用桑哥理财，任为平章政事。桑哥精通藏、蒙、汉、畏吾儿和其他言语。他一上任，就检核中书省，查出巨额亏空，罢免了许多人。元世祖更加信服了他的忠诚和实干，马上提升桑哥为尚书右丞相兼总制院使，领功德司事，进阶金紫光禄大夫，桑哥成为中国历史上第一个担任中央王朝宰相要职的藏族官员。但他很快又因贪污被处死。

混乱中帝国走末路

元代统治者内部一直纷争不断，元武宗经过一番政治斗争登上帝位后，不顾大臣们的反对，死后将皇位传给了弟弟元仁宗。元仁宗去世后，元朝统治阶级内部的争权斗争越来越激烈，先后发生了南坡之变和天历之变等政治斗争。在统治阶级内讧不断的同时，在元朝的压迫下，许多汉人起来反抗，爆发了白莲教和红巾军起义。元朝的最后一位皇帝元顺帝人称“鲁班天子”，沉迷于做木匠活儿，不理政事，元朝终于被起义军所推翻。

兄终弟及的混乱

忽必烈死后，因为太子真金早已亡故，皇帝之位便由真金的儿子铁穆尔继承，史称元成宗。成宗晚年时患病，朝政交由皇后卜鲁罕打理，立爱子德寿为皇太子。可惜的是，德寿却并不长命，竟然死在了成宗前头。成宗悲痛欲绝，一个月后也撒手西去。在立接班人的问题上，卜鲁罕倾向于成宗的兄弟阿难答，他也是忽必烈很欣赏的孙子，是个虔诚的穆斯林。如果他继承了皇位，那么中华大地在十四世纪都将信奉伊斯兰教。

不巧的是，元成宗还有两个侄子——海山和爱育黎拔力八达。他们早就对帝位垂涎了，经过一番宫廷争斗，海山获得了帝位，史称元武宗。海山上台后马上处死了阿难答，幽禁了婶婶卜鲁罕，这才兴高采烈起来。海山在位只有三年时间，这位年轻的皇帝也喜欢赏赐群臣和宗族，以至于国库空虚，最后为了满足贵族的贪婪欲望，就滥封爵位。虽然海山不是一个称职的皇帝，但却是一个好兄长。他对弟弟辅佐自己登上皇位很是感激，任凭身边的大臣怎样劝说，海山都不册立自己的儿子为太子，执意要将皇位传给弟弟。

不久海山病死，爱育黎拔力八达顺利继位，史称仁宗。元仁宗虽然和哥哥的感情很好，但对哥哥宠信的大臣们，却只有一个字：杀！海山在位时的主要大臣都遭到清洗，大多数政策也被废止。究其原因，应该说元仁宗所受的教育和海山截然不同。海山还是蒙古的一员虎将，而仁宗却是一位汉化非常深厚的皇帝了，他从十几岁就学习儒家思想，不仅能够读、写汉文，鉴赏中国绘画与书法，还非常熟悉儒家学说和中国历史，对于海山制定的政策，仁宗都是反对的，只是为了保住皇太弟的位子，隐忍不发而已。

元仁宗按照中原传统方式对元朝政府进行了一场大规模改革，可惜没能走得太远，因为他无法削弱蒙古诸王的行政权、司法权和经济特权，梦想中的加强中央集权始终没有实现，反而受到更激烈的反抗，进而引发了宫廷内部的激烈派别之争。元仁宗从未成为他的家族乃至宫廷的主人，因为他的权力总是受到来自他的母亲——皇太后答己及其属下的强烈限制。在答己的亲信中，铁木迭儿是权力最大的人，元仁宗在位的最后两年，围绕铁木迭儿的权力之争几乎使政府陷于瘫痪。

在海山在位的时候，世家出身的铁木迭儿就赢得了皇太后的信任。元仁宗继位后，皇太后即任命铁木迭儿为右丞相，这违背了元仁宗的意愿，但他却不能像杀死海山的亲信那样杀死铁木迭儿。在宫廷事务中，元仁宗大概只做了一件他自己认可的事情，那就是册立自己的儿子为继承人，将哥哥海山的儿子“流放”到云南去了。

南坡之变

元仁宗的长子名叫硕德八剌，称帝后史称元英宗。英宗在父亲的影响下，自幼接受儒家教育，平时为人也显得随和，这才赢得祖母答己太后的喜爱，支持仁宗立他为太子。

其实，英宗对祖母和铁木迭儿的专权早就恨之入骨了，因此刚一继位，就立了忽必烈宠信的大臣——木华黎的后裔拜住为左丞相，极力抑制答己、铁木迭儿一党的势力。这两个人虽然后悔，但年事已高，不久就死去了。英宗很是高兴，立拜住为右丞相，表示要励精图治、重整机务。此后数月，采取了一些改革性的措施，如精简机构、减轻徭役、颁行《大元通制》以加强法制、推行汉法，并且清除铁木迭儿余党，查处他们的贪赃枉法事件。

这场改革进行得很是激烈，大有秋风扫落叶之势，让一些保守的蒙古贵族开始不安起来。铁木迭儿在死后被以贪污罪抄家，这件案子牵扯了不少人，其中还包括英宗的大舅子铁失。英宗与皇后的感情很好，实在不忍心把大舅子一家弄死，再说铁木迭儿也已经死了，于是只下令杀了铁木迭儿的长子。

英宗是仁慈了一把，可他没料到，铁失却是个冷血的人。

至治三年（1323年）八月五日，元英宗与拜住自上都（今内蒙古正蓝旗东）南返大都（今北京），途经南坡店（上都西南三十里）驻营。当日夜晚，铁失与铁木迭儿的三子锁南、知枢密院事也先帖木儿、大司农失秃儿等十六人发动了政变。

在那个充满了血腥气息的夜晚，元英宗被铁失当胸一刀刺死在床上。也许是一刀不解恨，也许是害怕英宗，铁失在英宗的尸身上连砍数刀，直至英宗身首分离。与英宗一同遇害的，还有拜住。这件事史称“南坡之变”，英宗死时只有二十一岁，是元代最短命的皇帝之一。这位成吉思汗的后代，未尝不想做个伟大的君主，但他的急切求治和面慈心软，不但招来了杀身之祸，还让元朝走向了衰落。

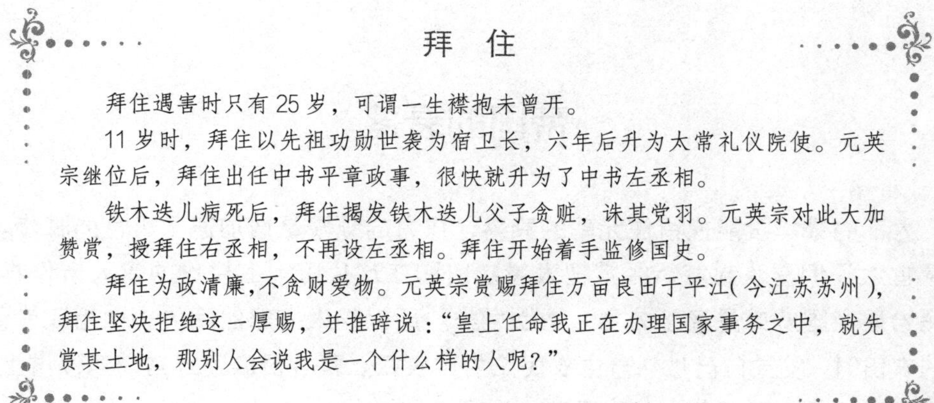

拜　住

拜住遇害时只有25岁，可谓一生襟抱未曾开。

11岁时，拜住以先祖功勋世袭为宿卫长，六年后升为太常礼仪院使。元英宗继位后，拜住出任中书平章政事，很快就升为了中书左丞相。

铁木迭儿病死后，拜住揭发铁木迭儿父子贪赃，诛其党羽。元英宗对此大加赞赏，授拜住右丞相，不再设左丞相。拜住开始着手监修国史。

拜住为政清廉，不贪财爱物。元英宗赏赐拜住万亩良田于平江（今江苏苏州），拜住坚决拒绝这一厚赐，并推辞说：“皇上任命我正在办理国家事务之中，就先赏其土地，那别人会说我是一个什么样的人呢？”

天历之变

铁失等人政变成功后，推举晋王也孙铁木儿为帝，史称泰定帝。泰定帝在位只有五年就病死了，其间没做过什么坏事，也没下达过什么好的政令，还算太平。

泰定帝死后，蒙古贵族们突然想起了一个人：被仁宗流放到云南的，武宗的长子孛儿只斤和世㻋，认为他才是继承皇位的正统人选。

此时的孛儿只斤和世㻋一直躲避在漠北，听到消息后认为转机来到，相信自己是真命天子，开始往南疾奔。无奈路远，被弟弟孛儿只斤图帖睦尔抢了个先。公元1328年九月，武宗次子怀王孛儿只斤图帖睦尔于大都称帝，史称元文宗。孛儿只斤和世㻋见状，索性就在漠北继皇帝位，史称元明宗。

元明宗遣使回大都说，自己立弟弟图帖睦尔为皇太子。文宗没有表示异议，说自己只是代行皇帝之权，国家一直都是属于哥哥的，请明宗回大都主持大局。明宗很高兴，一路南下，见到的都是文宗派来迎接他的官员，听到的都是“我们的皇帝真要从北方回来了”的欢呼声，戒备之心也就渐渐消除了。不久，明宗南下来到上都附近的王忽察都，设宴请文宗与丞相燕帖木儿，可没过几天，明宗就死了。

关于明宗的死，普遍的说法是被文宗“毒杀”了。文宗是如何“毒杀”哥哥的，史料没有确实的记载，我们只知道文宗写了一篇文采飞扬的祭文悼念明宗，并且在不久后杀了明宗的妻子，废掉了明宗儿子的太子称号。明宗死后，文宗在上都又一次宣布继位，改元天历，史称天历之变。他在位期间，编修了《经世大典》，颇有意于兴文治。当时色目人在朝廷上的政治势力被削弱，而钦察官僚集团则权势大增。燕帖木儿擅权恣纵，政事一决于他，吏治继续败坏，财政愈趋竭蹶。

帝国的衰落

大都的繁华没能挽留住元朝的衰落，权力的频繁更迭加速了灭亡的脚步。因为蒙古大汗们喜欢封赏，经常把大量农田和在这片田地上耕作的汉人当作物品，赏赐给皇亲国戚或是亲王公主、功臣之类。所以汉人在忽然间失去他祖宗传留下来的农田时，发觉自己也从自由农民沦为了农奴。蒙古贵族还经常随意侵占土地，然后让肥沃的农田荒芜，长出野草，以便畜牧。

元朝每一个新帝继位，都要赏赐贵族们金银钞币和大量田地。如顺帝赐给丞相伯颜田地，一次就达五千顷。他还花费大量财物于求神、拜佛、炼制仙丹，国库一度为之枯竭。当时各级官吏都贪污勒索，巧立名目，诸如拜见钱、撒花钱、追节钱、生日钱等。政府卖官鬻爵，极其腐败。

公元1340年，顺帝不满丞相伯颜，支持脱脱发动政变，驱逐了伯颜，并以脱脱为中书右丞相，进行政治改革。当时顺帝的年号是至正，因此这次改革被称为“至正新政”。新政执行的前四年由脱脱主持实施，废除伯颜旧政，恢复科举（曾被伯颜废除），撰修辽、金、宋三史，减少盐额。后五年由元顺帝亲政，颁行了《至正条格》完善法制，加强廉政。虽然新政有些效果，但对积弊已久的社会问题还是没起到大的作用。

对于广大汉人来说，他们处于社会的最底层，不仅受到压迫剥削，还有蒙古人的歧视。他们认为，苦难不仅来自暴政，更来自异族的入侵。要改变，唯一的方法就是铲除异族。

白莲教和红巾军起义

河北有个农民叫韩山童，祖父是个教书先生，曾经利用传教的形式，暗地里组织农民反抗元朝，被官府发现后充军到永年（今河北邯郸东北）。韩山童长大后，继续组织白莲会，宣传说："白莲花开，弥勒佛降世。"聚集了不少农民。

公元1351年，黄河在白茅堤决口，元朝征发了汴梁（今河南开封）、大名等地十五万民工修河。民工们在烈日暴雨下干活，可是朝廷拨下来的开河经费，却让治河的官吏克扣了。韩山童决定抓住这个机会，举行起义。他先派几百个会徒去做挑河民工，在工地上传播一支民谣："石人一只眼，挑动黄河天下反。"

开河工程开到了黄陵冈时，有几个民工挖出一座石人来，而石人脸上正是一只眼。这件新鲜事很快就在十几万民工中传开了，大家认为民谣应验，造反的日子马上就来到了。这个石人是韩山童事先偷偷地埋在那里的，见计谋成功，韩山童和好友刘福通便在颍州颍上（今安徽阜阳、颍上）宣布起义，用红巾裹头作为起义军的标记。

正在起义军歃血立誓的时候，有人走漏了消息。官府派兵士把韩山童抓去杀了，韩山童的妻子带着儿子韩林儿，逃脱了官府追捕，到武安（今河北武安）躲了起来。刘福通逃出包围，把约定起义的农民召集起来，攻占了颍州等一些据点。原来在黄陵冈开河的民工得到消息，也杀了河官，纷纷投奔刘福通。因为起义兵士头上裹着红巾，当时的百姓把他们称作红军，历史上把它称作红巾军。

刘福通的红巾军连续攻下了一批城池，江淮一带的农民早就受到白莲会的影响，听到刘福通起义，纷纷响应，像蕲水（今湖北浠水）的徐寿辉，濠州（今安徽凤阳）的郭子兴，都打起红巾军的旗号起义。也有不打红巾军旗号的，像江苏北部的张士诚。公元1354年，元顺帝派丞相脱脱集中了诸王和各省人马，动用了西域、西番的兵力，号称百万，围攻占领高邮的张士诚。正当高邮城被围得水泄不通之时，元王朝突然发生内乱，元顺帝下令撤掉脱脱的官爵。百万元军失去了统帅，不战自乱，全军崩溃。元军溃散后，刘福通的北方起义军趁机出击，大破元军。次年，刘福通把韩林儿接到亳州（今安徽亳县），正式称帝，国号为宋，韩林儿被称为小明王。韩林儿、刘福通在亳州建立政权后，分兵三路北伐。刘福通亲自率领大军攻占了汴梁，把小明王韩林儿接到汴梁，定为都城。元顺帝见红巾军声势浩大，极为恐慌，纠集大批军队镇压，三路北伐军先后失利，汴梁又落入元军手里。

接着，元王朝用高官厚禄招降了张士诚，刘福通保护小明王逃到安丰（今安徽寿县）后，受到张士诚的袭击，公元 1363 年，刘福通牺牲，北方红巾军失败。但此时的元朝也受到极大震撼，只差最后一击了。

顺帝的堕落

自从伯颜病死，元顺帝才开始自主地做皇帝，那一年他二十岁。

顺帝其实是个聪颖的帝王，入宫受佛戒时，顺帝看到佛前供着羊心，便问大喇嘛，供佛是否用过人的心肝。大喇嘛回答："有的。只要人生歹心害人，就要用他的心肝做佛供。"顺帝沉思片刻，问道："这只羊也害过人吗？为什么把它的心拿出来做佛供？"大喇嘛一时无言以对。

少年时的顺帝不仅聪明，还有高超的艺术技能。顺帝喜欢做木工活儿，凡是他身边的宦官在宫外建住宅，顺帝都亲自动手，设计制作缩小比例的实物模型。因此，京师人戏称顺帝为"鲁班天子"。

也许是顺帝喜欢的奇技淫巧太多了，加上脱脱又很能干，顺帝索性就将一切国政都委托脱脱处理，自己每天在宫中恣情酒色。

喇嘛哈麻见顺帝厌烦国事，便引进了一个西天番僧入宫，教给顺帝房中术，称为"演揲儿"法，译作汉文就是大喜乐的意思。顺帝如获至宝，悉心练习，每天与后宫女子淫戏作乐。那些喇嘛也留宿宫闱，任意奸淫年少美丽的公主和嫔妃，顺帝只知习法为快，从来不去禁止。后来情况愈演愈烈，凡是境中的女子都必须以册籍申报姓名，到了出嫁的年纪不论美恶，必须先弄到僧人的府中强行淫媾，待僧人玩弄够了才可以发归回夫家完婚。民间女子遭此毒害，衢巷悲哭不绝于时。时人都说："不秃不毒，不毒不秃，惟其头秃，一发淫毒。"

凝香儿

外强中干的明王朝

明朝虽然有很多大问题，但发展还是很先进的，只是运气太不好，又处在时代变化找不着更好出路的堕落心态中。

——吴晗

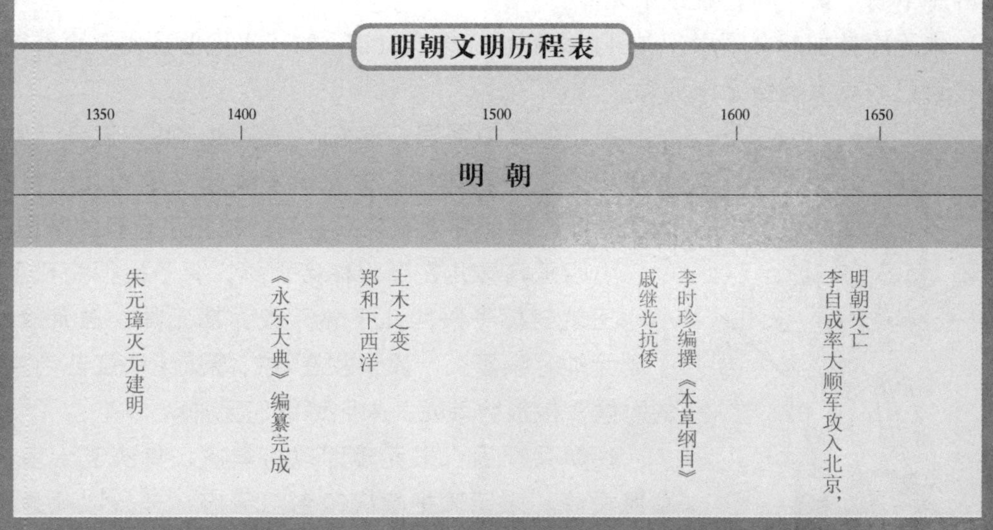

明：汉民族最后的王朝

明朝（1368—1644 年），是中国历史上最后一个汉族建立的中央王朝。1368 年由朱元璋建立，共历十七世，十六位皇帝，共 277 年。明朝已经进入中国封建社会末期，封建君主专制达到顶峰，同时也暴露了它自身的弱点，开始盛极而衰。明朝也是中国传统的政治、经济、文化向近代转型的开端时期。

定都应天

在刘福通的红巾军转战北方的时候，濠州郭子兴的红巾军也壮大起来，郭子兴的手下有一员干将，就是朱元璋。

朱元璋参加起义军后，不但打仗勇敢，还很有计谋。郭子兴把他当作心腹看待，并把自己的养女嫁给了朱元璋。

郭子兴

濠州的红巾军里，连郭子兴在内，共有五个元帅，郭子兴总是受到排挤。朱元璋发现起义军的几个将帅胸襟狭窄，就回到老家招兵买马，扩充了自己的队伍。

小明王韩林儿在亳州称帝那年，郭子兴得病死了。小明王就封郭子兴的儿子郭天叙为都元帅，朱元璋做了副元帅。没多久，郭天叙在攻打集庆（今江苏南京）的时候，被叛徒杀死，朱元璋继任元帅。

独掌兵权后，朱元璋即攻打集庆，集庆五十多万军民投降。朱元璋把集庆改名应天府，开始以此为根据地，向江南一带发展。当朱元璋的势力向南方发展时，首先遇到一个强敌就是陈友谅。

陈友谅当时已自立为王，国号叫汉，占据了江西、

湖南和湖北一带，地广兵多。公元 1360 年，陈友谅率领强大的水军，从采石沿江东下，进攻应天府，想并吞朱元璋占领的地盘。朱元璋的部将康茂才跟陈友谅是老朋友，朱元璋于是把康茂才找来，对他说："这次陈友谅来进攻，我要引他上钩，没有你帮助不行。请你写封信给陈友谅，假装投降，答应做他的内应；再给他一点假情报，要他兵分三路攻打应天，分散他的兵力。"

康茂才按照朱元璋的吩咐写了信，连夜叫人赶到采石，求见陈友谅。陈友谅见了老友送来的信，果然并不怀疑。朱元璋摸清了陈友谅的进攻的路线，派大将徐达、常遇春等分几路在沿江几个重要关口埋伏了人马，自己亲率大军守在卢龙山（今江苏南京狮子山），只等陈友谅自投罗网。

陈友谅自从信使走后，立刻下令全体水军出发，由他亲自带领。刚进入朱元璋的包围圈，就被埋伏在四周的伏兵打了个措手不及，伤亡惨重。

朱元璋灭元

陈友谅经过大战后，大伤元气，朱元璋势力变大。陈友谅养精蓄锐，决心要报这个仇。三年后，陈友谅造了大批战船，又带领六十万大军，进攻洪都（今江西南昌）。朱元璋连忙赶来援救。陈友谅撤去包围，把水军全部撤到鄱阳湖。朱元璋把鄱阳湖出口封锁起来，决定跟陈友谅在湖里决战。

陈友谅的水军有大批高大的战船，一字儿排开有十几里长。而朱元璋的水军却尽是些小船，论实力比陈友谅差得多。双方连续打了三天，朱军都失败了。部将郭兴跟朱元璋说："双方的兵力相差太远，打硬仗不行，不如改用火攻。"

朱元璋立刻命令用七条小船，装载着火药，每条船尾带着一条轻快的小船。那天傍晚，正好刮起了东北风，朱元璋派了一支敢死队驾驶这七条小船，乘风点火，直冲陈友谅的大船。风疾火烈，一下子就把汉军大船全烧起来，陈友谅手下的将士不是被烧死，就是被俘虏。当陈友谅带着残兵败将向鄱阳湖口突围时，被一阵乱箭射死。朱元璋消灭了南方最大的割据势力陈友谅以后，自称吴王。

在刘福通牺牲后，朱元璋就将小明王接到了滁州，名义上还接受小明王的领导。现在消灭了劲敌陈友谅，朱元璋不甘心再受小明王的压制。公元 1366 年，朱元璋用船把小明王接到应天，趁小明王在瓜步（今江苏六合东南）过江的时候，派人暗暗凿沉了船，淹死了小明王。

第二年，朱元璋消灭了东面张士诚的割据势力，命令徐达为征虏大将军，常遇春为副将军，大举北伐。徐达的军队一路旗开得胜，占领了山东。公元 1368 年，朱元璋在应天继位称皇帝，国号叫明，他就是明太祖。不久，徐达率领大军直捣大都，元顺帝逃往上都，统治中国九十七年的元王朝被推翻。

明朝大军进入大都后，北方还有一些元军的残余势力，徐达、常遇春等进兵山西，扩廓帖木儿大败北逃，陕西的李思齐在明军的包围下宣布投降。北伐军又回师直指上都，元顺帝只好再度北逃，不久死去。朱元璋建立的明王朝，接替了元帝国的疆域，只是漠北地区不包括在内，那里是蒙古帝国的本土。

洪武施政

朱元璋登基后，年号洪武。这时全国都在闹灾荒，战争的阴霾还没有消去，明朝廷随即制定了一系列恢复生产和稳定社会的政策，并严加执行。

公元 1368 年，明太祖下令，各处荒田，农民垦种后归自己所有，并免徭役三年，原业主若还乡，地方官于旁近荒田内如数拨与耕种。

明朝廷多次组织农民大规模兴修水利。明太祖还采取了鼓励农民种植经济作物等措施，以促进农业生产的发展。针对地主富豪多聚族而居的特点，明太祖经常大量地把他们迁徙出本乡，使这些豪强失去了原有的社会基础和政治实力。

明太祖十分重视吏治的整顿，严禁各级官吏玩忽职守。高级官员要接受御史的监督，中下级官吏定期考核，称职者升，平常的复任，不称职者降，品德卑劣的罢职为民。对贪官的惩治尤其严厉，凡贪赃钞六十两以上者，剥皮并枭首示众。

明太祖朱元璋首先觉得丞相和行中书省的权力过大，宣布废行中书省，在全国陆续设置了 13 个承宣布政使司，主管一省的民政和财政；另设提刑按察使司管刑法，都指挥使司管军队，三者合称“三司”，互不统属，分别归中央有关部门管辖。后来罢去中书省，将丞相的权力分于六部，六部尚书完全执行皇帝的命令，直接对皇帝负责。秦汉以来实行了一千余年的宰相制度，从此废除。明太祖废丞相后，挑选了几名文人担任华盖殿、武英殿、文渊阁、东阁等殿阁大学士，协助他批阅奏章，充当顾问。明太祖还设立了特务机构锦衣卫，除负责侍卫、密缉盗贼奸宄外，还掌管诏狱。同时实行廷杖制度，即在殿上杖责大臣。明太祖的侄儿大都督朱文正、工部尚书薛祥等都曾被廷杖活活打死。

明太祖下令执行的这些制度，在洪武年间便显现了成果，各州县每年垦田少者以千亩计，多者达二十万亩。

随着耕地面积的扩大，粮食和经济作物总产量也提高了，布帛、丝绢、棉花绒和果纱已被广泛生产，纺纱织布成为明朝初年农村的重要家庭副业。农业和手工业的发展，促进了明初商业和城市经济的繁荣，社会开始出现繁荣景象。

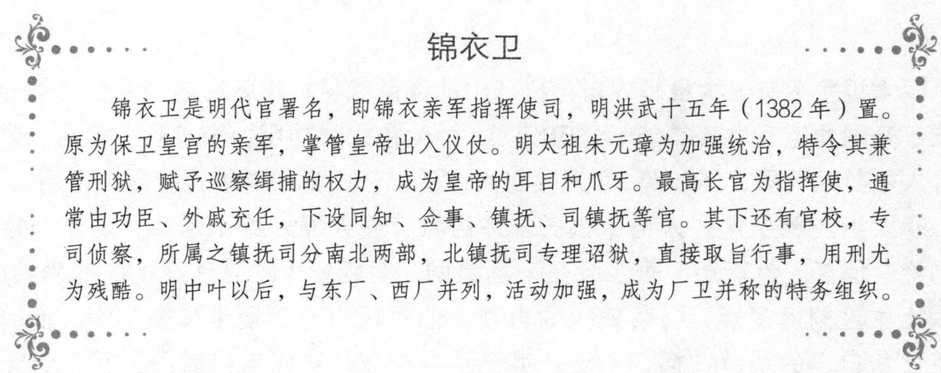

锦衣卫

锦衣卫是明代官署名，即锦衣亲军指挥使司，明洪武十五年（1382 年）置。原为保卫皇宫的亲军，掌管皇帝出入仪仗。明太祖朱元璋为加强统治，特令其兼管刑狱，赋予巡察缉捕的权力，成为皇帝的耳目和爪牙。最高长官为指挥使，通常由功臣、外戚充任，下设同知、佥事、镇抚、司镇抚等官。其下还有官校，专司侦察，所属之镇抚司分南北两部，北镇抚司专理诏狱，直接取旨行事，用刑尤为残酷。明中叶以后，与东厂、西厂并列，活动加强，成为厂卫并称的特务组织。

明朝文字狱

明朝的科举制度被严格确定下来，定期会试，三年一科。参加科举者必须是各级学校的生员。府（州）、县生员，即所谓的秀才，先赴省参加三年一次的乡试，及格者称举人。隔年，举人赴京参加会试，及格者再参加皇帝亲自主持的殿试，中选者为进士，分一、二、三甲。考试以四书、五经的文句命题，解释要以朱熹的注为依据，文章的格式规定为八股文。这项科举制度，实际上是一种文化专制。读书人的思想被束缚在孔孟之道和程朱理学之中，为了猎取功名，都埋头于四书五经和空洞的八股文中。

明初，士大夫们的思想还很活跃，尤其表现在政治态度上，经常批评朝政。明太祖对于异己意见一向毫不客气，一律用杀、关、徒等刑罚加以镇压。明太祖本人很多疑，他出身贫苦人家，又当过和尚，特别忌讳别人揭他的老底，而且十分敏感。一次披阅奏章，常州府学训导蒋镇，为本府作《正旦贺表》，里面有“睿性生知”一句。明太祖把“生”读作了“僧”，认为蒋镇嘲笑他，下令处死。

朱元璋崇信佛教，对印度高僧释来复最为礼敬。释来复告辞回国，行前写了一首谢恩诗，诗中有“殊域及自惭，无德颂陶唐”两句，意思是说，他生在异国（殊域），自惭不生在中国，觉得自己还没有资格歌颂大皇帝。但明太祖的解释不同，他说：“殊，明明指我‘歹朱’。无德，明明指我没有品德。”于是释来复从座上客变为了阶下囚。诸如此类的事举不胜举，这种为维护赫赫皇权而深文周纳的文字狱，使许多知识分子无辜遭祸。

胡惟庸案

明太祖手下有一大批辅佐自己打江山的谋臣武将，建朝后这些人也自然而然地成了开国功臣。洪武二年（1369 年），明太祖大封功臣，李善长、徐达、常遇春等人被封为公爵，汤和等 28 人被封为侯爵，汪广洋和刘基也被封为伯爵。

明太祖还赐给这些人诰命铁券，许诺除谋逆大罪外绝不治罪，表示君臣之间的绝对信任。然而历史很少会是一场喜剧，君臣皆大欢喜注定不能成为结局。明太祖生性刻薄多疑，随着政权的巩固，他对功臣的猜疑也越来越深。而有些功臣仗着自己的功劳，横行不法，甚至结党专权，更是直接威胁到了至高无上的君权。

洪武十三年（1380 年），有人告发左丞相胡惟庸谋反，明太祖借此机会，诛杀胡惟庸以及部下一万五千多人，连告密的人也一并杀死。又过了十年，有人举报已经退休还乡的李善长曾与胡惟庸交往密切，也参与了胡惟庸的谋反。李善长是明朝开国第一功臣，明太祖曾称其为“吾之张良”。他还跟明太祖结为儿女亲家，光诰命铁券就领过两张。但明太祖根本不理会这些，77 岁的李善长被赐死，全家共有七十多人被杀。

此后，“胡党”完全成为一种屠戮功臣的工具，每过几年，朝廷就会揪出一批“胡党”，就这样前后共诛杀三万多人，一时间朝堂上下血雨腥风，人人自危。过了一年，有大臣大胆上书，指出李善长已是明朝第一功臣，爵位俸禄只在皇帝一人之下，他帮助胡惟庸谋反即使成功地位也不过如此。况且他自己业已风烛残年，何必要冒这么大的风险，去做一件根本没多大益处的事情呢？明太祖面对这份奏章无言以对，只能不予理睬。

1393 年，锦衣卫告发大将蓝玉谋反。蓝玉是常遇春的内弟，作战英勇，屡立战功，洪武二十年拜为大将军。次年捕鱼儿海（今内蒙古东部贝尔湖）之战，蓝玉大破敌军，朱元璋对其宠遇甚隆。蓝玉自此居功自傲，日益骄横跋扈，并开始强占民田。明太祖本就对蓝玉的骄横越来越不满，如今有了锦衣卫的告发，索性杀了蓝玉，灭其全族，再次追查同谋，又有文武官员一万五千多人受株连被杀。其中包括一公、十三侯、二伯，时人称之为“蓝狱”。这一次清洗的重点是军队，军中的骁勇将领几乎被诛杀殆尽。该案最重要的几个证人身份低微，不是渔夫就是染匠，很难想象身为封疆大吏、手下拥有重兵的蓝玉如果真要谋反，竟会跟这些人同谋。由此看出这十之八九也是一件漏洞百出的冤狱。

这两次大狱前后延续十四年之久，后人合称为“胡蓝之狱”。经过这两次大清洗，剩下的开国功臣已经寥寥无几。明太祖终于不必再费心罗织什么大狱，剩下的元勋宿将靠一些零散的罪名慢慢收拾就可以了。一些著名的功臣如周德兴、廖永忠、朱亮祖等人，纷纷因为一些莫须有的小过被赐死、鞭死或是砍头。

与明太祖朱元璋一同起义，一起共患过难的人中，只有三个人保全了性命。一是常遇春，早早地就病死了；二是徐达，但据民间的传说，徐达也被朱元璋所害。据传徐达患疽疮，最忌吃鹅肉。朱元璋听说后，偏偏就送了一碗鹅肉给他，还命令送鹅肉的宦官在旁监督着他吃掉。徐达一面吃一面流泪，当晚就毒发逝世。所以事实上只有汤和一个人活得最久，而且善终。

胡惟庸案之后，朱元璋罢左右丞相，废中书省，其事由六部分理，另设殿阁大学士供皇帝作为顾问。从此中国再无宰相一职。

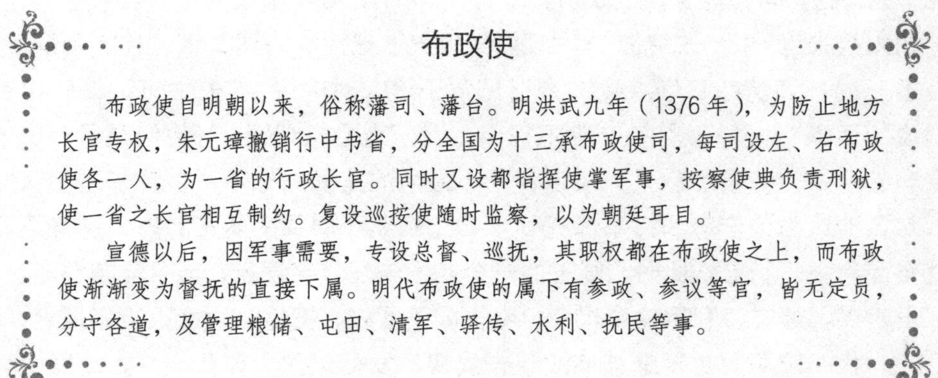

布政使

布政使自明朝以来，俗称藩司、藩台。明洪武九年（1376 年），为防止地方长官专权，朱元璋撤销行中书省，分全国为十三承布政使司，每司设左、右布政使各一人，为一省的行政长官。同时又设都指挥使掌军事，按察使典负责刑狱，使一省之长官相互制约。复设巡按使随时监察，以为朝廷耳目。

宣德以后，因军事需要，专设总督、巡抚，其职权都在布政使之上，而布政使渐渐变为督抚的直接下属。明代布政使的属下有参政、参议等官，皆无定员，分守各道，及管理粮储、屯田、清军、驿传、水利、抚民等事。

靖难之役

明太祖朱元璋开国后，都城选在南京，离北方比较远。当时元朝的残余势力经常从塞北南下，威胁北部边境的安全。明太祖当然信不过那些开国功臣，于是他决定采用过去的分封制，把一些关键位置的地方封给朱姓诸王。明太祖有二十六个儿子，除立为太子的朱标和早夭的第二十六子外，其余二十四子全部被封为王，加上一个重孙，总共封了二十五个王。除了拱卫边防之外，明太祖还赋予藩王兴兵讨伐朝廷奸臣的权力。明太祖以为这样一来，就能达到“外卫边陲，内资夹辅”的目的，朱氏王朝自然也能长治久安。

明初藩王的权力很大，他们每年有万石以上的食禄，在藩国内可以建立王府，任免官吏，除了不能干涉地方民政外，几乎跟皇帝没什么区别。最重要的是，因为设置藩王的目的之一便是巩固国防，所以他们还拥有很大的军权。诸王之中，靠近边塞的势力较大，其中宁、燕、晋三王兵力最强。他们经常带兵作战，战功赫赫，尤其是燕王朱棣，格外受到明太祖器重，甚至被赋予统辖各镇兵马的权力。

洪武三十一年（1398年），太子朱标病故，朱标的儿子朱允炆以长孙的地位被立为皇太孙。各地的藩王大都是朱允炆的叔父，根本不把年轻的皇太孙放在眼里，言行颇为不逊。朱允炆当然看得出来诸位叔王对他的轻视，有一次，朱允炆坐在东角门口，对东宫侍读黄子澄说："现在诸位藩王手握重兵，根本不把我放在眼里，将来该怎么办呢？"黄子澄拿西汉平定七国之乱的故事做例子，劝朱允炆不要担心，他说："当时吴楚七国实力非常强大，但汉景帝一出兵，名正言顺，他们很快就土崩瓦解。现在诸王的兵力并没强大到能够拥兵自重的地步，您是皇位的正式继承人，一旦举兵兴讨，自然能够一战成功。"朱允炆听了，心稍微放宽了一些。

明太祖去世，朱允炆继位，年号建文，历史上把他称为建文帝。建文帝继位后，各位藩王的不满情绪日增。建文帝召见黄子澄，对他说："先生可记得那次在东角门说的话吗？"黄子澄说："陛下放心，我怎么会忘记呢！"他们跟另一个大臣齐泰一起商量，齐泰想从兵力最强，野心最大的燕王朱棣下手，黄子澄不赞成这个做法，他认为这样容易打草惊蛇，不如先把燕王周围的藩王除掉，这样再收拾他就轻而易举了。恰好此时，周王的一个儿子告发父亲谋反，而且还曾跟燕、齐、湘三王密谋。建文帝利用这个机会，夺去周王兵权，把他废为庶人。紧接着，岷、湘、齐、代四位藩王也相继被借故革去兵权，发配边疆。如此一来，藩王中势力较大的就只剩下燕王朱棣了。

面对这种局势，燕王当然不愿坐以待毙，他暗中招募勇士，选将练兵，随时准备谋反。没多久，建文帝接受齐泰的建议，派来了谢贵等人监视燕王动静，并以备边为名，抽调燕王兵力。为了麻痹建文帝，燕王假装发了精神病，成天胡言乱语，有时候还躺在地上，几天不起来。谢贵去探病，那时候正是盛夏，燕王却坐在火炉边烤火，嘴里还不停地叫冷。于是大家就真的相信燕王病了。

但是建文帝还是准备削夺燕王的爵位，他派谢贵带兵包围燕王府，想把燕王的党羽一网打尽。没想到谋事不密，燕王早就得到了消息，把王府里充当建文帝内应的官员全抓起来，带兵杀了谢贵，宣布起兵。为了师出有名，燕王称黄子澄、齐泰为奸臣，打出"清君侧"的旗号，还把自己的部队称为"靖难军"。历史上把这场内战叫作"靖难之变"。

燕王久经战阵，手下的部队也是一支身经百战的劲旅。他起兵南下，很快就攻克了居庸关、密云、遵化等地。而建文帝这边虽然兵马数量占有优势，但那些跟着明太祖打天下的宿将们却已经被几次大狱杀得几乎一个不剩，新任命的将领根本不是燕王的对手，连战连败。建文帝没办法，只好罢免黄子澄、齐泰，向燕王求和。事已至此，燕王当然一口拒绝，但他暂时也没有速胜的机会，战事就这样僵持下来。

这场战争进行了将近三年，燕王的部队虽然胜多负少，但他的部队毕竟有限，这些年来转战各地，逐渐地已成了强弩之末，燕王对此也无计可施。但就在这个时候，南京宫内的太监向燕王告密，说南京城如今兵力空虚，完全可以一举攻克。燕王抓住这个时机，孤注一掷，率领几乎所有将士南下，直取南京。部队所向披靡，很快就攻到长江对岸。建文帝见形势紧急，又派人向燕王求和，表示愿意割让土地，请求燕王退兵。这种缓兵之计当然瞒不过燕王，他指挥大军渡过长江，把南京城包围了起来。过了几天，守卫京城的大将李景隆打开城门投降，京城终于被燕军攻破。

燕王带兵进城，首先是查问建文帝的下落。有人说看到城破前，皇宫燃起大火，建文帝跟一些后妃们想必已经葬身火海了。燕王派人在废墟中寻找，果然找到几具尸体，但这些尸体都已烧焦，连男女都很难分清。燕王对着尸体号啕大哭，嘴里说着："侄儿啊，我只是帮你剪除奸臣，何必要弄成这个样子啊！"并吩咐把尸体以礼下葬。这边眼泪还没擦干，那边群臣们就开始拥戴燕王称帝，燕王当然免不了推托一番，然后就志得意满地登上了帝位。他废除了建文年号，定自己的年号为永乐，表明自己是直接继承了明太祖的帝位，并把这整个事件称之为"建文逊国"，意思是建文帝"自愿"把帝王让给了自己。他就是明朝的第三个皇帝——明成祖。

朱棣称帝后，继续实行削弱藩王实力的政策。他把齐王废为庶人，将宁王徙封南昌，谷王徙封长沙。这样，军政大权进一步集中到了皇帝手里。除此之外，朱棣也展开了大屠杀，对建文帝的大臣进行了残酷的杀戮。

明中期社会概况

公元1449年土木之变为标志，明代历史进入中期时代。由于明初丞相制度废除后权力全部集中于皇帝，内阁尽管可以辅助皇帝处理政务，但却不能独揽大权。这种情况之下，如果出现年幼或昏庸的皇帝，那么皇权的行使或者由内阁代行或者由皇帝亲近的宦官执掌。土木之变根本原因就是因为英宗年幼无知，重用宦官王振所导致的。从此以后，明代由强盛一步一步走向衰落。

土木之变

明太祖在位的时候，吸取了历史上宦官专权引起国家混乱的教训，立下一条规矩，不让宦官过问国家政事。他把这条规矩写在大铁牌上，挂在宫里，想要他的子孙世世代代遵守。

但是到明成祖朱棣的时候，这条规矩就给废除了。明成祖在东安门外设立“东厂”，专门刺探大臣和百姓当中有没有谋反嫌疑的人。他怕外面的大臣靠不住，便让亲信太监做东厂提督。这样，宦官的权力渐渐大起来。到了明宣宗朱瞻基的时候，连皇帝批阅奏章，也交给宦官代笔，叫作司礼监。

明宣宗死后，年仅九岁的太子朱祁镇继位，这就是明英宗。明英宗身边的太监王振，因为一直陪他读书、玩耍，深得英宗的喜爱，称他为先生。现在英宗是皇帝了，王振自然当上司礼监，帮助英宗批阅奏章。

王振于是趁机把朝廷军政大权抓在手里。朝廷大员谁得罪了他，不是撤职就是充军。一些王公贵戚因此讨好王振，称他为“翁父”。

这个时候，北方蒙古族的瓦剌部强大起来。公元1449年，瓦剌首领也先派了三千名使者到北京，进贡马匹，要求赏金，并为他的儿子向明朝求婚。王振削减了赏金和马价，还拒绝同也先联姻。这一来激怒了也先，立即率领瓦剌骑兵进攻大同，将大同的明军打得大败。边境的官员向朝廷告急，明英宗慌忙召集大臣商量怎么对付。王振竭力主张英宗带兵亲征，兵部尚书邝埜和侍郎于谦则认为朝廷没充分准备，不能亲征。明英宗是个没主见的人，一切都听从王振的安排，当下就冒冒失失地决定亲征。

明英宗叫他弟弟郕王朱祁钰和于谦留守北京，自己跟王振、邝埜等官员带领五十万大军奔向大同。这次出兵本来就匆促，很多准备工作都没做好，粮草在中途就发生了困难。到了大同附近，兵士们看到郊外的田野里到处都横着明军兵士的尸体，更加人心惶惶。

明英宗的前锋部队一到大同，便在城边被瓦剌军杀得全军覆没，其他各路明军也纷纷溃退下来。王振这时才感到情况危急，下令退兵回北京。明军一面抵抗追来的瓦剌骑兵，一面败退，退到土木堡（今河北怀来东）时，被瓦剌军团团围住，明英宗赶忙派人向也先求和。

也先看到明英宗带的明军人数不少，要打硬仗，自己也要遭到损失，就假装答应议和，停止进攻。明英宗和王振信以为真，下令让兵士到附近找水喝。当兵士们争先恐后地跳出壕沟往河边跑时，埋伏在周围的瓦剌军兵士从四面八方冲杀过来，大败明军，邝埜也在混乱中被杀死。

明英宗和王振带着一批禁军，几次想突围都没冲出去。看到平时作威作福的王振，此时却吓得浑身发抖，禁军将领樊忠再也按捺不住心中的愤恨，抡起手里的大铁锤就朝着王振的脑门儿砸去，结果了王振的性命。随后樊忠冲向瓦剌军，拼杀了一阵后也中枪倒下。

这次战役中，瓦剌兵俘虏了明英宗，五十万明军损失了一大半。也先意气风发，指挥军队直奔北京而来。

北京保卫战

此时的北京人心惶惶，从土木堡逃出来的士兵陆续回到北京，谁也不知道皇帝下落怎样。而且留在京城里的人马也不多，万一瓦剌军杀来，后果不堪设想。为了安定人心，皇太后宣布由郕王朱祁钰监国，由于谦负责指挥军民守城。

于谦是浙江钱塘（今杭州）人，王振专权的时候，贪污成风，地方官进京办事，总要先送白银贿赂，只有于谦从来不送礼品。有人劝他说："您不肯送金银财宝，难道不能带点土产去？"于谦甩动他的两只袖子，笑着说："只有清风。"后来"两袖清风”的成语就是这样来的。

朱祁钰监国后，按照于谦的办法，下令抄了王振的家，惩办了一些王振的同党，人心渐渐安定下来。这时也先挟持着英宗当人质，不断骚扰边境。于谦等大臣便请太后正式宣布，让朱祁钰做皇帝。朱祁钰于是继位称帝，这就是明代宗。也先见状，知道要挟没有用了，就以送明英宗回朝为借口，大举进犯北京，在西直门外扎下了营寨。

这时候，各地的明军接到朝廷的命令，也陆续开到北京支援。城外的明军增加到二十二万人。也先发动了几次进攻，都遭到明军的奋勇阻击，瓦剌军死伤惨重。

也先遭到严重损失，又怕退路被明军截断，不敢再战，就带着明英宗撤退。于谦等明英宗去远了，就用火炮轰击，又杀伤了一批瓦剌兵。北京保卫战取得了辉煌的胜利。也先失败后，知道扣住明英宗也没什么用处，就把英宗放了。英宗回到北京后，居住在皇城南宫，称太上皇。由王振结党专权引起的这场大混乱，始告终结。而也先进攻明朝失败后，势力渐衰。公元 1454 年，瓦剌发生内讧。次年也先被杀，蒙古各部又陷入分裂状态，东部鞑靼乘机崛起。

宦官专权

英宗宠信的太监王振虽然死了，但宦官专权的情况并没有好转，反而愈演愈烈。明英宗死后，宪宗朱见深继位，这位皇帝在位二十三年，始终藏在深宫里，大臣很少能见到他，他也不认识几个大臣，朝政都由宦官处理。明宪宗在当时设立了西厂，由宦官汪直专权，刑法愈加残酷，西厂特务布满每一个角落。大臣商辂实在是看不下去了，大胆进言。明宪宗大怒，说：“一个小小宦官，怎么会危害国家？”

公元 1487 年，明宪宗逝世，儿子朱祐樘继位，是为孝宗。这位孝宗也喜欢缩在宫里，直到公元 1497 年，才出来在文华殿跟大臣们见了一面，由宦官为每人泡上一杯茶，谈了几句家常话。大臣们有十多年没见过皇帝了，这次见面成为轰动一时的大事。

孝宗朱祐樘虽然不喜欢出来见大臣，对宦官倒是不那么依赖信任，只是他并没有意识到，当时的明朝，宦官已成为一个大蛀虫。宫里的宦官李广死后，孝宗曾查看他家的账簿，见上面记载了许多“某官送黄米几百石”、“某官送白米几百石”的记载，非常困惑，问：“李广能吃多少米？”左右告诉他说，黄米指黄金，白米指白银，全是贿款。

此时明白，孝宗也没什么作为了。公元 1505 年，孝宗死，明武宗朱厚照继位，宦官再次被宠信。武宗身边有八个宦官，以刘瑾为首，经常陪伴他打球骑马，放鹰猎兔。人们把他们称为“八虎”。明武宗后来提升刘瑾为司礼监，又让刘瑾两个同党分别担任东厂、西厂的提督，掌握了朝权。刘瑾开始利用权势敲诈勒索，接受贿赂，有反对他们的，就派出锦衣卫杀人灭口。

公元 1510 年，安化王朱寘𫔎以反对刘瑾为名，发兵谋反。明武宗派杨一清总督宁夏、延绥一带军事，起兵讨伐朱寘𫔎，派宦官张永监军。杨一清早就有心除掉刘瑾，他打听到张永原是“八虎”之一，刘瑾得势后，张永跟刘瑾有了矛盾，就决心拉拢张永。在平叛成功后回京的路上，杨一清找张永密谈，约定共同铲除刘瑾。

到达北京的当晚，张永即在武宗面前揭发刘瑾谋反。明武宗命令张永带领禁军捉拿刘瑾，同时抄家。这一抄，抄出黄金二十四万锭，银元宝五百万锭，珠玉宝器不计其数，更有龙袍玉带，盔甲武器。明武宗这才大吃一惊，把刘瑾判处死刑。行刑那天，刘瑾被押赴市曹，一路上人山人海，围观者无数。过去被刘瑾所害的人家，多以一钱买下刘瑾身上剐下来的一片肉，祭拜被冤死者，甚至有生食其肉以泄愤的。

刘瑾虽然被杀，但是明武宗还是没认识到宦官专权的危害，又宠信了一个名叫江彬的武官。在江彬的教唆下，武宗多次离开北京到宣府（今河北宣化）寻欢作乐，朝政大权还是落在了江彬手中。

这时候土地兼并十分严重，赋税和劳役负担更加重，农民起义开始频繁爆发。

严嵩父子奸险误国

严嵩（1480—1565 年），江西分宜人，字惟中，号介溪，在明世宗嘉靖时期专擅朝政，长达二十余年。

严嵩二十五岁就考中了进士，先是以庶吉士的资格授为翰林院编修，后又为南京翰林院国子监祭酒，直到六十多岁，碰上了世宗继位这一机遇，他才备受宠幸，飞黄腾达。

成为首辅后，严嵩大力打击异己，自己日夜都守候在西苑直庐，名为忠诚勤政，实际上却是为了时刻窥测皇上的意向。明世宗因此对他更是宠信有加，还赐了一枚银质印章，刻有“忠勤敏达”的字样。这君臣二人，为君者昏庸无能，为臣者阴险奸诈；一个喜欢迎奉，一个善于拍马，倒也是相得益彰。

明世宗把一切政事都交给严嵩处理，严嵩就利用自己独承顾问的有利地位，排斥同僚，独揽朝纲。明世宗下了些什么旨令，说了些什么话，严嵩都瞒得风雨不透，即使是内臣辅臣他也不让知道。

但随着年岁的增大，严嵩渐渐有些老糊涂了，自己也觉得力不从心。严嵩的儿子严世蕃，虽没参加过科举考试，但凭借父亲的权势当上了工部侍郎，奸滑狠毒不下其父，且年轻力壮，显得比严嵩还精明能干。

严世蕃非常机灵，比严嵩更会揣摩皇帝的心思。他还重金收买明世宗的近侍，让他们把世宗的一切言语行动，包括饮食起居，个人喜好，对大臣的评价等等，全部事无巨细地汇报给自己。因而明世宗的所想所做，严世蕃都了如指掌。明世宗要办什么事，他事先早有准备，总是让世宗可心可意。

严嵩见儿子锻炼得比自己还能干，就让他代自己处理政事、批示奏章，不论大事小情，都得依靠儿子出谋划策。各部府有事请严嵩裁决，严嵩总是说："等我与东楼小儿计议之后再作决定。"东楼是严世蕃的别号，因而朝廷内外都说，皇上不能一天没有严嵩，严嵩不能一天没有东楼。有人干脆称他们父子为"大丞相、小丞相"。

严嵩父子一手遮天，不但收受贿赂，还卖官鬻爵。朝中官员的升迁贬谪，不以其本人的贤愚廉赃为依据，而是根据他们对严嵩父子贿赂的多寡而定。大将军仇鸾原为甘肃总兵，因犯下贪虐罪被劾下狱，他以三千两黄金贿赂严嵩，并拜严嵩为干爹，结果得到了宣府、大同总兵的要职。工部主事赵文华曾因为贪赃枉法被贬出京都，降为州判，也以重金贿赂严嵩，拜严嵩为干爹，因而又重新入朝为官，还步步高升。对于那些不肯依附严氏父子的官员，严嵩父子则大打出手。抗倭名将俞大猷为人耿介，不肯同流合污，严嵩便指使党徒进行诬陷，把俞大猷逮捕下狱。朝中一些正直善良的官员凑了三千两银子贿赂严世蕃，俞大猷才被改判发配到大同戍边，总算保住了一条性命。

严氏父子的大肆搜刮可谓到了雁过拔毛的程度，严世蕃就曾自夸说："朝廷不如我富！"而此时的明朝百姓，却是穷得无米下炊。海瑞就曾有这样的痛骂："嘉靖，嘉靖，家家干干净净！"

严嵩的妻子去世后，严世蕃应离职回籍守孝三年。但是年迈的严嵩一天也离不开儿子，就向世宗求情，将严世蕃留在京城，让孙子代为守孝。严世蕃虽然留下了，但因重孝在身，不便入值西苑，所以在公务上还是帮不了严嵩的忙。没有了儿子的帮助，严嵩深感力不从心，往往将公事处理得一塌糊涂，对于皇上的御札下问，多不能明白其中意思，只好派人回家询问儿子。

严世蕃虽然在家"守孝"，却是整日大吃大喝，听歌观舞，天天和他的二十七位妻妾寻欢作乐。严嵩此时派人来询问御札之意，严世蕃自然没有心思琢磨，通常草草作答，驴唇不对马嘴，令世宗很不满意。

此时，严嵩父子手中的权力过重，势力过强，大有阴云蔽日之势，疑心病一向很重的明世宗心中也有所猜忌了。不久，御史邹应龙上疏弹劾严嵩父子，徐阶也推波助澜，力劝明世宗处分严嵩父子。终于，明世宗下令把严世蕃办罪，充军到雷州，并勒令严嵩退休。严世蕃偷偷溜回老家，收容了一批江洋大盗，还勾结倭寇，准备逃亡到日本去。这一来激怒了明世宗，立刻下令把严世蕃和他的同党斩首示众。

严世蕃被斩后，家产全部抄没，严嵩也无家可归，只得寄食墓舍，老景凄凉。两年后，在贫病交加中结束了罪恶的一生。

戚继光抗倭

明朝初年，中日两国的交往十分密切，关系也很友好，有许多中国人侨居在日本。

但是，此时的日本正处在南北分裂时期，各路诸侯为了掠夺财富，组织一些地主、没落武士、浪人和走私商人，经常在中国沿海进行武装掠夺和骚扰，这些海盗就被称为倭寇。

明英宗时期，随着政治的腐败，海防也松弛下来，倭寇的气焰日益嚣张。在公元 1439 年，倭寇曾侵扰浙江台州的桃渚村，屠戮当地居民，烧毁房屋，经常出现“积骸如陵，流血成川”的惨剧。

随着东南沿海一带经济的繁荣，下海经商的人日益增多。他们之中，有一些人如王直、徐海等，与倭寇勾结，组成海上武装劫夺集团，在浙江、福建、广东等沿海地区猖狂烧杀抢掠。

直到世宗后期的 1555 年，由汉、壮、苗、瑶等族人民组成的抗倭军队，在浙江总督张经的领导下，于王江泾（今嘉兴北）大破倭寇，斩敌两千余人，才有效打击了倭寇和汉奸的嚣张气焰。

但是不久，张经被陷害，沿海的防务没人指挥，倭寇的活动又猖獗起来。明世宗无奈，便把山东的将领戚继光调到浙江，这才扭转了局面。

戚继光是山东蓬莱人，他到浙江后，发现当地的军队纪律松散，根本不能打仗，就决心另外招募新军。他一发出招兵命令，马上有一批吃够倭寇苦的农民、矿工自愿参军，还有一些愿意抗倭的地主武装也参加了进来，新军很快发展到四千人。

戚继光是个精通兵法的将领，他根据南方沼泽地区的特点，研究了阵法，亲自教兵士使用各种长短武器。经过他严格训练，这支新军的战斗力特别强，“戚家军”的名气远近传开。

公元1561年，倭寇几千人焚掠浙江台州一带，戚继光率领他的“戚家军”一举荡平了倭寇，取得了决定性的胜利。随后，在福建的倭寇猖狂起来，戚继光又率戚家军入闽剿倭，连战连捷。公元1565年，戚继光和抗倭名将俞大猷一起，再次平定了在福建的倭寇。随后俞大猷进入广东，歼灭了在那里肆虐的倭寇。至此，东南沿海历时十九年的倭患被全部扫除。但是中国为此付出的代价是数十万人死亡，东南沿海的富庶地区残破。仅杭州一城，倭寇所杀的中国人的血，就汇流成河。

明后期腐败亡国

1582年，张居正被抄家，其变法措施大部被废除，这标志张居正变法的失败，此后明代历史进入晚期。由于这次变法的失败，明朝失去了崛起的机遇，在世界历史潮流中逐步被后来者赶超。这不仅是明朝的悲剧，也是中华民族的悲剧。

张居正变法

明世宗死后，明穆宗朱载垕继位，大学士张居正因为才能出众，得到了穆宗的信任。

公元1572年，穆宗死去，太子朱翊钧继位，就是明神宗，年号万历。穆宗遗命张居正等三个大臣辅政。明神宗继位不久，张居正成了首辅，同时兼任十岁的明神宗的老师。神宗视张居正为严师，既尊敬，又惧怕，朝政大事全部由张居正做主。

这个时候，沿海的倭寇虽然已经解决，但北方的鞑靼贵族还在不时侵入内地，成为明王朝的很大威胁。张居正把抗倭名将戚继光调到北方，镇守蓟州（今河北北部），戚继光在从山海关到居庸关的长城上修筑了三千多座堡垒，多次击败鞑靼的进攻。鞑靼首领俺答表示愿意和好，要求通商。明朝便封俺答为顺义王，一面和鞑靼通商往来，一面在边境练兵屯田，加强防备。此后的二三十年间，明朝和鞑靼之间没有发生战争，北方的局面安定下来。

当时，黄河年久失修，河水常常泛滥，加上大地主兼并土地，逃避税收，国库日益空虚，各地的民变也有再次上升的势头。张居正见形势不容再拖延下去，决意进行改革。

张居正改革的重点，主要是整顿赋役制度。他认为，财政危机的主要原因是豪民隐占田地，逃避赋税。为了解决这个严重的问题，他于公元1578年下令清查全国土地，凡勋戚庄田、民田、职田、军屯田等，一律丈量。清查结果，全国的耕地已大大超出了明朝初年。张居正又下令，全国推广“一条鞭法”，力求将赋税完全征收。

“一条鞭法”的内容较为复杂，概括起来主要有以下几点：

一、赋役合并。将田赋和各种名目的徭役合在一起征收，并将部分丁役负担摊入田亩。

二、农民可以出钱代役，力差由官府雇人承应。

三、田赋征银。田赋中除政府需要征收的米麦以外，其余所有实物都改为用银折纳。

四、赋役征收由地方官吏直接办理，废除了原来通过粮长、里长办理征解赋役的办法。

经过这种税收改革，张居正花了十年的时间，防止了一些官吏的营私舞弊，国家的粮仓存粮充足，足够支用十年。

但是，张居正改革并没有使农民的赋役负担得到减轻，而且还触动了大官僚地主的利益，因此遭到他们强烈地反对。

在张居正执政的第五年，他的父亲死在江陵老家，按照礼法，张居正必须离职守孝三年。但是张居正怕他一离开，正在进行的改革会受到影响，便让自己的儿子前去奔丧，自己留在京城任职。这一来，仇视张居正的人就抓住他父死不奔丧的事，大做文章，纷纷向明神宗上书弹劾，有人甚至在大街揭贴告白，攻击张居正，闹得满城风雨。后来，明神宗不得不下令，再有反对张居正留任的一律处死，攻击才平息下来。

万历对张居正的清算

明神宗在听到张居正病殁的消息后，曾下诏罢朝数日，并给予张居正最高规格的待遇：赐谥号文忠，赠上柱国衔，荫一子为尚宝司丞，并遣官护丧，归葬江陵。

继而神宗亲政，原来对张居正不满的旧党大臣纷纷攻击张居正专横跋扈，张居正尸骨未寒，时局却已急剧逆转了。

清算张居正的运动是从铲除冯保开始的。张居正在世时，冯保与他过从甚密，是后宫炙手可热的实权人物，极为嚣张，也因此结怨甚多。张居正一死，冯保也就失去了靠山。司礼监太监张诚、张鲸开始拼命在神宗面前说冯保的坏话。无独有偶，山东道御史江东之、江西道御史李疏弹劾冯保的奏疏也相继出现。神宗于是下旨将冯保革职，发往南京闲住，并查抄家产。

宠臣冯保被打倒了，这给了旧党以极大的信心，纷纷上疏弹劾张居正。一时间，弹劾张居正劣迹的上疏如雪片般飞来，这使得张居正的形象在神宗的心中黯然失色。张居正总是对神宗说，做皇帝要节俭，但他自己的生活却极其奢侈，不仅积聚了许多珠玉珍玩，书画名迹，还蓄养了多位绝色佳人。而皇帝身为九五之尊，却被张居正限制到没有钱赏赐宫女，以致不得不记录在册子上，等待以后有钱再兑现。想到这一切，神宗不能不感到伤心，进而感到耻辱，渐渐认为以前对于张居正的信任完全是一种错误。公元 1583 年（万历十一年），神宗下诏取消了张居正的封号和文忠公谥号，斥其子为民。

随之，协助张居正改革的新党官员，如吏部尚书梁梦龙，礼部尚书徐学谟、兵部尚书张学颜、刑部尚书潘季驯、工部尚书曾省吾、蓟镇总兵戚继光、宁远伯李成梁等人被认为与张居正结党，全被罢官。而早先因反对张居正改革或得罪张居正而遭惩处的旧党官员们，则被一一平反起复。

为了彻底消除张居正的影响，旧党开始为张居正罗织罪名，有一种说法竟是指责张居正生前有谋反篡位的野心，而总兵戚继光的精锐部队就是政变的后盾。历来，皇帝最怕的就是谋反两字，神宗随即下令，把张居正的官爵全部撤掉，查抄家产。在北京派来的查抄大员还未到达江陵之时，早已闻讯的荆州府和江陵县的官员就把张府的大门封了。等查抄大员到达，打开门一看，发现张家已经有十余口人被活活饿死。张宅被查抄一空，张居正的长子自杀，次子充军。

国本之争

明神宗的皇后王氏一直没有生育，神宗因为非常宠爱郑贵妃，便想立她生的儿子朱常洵为太子。可众多大臣不同意，认为太子理应是长子朱常洛。于是，朝廷上围绕立谁当太子，爆发了“争国本”的斗争。

按照当时的礼制，皇位的继承是有嫡立嫡，无嫡立长。在皇后无子的情况下，朱常洛被立为太子是合乎规矩的。然而，朱常洛的生母是一个宫女，出身微贱，而郑贵妃仗着神宗的宠爱，千方百计地想立自己的儿子为太子，因此争斗不断。

围绕立太子而展开的这场斗争，统治集团分裂为两派。一派以东林党人为主体，坚定地主张立朱常洛为太子；另一派则会合了郑贵妃家族以及一些朝臣，主张延缓立储，等候时机，拥立朱常洵。东林党人之所以支持朱常洛，一方面是因为要遵循礼教，更重要的是，东林党人大多数只是一些中小官吏，许多人还处居林野，他们在政治上迫切需要一个坚强的靠山，以施展自己的抱负。

神宗见状，便以种种借口敷衍拖延。公元 1593 年（万历二十一年），神宗封皇长子常洛、皇三子常洵、皇五子常浩为王，待以后再择其善者立为太子。

“三王并封”的目的，是使朱常洵有被立为太子的机会。此旨一出，群臣哗然，礼部主事顾宪成、礼部郎中于孔兼等东林党人纷纷上疏反对。朝臣们反响之强烈大大出乎神宗的预料，不得不收回了“三王并封”的成命，但也把立太子一事束之高阁。

1601 年（万历二十九年），在朝臣们力争了十五年之后，神宗皇帝无计可施，年届二十的朱常洛终于被立为太子。同时，朱常洵被封为福王。虽然东宫已定，但国本之争却仍未结束。朱常洵迟迟不去封国，太子属官也不完备，朱常洛的太子地位仍处于风雨飘摇的状态中。

矿监税争

矿监税是由宦官管理开矿和负责征收赋税。所谓矿产，主要指的是金矿、银矿和朱砂矿，某一个地方一旦发现矿产，皇帝就指派一个宦官前去主持，这个宦官的所有开销都从矿税上得来。

宦官在最初派遣时，只有一个人，但他带去的随从不下百人。在这些随从中，他遴选十几个人具体负责，这十几个人每人又会有大批随从。依次排下去，一个矿监，有时有五千人寄生在他身上。如此一来，再富有的金矿也无法负担这么庞大的数字。

矿监为了获得利润，就随意指认某一个富家地下有矿苗，于是，那家人的房屋就要全部拆除，以便开矿，唯一避免拆除的方法就是贿赂。开矿时挖掘不到或矿藏不多，附近的富家就被指控为“盗矿”，富家破产后，盗矿的罪名就延伸到穷人头上，要么被打死，要么缴出全部“盗矿”的赔款。一个矿场只要开了，就不会关闭，哪怕这个矿已经枯竭。因为关闭后，宦官及其随从的财路便断绝了，所以全部开支，包括呈献给皇帝的数目，都由当地人承担。

税监跟矿监相同，而且更加普遍，什么盐税、茶税、木税、船税、鱼税、苇草税……只要能叫得上名字的，到了明朝后期都上了税。

矿监、税使的这些贪残暴行，激起了社会各阶层的痛恨与愤怒，各地人民反抗矿税监的斗争此起彼伏，持续了二十余年。

在派矿税监的问题上，当时执政的浙党秉承神宗的意旨，不敢有丝毫反对。与浙党相反，东林党从一开始就反对派矿税监。其中最坚决、影响最大的，当数李三才。李三才先是上疏批驳矿税监，言辞激烈。见没有回应，便在他的辖区内，将最为嚣张的税监陈增的手下暴打了一顿，弹劾陈增的重要帮凶程守训贪赃数十万银两等罪行，使程守训被捕解京，审讯后证据确凿，处以死刑。陈增遭此惊吓，一命呜呼了。随后，李三才再次上疏，将矛头直指神宗，不仅一针见血地击中了税使矿监这一苛政的要害，还痛快淋漓地揭露了神宗的贪婪。浙党邵辅忠首先发难，弹劾李三才。东林党人也纷纷上疏，极力保举李三才。双方你来我往，争论不休，这场口水大战打了将近八年，李三才因屡受攻击，被迫辞职。

直到神宗死前，才遗诏罢除所有矿监、税使，过去因反对矿税监而被处分的官员也酌情起用。至此，矿税监之争以东林党人取得一定程度的胜利，终于告一段落。

袁崇焕

崇祯帝登基后惩办了阉党，很想振作一番。这个时候，明朝东北地区的女真政权后金已经强大起来，明朝由于内部的腐败与矛盾，在与后金的征战中遭受了多次挫败，在山海关外处于守势。

这时，许多大臣请求，把被魏忠贤排挤的袁崇焕召回朝廷。崇祯帝亲自召见袁崇焕，问他有什么计划。袁崇焕说："只要给我指挥权，朝廷各部一致配合，不出五年，可以恢复辽东。"崇祯帝听了十分兴奋，给袁崇焕一口尚方宝剑，准许他全权行事。

袁崇焕是明朝政府在辽东的一位传奇式将领。万历四十七年（1619年）袁崇焕中进士，在他担任文职官员时，就曾单骑出关，察视边塞，了解形势，为辽事进行准备。当时，辽东的明将屡败，王化贞与熊廷弼不和，丢失了广宁，很多人建议放弃关外，退守山海关。在这种形势下袁崇焕被启用为兵部职方司主事，旋升为山东按察司佥事、山海监军。任职后，他力请练兵选将，整械造船，固守山海，远图恢复。在辽东期间，袁崇焕逐步确立了自己的地位。

这一时期，大学士、辽东经略孙承宗和袁崇焕等督率军民，在关外辛勤经营四年，缮城修堡，造炮制械，设营练兵，拓地开屯，取得了一定的成效。

天启六年（1626年）清太祖努尔哈赤率军进攻明朝，此时，孙承宗因为得罪魏忠贤遭到排挤，辞官回乡。新上任的辽东经略高第，色厉内荏，畏敌如虎，他放弃了关外土地，不战而退。袁崇焕在极为不利的情况下，没有后退，而是率部驻守宁远，抵抗努尔哈赤的军队。双方在宁远展开了一场大战。此时的孤城宁远只有不足两万士卒，但袁崇焕进行了充分的准备，城内士气很高。后金军队多次围攻，均没有取得突破。明军使用西洋大炮，不断轰击后金军队。在攻防战中，后金军遭到重创，最终被击退。后金一位重要人物被大炮击中，据传是努尔哈赤身负重伤，不久后死去。

宁远之战后，袁崇焕官升至辽东巡抚，但因得罪阉党而被人弹劾去职。崇祯继位后，袁崇焕终于再次获得机会。

他重新上任后，继续推行自己的策略，取得了一定成效，但也有一些比较重要的失误。“东江军”将领毛文龙不服从袁崇焕的调遣，他就断绝了对东江军的粮草军饷供应，使东江军逐步丧失了对辽东的进攻能力，袁崇焕借口阅兵约见毛文龙，当众宣布毛文龙十二大罪状，未经明政府批准擅自违法以尚方宝剑杀同样持有尚方剑的毛文龙于皮岛，从而导致东江军叛变并投往后金，使登莱巡抚袁可立等前任经营数年的登莱防务瓦解殆尽，从而解除了后金大举攻明的后顾之忧。此外，袁崇焕废除了对蒙古所实施的后金人头悬赏，直接导致蒙古各部落倒向后金；此后，他还派人与后金讨论议和一事，并未知会朝廷。

此时，皇太极知道宁远、锦州防守严密，决定改变进兵路线。公元1629年，皇太极率领几十万后金大军，从龙井关、大安口（今河北遵化北）绕到河北，直扑明朝京城北京。

袁崇焕大吃一惊，他急忙带着明军赶了两天两夜到达北京，没顾上休息，就和后金军展开了激烈的战斗。别路明军也陆续赶到，投入战斗，赶走了皇太极。

后金军突然进攻北京，引起了全城震动。崇祯帝更是急得心慌意乱，直到袁崇焕带兵赶到，心才定了。但是一些大臣却认为，这次后金兵绕道进京，完全是袁崇焕引进来的，说不定里面还有什么阴谋呢。崇祯帝是个猜疑心极重的人，听了这些谣言，便有些怀疑起来。

皇太极巧妙实施了他的反间计谋。据传清太宗皇太极捕捉两名明宫太监，然后故意让两人以为听见清军将军之间的耳语，谓袁崇焕与满人有密约，皇太极再放其中一名太监回京。崇祯帝中计，以为袁崇焕谋反。

事实上，此时的崇祯帝对袁崇焕已经多有不满，五年平辽的方略并没有突出的成效，更招致后金突袭京城，再加上袁崇焕私下与后金的和议都让多疑的崇祯非常生气。此时，他命令袁崇焕马上进宫，不容他分辩，就下令锦衣卫把袁崇焕押进了大牢。一些大臣知道袁崇焕平日忠心为国，觉得事情蹊跷，劝崇祯帝说：“请陛下慎重考虑啊！”崇祯帝却说：“慎重只会误事。”

很快，崇祯帝下令处死袁崇焕，罪名是叛国通敌。当时许多百姓听说袁崇焕是卖国贼，引后金的军队进犯北京，都扑上去咬他。

袁崇焕死后，明朝的辽东局面更加危机重重。

洪承畴兵败松山

公元 1638 年九月，清军两路南下，陷真定、广平、顺德、大名（均在河北）等地，高阳失守，大学士孙承宗殉职，卢象升在巨鹿阵亡。两面受敌的明朝，不得不从西线把主帅洪承畴调来，与孙传庭率军入卫。

皇太极为了把势力扩展到内地，下决心要攻克山海关和锦州，打通去往关内的交通要道。他亲自领兵南下，展开了对锦州的围攻战。次年初，洪承畴调任蓟辽总督，领陕西兵东来，与山海关马科、宁远吴三桂两镇合兵，与锦州的松山、杏山、塔山三城相为掎角。

公元 1640 年冬，清军攻锦州及宁远，洪承畴派兵出援，败于塔山、杏山。为挽救辽东危局，明廷遣洪承畴率宣府总兵杨国柱、大同总兵王朴、密云总兵唐通、蓟州总兵白广恩、玉田总兵曹变蛟、山海关总兵马科、前屯卫总兵王廷臣、宁远总兵吴三桂等所谓八总兵兵马，领精锐十三万、马四万来援，集结宁远，与清兵会战。

皇太极见状，采取了长期围困方针，势在必克。洪承畴虽然有一定实战经验，但他所率领的明军是分别由八个边镇临时调集起来的。兵虽是精兵，但明末将帅都很骄横，临阵很难听从洪承畴的统一号令，这是洪承畴难以充分发挥指挥才能的最大障碍。因此，洪承畴主张徐徐逼近锦州，步步立营，且战且守。洪承畴控制了松山至锦州的制高点，以凌厉攻势重挫清军，锦州局势开始好转。

但此时，谁知明廷派来的监军张若麟既不知兵，又好大言，密派使者至京，奏请崇祯帝敕令洪承畴速与清军决战，洪承畴无奈，只得率六万步骑疾进，屯于松山，清军来攻，不利而退，是为明清松山大战前的序战，明军先获小胜。

两军交战后，皇太极首先切断了洪承畴的粮道。形势急转直下，洪承畴知大军断粮，不出几日，必生祸乱，只好积极出战，想突破清军封锁线，全军先回山海关，以图后举。

皇太极调兵遣将，乘夜色掩护，分别埋伏于塔山、杏山、小凌河、高桥、桑格齐保各险要处。这些地方都是明军退回关内的必经之地，皇太极则指挥主力军严阵以待，密切注视明军的动向。因军中乏粮，明朝诸将各怀去志，在退兵时，六总兵谁也不愿殿后，大同总兵王朴乘天黑率部遁走，马科、吴三桂两镇总兵也争相率军逃奔杏山。清军趁势掩杀，前堵后追。当他们逃到杏山时，又决定撤奔宁远，结果再次遭到伏击，部卒伤亡惨重。明军两镇六总兵败溃，十数万人土崩瓦解，先后被斩杀者五万三千多人，自相践踏死者及赴海死者更是无计其数。剩下洪承畴自己带领的残兵万余人，被清军团团围困在松山，饷援皆绝。

洪承畴孤军困守松山，直到 1642 年，才听说朝廷援军赶到。心急的洪承畴派六千人马出城夜袭，结果被清军打败。败兵欲退入城内，但洪承畴见后有追兵，竟下令关闭城门，六千人全被歼灭。就这样，洪承畴不敢再战，而朝廷援军也因害怕清军不敢前来。待到城中粮食殆尽，松山副将夏承德叩请清军，愿拿儿子夏舒做人质约降。于是清军应邀夜攻，松山城破，洪承畴做了俘虏。

松山之战，可视为清军对明军的最后一战。明朝的最后一点家底在这一战役中被消耗一空，山海关外诸险隘全部落入敌手。李自成兵至北京时，明朝廷已无兵可调。

闯王来了不纳粮

在明王朝与后金帝国厮杀的时候，国家内部同样混乱不堪。当时整个北方都发生了严重的旱灾和蝗灾，农民起义遍地都是。在规模庞大的民变中，张献忠和李自成的两支队伍影响最大。

张献忠和李自成领导的起义持续了十年，其中张献忠曾经被明朝招降，后来又行反叛。李自成自称“闯王”，跟随高迎祥和别的起义军一起转战山西、河北等五个省，声势越来越大。后来高迎祥在战斗中牺牲，李自成便成了主帅。

公元 1638 年，李自成从甘肃转移到陕西，准备打出潼关去。在潼关附近的崇山峻岭中，李自成中了埋伏，队伍被打散，李自成和他的部将刘宗敏等人冲出重重包围，到陕西东南的商洛山区隐蔽起来。

这时，李岩投奔了李自成，成为李自成手下最得力的谋士，提出“均田免赋”的口号召流亡农民加入闯王队伍。李岩还编了童谣，叫人到处传唱：“吃他娘，穿他娘，开了大门迎闯王。闯王来时不纳粮。朝求升，暮求合（一升的十分之一），近来贫汉难求活。早早开门拜闯王，管教大家都欢悦。”

这一来，李自成的威望大增，起义军队伍迅速扩充，在河南接连打了好几个大胜仗。公元 1643 年，李自成攻破潼关，打死明朝督师、兵部尚书孙传庭，没多久就占领了西安，宣布称帝，国号大顺。

公元 1644 年，李自成出兵北伐，穿过山西，直抵北京城下，一路上几乎没有遇到抵抗，连最著名的九边之一的军事重镇大同（山西大同）守军，都望风投降。

李自成刚到达北京，明政府用以保卫首都、但却五个月不发给薪饷的十万兵士，霎时叛变，北京城没有经过战斗，就告陷落。

崇祯帝听到消息，乘天还未明，企图逃走。可皇城各个城门的守将都不肯开门放行，明思宗崇祯帝见大势已去，登上煤山（今景山），自缢而死。明朝至此灭亡。

李自成坐上了宝座，开始陶醉在胜利的狂喜中。

最后一个帝制王朝

综论关内十帝，性格和成就都不相同，但是和明朝的君主比较，尚觉高明。明君贤相，仁政惠绩，都比明朝来得多，权奸巨憝，苛政暴敛，也比明朝来得少。为什么我们的先民，还时时刻刻要打倒它呢？这显然是出于种族的关系。二百几十年的民族革命运动，完全为“蛮夷华夏”的意识所驱使，何况“扬州十日”“嘉定三屠”，又留下许多血痕呢？所以一部清史，实在可以说：就是一部民族革命史了。

——萧一山（历史学家）

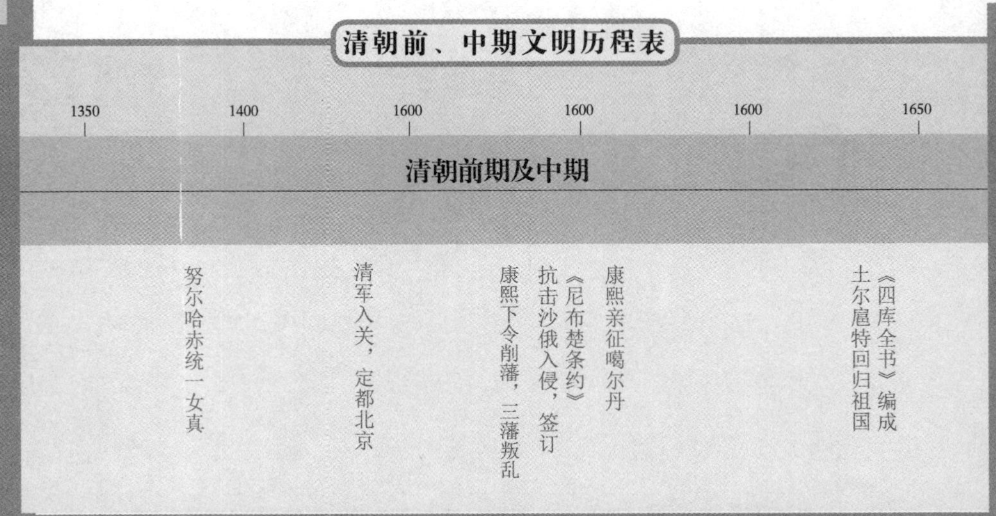

从关外到关内

1583年，建州女真首领努尔哈赤以十三副盔甲起兵，经过二十五年的征战，于1608年统一女真。1616年，努尔哈赤称帝建立后金。

1618年，努尔哈赤发兵辽东，正式与明朝分庭抗礼。经过萨尔浒、抚顺、清河、开原、铁岭、辽阳、沈阳、广宁等几次重大战役，后金攻取了辽河以东大部分土地。明朝在辽东只剩锦州、宁远、山海关一线狭长地带。

1626年，努尔哈赤兵败宁远，不久死去。其子皇太极继位后，继续进攻锦州、宁远，1642年在松锦会战中大败明军，占领锦州、松山、杏山等地。1643年，清军绕过宁远占领了中后所、中前所、前屯卫三城。使宁远成为真正的孤城。同年皇太极去世，顺治帝继位。

1644年，明崇祯皇帝为应付李自成农民军对北京的攻势，下令辽东总兵吴三桂放弃宁远，率军入关。随后，顺治帝迁都北京，开始了清朝对全国的统治。

努尔哈赤统一女真

公元1616年，在明神宗和东林党互相争斗的时候，中国东北部的赫图阿拉城（今辽宁新宾），女真部落的酋长努尔哈赤，自称汗，宣布建立大金汗国，史称后金。

建州女真的领袖爱新觉罗·努尔哈赤，出身于建州女真的贵族家庭。建州女真有好几个部落，总是互相攻杀，明朝总兵李成梁就利用建州各部的矛盾，加强自己的统治。努尔哈赤二十五岁那年，建州女真部有个土伦城的城主尼堪外兰，

努尔哈赤像

带引明军攻打古勒寨城主阿台。

阿台的妻子是觉昌安的孙女，觉昌安就是努尔哈赤的祖父，他得到消息，便带着努尔哈赤的父亲塔克世，到古勒寨去劝解双方停战。这时明军正攻打古勒寨，觉昌安和塔克世在混战中都被明军杀了。努尔哈赤埋葬了祖父和父亲，想到自己的力量太小，不敢得罪明军，就把一股怨恨全集中在尼堪外兰身上，要求明朝官吏交出尼堪外兰，结果遭到了拒绝。努尔哈赤满腔悲愤回到家里，翻出了他父亲留下的十三副盔甲，分发给他手下兵士，向土伦城进攻，尼堪外兰不是他的对手，狼狈逃走。努尔哈赤攻克了土伦城，趁机又征服了建州女真的一些部落。尼堪外兰东奔西窜，最后逃到了鄂勒珲（今齐齐哈尔附近），请求明军保护。明军看努尔哈赤不肯罢休，怕因此引起战争，就让努尔哈赤杀了尼堪外兰。

努尔哈赤由此壮大了声势，没用几年就统一了建州女真。这引起女真族其他部落的恐慌。公元 1593 年，海西女真的叶赫部联合了其他九个部落，分三路进攻努尔哈赤。由于占据了有利地形，努尔哈赤在古勒山下击败了叶赫部，又经过几年的战争，基本统一了女真族各部。努尔哈赤还在统一女真各部的过程中，创立了八旗制度。努尔哈赤建立后金后，又花了两年多的时间整顿内部，发展生产，扩大兵力。公元 1618 年，努尔哈赤召集八旗首领和将士誓师，宣布跟明朝有七件事结下了冤仇，叫作“七大恨”。第一条就是明朝无故挑衅，害死了他的祖父和父亲。为了报仇雪恨，他决定起兵伐明。

八旗制度

八旗制度是由女真的狩猎组织演变来的。规定每牛录三百人，首领称“牛录额真”；五牛录为一甲喇，设甲喇额真统辖。五甲喇为一固山，由固山额真统辖。每固山一旗，最初四旗为黄、白、红、蓝四色。以后另增加镶黄、镶白、镶红、镶蓝四旗，合计八旗。每旗七千五百人，八旗共计六万余人。八旗制度是“以旗统人，以旗统兵”的兵民一体、军政合一的形式。

八旗兵丁平时生产，战时出征。八个固山额真即八旗旗主，都是由努尔哈赤的子、侄担任，他们既是军事统帅，又是各部的政治首领，而努尔哈赤则是八旗的家长和最高统帅。

建立清朝

努尔哈赤起兵后，亲自率领两万人马进攻抚顺。抚顺守将李永芳一看后金军来势凶猛，没有抵抗就投降了。明朝的辽东巡抚派兵救援抚顺，也被后金军在半路上打垮。努尔哈赤命令毁了抚顺城，带着大批战利品回到赫图阿拉。明神宗大怒，派杨镐讨伐后金。1619 年，杨镐集结了十万人马，对外号称四十七万，分兵四路进攻赫图阿拉。

面对明军四路围攻，努尔哈赤采取了“凭你几路来，我只一路去”的作战方针，集中八旗兵力，打歼灭战。首先，以八旗精锐迎击欲立首功的明军主力杜松部。三月初一，双方对峙在萨尔浒山（今辽宁抚顺东）。努尔哈赤利用杜松派兵袭击界凡之时，猛攻萨尔浒明军，明兵溃败，勇而无谋、刚愎自用的杜松战死。接着，努尔哈赤将兵北至尚间崖，击败马林部，马林逃往开原，叶赫兵仓皇撤退。这时，努尔哈赤回师南下，诱敌深入，在阿布达里岗，围歼刘铤东路军，刘铤阵亡，姜功烈所部朝鲜兵投降。杨镐闻知三路军惨败，急令南路军李如柏撤回。努尔哈赤用了五天时间打了一场漂亮的歼灭战，明军文武将吏死者三百多人，士兵身亡者四万余人，亡失马驼甲杖无数。这就是历史上著名的“萨尔浒之战”。

从此，努尔哈赤由防御转入进攻，明朝在东北地区的统治开始全面崩溃。

过了两年，努尔哈赤又率领八旗大军，接连攻占了辽东重要据点沈阳和辽阳。

公元 1625 年，努尔哈赤把后金都城迁到沈阳，其子皇太极改称盛京。公元 1626 年，努尔哈赤率兵围攻山海关外重镇宁远（今辽宁兴城），遭到明朝将领袁崇焕的顽强抵抗。明朝使用了西洋的巨型大炮，后金军受到重创，据传努尔哈赤在此战中被炮火击伤，不久病死。

努尔哈赤死后，儿子皇太极继位。在公元 1636 年称帝，改国号为大清，改族名为满洲，决意问鼎中原。

多尔衮拥立福临

带领清军进入北京的多尔衮，是努尔哈赤第十四子，生母是努尔哈赤非常宠爱的妻子阿巴亥。努尔哈赤死后，众贝勒拥戴皇太极继位，迫令阿巴亥自尽殉夫。

为了生存，十四岁的多尔衮显示出他善于韬晦的过人聪明。他一方面紧跟皇太极，博取他的欢心和信任，而绝不显示自己的勃勃野心；另一方面则在战场上显示出超人的勇气和才智，不断建树新的战功。使多尔衮名声大震的，是征服朝鲜和攻击蒙古察哈尔部之役。不仅扫除了后金攻明的后顾之忧，还得到了遗失二百余年的元朝传国玉玺。皇太极论功行封，多尔衮被封为和硕睿亲王，列六王之第三位，同时掌管吏部，其时年仅二十四岁。

皇太极死后，多尔衮与皇太极的长子豪格争夺皇位。论实力，豪格据有三旗，比多尔衮略强，而且由于亲王们已经感到了多尔衮的咄咄逼人，都准备投豪格的票。眼见占不到便宜，多尔衮便提出了折中的办法：立六岁的福临为顺治帝。立一个皇子而排斥其他皇子，避免八旗内乱，这一点大家都很赞同。福临的母亲永福宫庄妃深得皇太极宠爱，地位较高，选其子为帝大臣们也愿意接受，甚至可以说是符合皇太极的心愿。当时麟趾宫贵妃的名号虽然高于庄妃，但她的实际地位并不高，所以她两岁的幼子博穆博果尔根本没有被选中的机会。同时，辅政王的人选也代表了各方势力的均衡。既然黄、白二旗是主要竞争对手，福临继位便已代表了两黄和正蓝旗的利益，多尔衮出任辅政则是必然之事。就这样，多尔衮妥善地处理了十分棘手的皇位争夺问题，自己也向权力的顶峰迈进了一步。

入关后。多尔衮很快调整政策，稳定了占领区内的形势。这些功绩，在顺治元年开国大典上均得到表彰，不仅给他树碑立传，还赐他大量金银牲畜和衣物，封为叔父摄政王，确立了他不同于其他任何王公贵族的显赫地位。

除掉李自成和南明小朝廷后，多尔衮力图表现他的开明政治，一再鼓励官员犯颜直谏。总的来说，中央机构中虽承明制，但也保留了某些满族特有的制度。除满官权重这一点外，还引进了议政王大臣会议、理藩院等机构，其内院的权力比起明代的内阁要小得多。地方机构不同一些，普遍任用了降清的汉官。多尔衮采取的措施巩固了清初的统治，起到了一定的积极作用。

但他代表满洲贵族实施的残酷统治也广受诟病，一般认为他有“六大弊政”：剃发、易服、圈地、占房（侵占房舍）、投充（抢掠汉人为奴隶）、逋逃（逃人法）。

清军入关

李自成占领北京后，派刘宗敏抄了京城许多权贵的家。这时大顺政权所占领的地方，不过是华北的一部分地区。明朝还有一些地方将领，手中掌握着大批军队。山海关总兵吴三桂，手下就有几万大军，李自成便派人给吴三桂送信，要他归降大顺。

吴三桂原来是明朝派到关外抗清的，驻扎在宁远一带。起义军逼近北京时，崇祯帝接连下命令要吴三桂带兵进关包围北京。可当吴三桂赶到山海关时，北京已被起义军攻破。吴三桂收到劝降信后，认为明朝大势已去，决定投降。可他旋即得知自己的父亲吴襄被抓，家产被抄，不禁恨得咬牙切齿。接着，又听说自己最宠爱的歌姬陈圆圆被刘宗敏抢走了，更是怒气冲天，立刻下令退回山海关，并且要将士们一律换上白盔白甲，说是要给死去的崇祯皇帝报仇。

李自成得知吴三桂拒绝投降，亲自带了二十多万大军，进攻山海关。吴三桂看到李自成兵多，便派人飞马出关，请求清朝帮助他镇压起义军。清朝辅政的亲王多尔衮接到吴三桂的求救信，觉得机会来到，立刻带着十几万清兵，日夜不停地向山海关进兵。而此时的李自成早已被先前的胜利冲昏了头脑，认为自己的军队无坚不摧。李自成的兵士们在进入北京后，军纪丧失，士气涣散。

战斗开始后，李自成骑着马登上西山指挥作战。吴三桂带兵一出城，起义军的左右两翼合围包抄，把吴三桂和他的队伍团团围住。这时多尔衮的清兵杀来，在和吴三桂的里外夹击中，李自成大败，急忙撤回北京。回到北京后，李自成在皇宫大殿里举行即位典礼，接受官员的朝见。第二天一清早，即率领起义军离开北京，向西安撤退。

在李自成离开北京的第三天，多尔衮带领清兵开进北京城。公元 1644 年，多尔衮把顺治帝福临从沈阳接到北京，把北京作为清朝国都，开始了对中原的统治。公元 1645 年，清朝分兵两路攻打西安，李自成被迫向襄阳转移。不久就在湖北通山县九宫山战败死去。李自成退出北京后，张献忠在四川称帝，国号大西。公元 1647 年，清军进入四川，张献忠在川北西充的凤凰山的一场战斗中，中箭而死。

除了这两支农民起义军，原来明王朝的后裔在南方纷纷宣布独立，反抗清朝。

南明小朝廷灭亡

明朝灭亡后，留都南京的一些文臣武将决计拥立朱家王室的藩王，重建明朝，然后挥师北上。但具体拥立何人则发生争议，史可法主张拥立桂王朱常瀛，而钱谦益等东林党人则以立贤为名拥潞王朱常淓，但最终福王朱由崧在卢九德的帮助下，获得了南京政权主要武装力量江北四镇高杰、黄得功、刘良佐和刘泽清，以及中都凤阳总督马士英的支持，成为最终的胜利者。五月初三，朱由崧监国于南京，五月十五日继皇帝位，次年改元弘光。

弘光政权的基本国策以“联虏平寇”为主，谋求与清军联合，一起消灭以李自成、张献忠为代表的农民军。福王朱由崧，后人称弘光帝，首都设在南京，史称南明。朱由崧当了皇帝后的第一道命令，不是与清军对抗，而是征集宫女。第二道命令则是命各地方官员进贡春药秘方。朱由崧在皇族中一向声望低微，做梦也没想到会有人拥立他为皇帝，因此对拥护他的马士英感恩戴德，尽力报偿。当初为了争取史可法等在朝臣中有威望的东林党人的支持，马士英软硬兼施。史可法等人不得已只得赞成拥立了福王。

福王就职监国时，朝中大权仍握于史可法手中。野心勃勃的马士英对此极为不满，处心积虑地将史可法排挤了出去。马士英独掌朝政后，请朱由崧下旨，直接任命刘孔昭、阮大铖入阁办事。阮大铖入阁后，马士英羽翼渐丰，大肆打击东林党。昏庸的朱由崧则尽情享乐，对国事不闻不问。为将东林党一网打尽，阮大铖编了一本《蝗蝻录》，说东林如蝗，危害国家，开列了东林党著名人士的全部名单，让锦衣卫和东厂照名缉捕。霎时黑云压城，大批读书人纷纷避难出逃。

弘光政权内部矛盾重重，驻守武昌的左良玉不愿与李自成正面交战，以“清君侧”为名，顺长江东下争夺南明政权。马士英被迫急调江北四镇迎击左军，致使面对清军的江淮防线陷入空虚。史可法时在扬州虽有督师之名，却实无法调动四镇之兵。一月之中，清军破徐州，渡淮河，兵临扬州城下。四月二十五日，扬州城陷，史可法不屈遇害。随后，清军渡过长江，克镇江。弘光帝出奔芜湖。五月十五日众大臣献南京投降清兵；五月二十二日朱由崧被虏获，送往北京处死，弘光政权仅一年，即覆灭。

南京失陷后，又有杭州的潞王朱常淓（1645 年）、应天的威宗太子王之明（1645 年）、抚州的益王朱慈炲（1645 年）、福州的唐王朱聿键（1645—1646 年）、绍兴的鲁王朱以海（1645—1653 年）、桂林的靖江王朱亨嘉（1645 年）等政权先后建立，其中以鲁、唐二王政权较有实力。

这时清朝再次宣布薙发令，江南一带掀起了反薙发的抗清斗争，清军后方发生动乱，一时无力继续南进。但南明内部依然有着严重的党派斗争，而且地方势力跋扈自雄，且鲁、唐二王政权不但没有利用这种有利形势，发展抗清斗争，反而在自己之间为争正统地位而形同水火，各自为战。所以当 1646 年清军再度南下时，先后为清军所个个击灭。鲁王在张煌言等保护下逃亡海上，在沿海一带继续抗清；唐王则被清军俘杀。

1646 年，明广西巡抚瞿式耜、两广总督丁魁楚、湖广总督何腾蛟等拥立桂王朱由榔在广东肇庆即皇帝位，改元永历。原来李自成的残余部队也多投入桂王麾下。一年后，清军攻下肇庆，桂王一直处于流亡状态，最后逃入缅甸王国，但缅甸无法抗拒清政府的压力，便把他交给坐镇云南昆明的吴三桂，吴三桂把他绞死。

郑成功收复台湾

从明朝中叶开始，葡萄牙、西班牙、荷兰等国殖民者相继来到东方，抢占殖民地。公元 1609 年，荷兰侵占澎湖，不久被福建军民驱逐。公元 1622 年，荷兰殖民者再度侵入澎湖，强迫岛上居民筑城堡，妄图长期占据。两年后，巡抚南居益遣兵攻澎湖，荷兰霸占澎湖的阴谋没有得逞。公元 1642 年，荷兰打败了西班牙，独占了台湾。

隆武帝朱聿键在福州建立政权之后，他手下大臣黄道周是个真心抗清的人，一心想帮助隆武帝出师北伐。但是掌握兵权的郑芝龙，只想保存自己的实力，不久就向清朝投降，隆武政权灭亡。

郑芝龙的儿子郑成功，在父亲投降清朝的时候苦苦劝阻，后独自离开，招募了几千人马，在厦门建立了一支水师，坚决抗清。但在清军的步步紧逼下，郑成功就决定向台湾发展。这时候，恰好有一个在荷兰军队里当过翻译的何廷斌来到厦门，告诉郑成功说，荷兰人在台湾激起了巨大民愤，如果郑成功能进军台湾，台湾人民一定欢迎。何廷斌还送给郑成功一张台湾地图，把荷兰军队的军事布置都告诉了郑成功。郑成功以前曾随父亲到过台湾，现在有了这个可靠的情报，进攻台湾的信心就更足了。

公元 1661 年，郑成功命令其子郑经带领一部分军队留守厦门，自己亲率二万五千名将士，分乘几百艘战船，从金门出发，直取台湾。荷兰人听说郑军进攻台湾，便把军队集中在台湾（在今台湾东平地区）和赤嵌（在今台南地区）两座城堡，在港口沉了好多破船，想阻挡郑成功的船队登岸。郑成功却利用海水涨潮的时机，驶进了鹿耳门，顺利登上了台湾岛。经过几次交锋，荷兰军队都败下阵来，只得派使者到郑军大营求和，说只要郑军肯退出台湾，他们愿意献上十万两白银。

然而白银和自己的国土相比，根本不值一提。郑成功喝退了荷兰使者，派兵猛攻赤嵌。当地人给郑军出主意说，赤嵌城的水都是从城外高地流下来的，只要切断水源，敌人就不战自乱。郑成功照这个办法做了，不出三天，赤嵌的荷兰人果然乖乖投降。

随即，郑成功对盘踞台湾城的荷兰侵略军采取长期围困的办法，八个月后，郑成功下令发起强攻。荷兰侵略军走投无路，只好扯起白旗。

康雍乾的繁荣

清初在康熙执政期间，平定了吴三桂等三藩势力，收复台湾，平定噶尔丹叛乱，抵抗了沙俄的侵略，划定中国东北边界。在民族关系上，他建立了会盟制度和外藩朝觐制，加强了多民族国家的稳定。经济上，康熙鼓励垦荒，废止圈地令，实施更名田；整修黄河、淮河、运河的水利工程。文化上，他曾多次举办博学鸿儒科，创建了南书房制度，并亲临曲阜拜谒孔庙。组织编纂《康熙字典》、《古今图书集成》等大型书籍。这一系列成果奠定了“康乾盛世”的基础。

从康熙中叶开始，清朝出现了相对繁荣的局面，到雍正、乾隆年间，清朝国力达于鼎盛。历史学者将康、雍、乾时期称为“康乾盛世”。“康乾盛世”的主要表现是国家统一、人口增长、经济繁荣、文化昌盛。

专擅弄权的鳌拜

南明灭亡的那年，顺治帝的儿子玄烨继位，年号康熙，他就是清圣祖。

康熙帝八岁继位，按照顺治帝的遗诏，由四个大臣辅政。但这四大臣并不能抱成一团，忠心辅主。位居四辅臣之首的索尼是四朝元老，位望隆重，但已年老多病，畏事避祸，在很多事情上往往疏于过问。苏克萨哈属正白旗，原本依附多尔衮。多尔衮死后，苏克萨哈出来告发刚刚死去的多尔衮，因此受到顺治重用，在四辅臣中名列第二。正由于苏克萨哈是从多尔衮那边分化出来的，索尼等人都瞧不起他。鳌拜与苏克萨哈虽是姻亲，二人却常常因政见不合而发生争论，宛如仇敌。列名第三的遏必隆出自名门，但为人庸懦，遇事无主见，又属镶黄旗，常常附和鳌拜。鳌拜虽然屈居第四，但由于资格老，军功高，常常气势夺人。在这种情况下，鳌拜虽居四辅臣之末位，却得以擅权自重，日益骄横，开始走上专权的道路。

在清统治者内部，矛盾一直错综复杂，其中黄、白旗之间的矛盾由来已久，并一直延续到康熙初年。苏克萨哈属白旗，清初圈地时，多尔衮凭借摄政的便利，把冀东肥沃的土地圈给了正白旗，鳌拜提出圈地应按八旗排列顺序，冀东的土地按顺序应归黄旗所有，要求和正白旗换地。这样，鳌拜与苏克萨哈之间的矛盾更加激化。在圈地之争中，朝中有一些官员提出对鳌拜的反对意见，鳌拜盛怒，便借口要杀掉户部尚书苏纳海、直隶总督朱昌祚、巡抚王登联三人。小皇帝强烈反对，但三人仍被鳌拜矫诏杀死。这时，鳌拜已经公然表露对皇帝的藐视了。在朝堂之上，鳌拜常常当面顶撞小皇帝，也当着皇帝的面，呵斥大臣。这都让康熙非常愤恨。

康熙像

康熙六年（1667 年）六月，索尼病死。他临死前请小皇帝遵循先帝十四岁亲政的先例，开始亲政。七月，康熙亲政，加恩辅臣，仍命佐理政务。皇帝已经亲政，自己又无法应对鳌拜的威胁，苏克萨哈便上疏请求解除辅臣之任，愿往遵化守护顺治陵寝。这样，如果苏克萨哈已经卸任，那么鳌拜、遏必隆两人按理也应辞职，这就触及了鳌拜的要害。于是鳌拜给苏克萨哈罗织了心怀奸诈、久蓄异志、欺藐幼主、不愿归政等二十四款罪名，提出应处凌迟、族诛之刑。康熙同样深知苏克萨哈并不该杀，虽然自己已经亲政，却仍然无力保全苏克萨哈一命。

此时，鳌拜更加肆无忌惮，为所欲为。虽然康熙已经亲政，但鳌拜根本不把他放在眼里，并不想归政于他。康熙帝自此决心除掉鳌拜集团，但鳌拜党羽已经遍布朝廷内外。于是，康熙命人物色了一批十几岁的贵族子弟担任侍卫，天天与他们在一起练习摔跤。鳌拜进宫去，常看到这些少年吵吵嚷嚷在御花园里摔跤。摔跤是满人常玩的把戏，因此也没在意。

康熙八年（1669 年）五月，康熙先将鳌拜的亲信派往各地，离开京城，又以自己的亲信掌握了京师的卫戍权。有一天，鳌拜接到康熙帝命令，要他单独进宫商量国事。鳌拜像平常一样大模大样进宫去，刚跨进内宫的门槛，忽然一群少年拥了上来，围住他就打。鳌拜吓了一跳，但他号称满蒙第一勇士，功夫也不是摆着看的，便和这些少年摔跤手打成了一团。毕竟双拳难敌四手，鳌拜最后还是被打翻在地，关进了大牢。

康熙帝抓了鳌拜，马上要大臣调查鳌拜的罪行。大臣们认为鳌拜专横跋扈，擅杀无辜，罪行累累，应该处死。但康熙帝还是从宽发落，只是革了鳌拜的官爵。

平定三藩

康熙亲政后，首先面对的是三藩势力日益膨胀这棘手问题。

三藩是指平西王吴三桂、平南王尚可喜、靖南王耿精忠。清廷入关后需要对付李自成起义的力量和南明政府的反抗，明朝的降官是可以借助的力量。但二十年后，南方驻云南的吴三桂、驻广东的尚可喜、驻福建的耿精忠等藩王已经形成很大的势力，与清廷分庭抗礼。其中吴三桂势力最大，不仅在经济上是中央政府沉重的负担，而且威胁到清政权。

康熙帝一心想削弱三藩的势力，正好吴三桂想试探一下康熙帝的态度，便假意主动提出撤除藩王爵位。康熙帝顺水推舟下诏答复吴三桂，同意他撤藩。诏令一下，吴三桂果然暴跳如雷。

公元 1673 年，吴三桂在云南起兵。他脱下清朝的官服，换上明朝将军的盔甲，说要替明王朝报仇雪恨，想以此笼络人心。在当时，反清复明的势头还很猛烈，但是人们对于吴三桂的反应却很淡漠。所有人都记得很清楚，把清兵请进中原来的就是吴三桂，杀死桂王朱由榔的还是吴三桂，现在他又打起恢复明朝的旗号来。对于这个出尔反尔的吴三桂，决意反清复明的人都不那么拥护。

吴三桂军起初进展顺利，他由云、贵而开进湖南，几乎占据湖南全省。进而进犯四川，四川官员纷纷投降。福建、广东、广西、陕西、湖北、河南等地都有藩王或将领响应。

但此时吴三桂在湖南沿江布置防御工事，不敢再向北发展，康熙帝抓住机会调整战略、安排兵力。

他首先坚决打击吴三桂，而对其他的叛变者却实行招抚，通过分化反叛力量而孤立吴三桂。军事上仅以湖南为进攻的重点，同时能够充分信任汉将，这样就鼓舞了朝廷军队的士气，同时也争取了民心。

在耿精忠、尚之信归顺清廷之后，吴三桂于康熙十七年（1678 年）在衡州称帝，立国号周，建元昭武，大封诸将。其实这时的吴三桂已到了穷途末路。他积郁而死后，将所谓的“帝位”传给孙子吴世藩。

康熙二十年（1681年）冬，清军进入云贵省城，吴世藩自杀，历时八年的三藩之乱被平定。

经济大发展

清朝在平定了三藩之乱后，内部大的战争基本结束，开始大力恢复生产。

清军在进入北京后，曾经强行“圈地”，把所圈之地分给王公贵族。这种强行圈地不仅使生产遭到了破坏，更引起了人民的反抗，满汉两族地主之间也出现了矛盾加剧的局面。公元1669年，康熙帝下令停止圈地，借以缓和矛盾。

同年，清朝廷还下令，把一部分明代藩王所占的田地还给原种之人，永为世业，号为“更名田”，并且不用交租。

除此之外，清朝廷还鼓励垦荒，对某些垦荒农民贷给牛、种。同时整顿赋役制度，“摊丁入亩”，即废除了人头税，一律摊入田赋银中，一并征收，减轻了对农民的人身束缚。

这些措施使清朝的耕地面积扩大，人口也迅速增长。除了粮食，棉花种植更加盛行，江南的植桑养蚕和甘蔗、烟草种植也兴盛起来。

在水利的兴修上，当时也取得了很大成绩。康熙帝时大力修治黄河，并完成了永定河的修浚工程。雍正帝时，又扩大修筑江、浙的海塘，使沿海地区的肥沃农田免受海潮的侵袭，还将部分海滩辟为良田。

由于农业的发展和人口的增加，清代的雇工大量出现。特别是在乾隆以后，外出佣工的人数越来越多。

清代丝织业和棉织业很发达，织布机得到了改进和革新，手工作坊和手工工场的规模变大。江西的景德镇成为全国制瓷业的中心。矿冶业也得到了进一步发展。乾隆时，广东佛山镇的铁器制造业很发达。那里有铸锅业、炒铁业、制铁线业、制钉业和制针业等行业，而尤以铸锅业最为有名。所铸铁锅不仅行销国内各地，而且大量输出国外。

手工业的发达带来了商业贸易的繁荣，各种商品行销海内外，四方流通联系更加密切，城市也随之繁荣发展。如北京、南京、苏州、杭州、扬州等，都是著名的繁华大城市。城市的繁荣同时带动了周边的集市贸易。来往于各城市间做生意的商人，不少都富甲一方，出现了不少财力雄厚的富商，如山西的票号，两淮的盐商，广东的行商和各地的粮商、布商等，资财都达到数十万甚至数百万两。

清朝的对外贸易，比以前也有所发展。出口的货物有茶叶、陶瓷器、生丝、绸缎、棉布、纸张、纸伞、干果、线香、烟草、铁锅、家具、糖、人参、牛马、谷物、豆、羊肉、麦粉等。进口的商品多为毛织品、五金、玻璃、珊瑚、玳瑁和各种香料、海味等奢侈品。在嘉庆以前，中国在国际贸易上始终保持着出超的地位。

台湾回归

郑成功收复台湾后，即以他在明朝时的封爵延平郡王自居，并以延平郡王的王府，作为最高行政机构，管理台湾。

郑成功手下将领施琅是自己的得力助手，机密大事都要与之商议。由于郑军严重缺饷，有时会采取掳掠来鼓励士兵。施琅对此强烈反对，拒不执行，还多次对郑成功正言劝阻。郑成功不能容忍下级对他的不尊重，因此逐渐疏远了施琅。此后，郑军在厦门与清军的战事中失败，施琅虽奋力作战，但对他的傲慢深怀戒心的郑成功并没有因此而重用施琅。这样郑成功与施琅的矛盾日深。

这时，施琅的部将曾德见他失去兵权，就利用过去在郑氏家族军队中的关系，投入了郑成功营中充当亲随。施琅就派人把曾德捉回斩首。郑成功“驰令勿杀”，施琅悍然不顾，“促令杀之”。见施琅违令擅杀郑氏旧将，郑成功断定他反形已露，逮捕了他。施琅不甘心，在一些亲信部将和当地居民的掩护帮助下逃脱。郑成功怒不可遏，将施琅的父亲、弟弟处斩，致使施琅对郑成功恨之入骨。

至此，施琅既不能回归郑军，也不能久匿民间，被逼投清，最终成为清军收复台湾岛的重要人物。

公元 1662 年，郑成功逝世，他的儿子郑经继承王位。在三藩战役时，郑经跟耿精忠结盟，派遣军队到福建和广东参战。三藩战败后，郑经在大陆上的根据地全部丧失。公元 1681 年，郑经死，部将冯锡范等缢杀郑氏继承人，改立郑经的次子郑克塽继位。此时郑氏内部政治腐败，互相倾轧，势力逐渐衰落。

在此情况下，康熙帝坚持统一台湾，任命施琅为福建水师提督。公元 1683 年，施琅率战舰三百，精锐水师两万，由福建铜山（东山）乘南潮进取澎湖。经过七天激战，郑军守将刘国轩败回台湾，澎湖失守。二十多年来，台湾郑氏及其将领都在岛上成家立业，习惯了安稳的生活，早就没有当初的复国雄心和战斗意志。清军顺利地在鹿耳门（今台湾台南西安平港）登陆，郑克塽投降，清军进驻台湾。

郑氏投降后，有人认为台湾不过是一个荒蛮之岛，建议把岛上的居民迁到内陆来，至于这个岛就不要了。施琅坚决反对这种意见，他认为台湾有数十万人，土壤肥沃，决不能放弃。而且台湾是东南边疆的屏障，战略意义非常重要。

康熙帝坚决支持施琅的正确意见，于公元 1684 年在台湾设立了台湾府，并设台湾、凤山、诸罗三县，隶属于福建省。在清政府的统一管理下，台湾与大陆的关系更加密切，台湾的开发同时进入了一个新时期。

康熙帝亲征噶尔丹

沙俄政府在雅克萨失败后，并不甘心，就在尼布楚条约签订的第二年，唆使蒙古准噶尔部的首领噶尔丹进攻漠北蒙古。

那时候，蒙古族分为漠南蒙古、漠北蒙古和漠西蒙古三部分。除了漠南蒙古早已归属清朝外，其他两部也都臣服于清朝。准噶尔是漠西蒙古的一支，自从噶尔丹统治准噶尔部以后，兼并了漠西蒙古的其他部落，又向东进攻漠北蒙古。漠北蒙古抵抗不住，几十万的漠北蒙古人逃到漠南，请求清朝廷保护。康熙帝派使者和噶尔丹谈判，让他把侵占的地方还给漠北蒙古。但噶尔丹不但不退兵，还以追击漠北蒙古为名，大举进犯漠南。

康熙帝决定亲征噶尔丹，公元 1690 年，两路大军齐头并进。右路的清军先接触噶尔丹大军，打了败仗。噶尔丹长驱直入，一直打到离北京只有七百里的乌兰布通（今内蒙古昭乌达盟克什克腾旗）。

康熙帝命令反击，噶尔丹把几万骑兵集中在大红山下，后面有树林掩护，前面又有河流阻挡。他把上万只骆驼缚住四脚放倒在地上，驼背上加上箱子，用湿毡毯裹住，摆成长长的一个驼城。他的军队就在箱垛中间射箭放枪，阻止清军进攻。清军用火炮、火枪对准驼城的一段集中轰击，驼城被打开了缺口。清军又派兵绕到山后夹击，把噶尔丹的军队杀得七零八落。噶尔丹一看形势不利，赶快派了个喇嘛到清营求和，在清军停止进攻时逃走了。

噶尔丹回到漠北，表面向清朝政府表示屈服，暗地里重新招兵买马。公元 1694 年，康熙帝约噶尔丹订立盟约。噶尔丹不但不来，还暗地派人到漠南煽动叛乱，蒙古各部亲王纷纷向康熙帝告发。

1696 年，康熙帝第二次亲征，分三路出击：黑龙江将军萨布素从东路进兵；大将军费扬古从西路出兵，截击噶尔丹的后路；康熙帝带中路军。噶尔丹见清军人多，带兵逃到了到了昭莫多（今蒙古人民共和国乌兰巴托东南），正好遇到费扬古的军队。昭莫多当时是一片大树林，前面有一个开阔地带，历来是漠北的战场。费扬古在小山的树林茂密地方设下埋伏，双方展开了一场激战。最后，噶尔丹只带了几十名骑兵脱逃。经过两次大战，噶尔丹依然不肯投降。一年后，康熙帝又带兵渡过黄河亲征。这时候，噶尔丹原来的根据地伊犁已经被他侄儿策妄阿那布坦占领；他的左右亲信听说清军来到，也纷纷投降。噶尔丹走投无路，服毒自杀。

自此，清朝廷重新控制了阿尔泰山以东的漠北蒙古，给当地蒙古贵族各种封号和官职，并在乌里雅苏台设立将军，统辖漠北蒙古。

雍正帝勤政务实

康乾盛世的连接期就是雍正王朝，雍正帝名胤禛，庙号清世宗，是康熙帝的第四子，经过了与众多兄弟激烈的竞争后才取得皇位，年号雍正。

雍正帝在位十三年，是一位非常勤奋的皇帝，对清廷机构和吏治都做了一系列改革。如为加强对西南少数民族的统治，实行改土归流、耗羡银归公，建立养廉银制度等。特别是雍正七年（1729 年）在出兵青海、平定罗卜藏丹津叛乱后，为提高军务效率，在离养心殿百步之遥的隆宗门内设立军机处，更是铸就了沿袭至清末的帝后独揽军政要务的集权模式。有鉴于康熙朝诸皇子争储位的惨痛教训，雍正创立秘密建储制，即将已选定的储君姓名，写好密藏匣内，置于乾清宫“正大光明”匾后，以备不测。这一制度，有助于以后乾嘉道咸几朝皇权的顺利过渡。

雍正在位的十三年中，所处置的六部及各省题本共 192000 余件，平均每年达 14700 件之多，共批阅奏折大约在大约在 23000~35000 件之间，可见雍正帝非常勤于政务。

虽然统治手段严苛，但雍正帝的改革确有成效。“摊丁入亩”第一次将人头税并入土地税之中，结束了中国几千年征收人头税的历史，这有利于穷人，对人口迅猛增长起了作用。也正因为这个顺利的过渡期，才有使“康乾盛世”得以延续。

乾隆的文治武功

乾隆帝继承了康熙帝打下的强大帝国，到晚年的时候，为了纪念这一生在边疆地区所取得的辉煌战绩，乾隆帝特意用满、汉、蒙、藏四种文字，将自己的十大战功刻在石碑上，封自己为“十全老人”。

1755 年，乾隆帝亲率大军镇压准噶尔部的叛乱，噶尔丹策凌外甥阿睦尔撒纳先是投降，后又反叛。1757 年清朝廷派兵彻底平定了这股势力。1747 年和 1766 年，乾隆又先后派兵取得了大小金川之战的胜利。后又远征缅甸和尼泊尔，迫使其承认清朝的宗主国地位。乾隆帝除了武功之外，也十分重视文治。他一面继续开博学鸿词科，招收文人学者，编写各种书籍；一面继续大兴文字狱，镇压有反清嫌疑的文人。乾隆时期文字狱之多，大大超过了康熙、雍正两朝。

乾隆继位后，文网更加严密，文字狱更加频繁。翰林学士胡中藻有句诗曰“一把心肠论浊清”，乾隆帝看到后大发雷霆：“加‘浊’字于国号‘清’字之上，是何肺腑？”胡中藻遂因一“浊”字被杀，他的家人、老师、朋友都没能幸免。有个叫徐述夔的人，著有《一柱楼》诗集，其中“明朝期振翮，一举去清都”二句，被乾隆帝定为“大逆”，理由是借朝夕之“朝”读作朝代之“朝”，“要兴明朝而去我本朝”。不但已死的徐述夔及其子被戮尸，徐述夔的孙子和为诗集校对的人也全都处死。

清朝前期屡兴文字狱，而且处刑极为严酷。当时有个叫梁诗正的老臣，总结出这样一条处世经验：“不以字迹与人交往，即偶有无用稿纸，亦必焚毁。”

从盛世走向没落

在乾隆时期，盛世的背后开始潜藏着一系列危机。官场贪污腐败、军备废弛导致在后来同西方的战争中屡战屡败，闭关锁国和“文字狱”严重阻碍了中国社会的发展，导致中国落后于西方。

“和珅跌倒，嘉庆吃饱”

乾隆后期，社会经济开始下滑。乾隆帝的六下江南，耗费了国家大量钱财。加之水灾、旱灾，以及因贪污而富有的士大夫和地主们的兼并，使得失去土地的农民到处流离。当时的著名诗人郑板桥曾作过一首《逃荒行》，描绘了当时的情景：

十日卖一儿，五日卖一妇。来日剩一身，茫茫即长路。长路迂以远，关山杂豺虎。……

道旁见弃婴，怜拾正担釜。卖尽自家儿，反为他人抚。……

身安心转悲，天南渺何许。万事不可言，临风泪如注。

晚年的乾隆帝把朝政大权交给他最宠信的和珅。和珅是侍卫出身，负责皇帝出行的仪仗。一次乾隆帝随口说了一句古文，身边的大臣不知道此语出自何处，都不敢吭声。只有和珅接出了下句，得到乾隆帝的赏识。

和珅幼时苦读，通晓满、汉、蒙等语言，加上办事得体，没过十年，就被乾隆帝升为大学士、军机大臣，兼九门提督，还把女儿和孝公主嫁给和珅的儿子。和珅掌权后不久，就大开贪污的方便之门，不但接受贿赂，而且公开勒索；不但暗中贪污，而且明里掠夺。地方官员献给皇帝的贡品，都要经过和珅的手，和珅挑剩下来的才被送到宫里去。

乾隆帝在做满六十年皇帝后，传位给了太子颙琰，颙琰继位，就是清仁宗，又叫嘉庆帝。嘉庆帝早就看不惯和珅，等乾隆帝一死，马上把和珅逮捕起来，叫他自杀，并且派官员查抄了和珅的家产。和珅的豪富本来是出了名的，但是抄家的结果，还是让大家大吃一惊：和珅家产大约值白银八亿两之多，抵得上朝廷十年的收入。嘉庆帝继位时，本来国库已日渐空虚，这回抄了和珅的家，国库立时丰盈。于是民间就有人编了两句顺口溜说："和珅跌倒，嘉庆吃饱。"尽管如此，清朝自嘉庆一朝开始，还是走了下坡路。土地的高度集中让农民纷纷破产，变成了地主的佃户和雇工。地租和各种苛捐杂税越来越多，吏治的腐败也已积重难返，民变开始频繁发生。

白莲教

1796年，也就是嘉庆帝继位的当年，白莲教徒在湖北宜都、枝江等地举行起义。襄阳地方的白莲教首领齐林，原定在元宵灯节起义，不料走漏了消息，齐林和一百多个同伴被杀。齐林的妻子王聪儿，和齐林的徒弟姚之富一起，重新整顿起义队伍，不出一个月，就组织了一支四五万人的起义军，开始在湖北、河南、陕西流动作战，打击官军。嘉庆帝见派去围剿的好几支军队都打了败仗，便要各地地主组织武装民团，修筑碉堡。只要起义军一来，就把百姓全部赶到碉堡里去，"坚壁清野"，叫起义军得不到帮助，找不到粮草供应。果然，起义军的活动因此陷入了困境，王聪儿在西安打了败仗，不久被清军包围在郧西（今湖北省）的三汊河，兵败自杀。清朝花了九年工夫，才把这场白莲教的大起义镇压下去。但经过这次严重打击，清朝也从此一蹶不振。

闭关锁国

清朝中前期，一直和西方保持着良好的贸易、文化往来。

康熙帝对西方的科学技术比较重视，他本人就十分勤奋地学习西方的各种知识，也注意招徕具有各种科学技能的西方人才来清朝效力，并给他们以优厚的待遇。

在公元1708年开始的全国地图的大测绘工作中，就有杜德美等西方传教士参加。在钦天监中，也长时期有西方传教士供职，如长于天文历法的西方教士汤若望、南怀仁等。南怀仁还曾受命铸造火炮，著有《神武图说》一书，详细讲解西方的造炮技术，受到了康熙帝的赞扬和赏赐。

清代西欧来华的耶稣会士，曾先后把《大学》、《中庸》、《论语》、《孟子》等中国古代经典译为拉丁文加以刊行。德国著名文学家歌德，曾试图用《赵氏孤儿》

为蓝本编写剧本。那时候的巴黎、维也纳、罗马等欧洲大城市，曾上演了不少中国题材的歌舞剧。欧洲人还对当时清朝的瓷器和漆器特别喜欢，而中国的园林建筑艺术更是让他们大为惊叹。

此时的西方，尤其是英国和法国，已完成了工业革命，机器工业代替了工场手工业，商品被成批成批生产出来，开辟新的更大的市场，成了英国人最迫切的要求。可是在跟中国的贸易中，总是英国、法国买回大量瓷器、丝绸和茶叶，将白花花的银子送入了清政府的腰包。英国和法国竭力想打通清朝的广大市场，可此时的清政府，害怕外来思想动摇它的统治，开始实行闭关政策，限制贸易，也限制不同文化的进入。

1792 年，英国政府以给乾隆帝祝寿为名，派使臣马戛尔尼来中国交涉通商事宜。第二年，他在热河行宫朝见乾隆帝时，提出了准许英国派使臣驻北京；准许英国人在各省传教等几项要求，当即遭到乾隆帝的拒绝。

1816 年，英国政府又派阿美士德使华，重申前请，没有成功。在企图以外交手段来达到扩大通商的目的失败后，英国开始更多地派遣商船到中国沿海进行走私活动，甚至可耻地向中国输入鸦片。鸦片的大量输入，给中国带来了严重祸害。

嘉庆帝死后，他的儿子旻宁继位，就是清宣宗，也叫道光帝。此时的清王朝越来越衰落，西方国家更是乘机加紧侵略，民族危机严重。到了 1840 年，爆发了鸦片战争。自此开始，中国人开始了长达一个世纪的、为赢得民族独立的不屈斗争。